NZZ Libro

Bettina Hahnloser

Der Uhrenpatron
und das Ende einer Ära

Rudolf Schild-Comtesse

Eterna und Eta und
die schweizerische Uhrenindustrie

Unter Mitarbeit von
Adolf Richard Schild

Verlag Neue Zürcher Zeitung

Bibliografische Information der Deutschen Nationalbibliothek
Die Deutsche Nationalbibliothek verzeichnet diese Publikation in der Deutschen Nationalbibliografie; detaillierte bibliografische Daten sind im Internet über http://dnb.d-nb.de abrufbar.

Umschlag, Gestaltung, Satz: icona basel
Lithos: FdB, Für das Bild – Fred Braune, Bern
Druck, Einband: Druckhaus Nomos, Sinzheim

ISBN 978-3-03810-026-3

www.nzz-libro.ch
NZZ Libro ist ein Imprint der Neuen Zürcher Zeitung

Inhalt

Prolog

Der Direktor begegnete dem neuen Mitarbeiter auf dem Flur. In welcher Abteilung er denn arbeite? Als der Patron die Antwort akustisch nicht ganz verstand, fragte er nach: «Rouage oder Roulage?» Der Mitarbeiter schaute den Patron erstaunt an: Vor ihm stand ein Chef, der über alle Schritte in der Herstellung eines Rohwerks Bescheid wusste. So erzählt ein ehemaliger Angestellter der Grenchner Rohwerkherstellerin Eta von seiner ersten Begegnung mit Rudolf Schild-Comtesse. Schild-Comtesse galt als profunder Kenner der Materie – der komplexen Technik der Uhr ebenso wie der Uhrenindustrie im Allgemeinen. Sein Weggefährte Karl Obrecht, langjähriger Präsident der Superholding Allgemeine Schweizerische Uhrenindustrie AG Asuag, sagte an einer Laudatio zu dessen 70. Geburtstag: «Ein bekannter Uhrenindustrieller hat mir kürzlich gesagt, es gebe für ihn zwei Männer, welche die Uhrenindustrie wirklich kennen: Als den einen nannte er Dr. Schild, als den andern einen Ausländer.»

Die deutsche Wochenzeitschrift *Die Zeit* bezeichnete den Uhrenpatron 1967 als einen der mächtigsten Männer der Schweizer Uhrenindustrie. Rudolf Schild-Comtesse war in erster Linie Patron zweier Firmen: der Eta, die Rohwerke herstellte, und der Eterna, einer Markenuhrenproduzentin. Die Wurzeln von Eta und Eterna gehen zurück auf die Grenchner Fabrik, die sein Grossvater Urs Schild 1856 gegründet hatte. Faktisch führte Rudolf Schild-Comtesse beide als eine Firma. Beide waren unter dem Dach des mächtigsten Schweizer Uhrenindustriekonzerns Asuag vereint. Vierzig Jahre lang leitete Rudolf Schild-Comtesse die Betriebe mit grossem Erfolg. Als Ende der 1970er-Jahre fast alle Firmen und Konzerne der Schweizer Uhrenindustrie ins Schlittern kamen, war die Rohwerkherstellerin Eta der Fels in der Brandung. Im Todesjahr des Patrons begann hier unter Ernst Thomke die Erfolgsgeschichte der Swatch. Heute ist die Eta das Herzstück der Bieler Swatch Group. Daneben sass Rudolf

Schild-Comtesse in unzähligen Gremien und Verwaltungsräten der wichtigsten Holdings und setzte sich dort für gute Bedingungen in der Branche ein.

So handelt das vorliegende Buch von einem Uhrenpatron «alter Schule»: einer, der sein Metier bis in die kleinsten Details kannte, der aus bedingungsloser Überzeugung und mit sicherem Instinkt für tragfähige Lösungen handelte und der seine Verantwortung für Firmenangehörige wahrnahm im Bewusstsein, wie schicksalsverbunden die Gemeinschaft mit dem obersten Chef ist. Dabei suchte er die Öffentlichkeit nicht und agierte mit Vorliebe «hinter den Kulissen» – dort aber mit eisernem Verhandlungswillen und einem Sinn für Machtkonstellationen. Wie kaum ein Zweiter hat er die Geschichte der Uhrenbranche seiner Zeit geprägt und vieles vorausgeahnt, was nach seinem Abgang 1975 geschah. Die Grenzpfähle seines Einflusses aber standen dort, wo sie die Strukturen nach jahrzehntelangem Staatsinterventionismus gesetzt hatten.

Die Verwandten der Familie Schild-Hugi nannten Rudolf Schild-Comtesse den «Junker»: Ähnlich einem preussischen Landedelmann war er gebildet, trat zurückhaltend distinguiert auf und war selbst auf Ausflügen ins Grüne stets tadellos gekleidet, das Haar akkurat gescheitelt. Er war unzweifelhaft eine eindrückliche Erscheinung – schon allein durch seine schiere Grösse, seine Statur und seinen beobachtenden, bisweilen stechenden und gestrengen Blick. Seine Umgebung brachte ihm vor allem eines entgegen: Respekt. Diesen genoss er von allen Seiten, auch von Arbeitnehmerorganisationen. Er galt als Schnelldenker «mit messerscharf sezierendem Geist», als einer mit unbeugsamem Willen, als «Mann des Wortes», der hart verhandelte und sich an jede einmal getroffene Vereinbarung hielt. Anbiederndes Verhalten war ihm ebenso fremd wie verhasst; in Gremien und gegenüber seinen Mitmenschen scheute er sich nicht, seiner Meinung und, mit zunehmendem Alter öfters, auch seinem Ärger Ausdruck zu verleihen. Er galt als unnahbar; wer ihm aber privat begegnete, war meist überrascht von seinem aufblitzenden Charme und seiner Liebenswürdigkeit. Loyalität war sein oberstes Prinzip, er forderte sie mit Nachdruck bei allen Mitarbeiterinnen und Mitarbeitern ein – auch deshalb, weil es nur wenige Menschen gab, denen er vertraute. Seine Haltung über die Rolle eines Direktors brachte er in einem Interview anlässlich seines 70. Geburtstags zum Ausdruck: «Er ist in Wirklichkeit mehr der Diener als der Herr seines Unternehmens. Er bestimmt die grosse Linie der Geschäftsführung, der er die Treue hält und die auf Anstand, Verlässlichkeit und eine in jeder Beziehung unbedingte Loyalität ausgerichtet sein muss. Dies gilt ganz besonders für die Uhrenindustrie, für welche das weltweite Vertrauen die primäre Grundlage bildet.»

Der 1900 in Zürich geborene gebürtige Grenchner hatte in seinem Leben gleich drei dramatische Wendungen erlebt: Verarmung in der Kindheit, den frühen Tod seiner um zwölf Jahre jüngeren geliebten Frau Madeleine und die Anfänge des Niedergangs der schweizerischen Uhrenindustrie, für die er sich ein Leben lang eingesetzt hatte. Als er 1978 mit seinem Jaguar von der Strasse abkam und in einen Baum prallte, war er auf dem Weg nach Bern zu einem Gespräch über die besorgniserregende Entwicklung bei der Asuag-Holding, die Rohwerk- und Bestandteilproduzenten und ab 1971 auch Fertiguhrenmarken unter ihrem Dach vereinte. Obwohl er die operative Leitung der Firmen Eta und Eterna längst abgegeben hatte und aus Protest über die Geschäftspolitik der Asuag aus dem Verwaltungsrat «seiner» Eterna ausgetreten war, hatte er die Geschehnisse noch immer aus nächster Nähe mitverfolgt. Der Tod, der ihn drei Wochen nach dem Unfall ereilte, bewahrte ihn schliesslich davor, die nachfolgenden dramatischen Ereignisse mitzuerleben: den Zusammenbruch des Asuag-Konzerns, unter dessen Dach sich «seine» Firmen Eta und Eterna befanden, die erzwungene Sanierung durch die Banken mit radikalem Schnitt des Aktienkapitals und die Übernahme all dessen, wofür er sich ein Leben lang mit durchschlagendem Erfolg eingesetzt hatte, durch ein Konsortium unter der Leitung von Nicolas Hayek. Wie kam es dazu?

Gleich mehrere Faktoren trafen in den 1970er-Jahren zusammen. Als ich mich vor einigen Jahren bei seinem jüngsten Sohn, meinem Onkel Claude Schild, meldete mit der Bitte um Einsicht in das Archiv des Grossvaters, ahnte ich nicht, wie komplex die Zusammenhänge in der Schweizer Uhrenindustrie vor den gewaltsamen Veränderungen gewesen waren. Ursprünglich war das Ziel dieses Buches, die Geschichte zu erzählen von der Geburt einer Uhrenfabrik, deren Gedeihen unter den Nachkommen des Gründers Urs Schild-Rust und dem Wirken eines einflussreichen Uhrenpatrons, basierend auf umfangreichem Archivmaterial.[1] Jedoch: Eine «einfache» Geschichte schreiben ist ein Ding der Unmöglichkeit, wenn es sich um die schweizerische Uhrenindustrie handelt. Die unternehmerischen Schritte, die Diskussionen in den diversen Gremien und vor allem die Gründe des akuten Niedergangs der Branche Anfang der 1980er-Jahre – dies alles lässt sich nicht nachvollziehen ohne Kenntnis und Klärung der Strukturen und ihrer Entstehung.

Erst nach aufwendigen Recherchen – unter anderem auch im Bundesarchiv mit Akten der Bundesverwaltung – bildete sich allmählich ein kohärentes Bild, das in Ansätzen Aufschluss gab über die wahren Gründe des dramatischen Niedergangs der Branche. Der Bund sass während rund 40 Jahren mit an Bord der Asuag-Holding, dem grössten Konzern der Uhrenbranche. Die Miteigentümerschaft des Bundes an einer Industrieholding ist nur eine von zahlreichen Kuriositäten, mit der die Branchengeschichte aufwartet. Die Komplexität der Zusammenhänge stellte die Eidgenössische Preisbildungskommission 1959 mit folgenden Worten fest: «Die Verhältnisse in der schweizerischen Uhrenindustrie gehören zu den am schwersten übersehbaren in unserer Wirtschaft.» Es offenbart sich eine Wirtschaftsgeschichte, wie man sie in der Schweiz des 20. Jahrhunderts kaum für möglich gehalten hätte: Die damalige Uhrenbranche glich einer staatlich sanktionierten Planwirtschaft. Mit dem Uhrenstatut regelte der Bund von 1934 an die Produktion von Rohwerken und Bestandteilen. Wer einen Betrieb eröffnen oder einen bestehenden erweitern wollte, wer seine Produktpalette verändern oder ins Ausland exportieren wollte, brauchte eine behördliche Bewilligung. Mit dieser beispiellosen Strukturerhaltungspolitik wurde die damals herrschende weitverzweigte Arbeitsteilung, die sogenannte Compartimentage, zementiert. Die Herausforderung bei der Recherche war die Frage, wer damals welches Interesse an solchen Strukturen hatte. Um der Antwort auf die Spur zu kommen, helfen Jahresberichte, Festschriften oder auch Protokolle selten weiter, denn jede Organisation versucht sich selbst auf eine Weise darzustellen, dass ihre Struktur und ihr Geschäftsgebaren einen Sinn ergeben.

Heute gilt die Beteiligung von Banken und Eidgenossenschaft an einem Industriekonzern als «Sündenfall» in deren Geschichte. Was aber waren die Hintergründe dieses Staatsdirigismus? Lapidar formuliert, ging es 1931, als die Asuag gegründet wurde, um das Überleben der Gläubigerbanken und um volkswirtschaftliche und regionale Interessen – nicht aber um die Interessen jener Firmen, die betroffen waren und deren Handlungsspielraum empfindlich eingeschränkt wurde: die der Produzenten von Rohwerken und Uhrenbestandteilen. Mangels inländischer Nachfrage exportierten diese Fabriken ihre Erzeugnisse zunehmend ins Ausland, wo die Bestandteile zu fertigen Uhren zusammengesetzt wurden. Diese sogenannte Schablonage galt als verpönt, trug sie doch nach herrschender Auffassung dazu bei, die ausländische Konkurrenz der Fertiguhrenproduzenten aufzubauen. Gläubigerbanken und jene, welche die Uhr zusammenbauten, die sogenannten Etablisseure, nahmen die Schablonage als Vorwand, sich in den Markt der Rohwerke und Bestandteile einzumischen. Sie waren die treibende Kraft hinter der Gründung der «Superholding» Asuag, die alle Betriebe der Schlüsselindustrien im Herstellungsprozess von Zeitmessern aufkaufen, kontrollieren und gegebenenfalls stilllegen sollte, um die Produktion im Inland zu regeln. Die Eidgenossenschaft liess sich als Geldgeberin einspannen und wurde Aktionärin der Asuag. Das Problem der Schablonage war aber erst gelöst – vorbehältlich blühender Schmuggelgeschäfte –, als der Bund eine Export- und Fabrikationsbewilligungspflicht erliess: Damit waren für die kommenden 30 Jahre mithilfe des Bundes auch jene Rohwerkproduzenten diszipliniert, die der Asuag-Holding nicht beitreten wollten.

Das war das Umfeld, als Rudolf Schild-Comtesse 1932 die Leitung der beiden Firmen Eta und Eterna übernahm. Mit bahnbrechenden Entwicklungen seines Mitarbeiters Heinrich Stamm wie dem Miniaturkugellager, einem weltweiten Netz von eigenen Vertriebsgesellschaften und Vertretungen sowie mit moderner Werbung brachte Rudolf Schild-Comtesse Eterna in ihrer Kategorie an die Weltspitze; die Uhr aus dem Hause Eterna stand für zurückhaltende Eleganz, Präzision und herausragende Qualität. Und als er 1969 als Direktor der Rohwerkproduzentin Eta zurücktrat, war diese die mit Abstand bestrentierende und reichste Firma innerhalb der Asuag. Schild-Comtesse hatte sie mithilfe seines technischen Direktors Fritz Scholl und mit konsequentem Kostenmanagement fit getrimmt für Krisenzeiten.

Die Eta stand auf gesunden Füssen – trotzdem geriet das Holdingdach, die Asuag, 1983 ebenso wie ein Jahr zuvor die einst mächtige Fertiguhrengruppe SSIH mit Omega und Tissot in den Strudel einer Sanierung. Der Niedergang der Asuag hatte mehrere Ursachen – externe wie der starke Franken und die ausländische Konkurrenz der Uhrengrosskonzerne ebenso wie interne mit einigen kostspieligen Fehlentscheiden der Generaldirektion. Einzig die Eta warf noch Gewinne ab und vermochte damit die letzten Jahre der Holding knapp zu finanzieren. Nach der Sanierungsaktion trugen in der Öffentlichkeit die «saturierten Ühreler» die Schuld am Niedergang: Man habe die technologische Revolution verpasst und sei quasi im Schlaf von Japan überrollt worden. Tatsächlich hatte Japan bereits während den 1960er-Jahren mit günstigen und qualitativ guten mechanischen Uhren den Markt überflutet und die Schweizer Produkte massiv unter Druck gesetzt. Und früher als die Schweiz schafften es japanische Firmen, Quarzarmbanduhren zu vermarkten. Doch es dauerte nur wenige Jahre, bis die Rohwerkproduzentin Eta 1976 den Entwicklungsrückstand aufgeholt hatte; sechs Jahre später drang sie unter Generaldirektor Ernst Thomke und mithilfe eines erfolgreichen Entwicklungsteams mit der Swatch als Fertiguhr in den Markt der Billigprodukte ein.

Der Weg dorthin war ein steiniger und gepflastert mit vielen Hindernissen. Diese Hindernisse waren, so haben jüngste Forschungen bestätigt, in erster Linie Spätfolgen der staatlichen Eingriffe. Sich aus den Fesseln zu befreien und neu zu organisieren, dabei vertraute Seilschaften und Treueverträge aufzubrechen, überstieg die Kräfte der verzettelten alteingesessenen Marktteilnehmer – zumal an den Spitzen der Verbände und Holdings eine breite Managergilde amtete, die keine direkte betriebliche Verantwortung trug. Dies mag mit ein Grund sein, warum noch heute bei damaligen Fabrikdirektoren und Beschäftigten sowie früheren Besitzern, die mit der Sanierung praktisch enteignet wurden, hohe Emotionen mit der dramatischen Geschichte verbunden sind: Erstens war der Entwicklungsrückstand in mancher Beziehung aufgeholt, als die Sanierung erfolgte. Zweitens war die Branche gleich in mehrerer Hinsicht Opfer der vom Bund zementierten Strukturen: Neben dem Umstand, dass das Uhrenstatut den damaligen Handlungsspielraum der Betriebe entscheidend einengte, trug das Exportverbot von Rohwerken und Bestandteilen zum beschleunigten Aufbau einer Uhrenindustrie im Ausland bei – denn ein Boykott, so stellten es Bundesvertreter im Rückblick selbst fest, bewirkt meist das Gegenteil dessen, was beabsichtigt ist.[2]

Mit einer Verzögerung von 40 Jahren waren Zehntausende von Beschäftigten die Leidtragenden des unbarmherzigen Strukturwandels, die ab Beginn der 1970er-Jahre ihre Arbeit verloren. So betraten ab 1981 wieder dieselben Banken die Bühne, lamentierten über die Unfähigkeit der «Uhrenbarone», beauftragten das Beratungsunternehmen Hayek Engineering mit einer Analyse und übergaben das neue Paket Asuag/SSIH nach der Sanierung 1985 einem Konsortium unter der Leitung von Nicolas Hayek, einem «Insider» also, der zuvor als Berater das Innenleben der Holdings begutachtet hatte.[3] Der Preis für die Anteile am neuen Konzern war mehr als vorteilhaft. Nicolas Hayek kommt das Verdienst zu, den Glauben an die Schweizer Uhrenindustrie gestärkt zu haben. Allerdings: Als sich das Konsortium den riesigen Komplex aneignete, war die Uhrenindustrie schon wieder auf Kurs. Eta-Generaldirektor Ernst Thomke hatte zuvor den gordischen Knoten zerschlagen, indem er 1979 die Entwicklung der Swatch-Uhr in Auftrag gab, denn die Herstellung einer

Fertiguhr war den Rohwerkproduzenten unter den damals herrschenden Verhältnissen untersagt. Der frühere Eta-Lehrling und studierte Chemiker und Mediziner war es auch, der schon vor der Sanierung gegen heftigste Widerstände zu rationalisieren und zu reorganisieren begann. «Die Swatch ist nicht das Produkt, das die Uhrenindustrie retten wird», notiert 1983 das Protokoll einer Sitzung des Steuerungsausschusses, der die Sanierung der Asuag überwachte, als Aussage Nicolas Hayeks; es sei aber wichtig, dass die Schweiz damit in den von Japan besetzten Marktsektor eindringe. Die Swatch fand bereits reissenden Absatz, als sich Hayek an die Spitze der SMH setzte.[4]

Rudolf Schild-Comtesse starb 1978. Er hätte kaum gebilligt, dass die Swatch in «seiner» Eta produziert worden wäre, und dies aus Gründen der Loyalität: Niemals hätte er mit einer eigenen Fertiguhr die Kundschaft, die Etablisseure, konkurrenziert. Sein älterer Sohn Alfred schrieb später in einem Brief, es sei auch für ihn ein «Drama, und es wäre für meinen Vater noch schlimmer gewesen». Die verdiente alte Garde in den Herstellerbetrieben gesellte sich damit zu den traditionellen Bremsern der oberen Etagen in den diversen Holdings – Bremser aufgrund von festgefahrenen Strukturen, Gewohnheiten und Treueschwüren. Nur eine starke, durchsetzungsfähige Führung an der Spitze der Asuag hätte hier Abhilfe schaffen können; da diese fehlte und der letzte Generaldirektor und Verwaltungsratspräsident in Personalunion die Situation allzu lange schönredete, lösten die Banken die Aufgabe, indem sie die Strukturen zerschlugen.

In mancher Hinsicht, so zeigen Protokolle, war Rudolf Schild-Comtesse der Mahner in der Wüste. Geprägt von der traumatischen Verarmung in der Kindheit wegen eines müssiggängerischen Vaters wurde er nicht müde, strenge Kostenkontrolle und die Äufnung stiller Reserven zu predigen. Andererseits setzte er sich in der beginnenden Krise für die Einhaltung der Vereinbarungen mit der Gewerkschaft ein. Mit Vorliebe tadelte er den Verband Fédération Horlogère FH für die Unfähigkeit, die Fertiguhr besser zu vermarkten. Mit seiner bisweilen gefürchteten Hartnäckigkeit handelte er in vielen Kommissionen und Gremien stets vorteilhafte Verträge aus. In den eidgenössischen Kommissionen setzte er sich für die Aufhebung der staatlichen Eingriffe ein. Als Delegierter der Asuag-Tochter Ebauches SA drängte er auf intensivere Forschung am Quarzwerk. In vielen Fragen bewies er eine beeindruckende Weitsicht.

Mit dem Erfolg der Eterna in der zweiten Hälfte des 19. Jahrhunderts entwickelte sich auch der Ort Grenchen «vom Bauerndorf zu einer Industriemetropole», wie die *Neue Zürcher Zeitung* titelte. Der «Silicon-Valley-Effekt» führte zur Gründung zahlreicher weiterer Uhrenfirmen. Die weitaus wichtigste war die lange Jahrzehnte florierende A. Schild & Cie., später Assa genannt. Die Firma war Mitte des 20. Jahrhunderts mit über 2500 Beschäftigten zeitweise die grösste Rohwerkherstellerin der Welt. Der Gründer Adolf Schild-Hugi war ein Grossonkel von Rudolf Schild-Comtesse. Obwohl sie beide ab 1932 unter demselben Holdingdach der Asuag vereint waren, blieben Eta und Assa Konkurrenten – bis zum Todesjahr von Rudolf Schild-Comtesse, als die serbelnde Assa in die florierende Eta integriert wurde. So zeichnet dieses Buch auch die Geschichte zweier Zweige derselben Schild-Familie auf, die während Jahrzehnten die Stadt am Südfuss des Jura prägte, beherrschte und in mancher Beziehung förderte.

Das vorliegende Buch basiert auf der Idee, das Archiv von Rudolf Schild-Comtesse auszuwerten. Ich danke meinem Onkel Claude Schild dafür, dass er mir sogleich Einblick gewährte, die Dokumentation aufwendig inventarisierte, was mir die Orientierung bedeutend erleichterte, und mir an vielen Treffen mit seiner reichen Erfahrung und seinem Wissen Red und Antwort stand. Claude Schild, jüngstes Kind von Rudolf Schild-Comtesse, war für einige Jahre Mitglied im Kader der Eterna. Mit grosser Dankbarkeit habe ich auch auf die Unterstützung meiner Tante Marianne Gerny-Schild zählen dürfen. Die jüngere Tochter von Rudolf Schild-Comtesse erzählte mir aus dem Leben der Familie und machte mir die Vergangenheit damit lebendig. Dankbar bin ich auch für die Bereitstellung von Fotos und Dokumenten und ihre kritische und kompetente Durchsicht des Manuskripts.

Vor rund vier Jahren griff ich zum Telefon, um einen gewissen Adolf Richard Schild in Sigriswil zu kontaktieren, Verfasser einer Familien- und Ortsgeschichte,[5] von der mir Alfred Fasnacht, damaliger Leiter des Kultur-Historischen Museums Grenchen, berichtet hatte. Adolf Richard Schild war sogleich zu einem Treffen bereit, und bald schon sass ich am Tisch seines Hauses über dem Thunersee. Es war eine schicksalshafte Begegnung. Der promovierte Betriebswirtschafter ist ein Enkel von Adolf Schild-Hugi, Gründer der Grenchner Rohwerkproduzentin Assa. So sind unsere Familiengeschichten miteinander verknüpft. Auch er kann sich an manche Begegnung mit dem «Junker» erinnern, als er kaufmännischer Direktor bei Assa war; 1971 überwand er als Erster den Graben zwischen den Familien und forderte Rudolf Schild-Comtesse zu einem geschäftlichen Erfahrungsaustausch auf. Privat hatten die beiden Schild-Stämme nur wenig miteinander verkehrt. Wie kaum ein anderer hat Adolf Richard Schild Einblick in die Geschehnisse und die Strukturen jener Zeit, aber auch in die komplexe Technik des Uhrwerks und die Geschichte der Uhrmacherei. Dem ersten Treffen folgten viele weitere. Gemeinsam sind wir den Fakten und Hintergründen der Geschichte nachgegangen, haben Persönlichkeiten jener Jahre interviewt und Schauplätze besichtigt. Selber neugierig geworden, begann Adolf Richard Schild, sein eigenes Archiv, das im Estrich lagerte, zu durchforsten. So hat sich seit der ersten Begegnung eine überaus erspriessliche Zusammenarbeit auf den Spuren der Vergangenheit ergeben. «Das Sekretariat steht zu deiner Verfügung!», meldete er sich jeweils am Telefon und lachte. Das «Sekretariat» hat fachliche Bereiche bearbeitet und abgeklärt, Protokolle erstellt, Pendenzenlisten geführt, Stammbäume nachgetragen, Fotos sowie seine Dissertation und Berichte bereitgestellt, die Adolf Richard Schild damals während seiner rund zehn Jahre dauernden Arbeit im Dienste der Uhrenindustrie verfasst hatte. Unermüdlich hat er mir Fragen beantwortet. Einige Passagen in diesem Buch tragen seine Handschrift. Und wir haben festgestellt, dass uns vieles mehr als «nur» die Uhrenindustrie verbindet. Ohne Adolf Richard Schild, ohne sein immenses Wissen, seine Klarsicht und seinen Drang, einem Sachverhalt tief greifend und unvoreingenommen auf die Spur zu kommen, aber vor allem ohne seine liebenswürdige Anteilnahme hätte dieses Buch nicht geschrieben werden können. Ich bin ihm zu unendlichem Dank verpflichtet.

Mit Dankbarkeit erinnere ich mich auch an die Begegnungen mit Roswitha Schild und ihrer Mutter Marieluise Schild-von Platen, Witwe von René Schild. Meine Arbeit am Buch hat mich damit nicht nur der Geschichte meiner Ahnen und einem Teil der Schweizer Wirtschaftsgeschichte nähergebracht, sie hat mir auch ermöglicht, Verwandte und Nachkommen von Schild-Familien kennenzulernen, deren Verhältnis zu Rudolf Schild-Comtesse nicht unbelastet war. Dass wir uns nun über die Eigenheiten unserer Vorfahren unterhalten und darüber lachen können – dafür allein hat sich die Recherche zu diesem Buch gelohnt.

Ich habe beim vorliegenden Buch auf viele Publikationen zurückgreifen können. Herausragend sind die Recherchen von Lucien F. Trueb oder von Pierre-Yves Donzé, Professor für Wirtschaftsgeschichte an der Universität von Kyoto und profunder Analytiker der Geschichte der Schweizer Uhrenindustrie, und die journalistische Arbeit von Hansjürg Abt, damaliger NZZ-Redaktor, und Gil Baillod, Chefredaktor und Direktor der Zeitung *L'Impartial*. Fachlich höchst bereichernd waren die Gespräche mit Bruno Bohlhalter, der soeben mit einer Dissertation über die grossen Krisen in der Geschichte der Uhrenindustrie promoviert hat.[6] Als ergiebiger Fundus erwies sich das Bundesarchiv, dessen Dokumente aus den Jahren der Restrukturierungphase 1981 bis 1984 nun öffentlich zugänglich sind. Profitieren durfte ich auch von der freundlichen Unterstützung des Kultur-Historischen Museums, das mir stets hilfreich zur Seite stand und mir die hervorragend recherchierten Broschüren und Bücher zur Geschichte Grenchens sowie die historischen Fotos in ihrer Sammlung unentgeltlich zur Verfügung stellte. Ich danke herzlich für dieses Entgegenkommen.

Zu grossem Dank verpflichtet bin ich sodann allen Zeitzeugen, die mir bereitwillig Auskunft gaben über ihre Begegnungen mit Rudolf Schild-Comtesse, ihre Erfahrungen und ihr Wissen rund um das Geschehen in der Uhrenbranche, das manche von ihnen mitgeprägt haben. Erst ihre Aussagen machen das Geschehen lebendig. Im Anhang verdanke ich diese Persönlichkeiten namentlich.

Dieses Buch handelt vom Leben der Uhrenpatrons der Familien Schild, die wenig mit dem oft bemühten Bild des selbstherrlichen, die Zeichen seiner Zeit verschlafenden «Uhrenbarons» gemein haben, und welche die primäre Motivation für ihr Lebenswerk nicht aus der persönlichen Bereicherung schöpften, sondern aus ihrer Verantwortung als Arbeitgeber und Bürger ihrer Stadt. Die vorliegende Schrift ist nicht mit dem Anspruch verbunden, die historische Entwicklung der Uhrenindustrie zu analysieren und zu werten. Wenn es dazu beiträgt, einige Aspekte dieses faszinierenden Teils der schweizerischen Wirtschaftsgeschichte fassbar zu machen und die Branchengeschichte auch interessierten Laien zu erschliessen, so ist damit ein wesentlicher Anspruch dieses Projekts erfüllt.

Anton Schild (1800–1877) und Nachkommen

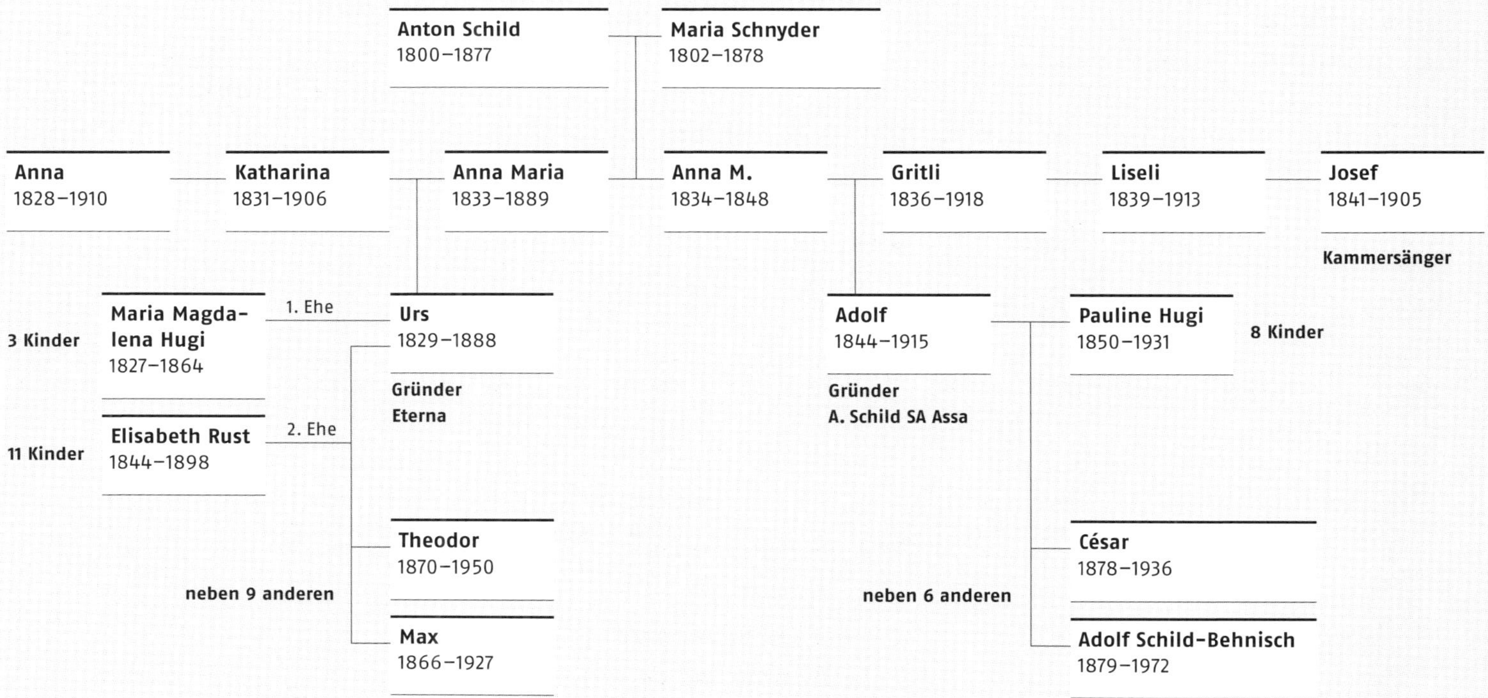

Urs Schild (1829–1888) und Nachkommen

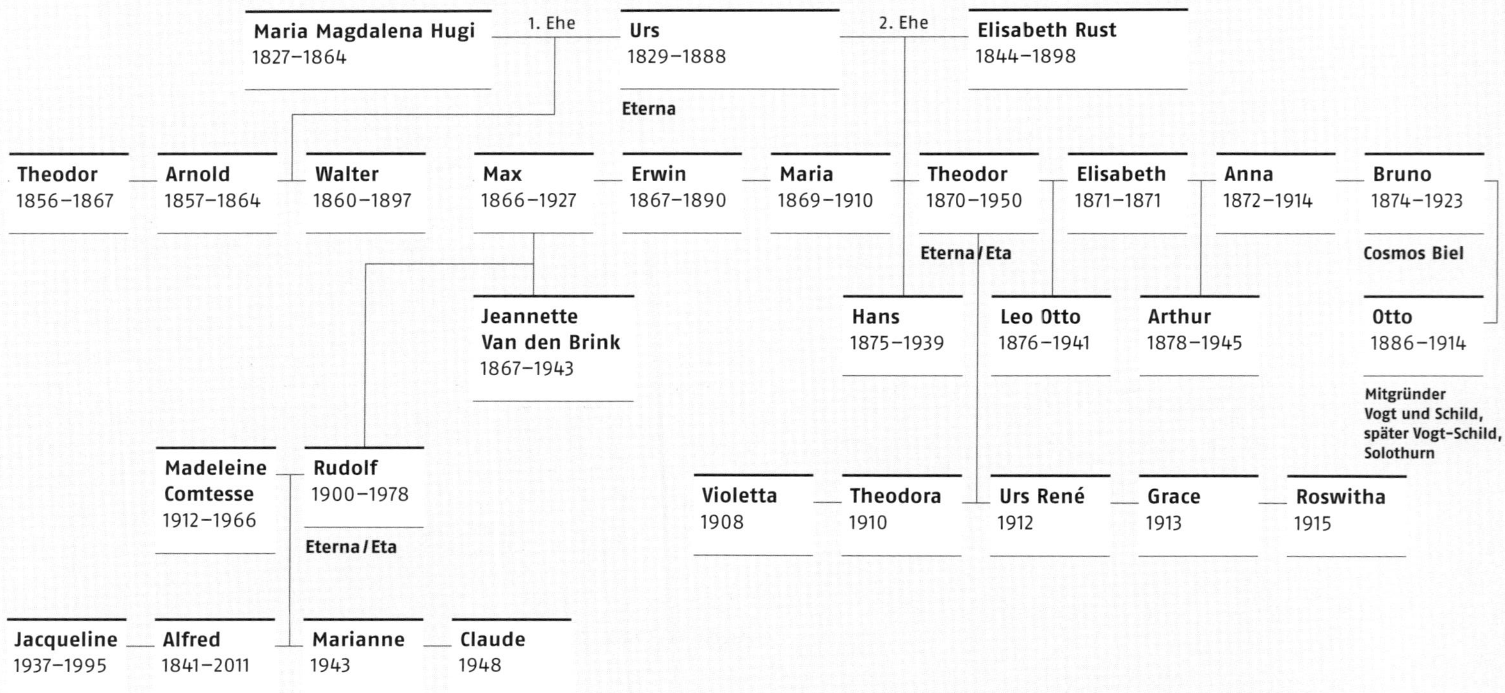

Die Wurzeln der Eterna

Mitte des 19. Jahrhunderts war die Eröffnung der Poststelle das Einzige, was auf ein wirtschaftliches Erwachen Grenchens hinwies. Der Ort am Jurafuss zählte 1500 Einwohnerinnen und Einwohner und war eher eine Streusiedlung als ein Dorf. Strohdachhäuser zeugten von bäuerlicher Armut. Die Juragewässer flossen noch ungehindert ins Tal; ab und an trat die Aare im Frühling mit der Schneeschmelze über die Ufer und überschwemmte das Land bis zur weiter oben gelegenen «Garnbuchi» des Anton Schild. Die im südlichsten Weiler Staad Ansässigen seien dann, so berichten Chronisten, mit dem Flachboot nach Grenchen gelangt. Eine besondere Plage waren im Sommer die Attacken der Stechmückenschwärme aus den sumpfigen Aarewiesen der «Witi», der Ebene zwischen Stadt und Fluss.[7]

Nur zehn Kilometer weiter östlich lag das weltmännische, kulturbeflissene Solothurn mit seinen gepflegten Umgangsformen. Der frühere Glanz der einstigen, von Frankreichs Diplomaten als Wohnsitz auserwählten «Ambassadorenstadt» hatte nicht auf Grenchen abgefärbt. Bloss das Bachtelenbad vermochte auswärtige Gäste anzulocken. Ohne dieses Bad, so darf man vermuten,[8] gäbe es keine Uhrenindustrie in Grenchen. Die Kur- und Erholungsstätte war 1818 von einem Landwirt und Garnbucher namens Josef Girard auf seinem Grundstück nördlich des Grenchner Dorfkerns gebaut worden. Sein Sohn gleichen Namens wählte, auf Geheiss seines Vaters, den Beruf des Arztes, um den Gästen auch medizinische Betreuung zu bieten. Zahlreiche Besucher aus der Umgebung frequentierten die Heilstätte; besonders beliebt war das russische Dampfbad. In guten Zeiten fuhren täglich mehrere Pferdeomnibusse von Solothurn und dem nahen Jura zum Bachtelenbad. Kamen die Gäste auf eigenen Pferden angeritten, stellten sie diese bei Grenchner Landwirten ein. Das Bad entwickelte sich rasch zu einem gesellschaftlichen Zentrum: Hier wurde geklatscht und Informationen ausgetauscht. Die Grenchner Bevölkerung kam in Kontakt mit

Die Gäste kamen auch aus dem Jura: das Bachtelenbad – oder «Bains de Granges».

allen gesellschaftlichen Schichten und politischen Strömungen. Und wenn elegante, wohlgenährte Familien aus dem Jura und aus Biel mit einem Vierspänner das Bad besuchten, sahen sie, dass manch einer vom Geschäft mit den Uhren ganz ordentlich leben konnte. Seit mehr als 50 Jahren blühten nun schon in den Juratälern die Uhrenkontore. Es waren namentlich Nachkommen von Hugenotten, die ab dem 17. Jahrhundert Genf verlassen hatten, um sich wirtschaftlich frei betätigen zu können.

Im Bachtelenbad wurde auch politisiert. In Grenchen wehte nämlich ein revolutionärer Geist, gerichtet gegen die Obrigkeit in Solothurn. Die aristokratische Regierung hatte sich dort 1814 nach Ende der napoleonischen Restauration ihr Machtzentrum zurückerobert, doch nur für kurze Zeit. In Grenchen bot der Arzt Josef Girard, umtriebig und kämpferisch wie er war, vielen politischen Flüchtlingen aus dem In- und Ausland Asyl und gratis Kost und Logis. Zusammen mit Gleichgesinnten lehnte er sich auf gegen die Herren in Solothurn, wann immer sich eine Gelegenheit bot. An seiner Seite war der Grenchner Anton Schild-Schnyder – auch er einer, der sich gegen die «fremden Vögte» und deren «Zehnten» stemmte. Der 1800 geborene Schild, Vater von neun Kindern, war Landwirt, Tierarzt und Zimmermann, und als Nebenverdienst hatte er sich eine Garnbuche eingerichtet: In einem Schopf seines Hauses mitten in der «Witi» auf halbem Weg zwischen Grenchen und Staad war ein grosser Kessel eingemauert, in dem der gehechelte Flachs, mit Asche vermischt, ausgekocht wurde, um die Fasern geschmeidiger und heller zu machen. Trotz Geldsorgen und Schulden ging es in der Familie meist fröhlich und unbeschwert zu und her, berichtete später Antons Enkel Werner Flury.[9] Anton, nie verlegen um träfe Sprüche, war ein gern gesehener Gast in Wirtshäusern. Seine Frau Maria liebte den Gesang, was sich auf ihren jüngsten Sohn übertragen sollte: Josef Schild, blond gelockt und blendend aussehend, machte in der zweiten Hälfte des Jahrhunderts weltweit Schlagzeilen als Kammer- und Opernsänger; er trat am königlichen Hoftheater in Dresden auf, sang vor dem russischen Zaren und auf den grössten Bühnen in Paris – bis er 1874 im Alter von erst 32 Jahren mit ruinierter Stimme nach Grenchen zurückkehrte.

Anton stand seinem Freund Girard bei, als dieser ausländische Revolutionäre in Grenchen beherbergte. Die Behörden der Kantone Solothurn und Bern nahmen dies missbilligend zur Kenntnis. Als die Landbevölkerung rund um Solothurn 1830 im benachbarten Balsthal zusammenströmte und eine demokratische Neuordnung verlangte, marschierten auch zweihundert Mannen aus Grenchen mit, angeführt von Josef Girard. Nun war die Regierung in Solothurn zu Konzessionen bereit. Auch im angrenzenden Bern war mittlerweile das aristokratische Regime gestürzt worden. Die neue liberale Regierung legte den Solothurner Stimmberechtigten eine Verfassung vor, basierend auf dem Prinzip der repräsentativen Demokratie. Aber diese Kantonsregierung nutzte weiter die Wälder der verärgerten Gemeinden, die selbst über ihren Baumbestand und damit den kostbaren Rohstoff Holz bestimmen wollten. Als Solothurn die Entschädigung für die Nutzung senkte, war das Mass voll. Die Lage spitzte sich zu, ein Solothurner Bataillon revoltierte, und zu allem Überdruss gewährten die Grenchner ab 1835 unter Initiative von Josef Girard dem italienischen Freiheitskämpfer Giuseppe Mazzini und dessen Freunden während zwei Jahren Asyl. 1837 verjagte eine aufgebrachte Volksmenge die Kommissare aus Solothurn, als diese Holz versteigern lassen wollten. Unter den Anführern der als «Grenchner Holzrevolution» in die Geschichte eingegangenen Revolte waren, einmal mehr, Schild und Girard. Die beiden Herren, die später den Grundstein legten für den Aufstieg Grenchens zum Ballungszentrum der Schweizer Uhrenindustrie, kamen für ein paar Tage ins Gefängnis; Girard, der wie Schild zu dieser Zeit Kantonsrat war, entschuldigte seine Abwesenheit an der kantonsrätlichen Sitzung mit den Worten: «Prisonstrafe angetreten», was laut Protokoll allgemeine Heiterkeit auslöste.

Einige Jahre später standen die Zeichen in der ganzen Schweiz erneut auf Umschwung. Die erste Bundesverfassung von 1848 vereinte die Kantone in einem Bundesstaat, das Münzsystem und die Masse wurden vereinheitlicht und der elektrische Telegraf eingeführt. Unter der neuen Regierung, den volksnahen «roten» Liberalen, ging es mit dem bisher armen Kanton Solothurn schlagartig aufwärts. Sie trieb nun die Industrialisierung mit aller Macht und tatkräftiger staatlicher Unterstützung voran. Es ging Schlag auf Schlag: Uhren- und Schuhfabriken, Textil- und Papierunternehmen, Fabriken für Stahlbau siedelten sich an. Holz wurde durch Braunkohle ersetzt, Strassen gebaut, Gewässer korrigiert. 1858 dampfte der erste Eisenbahnzug der Linie Solothurn – Biel durch Grenchen. Bis Ende des 19. Jahrhunderts sollte sich der Kanton Solothurn mit dem industriellen Zentrum Grenchen als bedeutendstem Arbeitgeber der Region zu einer der stärksten Industrieregionen der Schweiz entwickelt haben.

Mitte des 19. Jahrhunderts aber herrschte noch die Not: Es mangelte an Arbeit für die junge Generation. Vom Kanton finanziell unterstützt, verliessen die Menschen auf der Suche nach einem Erwerb in Scharen ihre Heimat, meist Richtung Amerika. So konnte es nicht weitergehen, befand eines Tages auch der Grenchner Gemeinderat. Eine zukunftsgerichtete Branche musste sich ansiedeln. An einer Gemeindeversammlung im Januar 1851 beantragte Josef Girard, der Rat solle prüfen, «auf welche Art neue Erwerbszweige in unserer Gemeinde eingeführt werden können». Drei Vorschläge lagen bald darauf auf dem Tisch: die Strohflechterei, die Seidenweberei und die Uhrenindustrie. Die Gemeindeversammlung sprach sich einstimmig für die Uhrmacherei aus. Denn mittlerweile war der strenge Zunft- und Bannzwang beseitigt, mit dem die Oltner und Solothurner Uhrmacherbranche bisher die Konkurrenz im Kanton erfolgreich abgewehrt hatte. Nun waren die Schleusen geöffnet. Schon ab 1844 hatten einige Grenchner Familien ihre Kinder zu jurassischen Uhrmachern in die Lehre geschickt; nach ihrer Rückkehr verrichteten diese Heimarbeit für Etablisseure in Biel und Solothurn.

In der Uhrenbranche herrschte noch immer das Verlagssystem, Etablissage genannt. Hier wurden alle Einzelteile der Uhr zusammengetragen und zu kompletten Uhren zusammengebaut oder eben «etabliert». Der Etablisseur vergab die Produktion der Uhrenteile an spezialisierte Arbeitskräfte, damals noch meist Heimarbeiter. Selbst beschäftigte er nur den Visiteur, der die Uhren kontrollierte und die Arbeit der Uhrmacher bewertete, und vielleicht noch den Acheveur, der vor dem Verkauf letzte Hand an die Uhr legte. Unzählige Uhrmacherberufe waren an den drei Schritten beteiligt, in die sich die Herstellung einer Taschenuhr aufteilte: an der Fertigung des Uhrwerks selbst, an der Fertigung des Gehäuses und an der Terminage, die noch von der Dekoration gefolgt

Mit ihnen fing alles an: Josef Girard, Anton und Maria Schild-Schnyder.

war. Die Bearbeitung jedes dieser Teile zerfiel wiederum in einzelne Arbeitsgänge, «Partien» genannt. Bis 1800 war die ganze Uhr meist im kleinen Betrieb hergestellt und auch verkauft worden. Dann schritt die Arbeitsteilung voran, vor allem als Folge der technischen Entwicklung der Werkzeuge und verbesserter Produktionsmethoden. Waren es 1830 noch rund 50 Berufsgattungen, die an der Herstellung der ganzen Uhr beteiligt waren, verdoppelten sich die Partien in den kommenden Jahrzehnten.

Sofort nach dem Gemeinderatsbeschluss wurden Josef Girard und Anton Schild beauftragt, «über die Ausbildung weiterer Lehrlinge in der Uhrmacherei zu Zuschüssen der Gemeinde Bericht zu erstatten».[10] Die Uhrmacherei war in mehrerer Hinsicht ideal für Grenchen. Der Zeitmesser ist ein kleines und leichtgewichtiges Handelsgut mit hoher Wertschöpfung, dessen Produktion wenig Raum, Rohstoffe und Energie beansprucht. Es brauchte – vorerst – keine grossen Fabriken, und die Bauern in den weitläufigen Siedlungen konnten in der Winterzeit zu Hause einer bezahlten Beschäftigung nachgehen. Noch im selben Jahr richteten Girard und Schild in Grenchen eine Lehrwerkstätte ein. Doch Anton Schild wollte mehr, als im Überwachungsausschuss der Lehrwerkstätte zu sitzen. Er schickte eine seiner fünf Töchter ins Welschland in die Lehre. Nach ihrer Rückkehr richtete er in der eigenen Garnbuche eine private

Urs Schild beteiligt sich am Unternehmen von Josef Girard und zahlt diesen später aus. Rechts seine zweite Frau Elisabeth, geborene Rust.

Lehrwerkstätte ein. Schon bald entwickelte sich daraus ein Fabrikationsbetrieb mit 15 Arbeiterinnen und Arbeitern. Der älteste Sohn Urs war zwar – nach einer sechswöchigen Ausbildung – seit seinem 17. Lebensjahr als Dorfschullehrer tätig, verbrachte aber seine freie Zeit in der kleinen Fabrik. Er war tüchtig, ehrgeizig und lernte schnell.

In der Werkstatt wurden die rohen Werkteile veredelt. Die Teile mussten mit dem Pferdewagen aus dem Jura geholt und die bearbeiteten Produkte wieder dorthin verfrachtet werden – eine mühselige Angelegenheit, besonders im Winter, wenn sich der Wagen durch Schnee und Morast kämpfen musste. Warum also nicht die Uhrenteile gleich selbst und vor Ort herstellen? Es war Antons Freund, der Arzt Josef Girard, der den Anfang wagte und 1852 zusammen mit seinem Bruder Euseb und Notar Kunz Grenchens erste Rohwerkfabrik gründete. Doch die Umstände waren schwierig: Der Krimkrieg zwischen Russland und dem Osmanischen Reich liess die Nachfrage sinken, und die Konkurrenz war unerbittlich. Das französische Unternehmen Japy Frères in Beaucourt, das sich schon 1773 als weltweit erste Rohwerkfabrik etabliert hatte, verhielt sich besonders kompetitiv. Es schaffte laufend neuartige Werkzeugmaschinen an, um den Output zu erhöhen: 1795 produzierte es 40 000 Rohwerke, ein Dutzend Jahre später schon 300 000. Die Konkurrenten machten es ihr nach und überschwemmten den Markt mit Rohwerken. Deren Abnehmer, also jene, welche die Uhr zusammensetzten, hatten aber keine Maschinen, um ihre Produktion zu beschleunigen. Die Rohwerke blieben im Lager, es kam zu Preiszerfall, und die Branche geriet an den Rand des Ruins. Es zeigte sich ein erstes Mal, was sich in der Folge während Jahrzehnten wiederholen sollte: Der Wettbewerb unter den Herstellern von Ebauches – Rohwerken – war erbarmungslos und mündete in zyklisch wiederkehrende Krisen mit Mengenüberschuss, Preiszerfall und Konkursen. In der Schweiz sollte dieses Malaise im 20. Jahrhundert ein Ende nehmen, als eine staatlich verordnete Planwirtschaft die Prinzipien des freien Marktes für einige Jahrzehnte ausser Kraft setzte.

Vier Jahre nach der Gründung seines Unternehmens musste Girard den Betrieb liquidieren. Dorfschullehrer Urs Schild, der nebenamtlich in Girards Betrieb als Schreiber und Buchhalter gearbeitet hatte, wollte es nun mit eigenem Geld wagen. In der Werkstatt seines Vaters Anton hatte er das technische Know-how erworben. Urs Schild quittierte seinen Job als Lehrer. Ermutigt von seinem Schwiegervater Urs Hugi-Stämpfli, der für ihn bürgte, beteiligte er sich an der Seite Girards am Neubeginn des Betriebs. Es war 1856, das Geburtsjahr der späteren Eterna. Die beiden hatten wohl kaum zu träumen gewagt, dass die Fabrik «Girard & Schild» einige Jahrzehnte später eine der mächtigsten Uhrenfirmen der Schweiz sein würde. Urs Schild vertiefte sich in das Gebiet der komplexen Mechanik der Zeitmesser. Seine Erkenntnisse hielt er fein säuberlich in einem Heft fest, illustriert von detaillierter, mit Zirkel und Lineal gezeichneter Darstellung des Uhrwerks und seiner Bestandteile. Die Herstellung und Weiterentwicklung der technischen Wunderwerke auf kleinstem Raum bedingten auch hohe mathematische und physikalische Kenntnisse. Mittelpunkt der Kleinuhr ist der Gangregler, Unruh genannt, ein präzises, aus Metall gefertigtes kleines Schwungrad, das an einer Spiralfeder befestigt ist und mit seinem Schwung den Takt vorgibt. Die Genauigkeit der Schwingung der Unruh bestimmt die Ganggenauigkeit der Uhr. Wie sehr sich Urs Schild auch in die technischen Belange einarbeitete, veranschaulichen seine Überlegungen zum Beweis, «warum es unmöglich ist, bei kleineren Uhren so genaue Regulierungsresultate wie bei grösseren zu haben. Kreisflächen verhalten sich wie die Quadrate ihrer Durchmesser. In denselben Verhältnissen müssen sich demnach die Massen zweier ungleich grosser Unruhen verhalten, das heisst, wenn ihre Höhen dieselben sind. Nun wirkt aber ausserdem die im Quadrat des Durchmessers verkleinerte Masse auch noch an einem kleineren Hebel, oder was dasselbe sagt: Die Masse der kleineren Unruhe erreicht bei gleichem Schwin-

1856: erstes Gebäude der Fabrik Girard & Schild, der späteren Eterna.

gungsbogen nicht die gleiche Geschwindigkeit wie die Masse der grösseren Unruhe. Demzufolge nimmt das Trägheitsmoment der Unruhe mit dem Cubus ihres Durchmessers ab, und ihr Verhältnis zur Kraft der Zugfeder ist in kleineren Uhren ein ganz anderes als in grösseren.»

Mit Energie und Zähigkeit verfolgten Girard und Schild in ihrem Betrieb das Ziel, die Grenchner Uhrmacher von auswärtigen Rohwerklieferanten unabhängig zu machen. Die neue Leitung kaufte gleich nach der Firmengründung am Dorfbach die Liegenschaft «Im Loch». Hier entstand das erste Gebäude der Fabrik; es steht heute noch. Die Zusammenarbeit der beiden Freunde dauerte aber nur zehn Jahre: 1866 fühlte sich Girard, tätig als Unternehmer und Arzt, überlastet und trat seinen Anteil am Betrieb ab. Drei Jahre später starb er, dem Grenchen in mancher Beziehung vieles zu verdanken hatte. Der Betrieb hatte rentiert: Urs Schild konnte Girard mit der stolzen Summe von 35 000 Franken auszahlen. Die Geschäfte der neuen «Urs Schild & Cie.» liefen weiterhin gut, 1870 gehörte die Fabrik mit rund 300 Arbeitsplätzen zu den wichtigsten Arbeigebern der Region. Nun konnte Urs als alleiniger Besitzer auch die Hypothekarschuld von 30 000 Franken begleichen.

Noch immer kämpften die französischen Japy Frères um Vorherrschaft in der Rohwerkproduktion. Wollte Urs seine Stellung halten, musste er seine Produktion erhöhen und ebenfalls neue Maschinen anschaffen. Maschinell hergestellte Uhrenbestandteile waren mittlerweile gefragter als jene von Hand: Sie waren regelmässiger geformt und boten damit jenen, welche die Uhr zusammenstellten, weniger Schwierigkeiten. Schon 1861 hatten Schild und Girard begonnen, in einer leer stehenden Nagelschmiede Uhrenbestandteile maschinell herzustellen. Sie gehörten damit zu den ersten, die einzelne Schritte in der Bearbeitung mechanisierten. Mit Argwohn beobachteten die Arbeiter, wie die Maschinen drohten, ihr Handwerk zu ersetzen. Urs Schild vermochte die Gemüter zu beruhigen: Für Installation und Bedienung brauche es nach wie vor den Menschen, und neue Ideen und Mitdenken seien erwünscht. Tatsächlich konnte er 1870 die Fabrik erweitern lassen, und die Produktion wurde in den neuen Trakt verlegt. Ein Glockenturm schmückte das Dach des Neubaus. Gelöst war jetzt auch das frühere Problem, genügend Energie für den Antrieb der neuen Maschinen zu gewinnen. Nun ersetzten Dampfmaschinen die Wasserkraft des Dorfbachs.

Die Produktpalette wurde immer breiter. 1864 trat Adolf Schild, der 15 Jahre jüngere Bruder von Urs, nach abgeschlossener Uhrmacherlehre in den Betrieb ein. Von da an produzierte man nicht nur halbfertige Rohwerke, sondern auch komplette Ebauches, und zwar mit beiden Hemmungstypen Zylinder und Anker. Laut Versicherungspolice diente die Fabrik nun der Herstellung von «Ebauches, Echappements und Finissages»: Im «Echappement» wurden die Komponenten des Hemmungsmechanismus hergestellt und die Lagerpositionen der Hemmungsteile von der Platine auf die Brücken übertragen. «Ebauches» bezeichnete die Produktion des Gestells aus Platinen und Brücken und der Antriebs- und Aufzugsmechanismen; in der «Finissage» wurden die Komponenten zusammengefügt und mit dem Räderwerk versehen. Es war der Beginn einer eigenständigen Grenchner Uhrenindustrie. Der Erfolg sollte in Scharen tüchtige Leute anziehen und manch einen anregen, eine eigene Firma aufzubauen. Dieser «Silicon-Valley-Effekt»[11] lag dem Aufstieg Grenchens als Uhrenzentrum zugrunde. Innert kurzer Zeit entwickelte sich der Ort vom einstigen Bauerndorf zur Industriemetropole.

Auch andere Schweizer Produzenten von Rohwerken hatten begonnen, ihren Betrieb zu mechanisieren. Die Weltausstellung in Philadelphia 1876 führte den Schweizern aber vor Augen, dass ihnen die amerikanischen Konkurrenten dennoch weit überlegen waren. Die Schweizer Uhrmacher hatten seit Bestehen der Branche bisher Markt um Markt erobert – den russischen, wo der Schaffhauser Heinrich Moser bereits 1848 den Handel monopolisiert hatte, den chinesischen, wo die Familie Bovet aus dem Val de Travers den Süden und Vacheron Constantin aus Genf den Norden beherrschten, oder den japanischen. Diese Zeiten waren in den 1870er-Jahren fürs Erste vorbei. In Amerika hatte

Es raucht aus den Kaminen der «U. Schild à Granges» (1875).

die industrielle Revolution die Uhrenproduktion innerhalb weniger Jahre revolutioniert: Grossbetriebe stellten mit standardisierter maschineller Serienproduktion Massen von Uhren her. Die Ausstellung in Philadelphia hatte Schockwirkung. Die offiziell entsandte Schweizer Delegation schlug Alarm: «Sans réorganisation, nous sommes perdus.» Wenn die Uhrmacherei ihre Methoden nicht sofort anpasse, drohe ihr das gleiche Schicksal wie der Spitzen- und Indienneindustrie,[12] die ihre Konkurrenzfähigkeit auf dem Weltmarkt längst eingebüsst hatte. Für die Schweiz hätte dies gravierende Folgen, gehörte doch die Uhrenindustrie mit einem Weltmarktanteil von 70 Prozent zu den wichtigsten Wirtschaftsbranchen. Ausgerechnet die USA, die bisher die grössten Abnehmer von Schweizer Erzeugnissen waren, schienen nun in der Lage zu sein, ihren Bedarf selbst zu decken. Zudem begannen ihre maschinell gefertigten Billiguhren auch Europa zu überschwemmen.

Die Besonderheiten der Schweizer Uhrenindustrie indes machten es ihr nicht leicht, sich im grossen Stil zu modernisieren. Der Vorwurf, die Branche sei «innovationsfeindlich», stimmte nur bedingt. Es gab zwar Produzenten, die der Ansicht waren, die Uhrenherstellung in der Schweiz sei primär ein Kunsthandwerk, ausgeübt von «Elitearbeitern», und das sei mit einer Mechanisierung nicht vereinbar, denn diese mindere unweigerlich die Qualität. Aber mehr noch als die Mentalität verhinderte die traditionell gewachsene Zersplitterung der Branche in unzählige Klein- und Kleinstbetriebe eine flächendeckende Mechanisierung: Investitionen in teure Maschinen konnten sich nur die Grossbetriebe leisten. Den Banken war das Geschäft mit den «Kleinen» zu riskant, sie erteilten ihre Kredite nur restriktiv.

Die Urs Schild & Cie. allerdings war gross und stark genug, um die Mechanisierung und Automatisierung zu finanzieren und voranzutreiben. Nun erforderte auch die Erfindung der Krone, die zur Freude der Kundschaft das Schlüsselchen zum Aufziehen der Uhr ersetzte, eine Umstellung der Produktion. Dieser neue Mechanismus des Uhrwerks, Remontoir genannt, die sich Jean Adrien Philippe schon 1861 hatte patentieren lassen, war ungleich komplizierter und die Zahl der Bestandteile viel grösser als bei herkömmlichen Uhren. Auch andere Rohwerkhersteller mechanisierten ihren Betrieb und versuchten, sich gegenseitig mit Preisunterbietungen in den Abgrund zu treiben.

Da setzte Urs Schild alles auf eine Karte: Er begann mit der Produktion von fertigen Taschenuhren. Von nun an wurde die Uhr von Anfang bis Ende in der gleichen Firma hergestellt. 1870 bestellte er die ersten Fertigungsmaschinen; sechs Jahre später gelangte die erste Westentaschenuhr aus der Manufaktur Urs Schild & Cie. auf den Markt. Man taufte sie auf den Namen Eterna – Ewigkeit. Die weit gediehene automatische Fabrikation vom Rohwerk bis zum Gehäuse rettete Urs Schild über die Krisen hinweg.

Gleichzeitig bemühte er sich um Absprachen zwischen den Rohwerkproduzenten, um den vernichtenden Konkurrenzkampf zu entschärfen. Er nahm damit vorweg, was im 20. Jahrhundert zur Vollendung getrieben werden sollte: die Kartellisierung der Branche. 24 Fabrikbesitzer, darunter auch die Fabrique d'Horlogerie de Fontainemelon, deren Besitzer die Familie Robert war, schlossen sich zusammen und setzten einheitliche Tarife für alle Bestandteile fest. Man meinte es ernst mit den «mesures de guerre» – allerdings mit wenig Erfolg: Die Betriebe hielten sich nicht an die Abmachungen, der Preiskampf setzte sich fort.

Allmählich veränderte sich die Landschaft der Uhrenbranche: Die Fabriken standen nicht mehr in den verkehrstechnisch ungünstigen Juratälern, sondern am Übergang des Jura ins flache Mittelland. Die neuen Uhrmacher verloren ihre Aura als «Künstler»; solche gab es zwar weiterhin in den Hügeln, doch was jene produzierten, galt jetzt als hochpreisiges Luxusgut. Die Fabrikbesitzer stellten vermehrt ungelernte Arbeiter an. In Biel und Grenchen, den zwei neuen Zentren der Branche, entstand ein klassisches Industrieproletariat. Nun gab es in den Städten, die meist von den «Roten» regiert wurden, fast wöchentlich Arbeitskämpfe; die Gewerkschaften forderten mehr Lohn und weniger Arbeitszeit.

Existenzängste und Krisenstimmung gingen nicht spurlos an Urs Schild vorbei. Mittlerweile hatte er nach dem Tod der ersten Ehefrau Maria Magdalena, geborene Hugi, seine zweite Frau Elisabeth geheiratet, die Tochter des Major Franz Rust, der im Sonderbundskrieg auf der Seite der Liberalen das berühmte Bataillon 9 anführte. Urs wurde Vater von insgesamt 14 Kindern. Seit 1882 sass er, nicht zuletzt seiner Bedeutung als erfolgreicher Unternehmer wegen, auch noch im Nationalrat und kam kaum mehr zur Ruhe. Immer öfters musste er zur Kur fahren, während sein jüngster Bruder Adolf Schild im Betrieb Urs Schild & Cie. die Stellung hielt. Als angesehener Geschäftsmann war er in die dünne obere Schicht Grenchens aufgestiegen, blieb aber zeitlebens bescheiden – gar sparsam, wie sich sein Neffe Werner Flury später erinnerte: «Verschwenderisch oder protzenhaft zu sein, lag nicht in seiner Natur, eher das Gegenteil. Ihr Patengeschenk bestand ausnahmslos aus einem gebackenen Brotring, in den ein Zweifrankenstück eingesteckt wurde.» Der nunmehr reich gewordene Onkel hätte seinem begabten Patenkind mit wenig Mitteln den normalen Besuch des Gymnasiums ermöglichen können, doch «weder private noch öffentliche Wohltätigkeit kann ihm nachgerühmt werden», schrieb Werner Flury.

Von der Gebrüder Schild & Co. zu Eterna

Als Nachfolger von Urs Schild kam zunächst einzig Max, ältester Sohn aus Urs' zweiter Ehe, infrage. Alle Hoffnungen der Familie ruhten auf dem begabten, intelligenten, bisweilen ungestümen jungen Mann. Max habe, so sagte man, das «überempfindliche Wesen seiner Mutter Elise» geerbt.[13] Sein Werdegang begann vielversprechend: Nach abgeschlossener Uhrmacherlehre in Biel reiste er nach London und weiter in die USA – dorthin, wo die Uhrenindustrie längst in der Moderne angelangt war. An einem stürmischen Wintertag im Jahr 1887 traf er in New York ein; die Stadt versank im Schnee, der Verkehr lag lahm, und die Leute übernachteten in ihren Büros. Eigenwillig, wie er war, schlug Max in New York die Dienste der Handelsvertreter seiner väterlichen Firma aus. Er wollte nur eines: die Produktionsmethoden moderner Uhrenfirmen ausspionieren. Er heuerte bei Hampden Watch Co. an und danach bei der international bekannten und von Konkurrenten gefürchteten Illinois Watch Company in Springfield. Die erst 1870 gegründete Uhrenteilchenfirma, die für renommierte Uhrenmarken produzierte, liess sich aber nicht in die Karten blicken von einem Mitglied aus dem bereits bekannten Hause Schild und setzte ihn als Putzer und Sortierer der Uhrenteilchen ein. «Schon ein voller Monat verflossen, seitdem ich in einer Uhrenfabrik arbeite, und noch kein einziger Maschinensketch oder bloss die Idee eines solchen!», notierte er in seinem Tagebuch. Er nutzte die Ferienzeit, um heimlich die Maschinen zu studieren. Beim Versuch, inkognito in einer anderen Fabrik zu arbeiten, wurde er von einem anderen Schweizer verpfiffen und stante pede hinausgeworfen.

Während seiner beiden Lehr- und Wanderjahre in Amerika verliebte sich Max, wurde enttäuscht, bildete sich weiter, auch in schöngeistigen Dingen, war einsam und notierte, er habe bisher die Freuden des Lebens allzu selten geniessen können. «Ich kann mir das Zeugnis eines tüchtigen Kerls ausstellen, der es wenigstens schon zu einer selbständigen Erfüllung eines Teils seiner Wünsche

Max Schild, ältester Sohn von Urs (sitzend) und Elisabeth Schild-Rust, ist als Nachfolger seines Vaters gesetzt. Sein Sohn Rudolf wird später Direktor der Firma.

gebracht hat. Illusionen habe ich keine, sondern sehe das Leben von der nüchternen Seite an, worin ich von einem gewissen Scharfsinn unterstützt werde.» Seiner charakterlichen Schwächen, die später seiner Gattin und seinem Sohn Rudolf das Leben schwer machen sollten, war er sich bewusst: «Meine angeborene Nachlässigkeit in allem, was Geldsachen anbetrifft, ist wieder einmal glänzend illustriert durch das gestern vorgekommene Verlieren meines Portefeuilles samt 10 Dollars.» Den Arbeitseifer seines Vaters Urs Schild hatte er nicht geerbt: Sein Kollege arbeite schon das Doppelte wie er, notierte er selbstkritisch – ob dies nun einer «Blutvergiftung durch Huren oder Auslassung des Frühstücks oder vollständiger Absonderung vor dem Rest der Menschheit» geschuldet sei, wisse er nicht.

Seine Gefühle sich selbst und auch den Eltern gegenüber waren ambivalent, wie seine Eintragungen in das Notizbuch zeigen. «Empfinde täglich mehr Mangel an Aufmunterung von Seiten Papas und Mamas, anstatt dessen nichts als Klagen über den schlechten Geschäftsgang.» Bald einmal verfiel er in Schwermut: «I am living a great deal too fast and what is even worse: I have lost the power to resist the evil. Have lost all confidence into myself and this is why I am making no efforts to obtain what I came here for … Knowledge of the machinery.» Sein «heisser Wunsch» sei, so schrieb er vor Neujahr, «dass unsere Familie zu Hause das Glück des Friedens kennen lernen möge, damit meinen jungen Geschwistern gewisse Erfahrungen erspart bleiben.» Im März 1888 erreichte ihn die Nachricht über die ernsthafte Erkrankung des erst 58-jährigen Vaters Urs.

Der nahende Tod seines Vaters erfüllte ihn mit Sorge: «Erst jetzt, da die Gefahr so nahe scheint, kann ich mir ein klares Bild machen von der immensen Lücke, welche in Familie und Geschäft entstünde durch Verlust meines lieben Vaters. Sein ganzes Leben lang beispiellos bemüht, die Fabrik und mit derselben die Lage seiner Familie sich entwickeln zu sehen, immer, wenn möglich der erste bei der Arbeit und der letzte davon weg, ist sein Zustand nun derart gesunken, dass wenig bleibt von der früheren Tatkraft.» Wenige Wochen später, am 29. April, vermeldete der ältere Halbbruder Walter: «Papa ruhig entschlafen. Brief folgt.» Verzweifelt notierte Max: «Also sind wir Kinder vaterlos, ohne jemanden, bei dem man sich Rat einholen kann in ernsten Fällen. Wie furchtbar muss sich dieser Verlust daheim im Schosse der Familie fühlbar machen, und in der Fabrik, wo nun sozusagen alles in fremden Händen liegt? Wie nur die liebe Mama, die uns Kinder mit solch unendlicher Aufopferung und Hingabe erzogen hat, diesen schweren Schlag des Schicksals ertragen kann! Ich liebe meine Mutter über alle Massen und soweit es an mir liegt, soll der Rest ihres Lebens in Ruhe verfliessen. Papa kann und wird niemand ersetzen mit seinem klaren Blick in allen Angelegenheiten des praktischen Lebens, sowie als Oberhaupt der Familie. Papa hat ein Leben voller Arbeit gehabt und viele der Schattenseiten desselben kennen gelernt, und ich hätte es ihm von Herzen gegönnt, wenn er die Früchte seiner vielen Anstrengungen endlich hätte geniessen können.»

Nach seiner Rückkehr in die Schweiz trat Max nach dringlichem Bitten seiner Mutter in das väterliche Unternehmen ein. Die energische Witwe Elisabeth Schild-Rust wandelte die Firma in eine Kollektivgesellschaft um; Teilhabende der neuen «Gebrüder Schild & Co.» waren nun sie selbst, Stiefsohn Walter und zwei ihrer eigenen Söhne. Max wurde Direktor, sein Onkel Adolf behielt die technische Leitung. Der junge Direktor wollte das in den USA Erlernte im Eiltempo im eigenen Betrieb anwenden. Das bedeutete: neue Maschinen, konsequente Arbeitsteilung und vor allem Steigerung der Qualität, die Max als «unsauber in höchstem Grade» qualifiziert hatte. «Nun heisst es also, entweder Maschinen anzuschaffen oder selber bauen, nämlich ein vorübergehendes Opfer bringen, oder sich zu einem Rückzug anschicken, was sich, wie ich glaube, für unsere Fabrik nicht gerade schickt. Allerdings», so fügte er

Adolf Schild-Hugi, Gründer der A. Schild & Co. (der späteren Assa), mit Ehefrau Pauline, geborene Hugi, auf dem Hochzeitsbild 1874.

im Brief an seinen Halbbruder Walter an, «stemmt sich hier fast alles gegen diesen Plan.»

Der Widerstand war gross: Die forsche Gangart des jungen Direktors verunsicherte nicht nur die Arbeiterschaft, die sich zunehmend in Gewerkschaften organisierte. Auch Onkel Adolf, ein friedliebender und besonnener Mann, fühlte sich überfahren. Max war kein Teamplayer, über Anordnungen seines Onkels, der ihm an Erfahrung und im zwischenmenschlichen Umgang weit überlegen war, setzte er sich hinweg. Sein Denken, so meinten später Chronisten, war zwar seiner Zeit weit voraus, und «seine Jahre in Grenchen erscheinen uns als ein unablässiger, verbissener Kampf gegen veraltete Ansichten und Methoden».[14] Immerhin konnte Max 1894 seinen Brüdern von einem guten Geschäftsgang berichten: Der Auftragsbestand belaufe sich auf «1'100 Dutzend». Er selbst zahle sich nun einen Lohn von 7000 Franken im Jahr aus, plus 10 Prozent vom Reingewinn.

Nach einigen anstrengenden Jahren an der Seite seines Neffen und schon unter seinem Bruder Urs chronisch unterbezahlt, fasste Onkel Adolf 1896, ermuntert durch seine geschäftstüchtige Ehefrau Pauline, eine folgenschwere Entscheidung: Er trat aus dem Geschäft seines verstorbenen Bruders aus und kaufte sich in Grenchen eine kleine konkursite Ebauchesfabrik am Standort der späteren Michel AG. Er taufte sie auf den Namen A. Schild & Cie. – später ab 1915, nach der Umwandlung in eine Aktiengesellschaft, kurz Assa genannt. Sie entwickelte sich überaus erfolgreich. Schon zwei Jahre nach der Gründung beschäftigte die A. Schild & Cie. 46 Personen und 1915, im Todesjahr des Gründers, 800 Mitarbeiterinnen und Mitarbeiter. Damit gab es von 1896 an zwei Firmen der Familie Schild in Grenchen. Sie waren Konkurrenten, und beide gehörten in ihrer Geschichte zeitweilig zu den weltweit grössten Rohwerkherstellern. Die grosse Krise in den 1970er-Jahren sollten aber nur die Nachfolgerinnen der Gebrüder Schild & Co. Eterna und Eta überleben.

Nach dem Abgang Adolfs verschärfte sich in der Manufaktur Gebrüder Schild & Co. der Widerstand der Belegschaft gegen die neuen Ideen der Geschäftsleitung. Für den verehrten Patron Urs Schild, den Gründer der Firma, wären sie durchs Feuer gegangen; noch 1874 hatten sie Lohneinbussen in Kauf genommen, um der Firma das Überleben zu garantieren. Aber nun antworteten sie mit einem Streik auf den Versuch von Max, den Prozess der Fertigstellung der Uhr, «Terminage» genannt, in einzelne Bereiche aufzuteilen. Mit Unbehagen verfolgte die Familie das Geschäftsgebaren von Max. Die Erleichterung war gross, als der jüngere Bruder Theodor Schild auf Betreiben seiner Mutter in die Firma eintrat, um ihn zu unterstützen. Der studierte Maschineningenieur hatte sich schon als gewiefter Geschäftsmann erwiesen: In der Überzeugung, das Fahrrad befinde sich im Aufschwung, hatte er 1894 die Velofabrik Cosmos in Madretsch bei Biel gegründet und verkaufte bereits ein Jahr später die ersten Fahrräder, die allerdings für gewöhnliche Arbeiter noch unerschwinglich waren. Theodor hatte richtig vorausgesehen: Rollten um 1900 etwa 80 000 Fahrräder über die Schweizer Strassen, waren es 1910 bereits 180 000. Theodor überliess die Velofabrik 1897 der Leitung seines Bruders Bruno und begann seine Arbeit im väterlichen Uhrenbetrieb. Unter seiner rund 30 Jahre dauernden Führung sollte das Unternehmen weiter gedeihen. «Es soll mich der Teufel holen, wenn ich nicht alles in diese Boutique setze!», sagte sich Theodor. Schon bald aber gerieten sich die Söhne von Urs in die Haare: Theodor warf Max vor, unsorgfältig zu arbeiten und «zu pfuschen! Dein Budget war enorm falsch! Weshalb hatte die Firma im letzten Jahr ein Defizit von 40 000 Franken ausgewiesen? Entweder falsche Tarife oder gepfuschte Arbeit!» Verzweifelt wandte sich Theodor an den Bruder Bruno: «So wie Max es jetzt treibt, kann es nicht mehr lange dauern. Du solltest als ‹Reserve› hier sein! Ich leite die Technik, Du übernimmst das Kommerzielle. Der Streik ist noch im selben Stadium.» In diesem Jahr erwirtschaftete die Firma einen Gewinn von 52 000 Franken.

Nach dem Abgang von Max übernimmt sein jüngerer Bruder Theodor Schild die Leitung der Manufaktur.

Im November 1897 warf Max das Handtuch und reichte seine Kündigung ein. Seiner neuen Liebe, der Holländerin Jeanne Van den Brink, teilte er wenig später lapidar mit: «Sehr geehrtes Fräulein Van den Brink, ich befinde mich seit Januar nicht mehr in der Stelle des Leiters unserer Fabrik, infolge gehabter Differenzen mit meinen Brüdern, jedoch bin ich vorläufig noch im Geschäft interessiert. Auch betreffend meiner zukünftigen Tätigkeit bin ich noch nicht im Klaren, hatte übrigens bis jetzt auch keine grosse Eile, mich zu entschliessen.» In der Tat: Max sollte sich ausgiebig Zeit lassen. Gegenüber seinen Brüdern blieb er unversöhnlich: Der Hochzeit sollen sie fern bleiben, denn «sie stecken alle unter einer Decke». Das frisch vermählte Paar liess sich in Zürich nieder – weit weg von Grenchen, das ihm sowieso nie behagt habe, wie Max notierte. Nach dem Tod seiner Mutter Elisabeth im selben Jahr floss ihm ein stattliches Guthaben von 140 000 Franken zu. Vorerst blieb er auch Teilhaber an der Grenchner Fabrik.

Theodor Schild, mittlerweile auf sich allein gestellt, verlangte nun energisch nach der Mithilfe seiner anderen Brüder. Arthur bemühte sich redlich, schied aber nach 18 Monaten wieder aus. Verärgert schrieb Theodor an seine Geschwister: «Jeder von Euch verfolgt nur Eigennutz! Ich muss für alle die Arbeit besorgen!» Der Zustand im Betrieb sei «deplorabel», nun müsse fast die ganze Summe von einer halben Million Franken auf dem Konto der Kantonalbank verwendet werden, um Schlimmeres abzuwenden. Noch war er nicht Alleinbesitzer und musste seine betrieblichen Entscheidungen von den beteiligten Brüdern absegnen lassen. Sie stritten sich um Abschreibungen und den Kauf neuer Maschinen. Theodor drohte: «Wenn Ihr mir nicht folgt, finde ich jederzeit eine neue Tätigkeit. Dann soll halt ein Fremder für Euch die Fabrik führen! Ich will weg oder alleine die Fabrik führen.» Der Neubau 1902 und die Elektrifizierung des ganzen Betriebs zehrte seine letzten Kräfte auf: «Bitte befreit mich per Dezember 1903. Mein Anteil beträgt 80 000 Franken. Die Lage ist trostlos, ich vegetiere in Halbsklaverei!»

Max, noch immer Teilhaber, nutzte derweil jede Gelegenheit, um die Geschäftsleitung Theodors zu torpedieren. Entweder stimmte er den Anträgen nicht zu oder war auf Reisen und antwortete gar nicht. Theodor beklagte sich verzweifelt: «Dass du Anträge, die von mir gestellt werden, wenn auch im Interesse des Geschäfts, trocken refüsierst, beweist deine furchtbare Antagonie, die bei selben Geschäftsinteressen einem jedwede Lust zur Arbeit TÖTET! Allein wir zwei verstehen uns eben nie, mir ist meine jetzige Stellung hier so furchtbar gleichgültig wie am ersten Tag meines Hierseins, da ich ebenso gut auswärts mir selbst eine angenehmere Stellung verschaffen kann.»

Widerstand kam Theoder auch von seinen Arbeitern entgegen. In Biel und Grenchen, den zwei neuen Zentren der Branche, war ein klassisches Industrieproletariat entstanden. Fast wöchentlich drohten neue Streiks. «Seit zwei Tagen haben wir wieder Streik der sämtlichen Echappement-Arbeiter und Remonteurs, circa 70 Mann», meldete Theodor seinen Brüdern, «es ist mir rein unmöglich, mit dieser Gesellschaft weiter zu verkehren. Wenn der jetzige Streik nicht friedlich geschlichtet werden kann, so kostet er das Geschäft leicht wieder 40 000 Franken.» Ein paar Tage später folgte vorläufige Entwarnung: «Lieber Max, Arbeit wurde Samstagmittag wieder aufgenommen, aber wie's scheint, wollen die Leute diese Woche schon wieder aussetzen. Acheveurs und Pivoteurs sind seit sechs Wochen am Streik. Bis die Preise erkämpft waren, ging man halb kaputt.» Nun stosse er an seine Grenzen: «Streik, nichts verlieren, Gesundheit einbüssen, beste Jahre verkümmern lassen, das alles veranlasst mich, am Entschluss festzuhalten. Hätten wir Geld, so müssten wir nochmals ernstlich hinter das Bernische Syndikat, um dieses zu sprengen mit circa 40 000 Franken Kosten. Eine Entwicklung des Geschäfts und eine gesicherte Zukunft sind sonst geradezu gefährdet. Kurz: Die Lage ist trostlos. Für Zahltag übermorgen haben wir sozusagen kein Geld, müssen Wechsel vorher abgeben.» Wieder drohte er an, die Leitung aufzugeben «wegen der Überzeugung, dass ich noch 10 oder 20 Jahre hier sein könnte und hätte doch nichts erreicht, keine richtige Vergrösserung, kein entsprechendes finanzielles Resultat, zu wenig persönliche Befriedigung». Später, als sich wieder Gewinne einstellten, entschuldigte sich Theodor für seinen Ton: «Ich glaube, dass mir nur das persönliche Angstgefühl, keinen Ausweg zu sehen, und die Furcht, es könnte uns gehen wie so vielen andern – Rückgang des Geschäfts – die meisten Briefe und Aufklärungen diktierte. Ich habe mich noch speziell seit einem Jahr bemüht, kolossal zu arbeiten, und wir haben einen Umsatz erreicht und eine Produktion wie noch nie vorher! Das Verzweifelte liegt darin, dass wir trotzdem nicht imstande waren, Schulden abzuzahlen, trotzdem die Unkosten um 16 000 Franken reduziert wurden. Da wäre Rat und Mithilfe und Mittragen der Verantwortlichkeit wahrlich ein Glück gewesen.»

Theodor wollte dem Bruder seinen Achtel am Geschäft und an den Liegenschaften schon längst auszahlen: «Entweder du oder ich!» Die persönlichen Differenzen seien unüberbrückbar, liess er 1905 dem Anwalt von Max mitteilen – entweder werde er selbst mit 83 000 Franken ausbezahlt oder Max mit 75 000 Franken. Nun, nach sieben Jahren ohne Erwerbsarbeit, brauchte Max dringend Geld und war endlich bereit, über den Verkauf seines Anteils zu verhandeln. Der Verkehrswert der Fabrik, die mittlerweile 500 Arbeiterinnen und Arbeiter beschäftigte, wurde auf 338 200 Franken geschätzt. Max verlangte aber mehr, als ihm Theodor anbot; er war überzeugt, ihm stehe wegen schlechter Geschäftsführung Theodors eine Entschädigung für entgangene Kapitalgewinne zu. Theodor, mürbe geworden nach den jahrelangen Auseinandersetzungen, gab nun auf der ganzen Linie nach.

So wurde 1906 die mittlerweile 50-jährige Grenchner Uhrenmanufaktur in eine Kommanditgesellschaft umgewandelt und, einem Einfall eines Beschäftigten folgend, auf den Namen des erfolgreichsten Modells «Eterna» getauft. Rohwerke für fremde Kunden gelangten fortan unter dem Kürzel «Eta» auf den Markt. Theodor und Arthur verblieben als unbeschränkt haftende Gesellschafter, Bruder Leo war Kommanditär mit einer Einlage von 50 000 Franken. Die Brüder Bruno und Hans leiteten die Fahrradfabrik in Biel, Bruder Otto wurde Mitgründer des Verlagswesens Vogt & Schild in Solothurn. Nun hatte Theodor endlich freie Hand. Doch seine Hilferufe an die Brüder setzten sich fort. Ausgerechnet der Sohn von Max wird ihm später zu Hilfe eilen – und die Gelegenheit nutzen, seinen Platz im Betrieb zu sichern.

Eterna unter Theodor Schild

Adolf Gschwind, ein aufgeweckter Grenchner Bub und «einzig Kind aus denkbar einfachsten Verhältnissen», heuerte 1901 in Begleitung seiner Mutter als Lehrling bei der Firma Gebrüder Schild & Co. an. Er sollte dem Unternehmen treu bleiben bis ans Ende seines Erwerbslebens. Seine Erinnerungen, die er nach seiner Pensionierung aufschrieb, vermitteln einen lebhaften Einblick in das damalige Berufsleben eines Fabrikarbeiters.[15] Im Sommer begann der Arbeitstag um sieben Uhr: «Eine Viertelstunde vorher wurde mit der Fabrikglocke das erste Zeichen geläutet. Die in der Nähe wohnenden Arbeiter konnten also noch ganz gemütlich in die Hosen schlüpfen, ein Tasseli Kaffee hinunter schütten und dann den alltäglichen Gang zur Fabrik antreten. Punkt 7 Uhr wurde mit ein paar Schlägen das zweite Zeichen gegeben. Fünf Minuten nach dem zweiten Zeichen wurde das Fabriktor endgültig geschlossen. Die Hausfrauen hatten das Recht, eine halbe Stunde später anzutreten, und es war ihnen möglich, auf diese Weise ihre Hausgeschäfte zu erledigen. Es kam aber öfters an einem Montag vor, dass mehr Männer auf das Öffnen der Türe warteten als Frauen und das kam davon, dass sie vom vorangegangenen Sonntag zu viel Blei im Rücken hatten, welches das rechtzeitige Aufstehen sehr erschwerte. Diese wurden vom Portier aufgeschrieben und mussten Busse bezahlen. Der freie Samstagnachmittag war noch nicht eingeführt und war ein Arbeitstag wie ein anderer, nur mit dem Unterschied, dass mit dem Arbeiten etwas früher Schluss gemacht wurde wegen Reinigung der Maschine und des Arbeitsplatzes. Im Winter blieb die Arbeitszeit die Nämliche, nur mit dem Unterschied, dass der Arbeitsbeginn später angesetzt wurde.»

Der Arbeitstag zählte zehn Stunden, trotzdem schien es Adolf Gschwind im Rückblick, «dass das Leben von dazumal viel gemütlicher war. Wir arbeiteten länger, aber dafür wussten wir nichts von Hast und Nervosität. War es im Sommer an Montagnachmittagen unerträglich heiss, und das war es öfters,

Adolf Gschwind tritt 1901 in die Fabrik Eterna ein, bleibt ihr sein ganzes Berufsleben treu und hält später Rückblick auf sein Leben.

dann machte man einfach blau, besser ausgedrückt, man feierte.» Alle vierzehn Tage wurde der Lohn ausbezahlt: «Jedermann bekam sein Carnet, worin der Lohn der geleisteten Arbeit eingetragen war, sowie die Abzüge für Fournitüren, Bussen, etc. Ausserdem enthielt jedes Carnet einen Lohngutschein. So gegen vier Uhr brachte ein Büroangestellter ein kleines Tischchen und stellte dasselbe mitten im Zimmer auf. Dann kam Herr Hans Schild mit 2 Säckchen Fünfliber, stellte diese auf den Tisch und nun war der Moment gekommen, wo man gegen Abgabe des Lohngutscheins seinen Zahltag erhalten konnte. Die Fünfliber waren nicht immer eidgenössischer Herkunft, aber was tut's, die Hauptsache war, dass sie ihren Wert hatten.» Adolf Gschwind lernte rasch, und bald schon wurde ihm eine eigenständige Partie zugewiesen; er freute sich, «nun endlich einen dauerhaften Platz zu erhalten».

Theodor Schild, alleiniger Leiter seit Max' Weggang 1898, erzielte seinen Hilferufen zum Trotz ansehnliche Nettogewinne; 1900 etwa belief sich dieser auf 36 225 Franken. Im selben Jahr hatte er auch an der Weltausstellung eine Goldmedaille für «besondere Verdienste» als Fabrikant entgegennehmen dürfen. Konsequent, aber mit deutlich mehr Feingefühl setzte er die Entwicklung fort, die sein älterer Bruder eingeleitet hatte. Mechanisierung und Automatisierung schritten zügig voran. Nach der Jahrhundertwende häuften sich die

Arbeitsbedingungen in der Eterna: hier das Décolletage (Formdrehen) mit den Transmissionsriemen, die immer wieder zu Unfällen führen.

Verkaufserfolge. Das Fabrikgebäude musste bald vergrössert werden. Nach und nach, so erinnerte sich Adolf Gschwind, «wurde das Abteil, wo ich arbeitete, von Arbeitern angefüllt. An den Fenstern hatten sich Acheveur und Acheveuse angesiedelt, alles kunterbunt durcheinander.» Jede Partie, also jeder Arbeitsgang hatte seine eigene Bezeichnung.[16] Im oberen Stock arbeiteten zum Beispiel die Décolleteure, Taraudeure, Finissagebohrer, Grandemoyennebohrer, Sertisseure, dann kamen die Préparage, Polisseuse, Echappement, Plantages, Schraubenspalterei, Calibristen, Visiteur, Roulage, Réglage, Retouche, Laminoirs, Découpoirs, Schalenoxydage und die Schalen- und Barilletsdreher. An der Westseite war das Pignon, dem Bach entlang die Nickelage. 1903 wurde an der Ostseite angebaut, wo neue Maschinen, Hobel- und Fräsmaschinen sowie Drehbänke installiert wurden.

Der Betrieb war zwar elektrifiziert, die Versorgung vom nahe gelegenen Kraftwerk Hagneck, das seit 1900 Elektrizität lieferte, war aber unzuverlässig. «So kam es vor, dass in der Woche mindestens drei Mal die Triebkraft versagte und die Transmissionsräder, wenn nicht gerade still – denn das Wasserrad versagte nicht –, so doch so langsam liefen, dass ein Arbeiten in diesem

Schneckentempo einfach unmöglich war. Das Übel nahm gewöhnlich so um die Mittagszeit um halb elf Uhr seinen Anfang. Was war da zu tun? Das Beste war halt einfach zu warten, bis in Hagneck droben der Strom wieder freigegeben wurde oder bis Bericht kam, wir sollen heimgehen und am Nachmittag wieder kommen.» In Notsituationen wurde die alte Dampfmaschine wieder in Betrieb gesetzt. Gschwind war neugierig, «wie das gehen werde, und mochte deshalb den nächsten Tag fast gar nicht erwarten. Der Tag brach an, der Dampfkessel wurde vom Heizer auf den nötigen Druck gestellt. Nach dem zweiten Einläuten fingen sich die Räder zuerst ganz langsam zu drehen an, dann immer schneller, bis sie ein Höllentempo angenommen hatten.» Alle waren erleichtert, wenn die «schön ruhige und gleichmässige» elektrische Triebkraft wieder funktionierte. Theodor wusste, wie wichtig verlässliche Elektrizitätslieferung für seinen Betrieb war, und nahm deshalb Einsitz in die neue Elektrizitätskommission der Gemeinde, die er später präsidieren sollte.

Theodor kümmerte sich um alles: Neubauten, Absatzmärkte, Vertrieb, Anstellungen, Marketing; nebenher sass er in Kommissionen, politischen Ämtern und war Förderer der Idee eines Basistunnels von Grenchen durch die Jurakette bis Moutier, mit dessen Bau 1911 begonnen wurde. Eine zeitraubende Angelegenheit war die Prüfung neuer Erfindungen und Entwicklungen in der Uhrenherstellung. Es galt, «à jour» zu bleiben. Ständig landeten Briefe von Tüftlern mit neuen Ideen auf Theodors Tisch. Er prüfte sie alle. Und stets galt es, rechtzeitig die Trends zu erfassen. Um die Jahrhundertwende steckten die meisten Zeitmesser noch in der Tasche. 1906 lancierte Eterna mit einer eleganten und ungewöhnlich flachen Taschenuhr einen grossen Erfolg. Erst zögerlich kamen die ersten Armbanduhren auf den Markt; es waren meist Einzelstücke oder in kleinen Auflagen gefertigt. Die männliche Kundschaft verspottete das neue Ding am Handgelenk als «weibisch». Doch eine steigende Nachfrage zeichnete sich ab – mindestens bei jenen, die keine Hosentaschen hatten, allen voran Frauen, Sportler oder Piloten. Vor allem aber war das Militär interessiert daran, dass Soldaten nicht mehr umständlich in den Taschen wühlen mussten, um die Zeit abzulesen. Es galt auch hier, vorne mit dabei zu sein: 1904 meldete die Manufaktur in Grenchen ein Patent für ein Gehäuse für Armbanduhren mit beweglichen Bandanstössen an; drei Jahre später gab Theodor seinen Fachleuten den Auftrag, ein Modell einer Armbanduhr zu entwickeln. Der Siegeszug der Zeitmesser am Arm nahm seinen Lauf, und Eterna war vorne mit dabei. Zwei Jahrzehnte später war nur noch jeder zweite Zeitmesser eine Taschenuhr.

Die Uhrmacher hatten wenig Freude an dieser Entwicklung, mussten sie doch nun mit viel kleineren Bestandteilen hantieren.

Ein weiterer Trend waren Taschenwecker. Die Welt nach der Jahrhundertwende veränderte sich in atemberaubendem Tempo. Dank Eisenbahnen und Automobilen waren die Menschen nun immer öfters auf Reisen. Ein portabler Wecker war gefragt. Eterna stattete 1909 den beliebten Viktoria-Taschenwecker mit einem grossen, 20-linigen[17] Uhrwerk aus und lancierte ein exklusives Modell, verpackt in einem schicken Lederetui. Das Produkt wurde ein Verkaufshit. In Grenchen kam man mit der Produktion zeitweise nicht mehr nach. «Sie liefern zu wenig!», beklagte sich der Vertreter in Argentinien. Ab 1910 leuchteten die Uhren auch in der Nacht: Man hatte entdeckt, dass die radioaktive Substanz von Radium 226 das Zinksulfid zum Leuchten anregte. Das deutsche Unternehmen Junghans bot seine Lizenzen für den Verkauf von Radium-Uhren den Marken Longines und Eterna an: «Wir sind gerne bereit, Ihnen Zifferblatt und Zeiger mit Radium-Leuchtmasse zu liefern.» Theodor stellte eigens einen Chef für die neue Abteilung «Radium» an. Rund 50 Jahre später wird diese Substanz verboten: Es wurde nachgewiesen, dass die von Zerfallsprodukten ausgesandten b-Strahlen durch das Uhrglas nach aussen drangen und die Gesundheit jener gefährdeten, die damit arbeiteten.

1913 präsentierte Theodor der Kundschaft die «staubsichere» Taschenuhr: «Die Fabrik Eterna beehrt sich mit Gegenwärtigem, ihre verehrlichen Kunden in Kenntnis zu setzen, dass sie sich, um den stets zunehmenden Nachfragen gerecht zu werden, entschlossen hat, eine neue staubsichere Uhr, ihre eigene patentierte Erfindung, in den Handel zu bringen. Diese von ihr neu kombinierte Uhr zeichnet sich vor anderen Systemen hauptsächlich durch eine höchst einfache und praktische Staubschluss-Vorrichtung aus. Das Werk ist durch eine Messingkapsel vollständig eingeschlossen. Um die Regulierung der Uhr zu ermöglichen, ist an dem Boden dieser Kapsel ein Doppelrücker angebracht, welcher mit dem inneren Rückerzeichen durch einen Stift in Verbindung steht.»

Nicht nur in technischer Hinsicht erwies sich Theodor als Pionier. Eterna war 1910 auch der erste Betrieb im Kanton Solothurn, der freiwillig eine Alters- und Pensionskasse für die Mitarbeiterinnen und Mitarbeiter einrichtete. Dies ging allerdings nicht ohne Turbulenzen ab. Anders als der öffentliche Dienst hatte sich die Privatwirtschaft in der Schweiz bis anhin noch kaum um eine Altersvorsorge ihrer Beschäftigten gekümmert, ausgenommen einige Banken und Versicherungen, die sich damit die Treue ihrer Angestellten sicherten.

Theodor zahlte zusammen mit der Kranken- und Sterbekasse als Einmaleinlage 6000 Franken in die neue Institution ein; der Betrieb hatte sich verpflichtet, einen jährlichen Beitrag von 2000 Franken zu leisten. Auch für die Beschäftigten war der Beitrag obligatorisch. Dies wollte aber vielen nicht einleuchten – sie vermuteten eine neue Methode, der Arbeiterschaft Geld abzuzwacken. Es kam zu Massenaustritten wegen «Unverstand und Intrige», wie Theodor verärgert seinen Brüdern berichtete. Der Regierungsrat schliesslich bestätigte, dass es sich um ein rechtlich zulässiges Obligatorium handelte, und hielt alle Beschäftigten dazu an, der Kasse beizutreten.

Theodor Schild appellierte einmal mehr an seinen Bruder Max, zurückzukehren: «Die Fabrik wächst mir über den Kopf, ungenügende Kontrolle, ich brauche Dich, komm zurück!» Die Hilferufe an seine Brüder sollten sich bis zum Eintritt seines Neffen Rudolf 1925 in regelmässigen Abständen wiederholen, meist ohne Erfolg.

Kurz vor Beginn des Ersten Weltkriegs konnte die Fabrik erneut erweitert werden. Die Schweizer Manufakturen und die sogenannten gemischten Betriebe, die sowohl Rohwerke für Dritte wie auch für eigene Fertiguhren produzierten, hatten weltweit grossen Erfolg. Markenpolitik und damit Werbung gewannen zusehends an Bedeutung. Der grösste Konkurrent der Eterna war Omega. Theodor beobachtete deren Umsatzzahlen mit zunehmendem Ärger. «Der beiliegende Omega-Bericht beweist aufs grellste, wie Ungeheures fehlt in unserer Uhrenabteilung», wandte er sich an den Leiter seiner kaufmännischen Abteilung, als er sah, dass Omega 300 000 Uhren verkaufte und sich teure Werbung leistete. «Der prozentuale Anteil der Omega an der schweizerischen Fabrikation ist ganz enorm und unverhältnismässig viel zu gross gegenüber der unsrigen. Die Führung hat bei Omega begriffen, dass in erster Linie das kaufmännische Büro unter allen Umständen für Aufträge sorgen muss. Eine komplette Umstellung ist unerlässlich, so schlimm wie in unserer Uhrenabteilung bezüglich Produktion und Nicht-Vollausnutzung der Produktionsmöglichkeiten steht es in keiner andern grossen Schweizerfabrik.» Die Lagerbestände seien viel zu hoch, «durch das gesteigerte Hereinschaffen von Bestellungen muss es möglich werden, die Hälfte der Lager bei uns zu verkaufen, innert spätestens einem Jahr».

Eine Sache ist es, gute Ware herzustellen – eine andere, sie an die Frau und an den Mann zu bringen. Auf dem Heimmarkt konnte das Verkaufsgeschäft selbst kontrolliert werden, im Ausland aber war man auf Agenten angewiesen.

Ein Taschenuhr-Chronometer von 1914.

Theodor gab meist diesen die Schuld, wenn nicht genügend verkauft wurde. Die Agenten ihrerseits beklagten unverhoffte Preissteigerungen oder schlechte Qualität der Ware. Er habe den Eterna-Vertreter schon manches Mal auf die mangelnde Qualität hingewiesen, schrieb der Kunde Hartmann 1914 aus Berlin, nun sei Schluss: «Wollte ich Ihnen die Fehler alle einzeln aufzählen, könnte ich fast ein Lexikon mit ausfüllen und das widerstrebt mir. Ich habe vielmehr den festen Entschluss gefasst, Ihr Fabrikat nicht mehr zu führen, selbst auf Ihre Versprechungen hin nicht und lasse mich auch nicht davon abhalten.» Anders tönte es aus Moskau, wo ein Agent die Eterna 1912 ermutigte, ein Lager zu eröffnen: «Nach meiner Überzeugung lässt sich Russland für eine so bedeutende Fabrik wie die Ihrige nicht durch einen einzelnen Reisenden bearbeiten. Sinnvoll wäre die Organisation eines Geschäftes ähnlich der Ihrer Konkurrenten Omega, Longines oder Zenith mit ständigem Lager in einer der Hauptstädte des Reiches. So viel ich auf der Reise beobachten konnte, lässt sich mit Ihren Artikeln ein gewaltiges Geschäft machen. Ihre Ware ist jedem Uhrmacher gut bekannt und wird sehr geschätzt.»

Theodor beherzigte diesen Rat und eröffnete eigene Vertriebsgesellschaften mit Lager, auch im Osten, was ihm später zum Verhängnis werden sollte. Das sogenannte Konsignationsgeschäft war für den Produzenten mit vielen Risiken behaftet. Er lieferte eine bestimmte Warenmenge in ein Lager am Ort des Zwischenhändlers ohne Verrechnung. Dieser entnahm die Ware, die er verkaufen konnte, aus dem Lager und meldete dies dem Lieferanten gegen Fakturierung. Wurde eine festgelegte Lagermenge unterschritten, wurde wieder nachgefüllt. Die Produktionskosten waren bereits angefallen, konnten aber erst bei einem Verkauf durch den Vertreter in Rechnung gestellt werden. Wenn der Vertreter nicht verkaufen konnte, kam es nicht selten vor, dass die Ware in den ausländischen Lagern überquoll. Am Vorabend des Ersten Weltkriegs eröffnete Eterna die ersten Verkaufsfilialen in Wien, Budapest und Warschau. Es folgten Berlin, Hamburg, Moskau, Paris und später New York. Die Geschäfte in Russland, der Türkei und in den Ländern der Habsburger Monarchie waren zu diesem Zeitpunkt vielversprechend. Es kam anders.

Am 15. Mai 1914 öffnete in Bern die Schweizerische Landesausstellung ihre Tore. Die Besucher strömten in Massen in die Bundesstadt. Theodor war Mitglied der Jury, welche Preise für Produkte oder besondere Errungenschaften verlieh. Gleichzeitig präsentierte seine Firma eine Sensation: den weltweit ersten serienmässig hergestellten Armbandwecker. Eine Art Glocke überdeckte dessen 13-liniges, bereits 1908 patentiertes Uhrwerk. Ein Schutzgitter bewahrte das empfindliche Kristallglas vor dem Zerbrechen, was sie besonders für das Militär interessant machte. Doch das Wecksignal hatte nur geringe Lautstärke, sodass diesem Produkt der durchschlagende Erfolg verwehrt blieb.

Als nach den verhängnisvollen Schüssen auf das Thronfolgerpaar in Sarajewo Österreich-Ungarn Serbien den Krieg erklärte, verliessen die Messebesucher und ausländische Fabrikarbeiter fluchtartig die Schweiz: In ihren Ländern wurde zu den Waffen gerufen. Am 1. August folgte die deutsche Kriegserklärung an Russland. Gleichentags läuteten in der ganzen Schweiz die Glocken: Die Armee machte mobil, die wehrpflichtigen Schweizer Männer packten ihre Sachen und begaben sich in Stellung. In Grenchen marschierten Soldaten vorbei nach Biel, wo sie den Zug Richtung Basler Grenze bestiegen. In den Fabriken standen die Maschinen still. Auch die Beschäftigten der Eterna wurden informiert, es werde vorläufig nicht mehr gearbeitet. Die Leitung nutzte den leergefegten Raum, um Maschinen, die bisher kaum Tageslicht hatten, an hellere Standorte zu verschieben. Zwei Tage später liess man die Angestellten wissen: «Da in diesen Kriegszeiten auch ein Ausnahmezustand herrscht für die fixbesoldeten Angestellten, so werden solche avisiert, dass in Voraussicht der enorm schwierigen Zeiten für die Fabrik es nicht möglich ist, Gehälter auszubezahlen, wenn die Betreffenden nicht unterdessen ihrer Arbeit ganz regelmässig nachkommen. Die Fabrik wird also prinzipiell nur noch pro Rata der geleisteten Arbeit bezahlen. Es ist nicht möglich, in solchen schweren Zeiten einen andern Standpunkt anzunehmen.» Der fixe Anteil am Lohn wurde damit vorübergehend abgeschafft.

Allmählich wurde die Arbeit wieder aufgenommen. Es gab genug zu tun: Erstens häuften sich die Bestellungen für militärische Uhren. Und zweitens konnte die neutrale Schweiz in die Bresche springen für all jene ausländischen Uhrenfabriken, die auf Kriegsproduktion umstellen mussten. Auch Schweizer Uhrenfirmen passten sich der Nachfrage nach Munition, Zeitzündern und anderem Kriegsmaterial an und begannen, alle Streitmächte zu beliefern. «Die Uhrenindustrie wird vom Fieber der Umstellung von der zivilen auf die Kriegsproduktion ergriffen», konstatierte eine Schweizer Tageszeitung. Der Bundesrat erleichterte es der einheimischen Industrie, wirtschaftlich vom Krieg zu profitieren, indem er im Frühling 1915 das anfängliche Verbot zur Ausfuhr von Munitionsbestandteilen lockerte. Denn schon nach wenigen Kriegswochen war den Streitkräften die Munition ausgegangen. Es fehlte ihnen auch an Präzisionszündern für Schrapnellgranaten – ein willkommenes Geschäft für die feinmechanische Uhrenindustrie. Die Schweizer Uhrenbranche vermochte so, den Umsatz zu verdoppeln, obwohl die Ausfuhr von Uhren bis Ende des Kriegs um die Hälfte einbrach. Neue Fabriken wurden gegründet, die Banken lieferten bereitwillig Geld. Die Löhne waren nach anfänglichen Kürzungen gleich zu Beginn des Kriegs wieder angestiegen, und die Produzenten buhlten um Arbeitskräfte. Verärgert schrieb Theodor 1916 einem ehemals in der Eterna angestellten Retoucheur: «Sie machen immer wieder Anstrengungen, Leute, die in unserer Fabrik beschäftigt sind, wegzulocken und sie zur Arbeit anderwärts zu überreden. Es ist eigentümlich, dass Sie, da Sie doch in unserer Fabrik angelernt worden sind und da Sie gegenüber der Fabrik Dankbarkeit schuldig wären, nicht mehr Takt gegenüber unserem Geschäft beweisen.»

Die Vertreter im Ausland hatten es schwer. Das Schweizer Konsulat in Warschau berichtete Eterna auf Anfrage, der Vertreter sei gesund, reise aber nicht, weil dies zu gefährlich sei. Falls er «wegen seiner Deutschheit» ins Innere Russlands deportiert werden sollte, werde das Schweizer Konsulat das Uhrendepot beschützen. Der Fall trat ein, der Vertreter Hausmann wurde in Astrachan interniert. Ein neuer Agent zog los mit einer Erklärung der Geschäftsleitung in der Tasche, dass «in unseren Etablissements keinerlei Kriegsartikel fabriziert werden und dass wir auch an keiner Firma beteiligt sind, die sich mit der Herstellung von Kriegsmaterial befasst. Wir beschäftigen uns einzig und allein mit der Fabrikation von Taschenuhren.» Dieses Dokument war nötig, da die deutschen Uhrenverbände 1916 eine Sperre jener Schweizer Uhrenfabriken beschlossen hatten, die Munition «an die Feinde Deutschlands» lieferten. Als Lieferanten von Munition «zweifelsfrei festgestellt» waren die Schweizer Firmen Movado, Tavannes Watch Co., National Watch, Invicta, Seeland Watch oder Léon Lévy & Frères, Zenith, Urania Watch und andere. Eterna figurierte nicht auf dieser Liste.

Ein Vertreter nach dem anderen meldete sich ab – wenn er noch konnte. Vom deutschen Agenten erreichte Theodor ein verzweifelter Brief: Er sei von einem Gericht seines eigenen Landes «wegen Verrats am Deutschtum» verurteilt worden, weil er den französischen Gefangenen Brot gegeben und mit ihnen gesprochen hatte. Gut dagegen liefen die Geschäfte der Eterna in Russland – bis sich das Blatt wendete, als Lenin 1917 die Schweiz verliess und in Russland die Revolution ausrief. Der neue Vertreter berichtete aus Russland: «Es ist unmöglich geworden, Geld zu überweisen. Die Situation ist ganz schlimm, an Verkaufen ist nicht zu denken! Ich versuche, die Lager zu verstecken. Die Banken sind geschlossen.» Bald schon waren die russischen Banken verstaatlicht und ein Zahlungsverbot in Kraft. Eterna verlor Hunderttausende von Franken. Wer konnte, verkaufte seine Ware illegal und schaffte das Geld mithilfe seiner Regierung aus dem Land, denn die Nachfrage nach Uhren blieb in Russland gross. Die offizielle Schweiz allerdings bot zu einer solchen Lösung nicht Hand, sehr zum Ärger Theodors: «Es kommt noch Geld aus Russland, wer dort Ware hat, kann zu Höchstpreisen verkaufen. Bern bleibt eben zu korrekt, auch wenn alles kaputtgeht! Andere Staaten haben viel gerettet!» Erst 1920 versuchte eine Schweizer Delegation im Rahmen der Repatriierungszüge des Roten Kreuzes, die Kommissionsware zu retten.

Die Umstände für die Schweizer Industrie verschlechterten sich, je länger der Krieg dauerte: Rohstoffe waren rar und teuer; Öle, Fette und Kohle waren kaum mehr aufzutreiben. Man half sich gegenseitig aus; so teilte die Schweizerische Lokomotiven- und Maschinenfabrik der Eterna mit: «In Anbetracht der schwierigen Weltlage sind wir ausnahmsweise bereit, für Ihren defekten 50 PS-Motor der Konkurrenz mit Ersatzteilen zu helfen.» 1916 streikten die Remonteurs: ihre Gewerkschaft forderte, der Lohn solle wieder auf das Niveau jenes vor Kriegsbeginn erhöht werden, plus 10 Prozent. In der Eterna legten 81 Beschäftigte die Arbeit nieder. Theodor appellierte erneut an seine Brüder, ihm doch unter die Arme zu greifen und wieder in den Betrieb einzusteigen, «dann lasse ich Pläne machen für eine Fabrik für 300 Arbeiter, bestelle Maschinen und bringen wir Produktion ab Juli 1917 auf 2500 Dutzend Ebauches in der Woche. Jeder befasst sich mit einer speziellen Abteilung: 1. Wecker, 2. Ebauche,

3. Fertige, 4. Kleine, 5. Verkaufsorganisation, 6. Reisen. Nur so ist es möglich, zu entwickeln und nicht abzubauen. Helft Ihr nicht, so bleibt die Eterna auf einem Siebzigstel der Weltproduktion, da es mir allein unmöglich ist.»

Nach Ende des Kriegs herrschte in Grenchen akute Wohnungsnot. Schon ein Jahr zuvor hatte der Grenchner Ammann Alarm geschlagen: «Es sind Fälle zu konstatieren, wo zwei Familien in eine Wohnung sich teilen müssen. Die Überfüllung der Wohnungen bringt schwere sittliche Gefahren, sie schafft Unzufriedenheit, Unlust zum Arbeiten, Zwist und Hader.» Grenchen zählte knapp 10 000 Einwohner und 959 versicherte Gebäude. Die Uhrenfabriken – neben der Eterna und der Assa waren dies Obrecht & Co., Gebr. Baumgartner, Gebr. Kurth (später Certina), A. Michel und W. Vogt & Cie. (Fortis) – beschäftigten rund 4500 Arbeiterinnen und Arbeiter. Die Not war gross im ganzen Land; breite Kreise der Bevölkerung waren verelendet. Wer Aktivdienst geleistet hatte, war für den ausfallenden Lohn nicht entschädigt worden, und zurück aus dem Dienst war die frühere Arbeitsstelle oft besetzt. Entlassungen häuften sich. Eine Arbeitslosenkasse gab es nicht, und die Gewerkschaften konnten ihre Mitglieder nicht mehr entschädigen. Die Lebensmittel hatten sich massiv verteuert. Zu allem Übel begannen im Sommer 1918 die Spanische Grippe und die Tuberkulose zu wüten. Die sozialen Spannungen verschärften sich. Die Nöte hatten Sozialdemokraten und Gewerkschaften grossen Zulauf beschert. Der Grenchner Gemeinderat war 1918 mit 16 von 30 Sitzen von den Sozialdemokraten dominiert, den Rest teilten sich die Freisinnigen und die Katholische Volkspartei. Schon im letzten Jahr vor Ende des Kriegs war der Burgfrieden dahin, den die Sozialdemokraten mit den bürgerlichen Parteien zu Beginn geschlossen hatten.

In Russland hatten die Bolschewisten die Macht übernommen, im Inland formierte sich die Linke und gründete das Oltner Aktionskomitee, ein Führungsstab der Arbeiterschaft. Die Bürgerlichen bekamen es mit der Angst zu tun. Es brodelte im ganzen Land. Das Aktionskomitee war kein Gremium, das eine Revolution nach Vorbild der Sowjets anstrebte. Dennoch entschied sich der Bundesrat, gedrängt von General Ulrich Wille, im Hinblick auf die Jahresfeier der Oktoberrevolution 1918 vorsorglich Truppen aufzustellen. Der Krieg war beendet, die Armee aber noch nicht demobilisiert – eine günstige Gelegenheit, um der Arbeiterbewegung eine Lektion zu erteilen. 110 000 Soldaten kamen zum Einsatz. Am 7. November marschierten Truppen in Zürich ein. Das Oltner Komitee unter der Leitung von Robert Grimm entschloss sich,

In Grenchen fordert der landesweite Generalstreik 1918 drei Todesopfer.

am Samstag, 9. November, in 19 Orten einen Proteststreik auszurufen. In Zürich kam es einen Tag danach zu tätlichen Auseinandersetzungen zwischen Militär und Demonstranten. Das Aktionskomitee protestierte und doppelte, gedrängt von der Zürcher Arbeiterunion, mit einem unbefristeten Landesstreik nach. Die Liste der Forderungen war lang, es waren aber vor allem soziale und wirtschaftliche Anliegen: das Frauenstimmrecht, sofortige Einführung der Proporzwahl im Parlament, eine Vermögenssteuer zum Abbau der Staatsschulden oder eine Alters- und Hinterbliebenenrente. Der Streik, an dem geschätzte 250 000 Personen teilnahmen, dauerte bis zum 14. November und verlief – nicht zuletzt dank eines Alkoholverbots, welches das Aktionskomitee erlassen hatte – friedlich.

Nicht so in Grenchen.[18] Drei Männer wurden von Armeeangehörigen getötet. Schuld daran trug, so zeigte später die Rekonstruktion der Ereignisse, ein beleidigter Major. Am 9. November hatten die Fabriken in Grenchen versucht, ihre Tore zu öffnen, doch die Streikposten wehrten dies erfolgreich ab. Um auswärtige Streikbrecher an der Ankunft zu hindern, verbarrikadierten Demonstranten am 13. November die Geleise im Bahnhof Süd. Am nächsten Tag morgens um acht Uhr informierte das Oltner Aktionskomitee, mittlerweile bürgerkriegsähnliche Zustände befürchtend, per Telegramm, der Streik sei beigelegt. Wie der Grenchner Streikleiter Max Rüdt, Feuilleton-Redaktor,

Philosoph und SP-Politiker, später zu Protokoll gab, habe er das Telegramm nicht zu Gesicht bekommen, und was die Bürgerlichen berichteten, habe er für eine Finte gehalten. Jedenfalls setzten die Grenchner ihren Streik fort und machten sich am Geleise des Nordbahnhofs zu schaffen. Auch bei den Truppen herrschte Verwirrung, wer nun die Befehlsmacht innehatte. Major Henri Pelet wurde das Kommando entzogen, trotzdem marschierte er mit einem Teil der Truppen zum Dorf hinunter und forderte die Leute auf, sich zu zerstreuen. «Einzig vor dem Kaffee an der Solothurnstrasse wichen die Leute nicht zurück», sagte Pelet später aus. Die Passanten wurden in ein enges Gässchen getrieben, es kam zu Tumulten und Pelet befahl zu schiessen. Hermann Lanz, dem die Kugel das Gesicht zerfetzte, war Uhrmacher in der Eterna, ebenso der mit einem Schuss in den Rücken hingestreckte 21-jährige Décolleteur, den seine Mutter an jenem Tag nach Grenchen geschickt hatte, um Hustensirup für seine Geschwister zu kaufen. Auch das 17-jährige Opfer Marius Noirjean wollte für seine kranke Mutter Medikamente abholen. Pfarrer Ernst Hubacher pflanzte sich am selbigen Abend an der Offiziersmesse im Löwen vor Pelet auf und schrie ihm ins Gesicht: «Das hätten Sie nicht tun dürfen!» Am Begräbnis sprach der couragierte Pfarrer von einer «gut organisierten Menschenjagd». Der verantwortliche Major wurde nicht belangt, Streikleiter Max Rüdt hingegen wurde vom Gericht zu vier Monaten Gefängnis verurteilt wegen Nötigung und Sachbeschädigung. Dennoch – bei den Bürgerlichen ging der Generalstreik nicht spurlos vorbei: «Gewiss sind unsere sozialen und staatlichen Einrichtungen der Verbesserung fähig», liess die freisinnig-demokratische Partei Solothurns kurz nach dem Generalstreik verlauten, «das Ziel muss sein, die Kluft zwischen Besitzenden und Besitzlosen zu verringern, die bestehenden Spannungen zu mildern.» Wenige Jahre später waren viele Forderungen der damaligen Streikorganisation wie Altersrente und Arbeitslosenversicherung erfüllt. Selbst die 48-Stunden-Woche wurde nun bejaht.

Wie die Eterna-Geschäftsleitung auf die Erschiessung zweier ihrer Mitarbeiter reagierte, geht aus den Schriften nicht hervor. Nur wenige Dokumente im Archiv der Eterna beleuchten das Verhältnis der Geschäftsleitung zu den Angestellten. Wie Auseinandersetzungen um Arbeitsbedingungen und Löhne angegangen und gelöst wurden, ist leider nicht dokumentiert.

Nach dem erschütternden Vorfall nahm das Leben wieder seinen gewohnten Gang. In den Fabrikräumen der Eterna war es eng geworden, die Direktion plante erneut eine Erweiterung, diesmal unter dem Motto: «Laufen unbedingt verhindern!» Es entstand ein nobler Anbau mit grauen Fassaden und einem repräsentativen steinernen Treppenhaus. Theodor berichtete seinem Neffen Rudolf Schild, der zu dieser Zeit in Heidelberg Jurisprudenz studierte: «Diese Zangengeburt kostet mich auch mehr, als wie die Pfeife jetzt wert ist.» Dann aber, als alles für die Produktionserweiterung parat war, stagnierten die Aufträge und gingen schliesslich massiv zurück. Gefolgt von allen andern Wirtschaftszweigen in der Schweiz, schlitterte die gesamte Schweizer Uhrenindustrie 1921 in eine nur wenige Jahre andauernde, dafür äusserst heftige Krise hinein. «Das deutsche Geschäft ist krank, Valuta-Schwankungen schrecken die regulären Käufer ab. In Wien haben wir liquidiert mit ungemein schwerer Einbusse. Amerika ist das Einzige, was geht, und auch da fängt es an, prekär zu werden», liess Theodor seine Brüder wissen. Wenig später war er der Verzweiflung nahe: «Die Krise in der Uhrenindustrie ist scheusslich!» Auch in den USA gäbe es jetzt «no money», wie eine Reise nach New York bestätigt hatte. Die Situation bei allen dortigen Grossisten sei miserabel: «Sie sind nur Verkäufer, keine Uhrenkenner. Verkauft werden können nur flache und kleine Uhren – bei grösseren Uhren sind die USA selber stark. Es war ein Fehler, dass ich nicht vor 20 Jahren in die USA ging und nicht eine eigene Verkaufsgesellschaft gründete!» Im Übrigen verkaufe die amerikanische Firma Bulova «viel Mist».

Während des Kriegs waren die Auftragsbücher gefüllt: Schweizer Uhrenfirmen sprangen mit ihren Lieferungen an die kriegsführenden Länder in die Lücke jener ausländischen Betriebe, die ihre Uhrenproduktion auf die Herstellung von Kriegsmaterial umgestellt oder die Fabrikation ganz aufgegeben hatten. Nach dem Krieg begann das Ausland mit dem Wiederaufbau der heimischen Industrie und schützte diese mit hohen Zöllen. Der Verkauf von Schweizer Uhrenfabrikaten nach Deutschland und in die Länder der ehemaligen Donaumonarchie kam zum Erliegen, Exporte in die neue Sowjetunion gab es keine mehr. In Ostasien und Lateinamerika machten erste Uhren aus japanischer Produktion die Kundschaft streitig. Die USA waren nun Hauptabnehmer der Schweizer Erzeugnisse, doch dort traf man nach wie vor auf die härteste einheimische Konkurrenz. Die Preise für Uhrenbestandteile und Fertiguhren sanken rasant, es folgten Massenentlassungen und Kurzarbeit.

1922 wies Eterna einen Verlust von 130 000 Franken auf. Die Lieferanten wurden gebeten, ihre Lieferungen einzustellen. Die Beschäftigten nahmen ihre Streiks wieder auf. Infolge der horrenden Kriegsausgaben verarmt, annullierten die früheren Abnehmerländer die Bestellungen und machten sich daran, die eigene Industrie wieder aufzubauen. Ihre Märkte schützten sie mit hohen Zollmauern. Der Verkauf von Schweizer Produkten nach Deutschland und in die Länder der ehemaligen Donaumonarchie kam nahezu zum Erliegen. Ein Jahr nach Kriegsende hatte die Schweiz knapp 17 Millionen Uhren exportiert, nun waren es noch 8 Millionen. Überproduktion war einmal mehr die Geissel, ein massiver Preiszerfall deren Folge. Die Produzenten von Rohwerken, die ihre Produkte im Inland nicht mehr absetzen konnten, suchten sich neue Absatzmärkte im Ausland. Der Zoll auf Uhrenbestandteilen war um ein Vielfaches geringer als jener auf Fertiguhren. Die sogenannte Schablonage, die Ausfuhr von Bestandteilen und deren Zusammensetzung im Ausland, florierte. Damit aber drohten auch der Export von Know-how und ein mit Schweizer Hilfe beschleunigter Aufbau einer ausländischen Konkurrenz gegenüber den einheimischen Fertiguhren.

Theodor, geplagt vom schlechten Geschäftsgang und gesundheitlich angeschlagen, forderte seinen Bruder Max 1922 erneut auf, in die Firma einzutreten. Durch unglückliche Beteiligungen, verfehlte Kapitalanlagen und Müssiggang hatte dieser mittlerweile sein ganzes Hab und Gut eingebüsst. Jetzt liess er sich nicht mehr zweimal bitten. Theodor bot ihm 650 Franken im Monat und 10 Prozent am Gewinn an. Max bezog mit seiner Frau Jeanne in Grenchen Unterkunft im elterlichen Haus und hielt seinen studierenden Sohn Rudolf über die Geschäfte auf dem Laufenden: «Es gehen in der Fabrik sehr wenig Bestellungen auf Uhren ein, was auch bei der sinnlosen Vollpfropfung aller ausländischen Depots mit alten, leider Gott blödsinnig teuren Konsignationsware nicht wundernehmen kann. Onkel Theodor reibt sich auf, er muss nun über Genua mit dem Schiff nach Spanien, an der Grenze liegen Uhren für 40 000 Franken; in Madrid und in Paris sucht ein neuer Vertreter für das beim alten Vertreter Blum vollgepfropfte Lager von 90 000 Franken ein neues Lokal.» Eterna hatte mittlerweile 20 Filialen in Europa, den USA und Asien. «Man müsste auch nach Paris gehen, aber Theodor sagt, des Zahltags wegen könne er bloss auf acht Tage weg!» Die 48-Stunden-Woche hatte sich in der Schweiz wie in vielen anderen Industriestaaten fast überall mit vertraglich vereinbarten Regelungen durchgesetzt. Trotzdem wurde in der Eterna 52 Stunden pro Woche gearbeitet, was Max nicht einleuchtete: «Die Arbeiter werden nicht befragt, bloss das Volkswirtschaftsdepartement.» Er liess seinen Sohn Rudolf wissen, dass die anderen beiden Grenchner Uhrenfirmen Eterna schon längst überholt hatten: «Assa soll 1200 Leute haben, Michel 350, wir 220.»

Das Gastspiel des Bruders währte nur kurz: Schon ein Jahr nach dem Wiedereintritt klagte Theodor, Max halte offenbar seine Anordnungen für «lächerlich und falsch», er setze sich nicht genügend ein und halte die Beschäftigten durch seine «ewige Fragerei» vom Arbeiten ab. Es müsse mindestens ein Monatsumsatz von 150 000 Franken erreicht werden. Täglich wurden «300 Dutzend» Ebauches gefertigt, aber «die monatlichen Uhrenverkäufe sind so schlecht, dass die Existenz der Fabrik in Gefahr steht». Im Oktober 1923 gingen die beiden Brüder bereits wieder getrennte Wege.

Der junge Rudolf Schild

Max Schilds Sohn Rudolf war 19-jährig, als er ein erstes Mal in der Eterna tätig war. Begeistert berichtete er im Sommer 1919 an seine Mutter: «Nun bin ich schon eine Woche im Betrieb und zwar ausschliesslich im Büro. Gleich die erste geleistete Arbeit war eine produktive. Ich verfertigte einen überblickenden Auszug des Bundesbeschlusses über die Arbeitslosenunterstützung.» Rudolf Schild hatte soeben in Zürich seine Matura bestanden und schnupperte nun während einiger Wochen im Betrieb seines Onkels Theodor Schild, bevor er im Herbst an der Zürcher Universität seine Studien der Jurisprudenz aufnehmen wollte. Theodor war froh um die Mitarbeit seines Neffen, fühlte er sich doch als alleiniger Direktor der Firma überlastet. Hilfe war nur von seinem Neffen zu erwarten.

Rudolf Schild als Gymnasiast.

Rudolf ärgerte sich, dass sein Vater Max das betriebliche Territorium Theodor Schild überlassen hatte. In seinem Tagebuch tadelte er den Müssiggang seines Vaters: «In Kandersteg sagte mir Theodor persönlich, seine Stellung sei gesundheitlich unhaltbar. Meine Ansicht: Beide Brüder, Max und Theodor, sollen sich nun endlich versöhnen. Alt genug, und vielleicht auch reif genug, dürften sie sein, um nicht wie kleine Kinder zu schmollen für Fehler, die sie gegenseitig in der Hitze der jüngsten Jahre begangen haben.» Nun solle Max wieder Verantwortung in der Eterna übernehmen: «Die einzige, aber dafür umso erspriesslichere Lösung wäre Papas Eintritt in die Fabrik in Grenchen. Seine Ehre wäre gerettet, sie steht wohl nicht mehr so hoch, seine Pflicht gegenüber Familie und seinen eigenen Eltern würde erfüllt, und darüber hinaus würde er seinen Bruder Theodor zu grossem Dank verpflichten. Ein weiteres Verharren in der jetzigen Pflichtvergessenheit hätte doppelte Folgen: finanzieller Ruin unserer Familie, gesundheitlicher Ruin Onkel Theodors, und drittens Verlust des grossväterlichen Erbes für unsere Familie im weiteren Sinn.»

Da Theodor Schilds Appelle an seine Brüder nichts fruchteten, kam ihm der vielversprechende Neffe gerade gelegen. Schon im Mai 1919 drängte er den Maturanden auf eine Entscheidung, wie Rudolf seiner Mutter Jeanne schrieb: «Onkel Theodor trägt sich mit dem Gedanken, die Fabrik zu verkaufen, mindestens eine AG zu machen. Er ersuchte mich im April von Montreux, wo er sich erholte, um Mitteilung meiner Studienpläne. Ich antwortete, selbst noch nicht im Klaren zu sein.» Auch Theodors Bruder Arthur wolle mit dem Betrieb nichts mehr zu tun haben und habe der Eterna sein Geld gekündigt, notierte Rudolf in seinem Tagebuch. «Auf dann wird auch eine Entscheidung zu erwarten sein. Wahrlich grossartig, diese Blüte unserer Familie mit drei untätigen, unfähigen Junggesellen und Papas glänzendem Privatierleben. Papa wirft mir vor, grossartige Pläne zu haben, den Kopf voller Mucken, dabei vergisst er, dass in der heutigen Zeit sein 20-jähriges Untätigkeitsjubiläum das beste Zeugnis gibt für seine eigene bescheidene Arbeit.»

Die Mutter Jeanne, gebürtige Holländerin und geborene Van den Brink, verfolgte den Weg ihres einzigen Kindes mit Fürsorge und Stolz zugleich. Welch ein Segen, dass Rudolf in mancher Hinsicht nicht nach seinem Vater Max geriet! Als Jeanne 1898 ihren zukünftigen Gatten kennenlernte und sich bald schon verlobte, war der junge Max noch Direktor eines florierenden Grenchner Uhrenbetriebs mit 300 Angestellten. Sein Auskommen schien gesichert und versprach eine unbekümmerte Zukunft. Es kam anders: Noch vor der Heirat legte der hitzköpfige Sohn des Unternehmensgründers Urs Schild seine Arbeit nieder und zog sich im Unfrieden mit seinen Brüdern nach Zürich zurück. Das wenige, was er danach noch anpackte, missriet. Eine Beteiligung an einer Maschinenfabrik in Affoltern erwies sich als Reinfall. 1906 liess sich Max den Anteil an der väterlichen Uhrenfabrik, die sich soeben auf den Namen «Eterna» getauft hatte, auszahlen. Mit einem kleinen Teil davon unterstützte er seine holländischen Schwiegereltern, die mittlerweile in Bern lebten. Das Ehepaar Van den Brink hatte 1888 in Amsterdam das renommierte Hôtel des Pays Bas übernommen und musste 1906 Konkurs anmelden; ihre Schwiegersöhne Max Schild und dessen Cousin Albert Vogt, der die Schwester von Jeanne geheiratet hatte, halfen mit rund 9000 Franken aus.

Danach widmete sich Max seinen Hobbys, dem Reisen und Fotografieren. Gelegentlich fuhr er nach Baden zur Kur. Immer stärker entwickelte sich Max zu einem misanthropischen Sonderling. «Max führte in Zürich ein sonderbares Leben», erinnerte sich der Grenchner Werner Flury später an seinen Cousin. Als die Familie noch Geld hatte, bewohnte sie in dem vom deutschen Architekten Gottfried Semper erbauten Haus an der Zürichbergstrasse «ein nach meinen damaligen bescheidenen Anschauungen fürstlich ausgestattetes Parterre. Hie und da besuchte ich ihn dort; er war regelmässig zu Hause in seinem geräumigen Herrenzimmer, das mit dem Qualm der rund fünfzig Zigaretten erfüllt war, die er täglich zu rauchen pflegte. Kursblätter lagen auf dem Tisch, das Einzige, was ihn ausser den Tagesneuheiten interessierte. Knurrig liess er sich von Jeanne, die mir verschüchtert zu sein schien, eine Flasche guten Rotweins aufstellen. Nie hat er sie eingeladen, mitanzustossen. War sie Abstinentin oder wollte er sie fühlen lassen, wie sehr sie finanziell von ihm abhängig war?» Es war nicht leicht, mit Max zu plaudern, «man verstand ihn fast nicht, hatte er doch die Gewohnheit, ganze Sätze, Begrüssungsformeln, Fragen, Bemerkungen in sich überstürzendem Tempo derart zusammenzuquetschen, dass sie wie Eruptivsilben aus seinen verkniffenen Lippen hervorrülpsten. Er verkehrte während seines über 20-jährigen Aufenthalts in Zürich sozusagen mit niemandem ausser mit eigenen Kegelbrüdern, die alle das Gemeinsame hatten, dass sie als gutsituierte Rentner mitleidig und geringschätzig auf alle ‹500 Fränkler› herabschauten. So wurden alle diejenigen bezeichnet, die als Staatsbeamte, Professoren, Bankangestellte, etc. ein Jahreseinkommen von 6000 Franken und folglich einen Monatszapfen von 500 bezogen.» Zudem war Max leicht kränkbar: «In der Finanzkommission der christkatholischen Kirch-

Die Mutter Jeanne, geb. Van den Brink, mit ihrem einzigen Kind Anfang der 1920er-Jahre.

gemeinde Zürich hielt er es nicht lange aus. Als ein von ihm gestellter Antrag nicht angenommen wurde, blieb er den Sitzungen fern. Gelegentlich traf ich ihn in vorgerückter Stunde, wenn ich nach einer Sitzung mit meinen Kollegen in ein Bierlokal eintrat, einsam vor einem Becher ‹hell› sitzen, die unvermeidliche Zigarette rauchend, etwa eine Zeitung lesend.» Wegen seines Zigarettenkonsums musste Max dauernd husten – sein Sohn Rudolf sollte zeitlebens allergisch reagieren auf hustende Leute, die nach seinem vernichtenden Blick jeweils freiwillig fluchtartig den Raum verliessen.

Von seinen Reisen erhielten Mutter und Sohn Postkarten aus dem In- und Ausland; nur selten nahmen sie daran teil. Als Rudolf zu einem jungen Mann heranwuchs, neigte sich das Vermögen seines Vaters dem Ende zu, und die Familie musste aus der «fürstlichen» Wohnung in ein kleineres Zuhause ziehen. Die Verhältnisse waren bescheiden: «Zum 18. Geburtstag», so notierte Rudolf, «erhielt ich von Mama dieses Tagebuch, Odol-Zahnwasser, Baumwollsocken, weiche Kragen, Schokolade. Von Tante Friddy aus Grenchen einen Korb Äpfel, von Tante Jacqueline Gutzi. Von Papa empfing ich am Tag selbst nichts, was ich mir mit seiner Abneigung gegen Festgeschenke erklärte. Richtig, nach einer Woche durfte ich mit ihm einen langerwünschten Schirm kaufen gehen.» Sein Wunsch, eine Reise nach Amsterdam zu den Verwandten mütterlicherseits zu unternehmen, stiess beim Vater auf taube Ohren: «Eine Notwendigkeit, diese Reise jetzt zu machen, besteht nicht. Schau dir doch Koblenz, Bonn und Köln an. Damit sollst du dich fürs Erste mal zufrieden geben und nicht mehr erzwingen wollen!» Holland sei «riesig teuer, und schliesslich schadet es auch nichts, einen Genuss für später aufzusparen».

Rudolf hatte in Grenchen während den Besuchen seiner Onkel beobachten können, wie komfortabel es sich als Uhrenfabrikant trotz gelegentlicher Krisen leben liess. Theodor hatte sich 1914 in Grenchen eine herrschaftliche Villa zuoberst auf dem Kirchenhügel bauen lassen, umsäumt von einem prächtigen Park. Umso mehr haderte Rudolf mit dem Lebenswandel seines Vaters. «Ganz unentschuldbar ist Papas Faulenzen während fünfzehn Jahren,» schrieb der junge Student verärgert in sein Tagebuch. «Papa besitzt einen bedauerlichen Mangel an Pflichtgefühl gegenüber seiner Familie und an Ehrgeiz. Dass er dennoch für seine Familie einigermassen ausreichend gesorgt hat, ist absolut nicht eigenes Verdienst, womit er sich beruhigen könnte. Was uns ernährt, ist meines Grossvaters ehemalige Arbeit und Fleiss. Das ist eben das Beschämende, dass mein Vater sich nicht scheut, auf Kosten der Zukunft seiner Familie zu faulenzen. Wo er doch zu hervorragenden Leistungen befähigt wäre.» Als Max sich 1922 entschloss, dem Drängen seines Bruders Theodor nachzugeben und nochmals in den elterlichen Betrieb einzusteigen, war es, weil er dringend Geld brauchte. Er nahm das Angebot Theodors an, mit seiner Familie in das elterliche Haus an der Rainstrasse in Grenchen einzuziehen. Der Versuch währte nur ein Jahr.

Die Hoffnung der Mutter Jeanne ruhte auf ihrem einzigen Kind. Rudolf hatte sich zu einem strebsamen, seriösen und pflichtbewussten jungen Mann entwickelt. Er sollte seine Mutter nicht enttäuschen: Mit Genugtuung konnte sie in den Jahren bis zu ihrem Tod 1943 miterleben, wie er das Terrain zurückeroberte, das sein Vater damals um die Jahrhundertwende so leichtsinnig vergeben hatte. Er wurde angesehener Direktor zweier Uhrenfirmen in Grenchen und stieg zu einem der mächtigsten Männer der schweizerischen Uhrenbranche auf.

Nachdem der junge Maturand seine ersten Schnupperwochen in Grenchen beendet hatte, nahm er in Zürich das Studium der Jurisprudenz in Angriff. Das zweite Studiensemester verbrachte er an der renommierten Universität in Heidelberg. Bereits die Fahrt begeisterte den gross gewachsenen, schlanken Studenten aus der Schweiz: Die Felder Deutschlands präsentierten sich, nur zwei Jahre nach Ende des Ersten Weltkriegs, unerwartet gepflegt; es blühte und gedieh auf dem Land. «Ich habe in der Schweiz nie eine Gegend gesehen, die so ausserordentlich sorgfältig und intensiv bebaut ist», berichtete Rudolf seiner Mutter nach der Ankunft. «Mehr Garten als Feld. Dabei ein Obstbaum am andern und alle in voller Blüte. Dazwischen goldgelbe Rapsfelder und rosarote Pfirsichbäume. Einfach prachtvoll.»

Rudolf fand eine Bleibe im Haus des Professors, dem ein finanzieller Zustupf gelegen kam. Die Nahrungsmittel waren noch immer knapp: «Es gibt keine Kartoffeln und bloss 100 Gramm Fleisch pro Woche», meldete Rudolf an seine besorgte Mutter, «doch freue ich mich auf die Früchtezeit, die wird mir über vieles hinweghelfen, du kennst ja meine Schwäche für Obst. Also mach dir nur keine Sorgen, liebe Mama, und pflege dich und feire im Stillen mit mir deinen Geburtstag.» Die Briefe des Sohnes landeten im Elternhaus bisweilen im Ofen, was der Sohn konsterniert zur Kenntnis nahm: «In Zürich muss ja polare Kälte herrschen, dass du mit meinen Briefen des Morgens früh den Esszimmerofen anheizest.» Er werde ihr anderes Brennmaterial schicken und «die Briefe, die ich notabene auch für mich selbst als Heidelbergerinnerungen schreibe, gleich hierbehalten».

Derweil berichtete Max seinem Sohn in der Fremde von der schweren Krise, welche die Schweizer Uhrenindustrie nach Ende des Ersten Weltkriegs erfasst hatte. Er sei in Baden beim Kuren einer Eterna-Angestellten begegnet: «Frau Rüefli ist nun seit 60 Jahren in derselben Eternafabrik tätig und sieht dabei noch ganz gut aus. Sie fraist die Schraubenköpfe (Plätze) in den Brücken. Und zeigte mir mit Stolz ein von Onkel Theodor geschenktes Goldührchen. Ihr Mann – früher auch unter mir Visiteur – ist jetzt bei Assa. Das Geschäft soll in Grenchen schlecht gehen, man arbeitet meistens bloss vier Tage pro Woche, auch bei Eterna und A. Schild, bezeichnenderweise besteht in Grenchen mehr Arbeitslosigkeit als anderswo.» Auch die Uhrenfabrik A. Michel habe verschiedene Male nicht Zahltag machen können. Das Städtchen Grenchen, das mit seinen rund 9000 Einwohnerinnen und Einwohnern auf Gedeih und Verderb von den drei grossen Uhrenfabriken Eterna, Assa und A. Michel AG abhängig war, darbte.

Onkel Theodor setzte alles auf die zukünftige Mitarbeit seines Neffen Rudolf und half ihm, sein Studium zu finanzieren. Von seinen intellektuellen Fähigkeiten war er überzeugt: «Deine sehr interessanten Ausführungen lese ich mit grossem Interesse», schrieb der Onkel nach Heidelberg. «Warum schreibst du nicht zum Beispiel journalistisch für die *Neue Zürcher Zeitung* oder den *Bund*?

Für angehende Juristen ist Publizistik sowieso immer indiziert. Erfolg müsstest du haben. Du führst eine sehr gewandte Feder, und durch nationalökonomische oder politische Artikel von allgemeinem Interesse werden alle Kreise auf dich aufmerksam.»

Der Student bemühte sich derweil auch um kulturelle und literarische Weiterbildung. Ein Studienfreund in Zürich machte ihn auf die Malerei «von drei sehr interessanten deutschen Künstlernaturen aufmerksam: Franz Marc, Lehmbruck und Nolde. Marc, im Krieg gefallen, hat an der Auferstehung der deutschen Kunst tüchtig mitgeholfen, Lehmbruck hat als erster den Weg gefunden raus aus dem zur Plage gewordenen importierten Impressionismus.» Der Freund riet dem eher ernsthaften Studenten auch zu mehr Heiterkeit und Gelassenheit: Er danke für die Fotos, die ihm Rudolf geschickt hatte, «aber hat dir der Fotograf nicht gesagt: Bitte etwas freundlicher!» Und er ermunterte ihn, Tagebuch zu führen: «Es ist uns Dilettanten auch erlaubt, unsere – in den Augen des Künstlers natürlich philiströsen – Herzensergüsse aufzuzeichnen. Man vergisst so rasch Freud und Leid. Und dann hält man sein verstrichenes Leben für monoton und erlebnisarm.» Rudolf beherzigte diesen Rat und schrieb, mit Unterbrüchen, bis 1930 seine Erinnerungen in das braune Heftchen. Es waren allerdings nicht «Herzensergüsse», die er notierte: Seine Überlegungen galten stets dem Gedeihen der Fabrik in Grenchen und der Nachkommenschaft des Grossvaters, die er, wenn auch nicht in allen Belangen, so doch grösstenteils für unfähig hielt.

Ende 1923 promovierte er bei Staatsrechtsprofessor Fritz Fleiner mit einer Dissertation zum Thema «Die Fabrikordnung». Sein Vater schickte ihm als Belohnung ein wenig Geld: «Nun leiste dir zur Feier mit Hilfe der Beilage ein gutes Nachtessen!» Im Sommer 1924 bereiste Rudolf endlich England und Holland, schaltete in Den Haag am Institut de Droit International einen Ferienkurs ein und begann ein Praktikum auf dem Amtsgericht Solothurn und der Amtschreiberei Grenchen. Ende Januar 1925 meldete er sich zum solothurnischen Fürsprech- und Notariatsexamen an und berichtete einem Freund: «Ich habe also in den letzten drei Wochen vier Klausuren hinter mich gebracht und warte nun geduldig, bis sie in den nächsten Monaten bei den Herren Examinatoren zirkuliert sind.» Er bestand mit einem knappen Magna Cum Laude. Seine Abschlussarbeit trug den Titel «Die Schranken des Parteiwillens; die Sanktion und Rechtskraft von Bundesgesetzen und andere». Dieses Wissen sollte ihm später als Mitglied eidgenössischer Kommissionen nützlich sein.

Rudolf Schild als Student in Heidelberg.

Rudolf war ein seriöser Student; Tanzbällen allerdings konnte er, ein vollendeter Tänzer, nicht widerstehen: «Meine Fasnachtstätigkeit hielt sich in bescheidenem Rahmen», schrieb er seinem Freund, «abgesehen von dem Scherz, dass ich vor acht Tagen von morgens sechs bis abends sechs in der Klausur und darauf wieder zwölf Stunden an einem Ball war, ohne sonderlich erschöpft zu sein.» Mit seinem diskreten Charme und seiner imposanten Statur hatte er Erfolg bei den Frauen, doch zeigte er wenig Neigung, sich zu binden. Sein Studienfreund hielt ihn zum Durchhalten an: «Ringsum fallen die Helden und Heldinnen; Rudi, lass uns aufrecht stehen; ich habe keine Lust, schon unter die Haube zu kommen. Wir wollen uns kräftig stützen und herausziehen, wenn wir zu früh hängen. Ich habe schon verschiedentlich Bremsen ziehen müssen, sonst wäre es schwül geworden. Man darf bald niemanden mehr angucken.» Rudolf schrieb ihm zurück und legte seine Dissertation bei, «grasgrün wie der Inhalt. Ich schicke sie dir immerhin in gutem Glauben, denn ich weiss nicht, was alles drin steht.» Der Freund solle sich beruhigen, «es liegt keine Verlobungskarte bei. Meine Geliebte ist nach wie vor die Jurisprudenz. Über den Geschmack lässt sich ja streiten.» Erst sieben Jahre später sollte er, als junger Direktor, in Lausanne an einem Spielabend bei Freunden der zwölf Jahre jüngeren Frau seines Lebens begegnen.

Theodor Schild erwartete derweil ungeduldig die Unterstützung seines Neffen. Obwohl dessen Eintritt in die Eterna längst beschlossene Sache war, nahm Rudolf kurzfristig die Stellvertretung als juristischer Sekretär des Solothurnischen Handels- und Industriedepartements an. Er vertrat den krank geschriebenen Max Obrecht, ein Verwandter des späteren Bundesrats Hermann Obrecht. Die Familie Obrecht, ebenfalls aus Grenchen stammend, wird in den kommenden Jahrzehnten eine massgebliche Rolle spielen in der Uhrenindustrie – nicht als Industrielle wie Rudolf, aber als Politikergilde, die in Bundesbern die Anliegen der Branche vertrat. Karl Obrecht, Sohn des Bundesrats, wird einige Jahrzehnte später Rudolf schreiben: «Die Zusammenarbeit mit dir ist mir immer eine Freude, selbst wenn wir die Dinge nicht immer gleich sehen. Ich zehre selbst immer noch von deiner grossen Erfahrung und deinem klaren Blick.» Kurz nach beider Ableben Ende der 1970er-Jahre wird die Schweizer Uhrenindustrie zu einem Sanierungsfall. Beide werden im Verlaufe ihres langen Berufslebens die Branche massgeblich prägen – aber auch ihnen wird es nicht gelingen, die Strukturen zu sprengen, die sich wie eiserne Fesseln um die Branche gelegt hatten.

Am 25. Oktober 1925 trat Rudolf als Prokurist in die Uhrenfabrik Eterna in Grenchen ein. Gleich nach Stellenantritt gewährte Theodor seinem Neffen einen mehrmonatigen Weiterbildungsaufenthalt in England. In einer Londoner Anwaltskanzlei, einem «Riesenbetrieb mit mehr als 100 Angestellten», konnte er «manch wertvollen Einblick in das englische Rechtsleben gewinnen», wie er seinem früheren Professor berichtete. «Als Nebenbeschäftigung betätige ich mich auf dem Bureau eines Uhrengrossisten, um auch dort an Hand der Praxis manches zu profitieren. Zu geistigen Anregungen im engeren Sinne bietet das öffentliche Leben in London recht wenig», fügte er an, um gleich zu relativieren: «Da ich jedoch in der kurzen Zeit noch kein sicheres Urteil bilden konnte, und überdies der Eindruck sehr vom zufällig getroffenen Milieu abhängig ist, möchte ich selbst auf dieses erste summarische Urteil nicht wesentlichen Wert legen.» Diesen Grundsatz, dass der «Eindruck» eines Sachverhalts stets überprüft werden muss, sollte Rudolf zeit seines Lebens befolgen. Es bewahrte ihn vor spekulativen und übereilten Entscheidungen und war Grundlage seiner späteren soliden und erfolgreichen Geschäftsführung.

Nicht lange, nachdem er seine Arbeit im Grenchner Uhrenbetrieb begonnen hatte, erreichte ihn eine Karte seines früheren Professors: «Von einem angesehenen Genfer Anwaltsbüro wurde ich angefragt, ob ich einen jüngeren Zürcher Doktor nennen könnte, der Lust hätte, als Volontär in das Büro einzuziehen. Ich habe in erster Linie an Sie gedacht.» Doch Rudolf lehnte ab: «Nachdem bald drei Jahre verstrichen sind, seit ich die Zürcher Universität

Theodor Schild mit seiner Ehefrau Louise Meyer (im Hintergrund sein Bruder Leo Schild): Sohn René wird später in den Verwaltungsräten der Firmen Eta, Eterna und Ebauches SA Einsitz nehmen.

verliess, berührte es mich mit Freude zu sehen, dass Sie sich meiner noch erinnern.» Leider könne er der Anfrage nicht nachkommen: Sein Onkel habe ihn im Februar nach Grenchen beordert zur Hilfeleistung in dessen Fabrik. «Durch verschiedene Umstände gefördert, gelangte ich auch hier rasch zu einer selbständigen Stellung und wurde Prokurist der Firma. Da ich neben einem um zwölf Jahre jüngeren Vetter der einzige männliche Nachkomme der Familie bin, wird es sich in nächster Zeit entscheiden müssen, ob ich die Jurisprudenz endgültig an den Nagel hänge, um in der Uhrenindustrie aufzugehen, die freilich in letzter Zeit eine interessante Wandlung durchmacht.» Für die nächsten zwei Monate sei er zudem «an Grenchen gefesselt, indem mein Onkel für längere Zeit nach USA verreist. Ich bitte Sie daher, sehr verehrter Herr Professor, mich zu entschuldigen, wenn ich Ihr liebenswürdiges Angebot nicht ausnutze.»

Theodor war seinem Neffen, dem Paten seines Kindes Roswitha, anfänglich vorbehaltlos wohlgesinnt. Doch schon bald trübte sich die Stimmung. Rudolf, gesegnet mit rascher Auffassungsgabe und Durchsetzungswillen, begann, die unternehmerischen Qualitäten seines Onkels anzuzweifeln. Führungserfahrung hatte sich Rudolf im Militär angeeignet, wo er seinen Offiziersgrad abverdiente; seine Leistungen wurden, ausser im Bereich «praktische Erfahrung», mit lauter Einsern belohnt mit der Bemerkung: «fleissig, zuverlässig und korrekt».

Die Lage spitzte sich zu, als die Schweizer Uhrenindustrie ein Jahr nach dem New Yorker Börsensturz 1929 einmal mehr darniederlag. Die Eterna war mit Schulden beladen. Theodor habe es versäumt, notwendige Entscheide zu treffen, notierte Rudolf in seinem Tagebuch. «Er sträubte sich, seine Mark- und Kronenguthaben mit Verlust zu wechseln. Daher Belehnung beim Bankverein, ausserdem besass er im Sommer 1918 einen Blankokredit von einer Million. Er hat keine qualifizierten Mitarbeiter und hat es versäumt, einen tüchtigen selbständigen Mitarbeiter neben sich heranzuziehen. Theodor will gerne alle möglichen Freiheiten geben, aber dass doch alles nach seinem Willen geht!!» Er habe die Firma in guten Zeiten tüchtig ausgenutzt und «damit in den Ruin» getrieben.

Dass Theodor Schild damals Rudolfs Vater Max als Leiter und Miteigentümer verdrängt hatte, konnte dieser ihm nicht verzeihen: «Onkel Theodor zeigte ein Bestreben, alleiniger Inhaber der Fabrik zu werden. Er hat dieses Ziel rücksichtslos verfolgt, der Vater wich.» 1932 veränderten sich die Verhältnisse schlagartig: Sieben Jahre nach seinem Eintritt übernahm Rudolf die Geschäftsleitung und verdrängte seinen Onkel. Im Betrieb hatte es keinen Platz mehr für Theodors Sohn René. Rudolf sollte in den kommenden Jahrzehnten seinen Aktienanteil an Eterna kontinuierlich aufstocken, bis er der grösste Minderheitsaktionär war. Immerhin war es für die Familie Theodors ein Trost, dass die Fabrik unter der Leitung Rudolfs mehr als alle Konkurrenten florierte und fette Dividenden zahlte bis zum Ende von dessen Geschäftstätigkeit.

Rudolf Schild tritt in die Eterna ein

Die Zahl der Arbeitslosen in der Schweiz stieg unaufhaltsam an, im Februar 1922 waren fast 100 000 Personen ohne Stelle, die Rezession erfasste auch die Textil- und Maschinenindustrie. Das Weihnachtsgeschäft sei «kolossal schlecht», schrieb 1925 der Eterna-Vertreter in Berlin: «Was hier an Uhren minderwertigster Qualität verkauft wird, können Sie sich kaum vorstellen. Verlangt werden hier billige Silber- und Tulaarmbanduhren in der Preislage von 15 bis 20 DM im Verkauf und desgleichen goldene Armbanduhren für 30 DM. Die Losung hier ist billig, da infolge des kolossalen Geldmangels kein Mensch bares Geld besitzt und das Publikum leider nicht nach Qualität, sondern nach dem Preise fragt.» Es fehle die Massenkaufkraft. Nach wie vor grosser Nachfrage erfreute sich hingegen das Luxussegment. Rolex präsentierte 1926 eine wasserdichte Uhr mit dem Namen Oyster, sie wurde auf Anhieb ein Verkaufserfolg. LeCoultre brachte 1929 die kleinste Uhr der Welt auf den Markt und rettete sich mit der Sportuhr Reverso über die nachfolgenden Krisenjahre hinweg.

Zu schaffen machten Theodor Schild auch Altlasten aus der Zeit des Ersten Weltkriegs: Das deutsche Reichswirtschaftsgericht beabsichtigte, ein Lager mit Eterna-Uhren zu konfiszieren. Ein guter Bekannter setzte sich beim Bundesrat ein: «Theodor Schild ist ein Jugendfreund und Schulkamerad von mir. Er gehört auch nicht jener Gruppe von Grenchner Industriellen an, über die so viel Schlimmes herumgeboten wurde. In meinen Augen ist Herr Schild, der in Solothurn seine Maturität absolvierte und nachher am Polytechnikum in Zürich als Ingenieur promovierte, an Bildung, Charakter und Feinfühligkeit seinen Berufskollegen in Grenchen überlegen.» Bundesrat Edmund Schulthess erhörte den Hilferuf und wies die Schweizerische Gesandtschaft in Berlin an, sich der Sache anzunehmen. Theodor wurde von der Beschuldigung, gegen deutsche Kriegsbestimmungen verstossen zu haben, freigesprochen, die Verwertung der konfiszierten Uhren wurde gestoppt und Theodor konnte sie zurückkaufen, allerdings mit erheblichem Verlust.

Nach 1925, dem Eintrittsjahr Rudolfs in die Firma, zogen die Bestellungen bei Eterna langsam wieder an. Das neue Budget sah Verkäufe von Ebauches für 220 000 Franken und Uhren für 180 000 Franken vor. Für Anschaffungen und Ausgaben wurde 300 000 Franken veranschlagt, «es bleibt also 100 000 Franken übrig, um Schulden zurückzuzahlen». In den vorhergehenden Jahren, die nahezu allesamt mit Verlusten geendet hatten, war der Schuldenberg bei den Banken beängstigend angestiegen. Nun galt es, wieder möglichst viel Profit zu erwirtschaften und die günstige Nachfrage auszunutzen. Eterna stellte beim Regierungsrat ein Gesuch um eine Bewilligung für die 52-Stunden-Woche. Das Eidgenössische Fabrikinspektorat äusserte sich zurückhaltend: Die anderen Fabriken kämen auch ohne Arbeitszeiterhöhung aus; ausserdem hätten doch die Ebauches-Fabriken aufgrund der stets drohenden Überproduktion untereinander vereinbart, die Arbeitszeit freiwillig zur Milderung der Überproduktion zu beschränken. Die Uhrenpatrons zeigten aber noch immer wenig Verständnis, sich vom Staat dreinreden zu lassen – und erst recht nicht von den Gewerkschaften! Die Bestimmung der 48-Stunden-Woche sei willkürlich und ziehe bestimmt Arbeitslosigkeit nach sich, antwortete die Geschäftsleitung der Eterna: «Das Dogma der dreimal Acht ist eine Ausgeburt reiner Propaganda der Sozialisten und stützt sich auf keine berechtigte Grundlage.» Eterna erhielt zwar die Bewilligung, wollte aber der gewerkschaftlichen Forderung nach Abgeltung dieser vier zusätzlichen Stunden nicht nachkommen: «Das ist nicht möglich.» Wenn schon, dann müsste die 48-Stunden-Woche international verankert sein, «weil aber diese Einigkeit international noch lange nicht kommt, so ist eine Überspannung dieses Dogmas unserer Ansicht nach des entschiedensten bekämpfenswert, auch von Seiten einsichtiger Arbeiter aus».

Theodor heizte auch den ausländischen Eterna-Vertretern tüchtig ein, ihre Anstrengungen zu verdoppeln. Diese wehrten sich: «Wir erlauben uns zu erwidern, dass es für uns sehr schmerzhaft ist, immer wieder daran erinnert zu werden, dass Ihnen unsere Erfolge nicht genügen, obschon wir andauernd mit Hochdruck arbeiten. Die Verhältnisse stehen so, dass die ehemaligen Geschäfte, ganz besonders jene, welche unsere ehemaligen Kunden waren, total erledigt sind. Als reine Rechner wollen Sie Zahlen sehen. Wir indessen können nicht mehr leisten.»

Schmucke Damenuhren aus dem Hause Eterna aus den 1920er- und 1930er-Jahren.

Verkaufserfolge stellten sich nun dank neuen Entwicklungen ein. 1927 reichte Eterna ein «Hauptpatent für Taschenfeuerzeug mit Uhr» ein: «Vorliegende Erfindung betrifft den Einbau eines Uhrwerks in das Taschenfeuerzeug. Es sind schon ähnliche Konstruktionen bekannt, bei welchen die Uhr aussen fest auf das Feuerzeug geschraubt ist, oder in das Feuerzeug eingelassen. Bei vorliegender Erfindung tritt aber die Aufzugs- und Zeigerstellwelle und die Krone direkt aus dem Feuerzeug heraus, und die Uhr kann dadurch ohne jede weitere Massnahme sofort aufgezogen und deren Zeiger können eingestellt werden.» Der Clou war, dass jedes Entflammen Energie an die Zugfeder der Uhr lieferte. «The Aristocrat among Lighters», wie das neue Produkt beworben wurde, gelangte nun in verschiedenen Ausführungen auf den Markt – bis hin zu einer Luxusversion in Gold mit Genfer Email. Für die weibliche Kundschaft liess man sich eine «Vanity-Uhr» einfallen mit Schminkkissen und Puder. Die «Hexa» wiederum war eine Hosentaschenuhr mit Schiebekapselgehäuse – «für Sportleute» geeignet, da sie nur mit einer Hand bedient werden konnte. Sie wurde für Tiffany, Cartier und andere Prestigemarken geliefert, grossflächig angekündigt und vielfach in Zeitschriften besprochen – und war dennoch ein Flop: Das Produkt sei noch nicht ausgereift und schwierig zu handhaben, befanden die Uhrenfachgeschäfte. Die Produktion musste nach nur einem Jahr eingestellt werden. Wenig später brachte Eterna eine Taschenuhr mit Sprungdeckelgehäuse auf den Markt. 1928 war der Umsatz so hoch wie nie: Eterna verkaufte Uhrwerke für 3,9 Millionen und Zylinder- und Ankeruhren für 3 Millionen Franken.

Am 24. Oktober 1929 aber fand die Hausse und damit die Ära der «Roaring Twenties» in den USA ein jähes Ende: In New York sauste der Dow Jones nach Panikverkäufen in die Tiefe, und Millionen von Anlegern, die zuvor Kredite aufgenommen hatten, um am Börsenrally mitzuverdienen, waren am Abend jenes Tages hochverschuldet. Innerhalb einer Woche büsste der amerikanische Leitindex 40 Prozent ein. Es war der folgenreichste Börsencrash der Geschichte, die nachfolgende wirtschaftliche Talsohle sollte erst 1932 den Tiefpunkt erreichen. Analysten wiesen später darauf hin, die tiefer liegenden Ursachen der Weltwirtschaftskrise seien bei der Geldpolitik der Zentralbanken und den protektionistischen Massnahmen der damaligen Staaten, die den Welthandel dämpften, zu suchen.[19] Jedenfalls waren in der Schweiz die Exportbranchen die Leidtragenden, allen voran die Uhren-, Textil- und Metallindustrie und der Maschinenbau.

In den USA lobbyierten die grossen Uhrenmarken Hamilton und Waltham erfolgreich für eine Abschottung: Der Kongress beschloss einen verschärften Markenschutz und einen protektionistischen Zolltarif von 38 Prozent auf Fertiguhren. Das Resultat war ein blühendes Schmuggelwesen, das von den Kenntnissen und Strukturen aus der Ära der Alkoholprohibition profitierte. Meist war es billige Ware, die in übel riechenden Kaninchenfellen oder Schokolade- und Porzellankisten über die Grenze geschafft wurde. Ein Dokument des Abgeordnetenhauses beklagte diesen «Betrug am amerikanischen Volk»: «Die Regierung hat mit untrüglicher Gewissheit festgestellt, dass eine verbrecherische Organisation von Schmugglern das amerikanische Publikum um bedeutende Summen geschädigt hat, indem es ihm Millionen von Uhren allererbärmlichster Qualität verkaufte.» Die Uhrenindustrie in der Schweiz schlug Alarm, man fürchtete um den guten Ruf der Schweizer Qualität. An der Uhrenkonferenz in Montreux 1932 verurteilte ein Schweizer Referent die Machenschaften: «Eine ganze Reihe von Juwelieren und Detailhändlern wird sich wegen Hehlerei zu verantworten haben, während sich die gesamte amerikanische Industrie durch die Einfuhr dieses Schweizer Schunds, der ein Hohn auf die Uhrenindustrie ist und ihren Ruf aufs ärgste gefährdet, furchtbar kompromittiert hat. Die Uhren wurden mit ungeheurem Gewinn verkauft. Es ist dies der grösste Skandal, der den Behörden jemals vorgekommen ist – möchten sich die Ebauchesfabrikanten und diejenigen Schweizer, die sich mit der Schablonage kompromittiert haben, diesen Satz ständig vor Augen halten!» Ausgerechnet die amerikanische Firma Bulova, die Uhrwerke ihrer Niederlassung in Biel in die USA importierte und in selbst gefertigte Gehäuse einbaute, war als grösste Übeltäterin entlarvt worden.

Bundesrat und Parlament stellten ein veritables Krisenmanagement auf die Beine. Das Städtchen Grenchen war wie kaum ein zweites betroffen vom wirtschaftlichen Einbruch. 1930 führten die Rohwerkfabrikanten Kurzarbeit ein. Der Gemeinderat in Grenchen hatte sich immer öfters mit Armut und Geldmangel zu befassen. Seit 1929 sass auch Rudolf Schild für die freisinnig-demokratische Partei im Gemeinderat. Vier Jahre zuvor war er in die Eterna eingetreten. Der Rat tagte jeweils am Freitagabend um 20 Uhr, die Sitzung wurde mit 5 Franken vergütet. Unmittelbar nach dem Börsencrash ahnte er, welche Gefahr das Ereignis für die Uhrenbranche bedeutete, und ersuchte die Gemeinde, präventive Hilfsmassnahmen zu ergreifen, wie ein Ratsprotokoll bezeugt: «Rudolf Schild nimmt Bezug auf die Erscheinung, nach welcher die Uhrenindustrie von einer Krise bedroht ist. Es hat diese bereits zur Folge, dass in einzelnen Werken die Arbeit eingeschränkt werden musste. Eine Anzahl von Arbeitern musste bereits entlassen werden.» Der Gemeinde stünden erhebliche Auslagen für die Arbeitslosenunterstützung bevor. Ob man sich «schon mit der Frage der Ausführung von Projekten als Notstandsarbeiten befasst habe, um die Gelder von Gemeinde und Staat zum Vorteil der Arbeiter und der Gemeinde nutzbringend verwenden zu können». Man antwortete ihm, als Notstandsarbeit käme «eventuell die Verlängerung der Verbindungsstrasse zwischen der Schützengasse und der Allerheiligengasse in Frage». Es bestehe kein Grund zu Pessimismus. Doch schon ein Jahr später hatte sich die Situation massiv verschlechtert.

Finanzielle Not und unverantwortlicher Umgang mit Geld: Das kannte Rudolf aus seiner Kindheit allzu gut. Zeit seines Lebens blieb er in unzähligen Gremien stets der Mahner, und wo nötig, der Bremser. Im Gemeinderat wurde er nicht müde, sich neben dem Einsatz für günstige Bedingungen für die Uhrenindustrie auch für gesunde Finanzen einzusetzen. Die Kasse sollte gefüllt sein, bevor man sich daraus bediente. «Herr Schild sagt, bevor man Motorlastwagen anschafft, soll die Gemeindekasse ein Finanz-Exposé vorlegen, um die Gewissheit zu verschaffen, dass die Gemeinde hinreichende Barmittel zur Verfügung habe, um den finanziellen Ansprüchen und Verbindlichkeiten zu genügen», hielt das Protokoll 1929 fest. Der Antrag wurde mit grossem Mehr angenommen. Einige Wochen später plädierte er «für Monats- oder Quartalsbilanzen der Gemeinde, sodass die Gemeindebehörde besser über die wirkliche

Grenchen entwickelt sich zu einer Industriestadt. Hier der Dorfkern um 1930.

Finanzlage der Gemeinde informiert ist». Geprüft werden sollten auch ein Sparprogramm und die Erschliessung neuer Einnahmequellen. Auch diesen Forderungen wurde nachgekommen, wenn auch nicht immer ohne kritische Einwände.

Eterna gehörte zu den grösseren Arbeitgebern der Region, und Rudolf stellte zeitlebens sicher, dass die Interessen seiner Unternehmen gewahrt blieben – sei es als Mitglied des Gemeinderats oder später hinter den Kulissen. Freisinnige Gemeinderäte hatten, so erzählt man sich noch heute, vor der Sitzung beim Direktor der Eta und Eterna anzutraben, um die Abstimmungsparole zu fassen. Gleichzeitig zeigte sich Rudolf stets bereit, die Kosten für allfällige Auslagen in eigenem Interesse nicht dem Staat aufzubürden. Der erste Vorstoss im Gemeinderat zugunsten seiner Firma betraf die Umgestaltung der Marktgasse: Rudolf wünschte sich eine Änderung deren Verlaufs, da sie, allzu nahe an der Fabrik, den Betrieb stören und die «Disziplin der Arbeiterschaft beeinträchtigen» könnte. Man gab seiner Einsprache statt, «dies umso mehr als die Einsprecherin verspricht, die Strasse auf eigene Kosten zu korrigieren, das heisst das Land zur Korrektion der Gemeinde unentgeltlich abzutreten».

1930 notierte das Protokoll: «Grosse Krisis». 1199 Personen waren teilweise oder ganz arbeitslos. Es wurde beschlossen zu sammeln, um die Not zu lindern. Ausserdem wollte der Rat die Freinächte und «soweit tunlich alle Anlässe, die die Bevölkerung kurzer Vergnügen wegen zum unnützen Geldausgeben veranlassen», möglichst einschränken. Schliesslich wurde den Industriellen nahegelegt, zuerst auswärtige Arbeiter zu entlassen und erst dann Grenchner Bewohner.

Der Rückgang der Geschäfte der Eterna war dramatisch: 1932 sanken die Verkäufe auf eine halbe Million Franken. Die Stimmung im Betrieb war aufgeladen. Als einige Arbeiter die Statuten der Pensionskasse nicht unterschreiben wollten, kam dies Theodor als Vorwand gerade recht, um die ersten Leute zu entlassen. Die Gewerkschaft protestierte, die Angelegenheit endete vor dem Einigungsamt, das Theodor abmahnte: «Die Arbeiter haben die Unterzeichnung und Anerkennung der Statuten nicht so ernst genommen und haben sich, nachdem sie die Kündigung erhalten haben, mit Herrn Schild ins Einvernehmen gesetzt.» Trotz Einlenkens der Beschäftigten habe Theodor aber die Entlassung nicht rückgängig gemacht. Es handle sich um Familienväter, einer davon sei schon seit zwanzig Jahren am selben Platz. Theodor erklärte sich: «Die Kündigungen sind wegen Arbeitsmangel erfolgt, es werden weitere folgen. Zunächst sind diejenigen Arbeiter entlassen worden, die an einem andern Seil ziehen als die Fabrikleitung.» Dennoch gelang es dem Regierungsrat, eine bedingungslose Wiedereinstellung der Entlassenen zu erwirken.

Theodor hatte in früheren Jahren der Alters- und Pensionskasse eine Einlage von 50 000 Franken versprochen. Als die Geschäfte in der zweiten Hälfte der 1920er-Jahre gute Gewinne eingebracht hatten, zahlte er 30 000 Franken ein. Da er den Rest bisher nicht aufgebracht hatte, wandelte der Regierungsrat das Schenkungsversprechen in eine Schuldverpflichtung um. Denn nun, zu Beginn der 1930er-Jahre, ging fast gar nichts mehr. «Die Geschäftsleute ringen die Hände», berichtete der Vertreter in Prag: «Man hat gemeint, dass man dort von der Wirtschaftskrise verschont bleiben würde. Tatsächlich ist man dort auch jetzt mittendrin und es graut den Leuten vor dem nebelhaften Unbekannten. Kollmann reist tagelang, ohne etwas zu verkaufen, er ist sehr desperat. Von wo wird der Seismograph das nächste Beben melden? Oder sind wir erst beim Anfang einer Epoche, die man die Umbildung der kapitalistischen Wirtschaftsordnung nennt?»

Die Schweizer Uhrenindustrie schliesst sich zusammen

Rudolf Schild trat 1925 just in dem Moment in die Eterna ein, als sich die Struktur der Schweizer Uhrenindustrie für immer verändern sollte. Der Wandel war dramatisch und sollte sich für die Branche als verhängnisvoll erweisen. Im Zuge der Umstrukturierung wurden die Regeln der liberalen Marktwirtschaft sukzessive ausgehebelt. Es ist wohl einmalig in der Schweizer Wirtschaftsgeschichte, dass eine Branche derart konsequent in einen korporatistischen «Kettenpanzer» gelegt wurde – dies zu einem Zeitpunkt, als die Planwirtschaft in der Sowjetunion bei liberalen Politikern Angst und Schrecken verbreitete. Die Formierung hin zu einem Uhrenkartell begann Mitte der 1920er-Jahre als Projekt der Privatwirtschaft und endete 1934 mit dem Überbau des staatlichen Uhrenstatuts. Jetzt war der Markt vollständig reguliert und kartellisiert: Es galten strikte Vereinbarungen zwischen Zulieferern und Abnehmern, und kein Unternehmer durfte ohne behördliche Bewilligung eine Fabrik eröffnen, eine bestehende erweitern oder auf die Produktion anderer Uhrenteile umstellen. Die Zweiteilung der Branche in Etablisseure einerseits und ihre Lieferanten von Uhrenbestandteilen andererseits wurde zementiert. Als dann 1971 die Branche wieder in das vollständige «Bad der Freiheit» getaucht wurde, musste sie erst schwimmen lernen. Doch die verzweifelten Bemühungen, sich von den tief verankerten gegenseitigen Treuevereinbarungen und statutarischen Grenzpfählen zu befreien, erwiesen sich als Zerreissprobe – bis die Banken Anfang der 1980er-Jahre befanden, die Branche sei konkursreif, und die Besitzer praktisch enteigneten.

Dabei waren es die Banken, die damals in den 1920er- und 1930er-Jahren das Korsett schnüren halfen. Zu erklären ist die dramatische Branchengeschichte nur mit den Eigenheiten der Produktionsmethoden der Uhr. Die zahlreichen Uhrmacher, welche die Uhr zusammensetzten, fragten Rohwerke nach. Da diese Produktion schon längst mechanisiert und rationalisiert war, gab es ein

Ungleichgewicht zwischen der Nachfrage der traditionell arbeitenden Uhrmacher und dem Angebot von Rohwerken. Über 40 Rohwerkfabrikanten buhlten um die Gunst der 500 Uhrenhersteller. In den 1920er-Jahren verstärkte sich das Ungleichgewicht: Das kriegsgeschädigte Ausland – allen voran der wichtigste Absatzmarkt, die USA, aber auch Deutschland, Belgien und Österreich – erliess hohe Zölle auf Fertiguhren, um damit den Aufbau der eigenen Branche zu schützen.[20] Der Absatz von Schweizer Uhren im Ausland brach dramatisch ein. Rohwerke und andere Werkbestandteile aber nahmen die Länder gerne entgegen. Da hier in der Schweiz nun Überproduktion herrschte, exportierten die Fabriken ihre Produkte zunehmend ins Ausland. Sie steckten die Einzelteile in Säckchen und Schachteln und verkauften diese über die Grenze, wo die Bestandteile zu fertigen Uhren zusammengesetzt wurden. Man nannte das Vorgehen Schablonage. Allein in Pforzheim, dem grenznahen deutschen Uhrenzentrum, waren über tausend Uhrmacher damit beschäftigt, die Bestandteile zuerst zu Werken und dann zu fertigen Uhren zusammenzusetzen. Weil sie auch noch tiefere Lohnkosten hatten, waren nun ihre Zeitmesser, ausgestattet mit Schweizer Erzeugnissen, viel billiger zu haben als importierte Schweizer Fertiguhren. Die Etablisseure und mit ihnen die Gläubigerbanken waren alarmiert: Mit der Schablonage drohe der beschleunigte Aufbau der ausländischen Konkurrenz mit Fertiguhren. Das sei das Ende der Uhrenproduktion in der Schweiz. Die Banken sahen ihre Kredite gefährdet, und der Staat seinerseits befürchtete Arbeitslosigkeit in den Tälern des Jura, wo die meisten Etablisseure ansässig waren.[21] In seltener Einmütigkeit schnürten sie in der Folge Pakete, um dem Export von Rohwerken und anderen Werkbestandteilen Einhalt zu gebieten. Denn diese Exporteure seien die «Übeltäter», die ihr eigenes Interesse der patriotischen Pflicht überordneten. Sie mussten nun in die Schranken gewiesen werden.

Das Konzept, das die Branche der Zulieferer disziplinieren sollte, mutet heute geradezu abenteuerlich an. Ziel war, die Überproduktion an Rohwerken und anderen Werkbestandteilen wie Hemmungsteile, Unruhen und Spiralen zu beseitigen und die Fabrikanten zu zwingen, nur noch inländische Etablisseure zu beliefern. Bevor 1934 der Staat eingriff, versuchte man dies auf privatwirtschaftlicher Ebene. Doch kein Unternehmer konnte gezwungen werden, seine Fabrik zu verkaufen oder auf eine Neugründung zu verzichten. Nun taten sich Etablisseure und Banken zusammen und initiierten 1931 die Gründung der Superholding Allgemeine Schweizerische Uhrenindustie AG, kurz Asuag

Um dieses Produkt geht es bei der Gründung der Asuag und dem nachfolgenden Uhrenstatut: das Werk einer Uhr, hier in der ersten Armbanduhr mit Weckerfunktion aus dem Hause Eterna (1914).

genannt. Asuag sollte alle Schlüsselindustrien des Uhrwerks unter ihr Dach zwingen und die Sache zu einem Ende bringen, was bedeutete, weiterhin «überzählige» Fabriken aufzukaufen und sie stillzulegen. Da der Finanzierungsbedarf für dieses Unterfangen hoch war, holte man den Bund an Bord. Wie abzusehen war, gelang es auch der Superholding Asuag nicht, das Problem zu lösen. So schossen Zulieferbetriebe weiterhin wie Pilze aus dem Boden. Nun griff der Staat zum letzten Mittel: Er verbot kurzerhand die Gründung von Fabriken. Damit war das Werk getan und die Rohwerk- und Bestandteilproduzenten endlich unter Kontrolle. Diese durften fortan nur noch die inländischen Etablisseure beliefern und bloss eine geringe staatlich festgelegte Menge in die beiden Länder Deutschland und Frankreich exportieren. Im Gegenzug verpflichteten sich die Fertiguhrenbetriebe, Rohwerke und Bestandteile nur bei Schweizer Zulieferern zu beziehen und deren Preise zu akzeptieren. Am Ende war das kartellistische System dermassen ausgeklügelt und komplex, dass die Eidgenössische Preisbildungskommission 1959 konstatieren sollte: «Die Verhältnisse in der schweizerischen Uhrenindustrie gehören zu den am schwersten übersehbaren in unserer Wirtschaft.» Doch die Ruhe, die einkehrte, sollte sich als trügerisch erweisen.

Lassen wir hier die chronologischen Ereignisse jener Jahre Revue passieren. Das Erstarken der ausländischen Konkurrenz vor Augen, begannen sich die einzelnen Produktionsgruppen in den 1920er-Jahren zu organisieren. Die Hersteller von Fertiguhren, die sich bedroht fühlten, machten den Anfang und schlossen sich 1924 im Dachverband Fédération Horlogère FH zusammen. Alle Etablisseure waren eingeladen, mitzumachen, ebenso Manufakturen, sofern sie nur für ihre eigenen Uhren Rohwerke produzierten und diese nicht an Dritte verkauften. Es sei zu hoffen, schrieb eine Uhrenzeitung, dass die FH nun mit allen unseriösen Fertiguhrenherstellern aufräume, die nur «minderwertige Fabrikate in den Handel bringen und sie dazu noch ‹Schweizerfabrikat› nennen».

Im Jahr 1926 schlossen sich die Rohwerkfabrikanten in der Holding Ebauches SA zusammen. Die Gründung des Trusts wurde später in seinen Jubiläumsschriften als geschickter Schachzug gefeiert – in Tat und Wahrheit aber wurden die zwei grössten Gründerfirmen Assa und Fontainemelon gleichsam zu diesem Schritt gezwungen. Der Ort Grenchen war der Hauptschauplatz. Hier hatte sich die Assa unter den Nachkommen von Adolf Schild-Hugi zu der weltweit grössten Fabrik von Rohwerken gemausert. 1925 produzierte der Betrieb 4,8 Millionen Rohwerke und beschäftigte 2100 Personen. Eine weitere grosse Fabrik war die A. Michel. Diese stand nun 1925 vor dem Konkurs. Das einstmals starke Unternehmen, das anfänglich Roskopf-, Zylinder- und Ankeruhren herstellte und sich ab 1918 auf Rohwerke beschränkte, war hoch verschuldet. Dazu beigetragen hatte ein Streit unter den Nachkommen und die hohe Auszahlungssumme an ein Familienmitglied. Die A. Michel hatte Glück im Unglück: Verwaltungsratspräsident war Hermann Obrecht, ein aufstrebender Politiker und aufs Engste verbunden mit den Gläubigerbanken, sass er doch im Verwaltungsrat des Schweizerischen Bankvereins und im Bankrat der Solothurner Kantonalbank. Als Vertreter aller Parteien hatte der gebürtige Grenchner grosses Interesse daran, die A. Michel zu retten. Die zündende Idee war ein gemeinsamer Trust mit finanziell starken Firmen, über deren Bilanzen die A. Michel wieder ins Gleichgewicht käme. Der Gründung der Ebauches SA lag also nicht primär die Idee zugrunde, die Marktmacht der Rohwerkhersteller zu stärken, wie später stets behauptet wurde, denn hierfür hätte ein Kartell ausgereicht. Um die A. Michel zu retten, mussten die starken Betriebe ihre rechtliche und finanzielle Selbstständigkeit aufgeben.

Doch wie konnte ein Unternehmen wie die Assa dazu überredet werden, die Unabhängigkeit aufzugeben? Es waren persönliche Verbindungen, die dies

Der Grenchner Hermann Obrecht (1882–1940), späterer Bundesrat (links), ist befreundet mit Gottlieb Vogt-Schild (1879–1964), Publizist und Verleger in Solothurn.

zustande brachten: Hermann Obrecht war eng befreundet mit Gottlieb Vogt-Schild, seines Zeichens Schwiegersohn des Assa-Gründers Adolf Schild-Hugi. 1907 hatte Vogt-Schild das Verlagshaus Vogt & Schild[22] ins Leben gerufen; als ersten Redaktor der neuen *Solothurner Zeitung* hatte er den jungen Anwalt Hermann Obrecht angestellt. Jetzt, da es um die Rettung der A. Michel ging, setzte Obrecht seine Verbindungen ein. Gottlieb Vogt-Schild liess sich überzeugen und setzte die Besitzerfamilie der Assa unter Druck. Die Rechnung ging auf: Nach zähen Diskussionen gaben die Nachkommen von Schild-Hugi auf und willigten in den Zusammenschluss ein, begleitet von schweren Zweifeln der Gründerwitwe Pauline und des Sohnes Adolf. Hermann Obrecht erwarb sich einen soliden Ruf als Retter vieler Arbeitsplätze und sollte wenig später zum Bundesrat gewählt werden.[23]

Als Dritte im Bund holte Obrecht die Fabrique d'horlogerie de Fontainemelon an Bord; der Betrieb im neuenburgischen Jura, seit 1825 im Besitz der Familie Robert, zählte ebenfalls zu den bedeutendsten Rohwerkproduzenten der Schweiz und stellte jährlich mit rund tausend Beschäftigten über eine Million Ebauches her. Als Form des Zusammenschlusses der drei Giganten wählte man, gemäss den Vorgaben Obrechts, eine Holdinggesellschaft und taufte sie auf den Namen Ebauches SA. Verwaltungsratspräsident wurde bald einmal der Initiator Hermann Obrecht; er sollte später im Bundesrat weiterhin Päckchen schnüren zugunsten der Uhrenindustrie. Als sein Vize amtete César Schild, kaufmännischer Direktor der Assa und Sohn des Gründers Adolf Schild-Hugi; Fontainemelon stellte mit ihrem Direktions- und Familienmitglied Sydney de Coulon den Sekretär. Die Besitzerfamilien tauschten ihre Aktien zu 100 Prozent in Anteile an der neuen Ebauches SA ein. Sonst änderte sich für die Fabriken nichts: Firmennamen, Gesellschaftsformen und Leitung blieben erhalten – und die Konkurrenz untereinander auch. Gemeinsam produzierte das Trio mehr als 75 Prozent aller Schweizer Rohwerke und war damit marktbeherrschend. Die Übernahmewerte waren Assa 14 Millionen, Fontainemelon 6 Millionen und A. Michel 4 Millionen Franken.

Um dem Zusammenschluss auch für Assa und Fontainemelon einen Sinn zu geben, wurde beschlossen, die Macht eines Kartells auszuüben und die Preise anzuheben. Hierfür mussten aber die restlichen 25 Prozent der Fabriken dieses Zweigs unter das Dach geholt werden. Die Banken halfen zwar mit Krediten aus, doch die Aufkäufe wurden mehrheitlich über die Bilanz der reichen Assa abgewickelt. Den verkaufswilligen Rohwerkfabrikanten, wovon einige um das Überleben kämpften, winkten gute Einnahmen. Mehr als fünfundzwanzig Firmen folgten dem Ruf der Ebauches SA, darunter Hora, Sonceboz oder Charles Hahn,[24] Felsa, Venus, Optima oder Urania. 1931 stammten neun von zehn verkauften Rohwerken aus der Produktion der Firmen der Ebauches SA. Aber längst nicht alle Fabrikbesitzer wollten ihre Selbstständigkeit aufgeben, so auch Theodor Schild nicht. Die Eterna war eine Manufaktur und produzierte Rohwerke auch für Dritte. Ebauches SA bot Theodor Schild einen «Freundschaftsvertrag» an, und dieser verpflichtete sich, sich an die Preisvorgaben der Holding zu halten. Eine neuenburgische Expertenkommission, die sich dem Gedeihen der Uhrenbranche verschrieben hatte, legte der Ebauches SA nahe, «den Export von Schablonen einzudämmen», also «freiwillig» auf Absatzmöglichkeiten zu verzichten. Die Etablisseure verpflichteten sich im Gegenzug, höhere Preise zu zahlen.

Nach dem Zusammenschluss der Rohwerkhersteller folgte 1927 jener der Fabrikanten von Fournitüren im Verband der Hilfsgewerbe der Uhrenindustrie oder Union des branches annexes de l'horlogerie, UBAH genannt. In dieser Gruppe waren, nach Fabrikationszweigen eingeteilt, die Hersteller der einzelnen Uhrenbestandteile wie Assortiments, Unruhen, Spiralen oder Lagersteine vereinigt. Die Zeigerfabrikanten hatten sich schon 1909 in der Universo AG

Copie

Ebauches S.A.

Grenchen.

das Original ist im Besitz von Herrn Adolf Schild-Behnis

Liste des Maisons reprises par Ebauches S.A.

Année 1927.

A. Schild S.A.	14'000'000.-	1/I/27
Fontainemelon	6'000'000.-	idem
A. Michel S.A.	4'000'000.-	idem
Cortébert	251'000.-	1/III/27
Court	500'000.-	1/IV/27
Landeron	635'000.-	1/I/27
Villeret	775'000.-	1/I/27
Sonceboz	1'030'000.-	1/V/27
Exit S.A.	36'000.-	1/IV/27
Champion	42'000.-	31/III/27
Suza	150'000.-	15/III/27
Wyss & Tröhler	80'000.-	1/VI/27
Total	27'499'000.-	

Année 1928.

Felsa S.A. Grenchen	2'468.010.-	1/I/28
Felsa S.A. Oberdorf	290'535.-	1/I/28
Vénus S.A. Moutier	585'780.-	2/III/28
Société d'Horlogerie la GENERALE	5'000.-	28/XII/28
Fabr. d'Ebauches Bévilard	10'000.-	20/III/28
Triumph	100'000.-	20/IV/28
Bovet Frères & Co	40'000.-	24/III/28
Astor S.A.	128'000.-	2/X/28
Delémont	160'000.-	26/IX/28
Optima S.A.	95'000.-	16/VI/28
Total	3'882'625.-	

Liste der Firmen, welche die Holding Ebauches SA 1927/1928 übernimmt, mit den Übernahmepreisen. Die Assa ist die mit Abstand grösste Rohwerkherstellerin; über deren Bilanz wird ein Grossteil dieser und der späteren Übernahmen abgewickelt.

zusammengeschlossen. 1930 schliesslich entstand die Fertiguhrengruppe Société Suisse pour l'Industrie Horlogère SSIH: Getrieben von der Depression, schlossen Charles und Paul Tissot einen Vertriebs- und Produktionsvertrag ab mit den Gebrüdern Brandt, den Gründern der Omega in Biel. Die Zusammenarbeit der beiden Manufakturen Tissot mit Sitz in Le Locle und Omega hatte schon fünf Jahre zuvor begonnen. Später kamen weitere Uhrenmarken unter das Dach der SSIH, unter anderen Lemania, Lanco und Hamilton. Die SSIH war damit die grösste Schweizer Vereinigung im Bereich der Fertiguhren.

Nun waren die meisten Fabriken in der Schweizer Uhrenbranche organisiert. Die drei Hauptgruppen Fédération Horlogère, UBAH und Ebauches SA schlossen untereinander Verträge ab; der wichtigste kontingentierte den Export von Schablonen. Doch das Kartell war immer noch nicht gefestigt: «Dissidente» Firmen unterboten die Preise der bei Ebauches SA organisierten Betriebe und verdienten auf den ausländischen Märkten mit ihren Schablonen ein Vermögen. Damit fühlten sich auch die Fabriken der Holding nicht mehr an die Absprachen gebunden. Der Kampf aller gegen alle setzte sich fort. Kurz vor Ausbruch der akuten Krise nach dem Börsensturz 1929 wurden so viele Schablonen exportiert wie nie zuvor.

Der Agent der Eterna in Pforzheim berichtete Theodor 1930 von den Machenschaften der Schweizer Konkurrenz. Es würden überall «Spezialpreise» ausgehandelt und damit Absprachen unterlaufen. Die Ebauches-Firma A. Michel AG versuche, bei der Uhrenfabrik German Sickinger ins Geschäft zu kommen: «Bis heute hatte der Vertreter von Michel aber noch keinen Erfolg und ich hoffe, dass es so bleiben wird. Es besteht keine Gefahr, dass Michel irgendetwas über die gemachten Preise dem Trust mitteilt, denn auch diese Leute haben Michel schon seit langer Zeit Spezialpreise gemacht. Der Vertreter der Firma Assa gibt übrigens die Werke nicht mit den offiziellen Fakturen der Ebauches SA an die Kundschaft ab, auch die Rechnungsauszüge werden nicht von Grenchen versandt, sondern vom Vertreter. Diese Beträge werden ganz sicher auf einem Spezialkonto verbucht.» Für den Vertreter war klar: Der Trust musste die Preise wieder senken und die «dissidenten» Firmen besser kontrollieren.

Die Weltwirtschaftskrise war erbarmungslos: Der Export von Uhren brach 1930 um die Hälfte ein, Banken gingen Konkurs und rund 20 000 Uhrenbeschäftigte waren ohne Arbeit. Nun drängten die Gläubigerbanken im eigenen Interesse auf eine Sanierung und einen stärkeren Zusammenschluss der Uhrenindustrie. Banken, Gewerkschaften, Etablisseure, die Bevölkerung betroffener

Gemeinden und ihre Vertreter sowie die Presse zogen am gleichen Strick und verlangten 1931 in einer von 56 000 Leuten unterschriebenen Petition, die Regierung solle sofort eingreifen, es gehe um nichts weniger als das Überleben der ganzen Branche. Es bildete sich eine Neuenburger «Expertenkommission» mit Vertretern aller Lager; sie stand unter dem Vorsitz des Direktors des Fertiguhrenverbands Fédération Horlogère. Die Etablisseure drängten die Ebauches SA zu härterem Vorgehen gegenüber den dissidenten Fabriken. Die Holding war aber nicht bereit, weitere Firmenkäufe über ihre Bilanzen abzuwickeln, um sie dann teilweise stilllegen zu müssen. Es sei ein Ding der Unmöglichkeit, die Dissidenz zu verhindern, sagte Assa-Direktor César Schild an einer Sitzung der Kommission. So kam die Kommission auf die Idee, eine neue Holding zu gründen – dieses Mal eine «Superholding», welche die bestehende Holding der Rohwerkbetriebe wie auch alle wichtigen Bestandteilproduzenten unter ihrem Dach vereinigen würde. Man rechnete: Der Kauf der Ebauches SA und der anderen Fabriken würde rund 45 Millionen Franken kosten. Woher das Geld nehmen? Die Uhrenindustriellen waren bereit, 7 Millionen zu übernehmen, die Banken 22 Millionen Franken. Es fehlte die Summe von 16 Millionen Franken. So beschloss die vorbereitende Kommission, den Bund einzuschalten – schliesslich hatte die Eidgenossenschaft auch ein Interesse daran, die regionalpolitisch und volkswirtschaftlich bedeutsame Uhrenindustrie zu «retten» und Massenarbeitslosigket zu verhindern.

Einige Tage nachdem die Superholding Asuag 1931 offiziell gegründet worden war, richtete sie ein Ersuchen um finanzielle Hilfeleistung an den Bund. Das Parlament gab grünes Licht. Im September 1932 meldete sich eine Delegation beim Bundesrat an: Nun ging es um die Verhandlung über die Höhe des Hilfspakets. Das Protokoll jener Sitzung zeigt: Die Verhandlungen waren hart, der Druck der Banken und der Etablisseure auf den Bund stark. Dem Bundesrat schien die verlangte Summe zu hoch, er hatte schliesslich die Uhrenindustrie schon in der Krise 1921 mit Hilfspaketen im Umfang von mehreren Millionen Franken unterstützt. Im Grünen Zimmer des Parlamentsgebäudes sassen den Bittstellern die Bundesräte Edmund Schulthess, Vorsteher des Volkswirtschaftsdepartementes, und Finanzminister Jean-Marie Musy gegenüber. Die Delegation bestand aus Vertretern der drei wichtigsten Gläubigerbanken Berner und Neuenburger Kantonalbank und Bankverein, dem neuen Asuag-Direktor Paul Renggli, Sekretär Sydney de Coulon, Assa-Direktor César Schild und Ernest Strahm. Strahm war Nationalrat und Direktor der Uhrenmanufaktur

Die Grenchner Fabrik Assa 1927.

Zenith in Le Locle, und er war der Wortführer. Er legte den Bundesräten das Problem der Schablonage dar: «Die Schablonage ist in der Nachkriegszeit gefährlich geworden. Die Mechanisierung hat sich sehr entwickelt, die Bestandteile werden in unerhörter Präzision hergestellt, sodass man heute nur die Teile zusammensetzen kann, um eine gutgehende Uhr zu erhalten. Die Schabloneure im Ausland haben sich verdoppelt und verdreifacht.» Bald schon, so malte Strahm aus, würden auch die Qualitätsuhren im Ausland hergestellt und damit letztlich die ganze Schweizer Uhrenfabrikation dorthin verlegt. «Schliesslich sind wir mit den Banken zum Entschluss gekommen, dass die Dissidenz aufgekauft werden müsse.»

Der Bund wurde gebeten, sich mit 15 Millionen Franken zu beteiligen; je hälftig als Darlehen und à fonds perdu. Während Bundesrat Schulthess Verständnis zeigte,[25] war CVP-Mitglied Musy skeptisch: «Ich bin einverstanden, dass man Ordnung in die herrschende Anarchie bringt. Ich muss Sie aber fragen: Sind Sie sicher, dass nach erfolgtem Aufkauf nicht neue Aussenseiter entstehen, die aufs Neue durch Schablonage die gleiche Lage schaffen?» Strahm bejahte: Nun seien auch die Fournitures-Fabrikanten unter dem gleichen Dach: «Ein neuer Betrieb müsste die vier schwierigsten Probleme der Uhrenindustrie lösen: Er müsste neben den Ebauches die Spiralen, Balanciers und Assortiments selbst herstellen, was kaum möglich sein dürfte.» Musy fragte, ob man nicht stattdessen geeignete Zollmassnahmen ergreifen könnte. Schulthess wiegelte ab: «Die Kontrolle ist zu schwierig. Etwas anderes wäre ein allfällig in Betracht zu ziehendes Verbot von Neugründungen, ähnlich wie beim Hotelbauverbot.

Ausfuhrverbote sind unzulässig.» Was Schulthess hier als flüchtige Assoziation formulierte, sollte in zwei Jahren Wirklichkeit werden.

Nun rangen die Beteiligten um die Summe. Der Preis für die «non valeurs», also die Betriebe, die stillgelegt werden mussten, und für die Aktienübernahme an der Ebauches SA sei zu hoch. Strahm sagte, man besitze keine Machtmittel, um weiter zu reduzieren: «Die einzelnen Betriebe der Ebauches SA wollten nicht verkaufen», 600 Franken pro Aktie sei das letzte Angebot der Rohwerkholding. «Mit dem Darlehen von 7,5 Millionen sind wir einverstanden», sagte Musy. «Das ist schon schwer. Dass wir aber weitere 7,5 Millionen übernehmen sollen, ist zuviel.» Der Direktor des Bankvereins erinnerte den Bundesrat an frühere Hilfen an notleidende Wirtschaftsbranchen wie zum Beispiel an die Hotellerie mit 8 Millionen Franken, «und sie hat zurückbezahlen können. Bei der Stickereihilfe war das Ergebnis weniger befriedigend.» Die Banken müssten 22 Millionen einschiessen, man tue dies «im Interesse» der schweizerischen Uhrenindustrie. Musy zweifelte am Altruismus der Finanzbranche: «Sie sagen, dass Sie mit 250 Millionen in der Uhrenindustrie engagiert sind. Denken Sie an das Interesse, das die Banken an der Neugründung der Asuag haben!» Der Bund sei schliesslich auch interessiert, wurde ihm entgegnet: «Die Arbeitslosigkeit kostet Sie mehr als das, was wir heute von Ihnen verlangen. Wollen Sie uns 2,5 Millionen abhandeln?» Nach einigen Stunden machte Bundesrat Schulthess der Diskussion ein Ende mit einem versöhnenden Wort: «Wir anerkennen das grosse Werk und der Bundesrat wünscht, dass die Sache in Ordnung kommt.»

Einige Tage später beriet die parlamentarische Kommission die bundesrätliche Botschaft über die Rettung der Uhrenindustrie. Mittlerweile hatte der Bundesrat eine Idee, wie sich die Unterstützung der Privatwirtschaft vorteilhafter präsentieren liess: Er schlug vor, sich am Aktienkapital der Asuag-Holding zu beteiligen und damit in deren Verwaltungsrat Einsitz zu nehmen. «Es ist mir wie dem Bundesrat in seiner Gesamtheit äusserst peinlich, dass er das Parlament bitten muss, diese Vorlage gleichsam im Eiltempo zu erledigen», sagte Bundesrat Schulthess. «Nicht wir drängen, sondern wir wurden gedrängt von den Kreisen, die an der Uhrendindustrie interessiert sind, und diese werden gedrängt durch die Verhältnisse.» Die Banken machten mit aus ihrer «rein volkswirtschaftlichen Verpflichtung». Diese Bemerkung löste Gelächter aus, wie das Protokoll festhält. Der Bundesrat habe gekämpft, um die Forderungen zu reduzieren. Und habe schliesslich eine Gegenleistung gefordert: Statt 6 Millionen Franken «à fonds perdu» zu zahlen, werde sich der Bund mit dieser Summe am Aktienkapital der Asuag beteiligen und damit im Verwaltungsrat der Superholding Einsitz nehmen. «Taten wir unrecht, diese Rechte vorzubehalten? Ich glaube nein. Wenn Sie finden, dass der Bundesrat die Uhrenindustrie allein unter sich Pfarrerstöchtern lassen sollte, dann wird von Seiten der Uhrenindustrie nichts eingewendet werden.» Natürlich «bedaure ich es mit Ihnen, dass die Branche, die bis jetzt immer stolz erklärt hat, sie mache alles allein, gezwungen war, sich so straff zu organisieren und sich an uns zu wenden». Im Namen der «Arbeiter- und der Angestelltenschaft, ja des ganzen Landes» dürfe sich der Bund aber nicht «desinteressieren».

Die Parlamentarier benötigten mehrere Sitzungen, um die Angelegenheit zu diskutieren. Die Uhrenindustriellen hatten kein gutes Renommee. Er glaube kaum, sagte ein Abgeordneter, dass die Asuag Dissidenz und Schablonage ausmerzen könne: Die Branche «bietet uns ein klassisches Beispiel, wie und wo ungezügelter, von keiner Rücksicht auf das Ganze gehemmter Konkurrenzkampf enden muss». Ihm sei auf dem Weg zu einer Sitzung folgende Bemerkung eines Uhrenfabrikanten zu Ohren gekommen: «‹So, heute kommen wir zusammen, wir fassen Beschlüsse, und wenn wir fertig sind, wird auf dem Heimweg jeder überlegen, wie er am besten die getroffenen Abmachungen umgehen könne.›» Der skeptische Parlamentarier sollte recht behalten. Trotzdem wurde die Vorlage des Bundesrats in beiden Kammern angenommen.

Am Ende der ganzen Aktion beteiligte sich der Bund mit 6 Millionen Franken[26] an der Asuag, unter deren Dach sich nun die Rohwerk- und Bestandteilfabrikanten befanden. Der Fertiguhrenverband FH beteiligte sich mit 14,3 Prozent und die Gläubigerbanken mit 50 Prozent am Aktienkapital. Die Kredite der Banken hatten sich um knapp die Hälfte vermindert, was bedeutete, dass die Banken neu Kommanditäre der Uhrenindustrie waren. Die Kuriosität des ganzen Konstrukts gipfelte in der Tatsache, dass die Asuag-Tochter Ebauches SA, deren Fabriken ja bei der ganzen Angelegenheit im Zentrum standen, nur mit 3,6 Prozent beteiligt war. Denn die Rohwerkfabrikanten hatten, wie weiter unten dargestellt, kein Vertrauen in diese Superholding. Mit der Gründung der Asuag wurde die beherrschende Stellung der Ebauches SA gebrochen. Die Asuag stellt damit einen einmaligen Sonderfall dar, der später im Rückblick von Chronisten und kritischen Parlamentariern als «Sündenfall» bezeichnet werden sollte. Von nun an waren in der Uhrenindustrie private und volkswirtschaftliche Interessen vermischt, und die privatwirtschaftliche Holding wurde als «gemeinnütziges» Projekt deklariert.[27] Der Politiker Hermann Obrecht, der die ganze Aktion in der Revisionsgruppe geleitet hatte, übernahm das Verwaltungsratspräsidium der Asuag, Direktor wurde ab 1933 Ernest Strahm anstelle des ursprünglich vorgesehenen César Schild, der das Amt schliesslich ausgeschlagen hatte. Der mit 30 Vertretern gigantische Asuag-Verwaltungsrat glich einem veritablen Parlament: Besitzerfamilien, Banken, Behörden und Gewerkschaften hatten ihre Vertretung, die Banken allein deren zwölf. Diese Zusammensetzung sollte einige Jahre später die Grundlage bilden für die Einführung des Friedensabkommens zwischen Arbeitgebern und Arbeitnehmern. Weil der Bund sich nicht an einer gewinnorientierten Holding beteiligen durfte, gesellte sich eine weitere Anomalie hinzu: Die Asuag wurde statutarisch verpflichtet, nicht primär dem Gewinnstreben verpflichtet zu sein, sondern im Interesse einer «nationalen Uhrenpolitik» und volkswirtschaftlicher Überlegungen zu agieren. Damit standen die Asuag-Fabriken fortan vollständig im Dienst der Etablisseure, die sie mit qualitativ anständigen und quantitativ genügenden Rohwerken und Bestandteilen zu beliefern hatten. Damit die Asuag nicht auf die Idee kam, selbst Fertiguhren herzustellen und die Etablisseure zu konkurrenzieren, wurde ihr dies kurzerhand statutarisch verboten.[28]

Lange hatte Theodor Schild dem Druck widerstanden, die Unabhängigkeit seiner Eterna preiszugeben. Doch nun, im Jahre 1931, war der Betrieb mit über 3 Millionen Franken hoch verschuldet. Theodor, der die Fabrik seines Vaters Urs Schild lange Jahre erfolgreich geführt hatte, gab auf und erklärte sich bereit, an die Asuag-Holding zu verkaufen. Eterna war eine Manufaktur und stellte beides her: Fertiguhren und Rohwerke für den eigenen Bedarf und für Dritte. Um sie in die neue Superholding zu integrieren, musste der Betrieb in eine Aktiengesellschaft umgewandelt und anschliessend aufgeteilt werden in die beiden Sparten. So wurde die Abteilung Rohwerke unter dem Namen Eta mittels eines Aktientauschs zu 100 Prozent in die Ebauches SA integriert. Übrig blieb die Etablissage; da man sie nicht alleine stehen lassen wollte, wurde sie mit einer Zweidrittelsmehrheit von der Asuag gekauft und als Tochtergesellschaft direkt der Holding angegliedert. Sie behielt den Markennamen Eterna, und die Familie Theodor Schilds blieb mit einem Drittel am Aktienkapital beteiligt. Das Gleiche geschah mit zwei anderen Manufakturen.[29] Aus historischen Gründen bildeten die drei Etablissage-Gesellschaften damit fortan die Ausnahme vom Prinzip, dass Asuag nur Rohwerk- und Bestandteilfabrikanten unter ihrem Dach vereinigen sollte. Theodor behagte die Aussicht, die finanzielle Unabhängigkeit seiner Firma aufzugeben, genau so wenig wie den Nachkommen des

Assa-Gründers Adolf Schild-Hugi. Als Unternehmer war er aber nach dem Verkauf auf einen Schlag finanziell saniert. Sein Neffe Rudolf Schild leistete keinen Widerstand: Erstens wusste er, dass die Überschuldung der Eterna ein Weiterbestehen als unabhängige Firma infrage stellte; zweitens würde ihm die Umwandlung in eine Aktiengesellschaft eine spätere Beteiligung am Unternehmen vereinfachen. Onkel Arthur, Mitinhaber der Eterna und kinderlos, unterstützte seinen Neffen: «Meine Beteiligung fällt logischerweise einzig und alleine dir und deiner Mutter Jeanne zu, was zur Konsolidierung deiner Position und zur Erweiterung deines Einflusses wesentlich beitragen dürfte!»

Als junger Anwalt nahm Rudolf an den Verhandlungen über die Übernahmemodalitäten der Ebauches SA durch die Asuag teil. Dokumente jener Zeit verdeutlichen, wie sehr die Familien Schild in Grenchen und Robert in Fontainemelon der neuen Superholding kritisch gegenüberstanden. Adolf Schild-Behnisch, Direktor bei Assa, sah der Zukunft seiner Fabrik unter der Superholding mit Bangen entgegen: «Der Apparat wird zu schwerfällig und zu kompliziert. Ein so grosser Apparat kann nicht vom grünen Tisch aus dirigiert werden. Angenommen, wir hätten eine Person als Generaldirektor, welcher an erster Stelle des ganzen Unternehmens stände, so würde der gute Mann doch nicht viel ausrichten können. Der Mann muss Rücksicht nehmen auf die Banken, auf die Konventionen, ferner auf die vom Bundesrat ernannten Gewerkschafter. Dieser Generaldirektor wird nach kurzer Zeit dazu kommen, einen Spruch in seinem Bureau an die Wand zu schreiben: ‹Allen Leuten gut getan, ist eine Sach', die niemand kann.›» Vor fünf Jahren war die mächtige und gesunde Assa unter das Dach der Ebauches SA gezwungen worden; schon dieser Schritt war nicht im Interesse der Grenchner Fabrik vollzogen worden, denn nun musste sie auch kleinere Betriebe mitfinanzieren, wie Adolf Schild-Behnisch anmerkte: «Die Ebauches SA hat seit fünf Jahren ruhig zugeschaut, wie Firmen sogar während der Hochkonjunktur mit Verlust arbeiteten. Ich resümiere, dass eine Spartendenz in der Ebauches SA in vielen Firmen eine unbekannte Bezeichnung ist.»

Als Anwalt vertrat Rudolf die Position der Schild-Familien mit Verve: «Wir sind schon von 700 auf 600 Franken pro Aktie herunter, mehr gibt es nicht mehr zu markten!», schrieb er an die Asuag-Leitung. «Die Stimmung in den Familien ist dem Verkauf unserer Aktienmehrheit gar nicht hold!» Die Eigentümer der Ebauches SA machten nur deshalb mit, um das «geplante Sanierungswerk nicht zu gefährden». Man habe kein Vertrauen in die Asuag: «Wenn wir unsere Aktienmehrheit aus den Händen geben, wollen wir nicht einen

Sie hegt Vorbehalte gegen die Superholding Asuag: Pauline Schild-Hugi, Witwe des Gründers Adolf Schild-Hugi (etwa 1922).

Tausch – das wäre für uns sinn- und wertlos. Es darf uns nicht zugemutet werden, etwas Sicheres gegen etwas Künftiges, noch Unbestimmtes umzutauschen», schliesslich kenne man ja den inneren Wert der neuen Superholding nicht. Man übernehme Pflichtaktien an der Asuag, «mehr nicht». Die Parteien einigten sich schliesslich darauf, dass Asuag für 8,4 Millionen Franken die Mehrheit an der Ebauches SA übernahm; einige Millionen wurden den Aktionären in bar ausbezahlt. Somit ergoss sich ein wahrer Geldsegen über die Besitzerfamilien Schild in Grenchen und Robert in Fontainemelon. Die Fabriken hatten sich ausserdem Privilegien ausbedungen: Die bisherigen Geschäftsleitungen durften bleiben, und den Familiennachkommen wurde ein Recht auf leitende Stellungen eingeräumt, sofern «sie fähig sind».

Im März 1932 vermeldete Theodor an Asuag, die Auftrennung seiner Fabrik in Eterna und Eta sei vollzogen. Er blieb Verwaltungsratspräsident der beiden Firmen, übergab aber die operative Leitung seinem Neffen Rudolf. Der Verkaufswert der Eta war auf 4,9 Millionen Franken geschätzt worden. Die Buchhaltung der Eta wurde mit jener der Ebauches SA verschmolzen. Gemäss Übernahmevertrag konnten die Firmen Eta und Eterna ihre Gewinne «poolen». Faktisch blieben die beiden also ein- und dasselbe Unternehmen.[30]

Pauline Schild-Hugi, betagte Witwe des Assa-Gründers Adolf Schild-Hugi, weilte an der Lenk, als die Asuag Realität wurde. Bis zuletzt hatte sie sich gegen die Unterzeichnung des Vertrags gewehrt. Die Zeilen der Besorgnis und des Bedauerns, die sie ihren Kindern schrieb, gingen in die Geschichte der Grenchner Uhrenindustrie ein: «Meine Meinung ist nicht mehr hinausschieben und überhaupt ist meine Meinung gemacht. Der Supertrust soll nicht zustande kommen. Die Ebauches SA soll bleiben, wie sie jetzt ist. Keine neuen Geschäfte kaufen. Schaffen und überall einsparen. Keine Aktien verkaufen. Sich frei machen von den Banken, und so kommt alles wieder ins Geleise. Sollte der Supertrust zustande kommen, gibt's ein babylonisches Wirrwarr, alles kommt ausser Rand und Band. Die Fabriken gehen zugrunde, nur die Bank hat den Nutzen. So geht dann auch unser altes blühendes Geschäft zugrunde, kommt in andere Hände. Es ist hart und schwer für mich zuzusehen, und vielleicht noch zu erfahren, was mit unserem Lebenswerk geschieht. In meinem verflossenen, langen Leben habe ich nichts zu bereuen. Ich möchte alles noch einmal durchleben. Nur das bereue ich so tief, dass ich meine Einwilligung und meine Unterschrift gegeben habe zur Gründung der Ebauches SA.»

Im Rückblick sollten sich Paulines Vorahnungen in mancher Beziehung bewahrheiten.[31] Auch das Ausland reagierte konsterniert auf die Gründung der neuen Holding, die nun faktisch ein Monopol bildete. Die *Deutsche Uhrmacher-Zeitung* beklagte, die Gewerbefreiheit sei in der Schweiz de facto dahin: «Öffentlich wird in der Schweiz gesagt: Jede innere und jede ausländische Konkurrenz wird niedergekämpft werden! Die Macht der Superholding ist gross; wird sie ausreichen, den babylonischen Turmbau zu vollenden?» Nun müssten sich die deutschen Rohwerkfabrikanten und die «remontierende Industrie» wehren und ebenfalls «geeignete Massnahmen» ergreifen.

Theodor bemühte sich gleich im ersten Jahr nach dem Zusammenschluss um eine engere Zusammenarbeit der Firmen der Ebauches SA. Sie blieben Konkurrenten, das gemeinsame Dach bot aber die Möglichkeit, Kosten einzusparen und die Produktpalette zu koordinieren. Adolf Schild-Behnisch, Sohn des Assa-Gründers, war einverstanden und unterbreitete Theodor Vorschläge, denn «eine durchgehende Rationalisierung oder besser gesagt engere Zentralisation muss als dringende Notwendigkeit ins Auge gefasst werden, ohne dass dabei die gemeindepolitischen und persönlichen Interessen zu stark beschnitten werden». Sinnvoll wären Gruppenbildungen unter der Leitung der vier stärksten Fabriken: «In jeder Gruppe wäre nur noch eine Stelle zu schaffen, der das Recht zusteht, Neukonstruktionen und so weiter in Angriff zu nehmen.» Doch es kam nicht dazu, die Chance, Synergien zu nutzen, wurde vertan. Der Wille zur Zusammenarbeit blieb beschränkt, sodass Jahrzehnte später der Präsident der Ebauches SA bedauernd feststellen sollte: «Immer wieder mache ich die nämliche Erfahrung, dass jeder Schritt zur Zentralisation Bedenken auslöst, sobald man damit Ernst machen will. Diese Bedenklichkeiten waren das bleierne Gewicht, das bisher die Rationalisierungsarbeit in der Ebauches SA hintangehalten hat.» Die Chance, sich fit zu trimmen für zukünftige Herausforderungen, blieb ungenutzt.

Die Asuag-Holding wollte nun die von der Ebauches SA begonnene Aufgabe zu einem Ende führen: Mit viel Geld kaufte sie Fabriken gleich zu Dutzenden auf und integrierte sie entweder unter ihr Dach oder legte die Produktion still. Doch es nützte alles nichts, das Problem war noch immer nicht gelöst. Die Banken versuchten zwar, auf «Befehl» der Asuag die Aussenstehenden, «die noch gegen den Stachel zu löcken wagen»,[32] von neuen Bankkrediten abzuschneiden. Kein Fabrikbesitzer konnte rechtlich gezwungen werden, zu verkaufen oder die Konventionen zu unterschreiben. Es gab weiterhin «Dissidenten», welche die Lücken füllten.

Unter dem Druck der Uhrenindustriellen griff nun der Bund per Notrecht zu der letzten Waffe: Er erliess eine Verfügung, wonach jeder, der einen Produktionsbetrieb für Uhrenrohwerke und Bestandteile eröffnen, ihn erweitern, sich einem anderen Betrieb angliedern oder in einen anderen Zweig diversifizieren wollte, eine behördliche Bewilligung einholen musste. Ebenso waren Exporte von Uhrenbestandteilen, Werkzeugen, Maschinen oder Plänen bewilligungspflichtig. Und nochmals zwei Jahre später griff der Bundesrat gar in die Preispolitik ein: Die Minimaltarife, auf die sich die Berufsverbände einigten, durften mit behördlichem Segen für alle Unternehmen als verbindlich erklärt werden.[33]

«Damit sind die Reihen geschlossen», erklärte Bundesrat Schulthess.[34] Das sogenannte Uhrenstatut zementierte mit staatlichem Segen alte Zunftordnungen. Erneut rechtfertigte der Bundesrat diesen massiven Eingriff mit der nationalen Bedeutung der Uhrenindustrie und mit regionalen Interessen: Die Uhrenbetriebe «gehören dem für das soziale und politische Gleichgewicht unseres Landes so bedeutsamen Mittelstand an. Diese kleinen, auf die Dörfer und Flecken unseres Landes verteilten Unternehmen geben vielen Leuten die Möglichkeit, ihr Leben zu verdienen, ohne ihren Wohnort verlassen zu müssen.» Die Schweiz zählte damals rund 2800 Uhrenfirmen, wovon die grosse Mehrheit höchstens 20 Personen, ein paar Hundert höchstens 50 und nur 127 mehr als 100 Personen beschäftigten. Die Öffentlichkeit reagierte wohlwollend auf die Interventionen des Bundes, um Arbeitsplätze zu erhalten; von Branchenvertretern und Zeitungsredaktoren aber waren kritische Stimmen zu vernehmen: «Will man die Uhrenindustrie beschützen oder erwürgen?», titelte eine Tageszeitung gleich nach dem Erlass des Reglementierwerks. Diese Frage stelle sich «sehr ernst bei all jenen, die – ohne jegliche Subversivität – konsterniert beobachten, wie ein Tag nach dem andern neue restriktive Massnahmen ergriffen werden, um den freien Aufschwung der Uhrenindustrie in der Schweiz zu hemmen.»

Tatsächlich aber erholte sich die Uhrenindustrie in der Folge prächtig; begünstigt von einem konjunkturellen Aufschwung, stiegen die Ausfuhren an Fertiguhren stetig an. Die Schweiz konnte ihren dominanten Anteil am Weltmarkt behaupten. Die Kritik an den massiven Eingriffen aber sollte nie verstummen. Schon 1937 verlangte der Landesring der Unabhängigen LdU mit ihrem Gründer Gottlieb Duttweiler, die «schwer verletzenden Eingriffe» wieder rückgängig zu machen, denn die Uhrenindustrie befinde sich nicht mehr in einer Notlage. «Herr Bundesrat Obrecht war mit einer bestimmten Gruppe der Uhrenindustrie aufs engste verknüpft. Es wird sich nicht vermeiden lassen, dass immer mehr die Meinung aufkommt, dass die Massnahmen heute nur noch den Zwecken jener grossen Banken- und Industriegruppe dient und nicht mehr den nationalen Interessen. Die dauernde Lähmung dieser vitalsten Kräfte unserer Wirtschaft zugunsten einer bestimmten Industriegruppe ist heute unter keinen Umständen mehr zu verantworten.»

Die Geltung des Uhrenstatuts war zeitlich beschränkt, sollte aber mehrmals verlängert werden und blieb, zuletzt in abgeschwächter Form, bis 1971 in Kraft. Als dann die Uhrenindustrie in die «Freiheit» entlassen wurde, war es zu spät: Die ausländische Konkurrenz hatte aufgeholt, technologische Entwicklungen und ungünstige externe Wirtschaftsbedingungen wie der erstarkende Schweizer Franken beschleunigten den dramatischen Einbruch in der weltweiten Nachfrage nach Schweizer Uhren. Damit kam auch die Asuag-Holding mit ihren Rohwerk- und Bestandteilfabriken in arge Bedrängnis. Die «Ühreler» seien wohlgenährt und träge geworden und trügen Schuld am Niedergang, vermeldeten Öffentlichkeit und Banken. Dabei ist es Ironie der Geschichte, dass gerade sie es waren, die damals 1931 am lautesten die dirigistischen Massnahmen forderten, die der Industrie zum Verhängnis wurden.

Jahrzehnte später schrieb Gil Baillod, Chefredaktor beim *L'Impartial*, in seinem 1981 dem Jahresbericht der Asuag angehängten Essay über die Geschichte der Superholding: «Die Uhrenmanufakturen hatten die Schablonage verteufelt», und jene, die schablonierten, als «Suppendiebe» gebrandmarkt. Die wirkliche Bedrohung damals aber war, dass die Kosten der Etablissage im Inland ungleich höher waren. Die Gründer der Asuag beschäftigten sich demzufolge mit den Konsequenzen des Problems – und nicht mit dessen Ursache.

Rudolf Schild übernimmt die Macht

Endlich waren sie da, die traditionellen Uhrmacherferien im Sommer. Es war das Jahr 1934, die Talsohle der Krise nach dem Börsenkollaps 1929 war überschritten, die Produktion in den Uhrenfabriken zog wieder an. Adolf Gschwind, 1901 als Lehrling in die damalige Gebrüder Schild & Co. eingetreten, hatte der Firma die Treue gehalten.[35] Nach der Aufteilung der Eterna in Rohwerke und Fertiguhren arbeitete er nun bei der Eta, die neu der Ebauches SA angehörte. Später erinnerte sich Gschwind an jene Zeiten zurück: «An einem Samstag gingen wir müde durch den holprigen Fabrikhof. Acht Tage durfte man die bezahlten Ferien irgendwo verbringen. Fast alles zog gegen das Berner Oberland, um dort in der frischen, stärkenden Alpenluft neuen Mut und neue Kraft zu holen.» Nach seiner Rückkehr staunte er über die veränderte Umgebung, die ihn erwartete: «Welch grosse Überraschung, der Fabrikhof war inzwischen asphaltiert worden! Der Brunnen bei der steinernen Treppe war durch blühende Geranien geschmückt. Das verlieh dem Fabrikhof ein ganz anderes Aussehen. Und so lernte man unsern Herrn Patron als sehr ordnungsliebend und als grossen Freund der Blumen kennen! Und wer Freude an Blumen hat, ist gewiss nicht aus schlechtem Holz. Das war aber nur ein kleiner Anfang», und schon bald liess der neue Patron das ganze Turmgebäude renovieren und neue Fenster mit Doppelglas anbringen.

Der Herr Patron, der den Hof hatte herausputzen lassen, war der junge Rudolf Schild, Neffe des früheren Patrons Theodor Schild. Seit zwei Jahren amtete er nun als Direktor der Eterna und der Eta – und hatte endlich freie Hand, die Unternehmen nach seinen Prinzipien zu führen. Der saubere Innenhof war ein Detail, widerspiegelte aber exemplarisch die Leitsätze Rudolfs, die nach und nach den Betrieb durchdringen sollten: das Streben nach mustergültiger Ordnung, nach schlichter, aber ästhetischer Gestaltung der betrieblichen Umgebung und der Arbeitsplätze. Als Vorgesetzter forderte er auch «Ordnung»

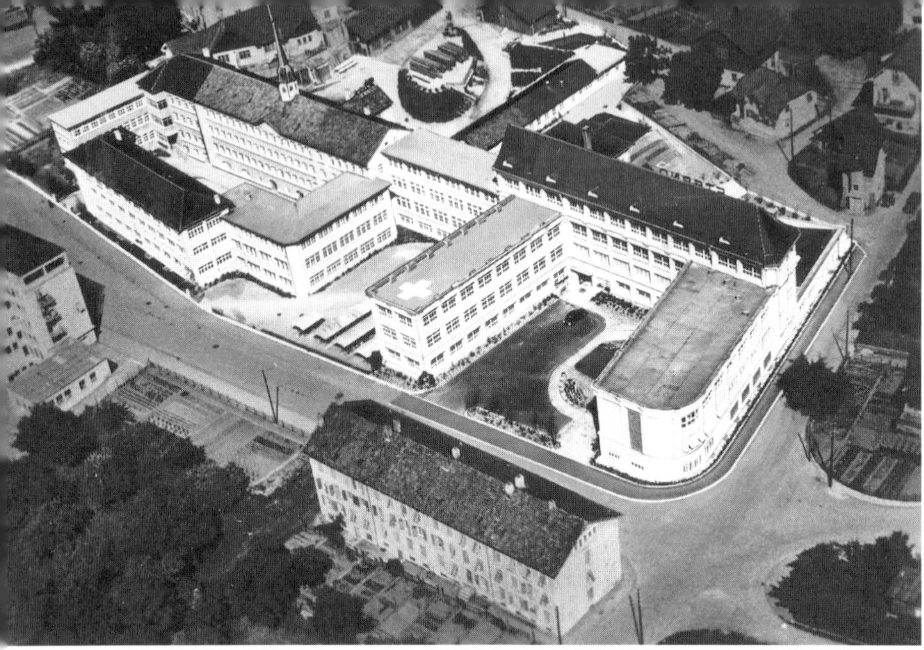

Der neue Direktor Rudolf Schild lässt in den Uhrmacherferien den Innenhof (rechts) asphaltieren.

bei den Angestellten: unbedingte Disziplin und Hingabe an die Arbeit – wie er sie sich selbst abverlangte. In seinem langen Arbeitsleben war er sich der Verantwortung als Patron bewusst: Von seiner Leistung hing es ab, ob die Menschen in seinem Betrieb ein gesichertes Auskommen fanden. Als Mensch blieb er auf Distanz und sich seiner Rolle bewusst; als Direktor nahm er an geselligen betrieblichen Anlässen teil und suchte die Gelegenheit, mit den Angestellten Gespräche zu führen. Niemandem bot er je das Du an: Eine «Verbrüderung», so war er überzeugt, stehe einer Führungskraft im Wege, sich durchzusetzen. Dass die Beschäftigten Rudolf eher Respekt entgegenbrachten als dass sie ihn fürchteten, war seinem Einsatz, seinem Wissen und seiner Verlässlichkeit zuzuschreiben. Das Wort des Patrons galt. Erst in späteren Jahren und vor allem nach dem Tod seiner geliebten Frau sollten jene Charakterzüge zum Vorschein kommen, die er in jungen Jahren zu sublimieren gelernt hatte: Kränkbarkeit, die Neigung zu Wutanfällen und zu verletzender Herabminderung von Personen, die ihm nicht genehm waren.

Bei seinem Amtsantritt hatte Rudolf Schild klare Vorstellungen, wie er die Unternehmen führen wollte. Gesegnet mit rascher Auffassungsgabe und Durchsetzungswillen, hatte er sich schon als Student intensiv mit der Firma auseinandergesetzt. Als er mit 25 Jahren in die Eterna eintrat, glaubte er bald zu wissen, was sein Onkel Theodor falsch machte: Er verzettelte die Kräfte des

Betriebs und vernachlässigte die Qualität und vor allem die Vermarktung der Fertiguhr. Seine Beobachtungen teilte er Onkel Arthur mit: «Theodor verfolgt, soweit mein Überblick reicht, die Forcierung der Finissagefabrikation, dies auf Kosten der Uhrenfabrikation. Ich zitiere Theodor wörtlich: ‹Heute produzieren wir 1400 Stück, ich zerschlage ihnen aber die Grinde, wenn sie in ein paar Wochen nicht 1600 rauskriegen.›» Eine Manufaktur, wie Eterna damals vor ihrer Aufteilung noch war, musste sich nach Ansicht Rudolfs entweder auf die Präzisionsuhr oder auf die Finissage konzentrieren. Im Bereich der Finissage setzte ein «erfolgreicher Kampf» gegen die Grenchner Assa finanzielle und technische Reserven voraus, «die alleine schon die volle Konzentration einer hervorragenden Fabrikleitung erfordern». Die Vermarktung einer Uhrenmarke andererseits musste sich auf eine Auslandorganisation stützen können, «von der heute verglichen mit den Firmen, mit der die Eterna selbst verglichen sein will, nur Spuren existieren». Der Vertrieb und die kommerziellen Beziehungen im Ausland müssten nun mit «grösster Aufmerksamkeit» aufgebaut werden.

Noch bevor Rudolf 1925 in den Betrieb eintrat, stellte er Forderungen an Theodor Schild: «Das Unternehmen muss komplett neu organisiert werden, falls ich komme!» Ihm wurden zunächst Buchhaltung, Statistik, Werbung und Korrespondenz überantwortet. Im ersten Jahr bezog er monatlich 600 Franken Lohn mit der Option auf eine jährliche Erhöhung von 200 Franken und konnte sich zehn Tage Ferien nehmen. Der Vertrag räumte ihm und seinen verarmten Eltern Max und Jeanne ausserdem ein Wohnrecht im grosselterlichen Haus in Grenchen ein, wobei sich Rudolf verpflichtete, Theodor seinen Anteil an der Liegenschaft abzukaufen. Die Eterna gehörte mehrheitlich Theodor; dessen Bruder Arthur war Gesellschafter, kümmerte sich aber zusammen mit anderen Brüdern um die Velofabrik Cosmos in Biel. Rudolf stellte sicher, dass ihm Onkel Arthur dereinst seinen Anteil und seine Rechte am Unternehmen vererben werde. Als die Eterna 1932 in eine Aktiengesellschaft umgewandelt und mehrheitlich von der Asuag übernommen wurde, hatte Theodor seinem ehrgeizigen Neffen vertraglich Grenzen gesetzt: Rudolf konnte fortan zwar Eterna-Aktien erwerben, sein Anteil durfte aber jenen der Nachkommen Theodors nicht übersteigen. Die Regelung galt aber nur für zehn Jahre: Bald schon nach Ablauf dieser Frist sollte Rudolf der grösste Minderheitsaktionär der Eterna sein.

Rudolf verachtete zwar seinen Vater Max wegen seines Müssiggangs und der Schuld am finanziellen Notstand der Familie. Andererseits anerkannte er dessen Erfahrung und Weitblick in geschäftlichen Dingen. Max hatte seinem Sohn viele Kenntnisse im Bereich der Uhrenproduktion mit auf den Weg gegeben, die Rudolf als neuer Direktor sogleich beherzigen sollte: Investitionen in neueste Maschinen und die stete Realisierung aller Rationalisierungsmöglichkeiten, der Verzicht auf ausländische Konsignationslager und der Aufbau eines gut geschmierten ausländischen Verkaufsnetzes. Gleich nach seinem Amtsantritt schloss er die Konsignationslager und stützte den Vertrieb der Eterna-Uhren fortan auf Tochtergesellschaften, die er rund um die Welt gründete. Unermüdlich sollte Rudolf seine Verkaufsstellen bereisen und den persönlichen Kontakt mit den Vertretern vor Ort pflegen. Es war Max aber nicht vergönnt, seinen Sohn zum Direktor aufsteigen zu sehen. Er starb 1927 im Alter von 58 Jahren. Das *Grenchner Tagblatt* würdigte seine Kenntnisse neuer Fabrikations- und Arbeitsmethoden, die er sich damals in der zweiten Hälfte des neunzehnten Jahrhunderts als Reisender in den USA erworben hatte. Max Schild hatte «guten Willen» gezeigt, sein Wissen im väterlichen Betrieb umzusetzen, war aber auf Widerstände gestossen und an den «realen Verhältnissen gescheitert», sagte der christkatholische Pfarrer in seiner Abdankungsrede. Er gab sich sichtlich Mühe, Maxens berufliche Untätigkeit in schöne Worte zu kleiden: «Im Leben dieses vielseitigen Mannes sehen wir aber auch die Tragik, nämlich den Widerspruch von Idee und Wirklichkeit, die Disharmonie von lauterem, gutem Willen und seinen Widerständen. Seine Liebe zum Denken und zum Studium der Gesetze der Mechanik liess ihn gewissermassen die Umwelt vergessen. Stets stand all sein Studium im Dienst des Kosmos en miniature: der Uhr.»

Nach dessen Ableben schien Rudolf die Erinnerung an seinen Vater vollständig zu tilgen; seine Kinder hörten ihn später nie von ihrem Grossvater erzählen – es schien, als hätte dieser nicht existiert. Rudolf zog aber sehr wohl die Lehren aus dem verpfuschten Leben seines Vaters: Erstens nützen die besten Ideen nichts, wenn man sich nicht durchzusetzen vermag; dabei ist ein gewisses Mass an Diplomatie unerlässlich. Zweitens kann sich auch viel Geld sehr rasch verflüchtigen. Rudolf sollte, so zeigen Geschäftsprotokolle, in jedem der zahlreichen Gremien, in denen er Einsitz nahm, auf die Sparbremse treten: Bis zuletzt blieb er stets der Mahner, setzte sich für prall gefüllte Krisenkassen, für Kostensenkungsmassnahmen und gegen leichtsinnig beschlossene Ausgaben ein, denn nichts schien ihm so sicher wie die Ankündigung der nächsten Uhrenkrise.

Nach seinem Eintritt in die Eterna sei er von Onkel Theodor anfänglich geschätzt worden, notierte Rudolf 1930 in seinem Tagebuch. «Als Erstes schuf ich die Buchhaltung nach dem System Ruf[36] und anschliessend eine Stockbuchhaltung in der Uhrenabteilung auf der Basis eines ähnlichen, selbstgeschaffenen Durchschreibesystems.» Mit dieser Methode hatte man nun jederzeit Überblick über die finanziellen Verhältnisse, indem alle Ein- und Ausgänge erfasst und saldiert wurden. Rudolf fühlte sich aber zunehmend von Theodor vernachlässigt: «Bald zeigte es sich, dass Theodor nicht die Gabe besass, mich in den Betrieb einzuführen. Also musste ich selbst alles zusammensuchen.» Der Onkel habe «das Kommerzielle der Ebauches-Abteilung nie aus der Hand gegeben und liess mir nur eine beschränkte Dispositionsbefugnis in der Uhrenabteilung. Doch auch hier zeigte es sich je länger je mehr, dass einem selbstständigen Arbeiten derartige Fesseln angelegt waren, dass jede Initiative erstarb.» Theodor Schild hatte ihm zwar gleich nach Stellenantritt einen Weiterbildungsaufenthalt in London gewährt. Doch damit war es mit Geschäftsreisen erst einmal vorbei: Sein Onkel betrachte Reisen als «vollkommen verpönter Luxus: Ich war nicht ein einziges Mal in La Chaux-de-Fonds für die Fabrik, noch in Pforzheim, wo wertvolle Erfahrungen hätten gesammelt werden können. Abgesehen von einer Reise zu den deutschen Vertretern machte ich nur Liquidationsreisen nach London (habe dort Tschuy den Stock weggenommen), Warschau (Botschi den Stock weggenommen), dann eine Reise nach Wien, Meran und Madrid. Ein richtiger Kontakt speziell mit Deutschland und Skandinavien kam nie zustande, und Paris wurde ausschliesslich nur von Theodor besucht.»

Alleinherrschaft gewohnt, begann Theodor, den forschen Neffen an seinen Platz zu verweisen. Er hielt ihm vor, die Uhrenabteilung rentiere nicht, notierte Rudolf in seinem Tagebuch, obschon Produktion und Absatz von 1,8 auf 2,9 Millionen Franken angestiegen waren. «Immer waren es nur allgemein und unklar gehaltene Vorwürfe, wobei das primäre Absatzproblem nie objektiv und ruhig besprochen werden konnte.» Es war das Jahr 1929, kurz bevor die Krise in den USA auf die übrige Welt durchschlagen sollte: «Theodor selbst machte forcierte Geschäfte in den USA, durch Gründung eines eigenen Büros (5th Avenue), das uns bis zu 400 000 Franken Nettoverlust brachte.» Nach Rudolfs Analyse waren die Verkäufe buchhalterisch nicht korrekt erfasst und Zollkosten als Unkosten statt als Verluste belastet worden, «und am Schluss des Jahres erhielt ich den immer schärfer werdenden Vorwurf, die USA rentiere nicht». Rudolf traute seinem Onkel nicht: Die mit der Vertriebsgesellschaft verein-

Die Zusammenarbeit von Theodor Schild (Zweiter von rechts am Tisch) mit seinem Neffen Rudolf (Zweiter von links) dauert sieben Jahre.

barten Zahlungen seien wohl «ohne unser Wissen auf Theodor persönlich ausgestellt, ähnlich wie er seinerzeit persönlich von der Gesellschaft Lorraine Diamanten erhielt». In Paris habe Theodor es unterlassen, die Vertretung langsam und solide aufzubauen und fähige Agenten einzustellen. Statt den Vertreter mit Armband- und Taschenuhren zu versorgen, «schwatzte Theodor ihm 3000 Feuerzeuge auf und einige Chevalets.[37] Nie hatte irgendjemand aus der Fabrik die Kompetenz, nach Paris zu gehen und die Vertreter über unsere Modelle zu orientieren.» Und Theodor vernachlässige den Kontakt zu den Agenten: Der Reisende C. habe schon vor anderthalb Jahren die Vertretung übernommen und werde erst jetzt von Theodor in Grenchen empfangen. «Keine Anerkennung, nur unfruchtbare unsachliche Kritik ohne Hand und Fuss.»

Sofern noch ein restliches Einvernehmen zwischen den Onkeln und ihrem Neffen geherrscht hatte – mit der Gründung der Asuag und der Integration der Firma 1932 war auch dieses dahin. Die beiden Brüder und Fabrikbesitzer Theodor und Arthur wurden grosszügig ausbezahlt, während Rudolf, der noch nicht am Unternehmen beteiligt war, leer ausging. Onkel Arthur meldete seinem Neffen, er werde nun sein Versprechen einlösen und ihm 12 000 Franken für seine Bemühungen im Zusammenhang mit der Liquidation der ehemaligen

Firma überweisen; weitere 20 000 Franken stünden für ihn bereit. Rudolf liess seiner Enttäuschung über das bescheidene Angebot und seiner vernichtenden Meinung über die Onkel in einem Brief an Arthur freien Lauf: «Ich habe nie den Zweck verfolgt, von dir oder Onkel Theodor möglichst viel Geld zu erhaschen. Als ich in die Fabrik eintrat, wurde von Tantiemen, Gewinnbeteiligung etc. gesprochen, Versprechen, die nie gehalten worden sind. Ich habe in den letzten Jahren aus meinem gewiss nicht übertrieben hohen Gehalt ständig gespart und zuerst die Schulden meines Vaters selig und dann diejenigen aus dem Hauseinkauf mit eigenen Kräften abbezahlt. Dies bis auf den letzten Drittel, wofür ich dir nach wie vor dankbar bin.» Er habe trotz «Schikanen und Anfeindungen» Theodor während sieben Jahren «in ehrlicher und vollkommen korrekter Weise geholfen, um die günstige Konjunktur von 1925 bis 1930 voll und ganz auszunützen». Nach dem Verkauf an Ebauches SA und Asuag «hat sich der Segen der Hunderttausende und Millionen über Euch Glückliche ergossen, die Ihr von jeher es verstanden habt, Eure Chancen in vortrefflicher Weise zu wahren. Die gleiche Gesinnung spricht heute aus dem Angebot, mir 15 000 Franken in Aktien zu schenken, welche mindestens zwei Jahre bestimmt keine Dividenden geben werden und auch nicht verkäuflich sind.» Nicht nur der Neffe, auch die Beschäftigten hatten vom einträglichen Verkauf nicht profitiert, «es sei denn eine bescheidene Zuwendung an ihre Pensionskasse». Arthur wisse, was passiert wäre, wenn die Firma nicht unter das Dach der Asuag-Holding gelangt und «mit drei Millionen Bankschulden durch die Bank liquidiert worden wäre. Ein gütiges Geschick hat dir dreihunderttausend und Theodor erkleckliche Millionen in den Schoss fallen lassen. Einen ganz bescheidenen Prozentsatz verdankt Ihr aber auch meiner ehrlichen Arbeit und deshalb musste ich es als Zeugnis einer recht gewöhnlichen Gesinnung werten, dass heute nach vollen sechs Monaten keiner von Euch, freiwillig aus einer Regung elementaren Anstandes heraus, Miene gemacht hat, auch nur einen minimen Bruchteil mit Leuten – ich denke auch an unsere Angestellten, Arbeiter und Arbeitslose – zu teilen, die zu Eurem Überfluss manches, vielleicht sogar sehr vieles beigetragen haben.»

Das Verhältnis in der Familie war endgültig angeschlagen. Theodor sollte zwar noch bis zu seinem Tod 1951 den Verwaltungsrat der beiden Firmen Eta und Eterna präsidieren und Eta in der Ebauches SA vertreten; mit dem Tagesgeschäft hatte er aber nichts mehr zu tun. Rudolfs spätere Ehefrau Madeleine trug mit ihrem Familiensinn wohl das Ihre dazu bei, dass Onkel Theodor ein

Gast im Hause seines Neffen blieb. Mit dessen Kindern aber setzte sich der private Kontakt nicht fort, bis auf das eine Mal, als Theodors einziger Sohn René Schild mit seiner Ehefrau Marieluise zum abendlichen Dinner im Haus des Direktors eingeladen war. Nach Theodors Tod beerbte René den väterlichen Sitz im Verwaltungsrat beider Firmen; so begegneten sich die beiden Cousins weiterhin an offiziellen Sitzungen. Im Allgemeinen, so geht aus den Protokollen hervor, unterstützte René Schild stillschweigend Rudolfs Geschäftspolitik: Er sah sehr wohl, dass die Firmen unter dessen Leitung florierten und stetig steigende Dividenden abwarfen. Und wollte es der Zufall, dass sich die Verwandten begegneten, verhielt sich Rudolf zum Erstaunen von Theodors Nachkommen nicht abweisend, sondern zuvorkommend und herzlich. René Schild aber haderte mit dem Gang der Geschichte. Als diplomierter Ingenieur und hochbegabter Tüftler gründete er 1938 die Firma Hofrela, ein Hochfrequenzlaboratorium für den Bau von Funkanlagen, und wandte sich später der neuen Transistortechnologie zu. Nach einigen Jahren stellte er den Betrieb wieder ein.

Der junge Patron begegnet seiner zukünftigen Frau Madeleine

An einem Wintertag in Lausanne im Jahre 1932 waren sie sich zum ersten Mal begegnet. Die 20-jährige Studentin Madeleine Comtesse notierte an jenem Freitag Ende November spätabends in ihrem Kalenderchen, in dem sie stichwortartig die chronologischen Ereignisse der Tage festzuhalten pflegte: «Um halb acht Einladung bei den Guex.[38] Aperitif, dann wunderbares Dinner: Pittet, Nicole und Schild. Wir spielen Bridge, dann Poker, und wir haben uns alle bestens vergnügt, sodass wir um 2 Uhr noch dort sind. Wir kehren alle im Auto von Schild nachhause, der mich vor meinem Haus abstellt.» Schon an diesem Abend musste es zwischen der hübschen, schlanken und unprätentiös selbstsicheren Frau aus Monthey und dem zwölf Jahre älteren, gross gewachsenen und frisch gebackenen Fabrikdirektor Rudolf Schild geknistert haben. Die Gruppe jedenfalls hatte sich so gut amüsiert, dass gleich ein weiteres Treffen vereinbart wurde. «Mit der gleichen Truppe wie gestern geht's zum Tanz. Tanze ununterbrochen mit Schild … Wir essen, trinken und haben unser Vergnügen. Wir verlassen das Lokal, um eine Zwiebelsuppe zu essen. Wir laden alle aus dem Auto aus und er begleitet mich zu Fuss nachhause …» Der letzte Satz des Eintrags endet bedeutungsschwer mit drei Pünktchen.

Als eine der wenigen Frauen belegte Madeleine Comtesse an der Universität Lausanne das Studienfach Chemie. Diese Materie war ihr wohlvertraut: Der Vater war Direktor der Fabrique électrochimique de Monthey, der späteren Ciba Monthey. Die Besitzerin, die Basler Chemische Fabrik, hatte die Anlage 1904 einer konkursiten Chemiefabrik abgekauft und liess danach in Monthey Produktionsanlagen für die Herstellung des synthetischen Farbstoffs Indigo bauen. Ab 1911 produzierte das Werk selbst Indigo, den blauen Farbstoff, der sich mit dem Aufkommen der Jeans von Levi-Strauss zunehmender Beliebtheit erfreute. Von 1914 bis 1920 stieg die Zahl der Beschäftigten von 500 auf 850 an.[39]

1932 lernt Rudolf Schild die Chemiestudentin Madeleine Comtesse kennen.

Die Familie Comtesse stammte aus Neuenburg, doch das Gymnasium hatte Vater Alfred Comtesse in Bern absolviert: Grossvater Robert Comtesse politisierte ab 1883 im Nationalrat, worauf die Familie in die Bundesstadt übersiedelte. Robert Comtesse war im ausgehenden neunzehnten Jahrhundert der beherrschende Mann im politischen Leben Neuenburgs. In verschiedenen Organisationen stand er an vorderster Front – unter anderem auch im Uhrenverband. 1873 gründete der als gesellig und leutselig geltende Comtesse zusammen mit Gleichgesinnten die Association démocratique libérale, wechselte aber schon im folgenden Jahr zu den weiter links stehenden Radikalen. Der Grosse Rat des Kantons Neuenburg wählte den mit Leidenschaft politisierenden Rechtsanwalt 1874 zum Untersuchungsrichter, zwei Jahre später wurde er Staatsrat und 1899 freisinniger Bundesrat. Als Finanzminister war er massgebend an der Gründung der Schweizerischen Nationalbank beteiligt[40] und förderte den Ausbau des SBB-Netzes: «Die Schweiz soll eine vorausblickende und von regionalistischem Denken unabhängige Eisenbahnpolitik betreiben. Wenn die Linie Moutier–Grenchen nicht gebaut wird und zwischen der Gotthardstrecke und der Lötschberg-Simplon-Linie kein Kompromiss zustande kommt, droht der Schweiz eine verkehrspolitische Isolierung und internationale Umfahrung.» Aufsehen erregte 1909 seine Reise nach Paris, um von französischen Banken eine Anleihe von 80 Millionen Franken zur Finanzierung der SBB in Empfang zu nehmen: Das Angebot einer schweizerischen Bankengruppe hatte nicht den gewünschten Bedingungen entsprochen, erklärte der allseits beliebte Bundes-

Eine unbeschwerte Jugend: Madeleine (links) mit ihrer Mutter Jeanne Comtesse am Strand in den Ferien.

rat mit einem gewissen «Hang zu eigenmächtigen Entscheidungen» diese Aktion.[41] Ein Jahr später empfing Comtesse, mittlerweile Bundespräsident, den französischen Staatschef Armand Fallières in Bern. 1912 trat er zurück – nicht zuletzt aufgrund der defizitären Bundesfinanzen.[42] Sein «natürlicher Optimismus», der, wie er selbst sagte, sein Handeln lenkte, erfuhr zu Beginn des Ersten Weltkriegs einen empfindlichen Dämpfer. Comtesse nahm unverhohlen Partei gegen Deutschland und rief zum Protest gegen die deutsche Invasion Belgiens auf. Die Gräuel verstärkten seinen Pazifismus, und als alt Bundesrat setzte er sich bis zu seinem Tod 1922 für eine aktive Rolle der Schweiz im Völkerbund ein. Sein Sohn Alfred Comtesse trug das liberale Gedankengut weiter und setzte sich zeitlebens für eine starke waadtländische Presse ein.

Das einzige Kind von Alfred Comtesse, die lockenhaarige Tochter Madeleine, war zehn Jahre alt, als der Grossvater starb. Die Mutter Jeanne, geborene Kaufmann, war Tochter eines Uhrmachers im Neuenburger Jura. Madeleine war in behüteten Verhältnissen im Städtchen Monthey zwischen Genfersee und Martigny aufgewachsen. Noch jetzt als Studentin in Lausanne verbrachte sie fast jedes Wochenende in ihrem Elternhaus, wo die Familie im Kreise von Freunden und Verwandten ein reges soziales Leben führte mit Kartenspiel, Tennis oder Besuch von Sportanlässen. Das Familienverhältnis war eng und zärtlich, die Eltern führten ein harmonisches Eheleben. Madeleine war ein unbeschwertes Kind und später ebenso belesen wie ihr bibliophiler Vater Alfred Comtesse, der im Begriff war, eine der schweizweit bedeutendsten Privatbibliotheken aufzubauen. Auch sein Hobby, das Sammeln von Briefmarken, hatte die Tochter von ihrem Vater geerbt.

1930 absolvierte Madeleine ihre Maturitätsprüfung. Der Sommer war kein schöner gewesen: «Schreckliches Jahr. Man erwartet jeden Tag einen Krieg von Mussolini oder Deutschland. Es regnet den ganzen Sommer durch, es hat keine Früchte und die Äpfel sind verfault. Ich bereite meine Maturität vor. Oh Schmerz, ich werde durchfallen.» Sie bestand dennoch, und die Familie bereiste als Belohnung Frankreich und Spanien, «das schönste Land, das ich kenne». Im darauffolgenden Winter ging es mit den Eltern wie jedes Jahr in die Skiferien, dieses Mal nach Crans in das Hotel Savoy. Madeleine frönte ihrer Leidenschaft, dem Sport, spielte Pingpong, ging Schlittschuh laufen und Ski fahren und «abends Tanz. Man macht mir nur Komplimente.»

Madeleine blickte auf eine sorgenfreie und wohlbehütete Kindheit und Jugend zurück und war dankbar dafür. «Wenn draussen das Wetter dunkel und wolkig ist, so ist mein Herz freudig und von Sonne erfüllt beim Gedanken, dass Ihr Euren heutigen Hochzeitstag mehr als je glücklich und vereint feiern werdet», schrieb sie im November 1932 ihren Eltern zum Jubiläum. «Ich umarme Euch ebenso fest, wie ich Euch liebe.» Nur einmal in den Studienjahren trübte eine Angelegenheit die Stimmung: Zum Missfallen des Vaters hatte die Tochter ein Examen verschoben. «Lieber Papa, Maman hat mir erzählt, dass Ihr dies nicht sehr gut versteht und dass du nun wieder eine andere Lösung anvisierst.» Sie hatte aber ihre Gründe, wie sie den Papa wissen liess: Sie folgte dem Studienplan der Mitstudenten und schob nun die Praktika dazwischen, da diese im nächsten und letzten Jahr ihres Studiums nicht angeboten wurden. Nun gehe es darum, die Fächer Mathematik, Physik und Mineralogie abzuschliessen, «die viel mehr zu tun geben als gedacht». Zu schaffen machte ihr vor allem die Mathematik.

Tagsüber besuchte Madeleine gewissenhaft die Vorlesungen, abends traf man sich im Kreise von Mitstudentinnen und Freunden für Theaterbesuche, Tanzabende und Bridgespiele. Nicht selten kehrte die Truppe erst bei morgendlicher Dämmerung nach Hause; Madeleine notierte dann jeweils in ihrem Heftchen: «Bin so müde und schlafe in jeder Vorlesung ein, sogar im Math.» An jenen beiden Abenden im November 1932 musste Rudolf einen tiefen Eindruck hinterlassen haben bei der jungen, lebensfrohen Studentin: Obwohl weder Madeleine und schon gar nicht Rudolf eine Neigung für Glücksspiele aller Art hatten, notierte sie am folgenden Montag: «Madame Guex berichtet mir, dass Schild frei ist am Freitag und dass sie wieder die ganze Bande zu einem Pokerspiel einladen wolle.» Beide aber tanzten leidenschaftlich gerne, was sie in ihrem späteren Eheleben oft und ausgiebig tun sollten; so ging es am Mittwoch gemeinsam zum Tanz: «Fête im Casino. Freunde und natürlich Schild, mit dem ich den ganzen Abend getanzt habe. Er ist sehr müde, weil er vom Ausland zurückkehrte.» Am Freitag kündigte Rudolf telefonisch an, er werde sie beim Labor abholen: «Um 6 Uhr treffe ich Schild und wir gehen ins Labo und dann spazieren bis gegen Crissier. Er ist wirklich wunderbar.»

Madeleine, so lässt ihr Notizbuch den Schluss zu, hatte viele Verehrer. Sie begegnete ihrer Umwelt mit natürlichem Charme und unaufdringlicher Eleganz; mit ihrer Bildung und ihrer Offenheit war sie eine anregende Gesprächspartnerin. Sie liebte gesellschaftliche Anlässe und den Austausch mit anderen Menschen. Und sie schien schon bald zu spüren, dass ihr mit Rudolf der Mann begegnet war, der in manchen Belangen ihren Wunschvorstellungen entsprach. Er war anders als ihre Mitstudenten: Gross gewachsen und von gepflegtem Äusseren, strahlte er Reife, Autorität und Sicherheit aus. Er war ernsthaft und zurückhaltend, sein Charme diskret und authentisch. Schon bald nannte ihn Madeleine in ihren Notizen zärtlich «Rudi»: «Um zwei Uhr Abfahrt nach Montreux, wo mich Rudi abholt, um mich zu begleiten.» Noch vor den Weihnachtsferien hatte sie ihren Eltern von Rudolf erzählt. Jenes Wochenende verbrachte die Tochter neben ihrem grippekranken Vater zu Hause in Monthey: «Bleibe bis Mittag im Bett an der Seite von Papa. Es geht ihm besser. Wir sprechen über meinen lieben Rudi. Nachmittags Bridge und dann Pingpong mit Rossiers, Dunant etc. Kehre um acht Uhr nach Lausanne zurück und finde Rudi am Bahnhof. Ich bin ausser mir vor Freude, ihn zu sehen, und wir plaudern noch lange zusammen.» Einen Tag vor Weihnachten trafen sie sich zum letzten Mal in jenem Jahr: «Wir sind beide schrecklich traurig, weil wir nun 15 Tage getrennt sein werden.»

Rudolf, nun schon mit 32 Jahren neuer Direktor zweier Firmen, hatte in Grenchen alle Hände voll zu tun. Dies mag ein Grund sein, weshalb er oft längere Zeit nichts von sich hören liess. Madeleine aber war beunruhigt und verwirrt. Am Weihnachtsabend waren ihre Gedanken bei Rudolf: «Ich denke ununterbrochen an Rudi und bin untröstlich, dass er so weit weg ist.» Eine Woche verging ohne Nachricht: «Wir planen Ferien in Les Rasses statt Crans. Es ist immer noch fast Frühling. Noch nichts von Rudi gehört. Was passiert da?» Als Madeleine im Januar in Lausanne eintraf, um das neue Semester in

Angriff zu nehmen, erwartete sie niemand am Bahnhof. Erst am folgenden Tag liess er wieder von sich hören: «Rudi wartet auf mich, er reist diesen Nachmittag ab und ich bin traurig. Ich zögere, an den Bahnhof zu gehen, wage es nicht ...» Ende Januar holte er die junge Studentin zu einem Theaterbesuch ab, Madeleine war glücklich und beeindruckt von seiner Eleganz: «Untadelig, in einem entzückenden Smoking und einem Abendmantel aus ganz feinem schwarzen Tuch, ultra chic. Im Theater hatten wir die besten Plätze.»

Mutter und Tochter planten eine Frühlingsreise nach Marokko, doch Madeleine, kurz vor den Prüfungen, zögerte: «Gestern folgte ich einem Vortrag über Marokko, aber ich befürchte, ich muss auf die Reise verzichten, da ich nicht die Gelegenheit haben werde, sie mir mit Erfolg zu verdienen ... Mein Mathematikprofessor sagte, ich solle mich nur dann an das Examen anmelden, wenn ich täglich vier Stunden Math büffle. Das schaffe ich nicht, ich muss ja noch für die Prüfungen in Mineralogie und Physik lernen.» Sie werde im letzten Moment entscheiden und bis dahin fleissig weiterlernen. «Ich bin ein bisschen unentschlossen und ein wenig angewidert von der Art und Weise, wie das Chemiestudium hier gehandhabt wird.»

Trotz Prüfungen machten sich Jeanne und Madeleine im März auf die Reise. Aus Alger berichtete Madeleine dem Vater von der aufregenden Überfahrt: Man war bei strahlendem Wetter und vollkommen ruhiger See gestartet. Dann, um Mitternacht, rüttelte ein Sturm die Reisegäste wach: «Schlafen war unmöglich, uns war zwar nicht übel, aber ich bekam schreckliche Angst, als ich Maman sagen hörte: ‹Wir kentern, ich habe Angst, meine Leberkrise, meine Rheumakrise meldet sich zurück!›» Sie landeten aber wohlbehalten im Hafen von Alger und bezogen Quartier im Hotel St. George. Dort erreichte sie die nächste Hiobsbotschaft: In Monthey war der Vater erkrankt. Jeanne Comtesse war ausser sich vor Sorge, wie Madeleine ihrem Vater mitteilte: «Nach deinem Brief, in welchem du über deine Malaises sprichst, lebt Mutter kaum mehr, hat keine Freude mehr an gar nichts und fragt mich dauernd, ob wir nicht besser abreisen sollten. Dein langer Brief, der uns heute morgen erreichte, hat sie völlig verändert und sie geniesst nun wieder dieses Land, das ihr Herz erobert hat (sie wollte sogar einen Bauernhof kaufen und Ackerland dazu!).» Die beiden trafen sich mit Verwandten und Freunden, schwammen im Meer und frönten ihrem liebsten Hobby, dem Bridge – nicht immer mit Gewinn: «Gestern haben wir alles verloren, was du, Papa, zuhause verdienst!»

«Flims ... ô Flims ...» – der Titel über dem Bild im Album, das Madeleine mit ihrem zukünftigen Mann Rudolf Schild zeigt.

Das Jahr 1933 ging zu Ende ohne weitere Tagebucheinträge über «Rudi». Dieser hatte in Grenchen mittlerweile die Nachfolge Theodors als Direktor von Eta und Eterna angetreten. Erst 1934 nahmen die beiden wieder Kontakt auf. Rudolf meldete sich nun öfters in Lausanne zu Besuch an. Jetzt warb er ernsthaft um die junge Frau, in die er sich verliebt hatte. Im Sommer 1934 schloss Madeleine ihr Studium mit einem Diplom eines Ingénieur chimiste ab. Ende August sollten einige gemeinsame Tage in Flims Klarheit schaffen über ihre Zukunft. Der Aufenthalt endete in Misstönen. Gleich nach seiner Rückkehr setzte Rudolf einen langen Brief an Madeleine auf – er hatte wohl gespürt, dass sein selbstdiszipliniertes Auftreten die natürliche Spontaneität seiner Geliebten zu ersticken drohte. In Flims musste ihm schmerzhaft bewusst geworden sein, wie sehr er im eigenen Ich verhaftet war und wie schwer es ihm fiel, seinen Gefühlen Ausdruck zu verleihen. Madeleine aber wollte er nicht verlieren: Er bewunderte ihre Authentizität und Lebendigkeit und ihren intellektuellen Tiefgang. Sie würde seinem strengen Wesen menschliche Wärme entgegensetzen – an ihrer Seite würde er zu einem besseren Menschen. Der Brief, den er ihr unmittelbar nach den Tagen in Flims schrieb, stellt ein seltenes Zeugnis seiner innersten Gefühle dar. «Meine liebe Madeleine, ich habe versucht, Sie in Sils Maria zu erreichen, doch Sie waren schon abgereist. Ihre Bemerkung anlässlich unserer Trennung in Chur hat mich zerstört. Aber ich verstehe Sie nun sehr gut, denn in diesem Moment war Ihr Herz fast erstickt und es sprach nurmehr Ihr Verstand. Es waren nur fünf Tage und nicht fünf Jahrhunderte, die wir zusammen verbracht haben. Aber wir haben sie in einer verwirrenden, ja fast verfälschten Atmosphäre verlebt. Verfälscht in dem Sinne, dass ich allzu abgehärtet wirkte, zu wenig spontan oder mir zu sehr der Wichtigkeit dieser

Stunden bewusst war, so dass ich mein Herz zu wenig sprechen lassen konnte, ohne dass sich der Kopf einmischte. Ich habe Ihnen lange Vorträge gehalten über meine Erfahrungen. Und jetzt erkenne ich, dass Ihr Herz erstickt wurde von all dieser Logik, von diesen Ausführungen, denen oft das Blut, die Wärme und die Leidenschaft fehlten. Madeleine, es war zuviel für Sie und für mich. Aber lassen Sie uns trotzdem glücklich sein, denn es war die Basis, auf welcher unsere aufrichtige und starke Liebe zu einem guten Ende finden wird.» Nun beginne die eigentliche Begegnung: «Ich kenne Sie kaum. Sie sind eine Frau, wie sie sein muss: Spontan und lebendig. Trotz Ihrer Studien sind Sie eine Frau des Herzens geblieben, mit wunderbarer Tiefgründigkeit und einer Reinheit der Gefühle, die für mich eine Offenbarung war, eine wahrhafte Freude. Ich liebe Sie, Madeleine.» Nicht nur das: «Ich muss eine Frau auch bewundern können. Ich bewundere Sie und bin zutiefst überzeugt von Ihren geistigen Qualitäten.» Sie werde nun wohl verstehen, dass er gerne den Kontakt vertiefen möchte, «getrieben von unserer spontanen Liebe. Ich möchte mit Ihnen Ausflüge an Orte unseres gemeinsamen Interesses machen. Ich möchte Ihre Ansichten, Ihre Vorlieben und Ihre Erfahrungen kennenlernen. Ich bitte Sie, mir eine Kameradin zu sein, voller Vertrauen in sich selber. Zeigen Sie mir Ihre starke und reine Persönlichkeit. Öffnen Sie sich, denn nur auf diese Weise, wenn wir ein ‹Wir› aufbauen können, wird unsere Liebe gedeihen. Madeleine, wir müssen daran arbeiten. Ich freue mich so sehr, Sie wiederzusehen. Schenken Sie mir Vertrauen. Sie kennen ein wenig meine Vergangenheit, auch ich brauche Ihre Hilfe. Ich möchte mit Ihnen diese Harmonie, diese Ambiance finden und leben, die zwischen Ihren Eltern herrscht.» Der Brief endet mit einem Eingeständnis seiner Unzulänglichkeit: «Verzeihen Sie mir meine Fehler und anerkennen Sie die Tatsache, dass es die Liebe ist, die sie geboren hat. Lassen Sie mich in aller Offenheit wissen, was Ihnen Ihr Herz und Ihr Verstand mitteilen.»

Diese berührenden Zeilen blieben nicht ohne Wirkung: Nur wenige Tage später, im August 1934, willigte Madeleine in die Verlobung ein. Die Eltern gaben ihren Segen dazu. Dankbar nehme er ihr Vertrauen an und das Glück, das er aus ihren Händen empfange, schrieb Rudolf an das Ehepaar Comtesse: «Die bewundernswert starke Persönlichkeit Madeleines ist Ihr Werk und das Resultat Ihrer Erziehung. Ich bin mir meiner grossen Verantwortung vollkommen bewusst, die ich gegenüber Madeleine und ihren Eltern habe. Aber ich fühle auch die Kraft, mich gegenüber Madeleine würdig zu erweisen und sie

Das verliebte Paar auf der Terrasse ihres neuen Heims an der Gibelstrasse in Grenchen.

ihr ganzes Leben zu beschützen. Ich liebe Madeleine von ganzem Herzen und ich vertraue auf ein Leben in schöner Harmonie.»

Seiner Schwiegermutter Jeanne Comtesse aber war es nicht vergönnt, die Hochzeit ihrer Tochter mitzuerleben: Liebevoll gepflegt von Madeleine, verstarb sie im November 1934 an Krebs. Damit nahm auch das heitere Familienleben in Monthey ein trauriges Ende. Die Abdankungsfeier fand in Lausanne statt, die Beerdigung gleichentags in Grenchen.

An einem sonnigen Tag Ende August 1935 heirateten Rudolf und Madeleine in der christkatholischen Kirche St. Peter und Paul in Bern. «La vie est belle!», titelte Madeleine das Hochzeitsfoto im Album. Gleichentags fuhren sie los auf eine vierwöchige Hochzeitsreise. «Wir haben eine schöne Reise gemacht ...», schrieb Madeleine nach ihrer Rückkehr in das Fotoalbum und listete jede Station dieser Kulturreise auf: Von Genf über Avignon nach Figueras, die spanische Ostküste entlang über Saragossa nach Madrid und Salamanca, weiter an die Westküste Frankreichs und über Paris, Rotterdam und Brüssel nach Grenchen zurück. Das Album zeigt Bilder von Museen, Burgen und Baudenkmälern, sorgfältig beschriftet von Madeleine. Und es zeigt ein glückliches und strahlendes Paar – sie jung, mit trainiertem Körper in Shorts, er schon etwas gesetzter und selbst auf der Reise in Anzug und Krawatte. Es war der Beginn einer Familiengeschichte, wie sie sich Rudolf wohl in seinen Träumen gewünscht und erhofft hatte. Er hielt das Versprechen gegenüber den Eltern Comtesse ein: Madeleine und ihren Kindern sollte es an nichts fehlen.

Sie bezogen die Villa am Ende der ansteigenden Gibelstrasse in Grenchen, die Rudolf zuvor für 61500 Franken an einer Gant erworben hatte. Das Haus war 1928 vom Grenchner Architekten Carl Burkhard für einen ortsansässigen

Industriellen gebaut worden, der sieben Jahre später Konkurs anmelden und die Villa mit grosszügigem Umschwung und Blick in die Weite bis zu den Alpen versteigern lassen musste. Die erste gemeinsame Zeit verbrachten die Eheleute in vollkommenem Glück. Verspielt, ja geradezu jugendlich verschmitzt trug Rudolf seine strahlende Frau auf Händen; alles Schwere und Bittere schien von ihm abgefallen. Wohl hätte er gerne noch ein wenig länger die Zweisamkeit mit Madeleine genossen. Doch schon im Sommer 1937 kam das erste Kind zur Welt. Etwas ungelenk hält der 36-jährige Vater auf dem Foto das kleine Mädchen in seinen Armen. Jacqueline war das Abbild ihrer Mutter. Die Rollen waren nun verteilt: Madeleine war Mutter, Hausherrin und Gastgeberin, Rudolf widmete seine Zeit den Betrieben Eta und Eterna und dem Gedeihen der Stadt Grenchen. Die Stunden, die er mit seiner Familie verbrachte, waren ihm kostbar. Aber sie wurden rar.

Der Aufschwung

Es war das Jahr 1933 und Rudolf Schild seit einem Jahr Direktor. Die Schweiz steckte mitten in der Krise, die Wirtschaft stagnierte. Nach zahlreichen Banken- und Firmenkonkursen wuchs die Menschenschlange vor den Arbeitsämtern. Die Weltwirtschaftskrise, die auf den Börsensturz 1929 folgte, hatte die Schweizer Wirtschaft später erfasst als das Ausland, dafür hielt sie hier länger an: 1936 erst sollte der Tiefpunkt mit einer Arbeitslosenquote von 6,4 Prozent erreicht und 124 000 Menschen auf der Suche nach Arbeit sein. Der krisenanfälligen Exportindustrie machte der erstarkende Schweizerfranken zu schaffen. Die Grenchner Uhrenindustrie lief auf Niedrigtouren; der Fabrikinspektor des Kantons Solothurn, der 1933 die dortigen Uhrenfirmen besuchte, notierte in seinem Bericht zuhanden der Regierung: «Optimistische Einstellung hinsichtlich der fernen Entwicklung trifft man nur vereinzelt. Die Geschäftsgänge erholen sich langsam, auf tiefem Niveau. Allgemein kann ein leichtes Steigen des Beschäftigungsgrades festgestellt werden, namentlich in billigeren Qualitäten.» Die Produktion der Rohwerkfabrik Assa, die Ebauches für Zylinder-, Anker- und Roskopfuhren herstellte und eine kleine Remontageabteilung betrieb, zählte noch 900 Beschäftigte – «gegenüber 2400 vor vier Jahren! Produktion circa ein Viertel des Vollbetriebes. Unkosten werden nicht gedeckt. Grosse Lager.» Trotz der Gründung der Superholding Asuag 1931 wurde noch immer schabloniert, aber eindeutig weniger: «Der Schablonenexport geht zurück, dafür schablonieren nun andere Länder wie Frankreich und Deutschland», stellte der Fabrikinspektor fest.

Der Betrieb der A. Michel, ebenfalls Produzent von Ebauches für Anker-, Zylinder und Roskopfuhren, beschäftigte nach wie vor 850 Leute, aber auch hier: «Grosse Lager». Eterna und Eta mit ihrer «Ebauchesfabrikation, in letzterer Firma verselbständigt, hat heute Übergewicht über Manufaktur, produziert Anker- und Zylinderuhren». Noch 1929, vor ihrer Teilung, hatte Eterna 1100

Grenchen wächst, Fabriken spriessen überall aus dem Boden (Luftaufnahme von 1946).

Arbeiter beschäftigt, nun waren es noch 364 Beschäftigte in der Eta und 32 in der Eterna: «Wöchentliche Arbeitszeit: 35 Stunden. Seit einiger Zeit treffen vermehrte Aufträge aus den USA ein, das Unternehmen rechnet mit weiterer Zunahme. Das deutsche Geschäft (früher von grosser Bedeutung) ist sehr schwierig und unsicher.» Auch der Beschäftigungsrückgang bei Felsa, die Ebauches für Ankeruhren «besserer Qualität» produzierte, war dramatisch: «Arbeiter 1929: 285, heute noch 77.» Felsa litt besonders darunter, dass nun der betriebliche Handlungsspielraum nach der Gründung der Asuag eingeschränkt war: «Weil sie früher keine Schablonen und keine billigen Artikel herstellte, darf man es auch jetzt nicht tun, wodurch die Firma sich in ihrer Bewegungsfreiheit stark eingeengt fühlt.» Gearbeitet werde nur noch 17 Stunden wöchentlich. Und schliesslich war da noch die kleine Vogt & Cie. AG: «Arbeiter 1930: 96, heute 16. Remontage von Markenuhren, Spezialität: selbstaufziehende Uhren. Keine Besserung, Aussichten schlecht. Will liquidieren.» Nur die Amida AG erfreute sich voller Auftragsbücher: Sie stellte Ebauches her und betrieb Remontage von billigen Roskopf- und Zylinderuhren. «Volle Beschäftigung (65 in Fabrik, 100 Heimarbeit). Mehr Anfragen, als befriedigt werden können. Auch solche Kunden, die seit Jahren nichts von sich hören liessen, melden sich wieder.»

Die Lage erholte sich erst wieder ab 1936. Der Bundesrat hatte den Schweizer Franken abwerten lassen, Schweizer Exporte verbilligten sich, die Kaufkraft im Ausland stieg wieder an, und die Auftragsbücher der Uhrenbetriebe füllten sich. Im ersten Quartal 1936 führte die Schweiz Uhren und Bestandteile im Betrag von 40 Millionen Franken aus – eine stattliche Zunahme von 60 Prozent gegenüber der Vorjahresperiode. Das folgende Jahr bescherte Rekordzahlen, mit denen niemand gerechnet hatte. 1936 erreichte die Rohwerkholding Ebauches SA, seit 1931 unter dem Dach der Asuag, endlich das Ziel, das sich die drei Gründerfirmen damals vor zehn Jahren gesetzt hatten: einheitliche Tarife für alle Filialen. Um die Tarife zu bestimmen, mussten die einzelnen Produkte genau definiert werden. Der Bund verfügte, dass die von den Verbänden festgesetzten Preise für alle Firmen als verbindlich deklariert werden konnten. Damit war es endgültig vorbei mit der Preisdrückerei. Bis 1941 sollte die Ebauches SA für 4,5 Millionen Franken ihre letzten 19 Käufe von dissidenten Fabriken tätigen. Die Organisation der Schweizer Uhrenindustrie glich nun einer staatlichen Planwirtschaft: Die gesamte Produktionsmenge und der Export von Ebauches und Uhrenbestandteilen waren öffentlich-rechtlich geregelt. Wer einen neuen Betrieb gründen oder die Produktplatte verändern wollte, musste beim Bund eine Bewilligung einholen. In der Sparte der Lagersteinverarbeiter zum Beispiel war jeder Handgriff aufgeteilt; die einen durften nur quer, die anderen längs schneiden, die dritten bohren und die vierten polieren. Jede Sparte war in eigenen Verbänden organisiert, die auf die strikte Einhaltung dieser Arbeitsteilung achteten.[43] Wer sich nicht an die Bestimmungen hielt, wurde verklagt. Es herrschte Ordnung.

In den Städten der Uhrenindustrie hatte die Partei der Sozialdemokraten während der Krise grossen Zulauf erfahren. Die wöchentliche Arbeitszeit war längst auf 48 Stunden gesenkt worden. Der Bundesrat beschloss 1936, die Uhrenindustrie müsse für Heimarbeit gleichen Lohn bezahlen wie für die Arbeit in Fabriken oder Ateliers. Die Arbeiterschaft war in Gewerkschaften organisiert; ein Vertreter des Schweizerischen Metall- und Uhrenarbeitnehmerverbands SMUV[44] sass nun seit der Gründung der Asuag in dessen Verwaltungsrat neben Vertretern der Banken, der Uhrenindustriellen und des Bundes. Für die Industriellen war die Gewerkschaft aber noch keine ernst zu nehmende Verhandlungspartnerin; Löhne, Arbeitsbedingungen und Ferien hatten sie bis jetzt, innerhalb der gesetzlichen Grenzen, weitgehend in Eigenregie geregelt. Um Druck auszuüben, war den Arbeitern nur das Mittel des Streiks geblieben. Dieses war denn auch ausgiebig genutzt worden.

1937 änderte sich das Verhältnis zwischen Arbeitgebern und Arbeitnehmern schlagartig und nachhaltig. Auslöser war ein Streik in einer Bieler Zifferblattfabrik, angestossen von Uhrenarbeiterinnen – Frauen also, die nach Meinung der Gewerkschaftsbosse an den Herd gehörten. Sie legten ihre Arbeit nieder und forderten mehr Ferien und bessere Entlöhnung. Mit ihrer Aktion entzündeten sie einen veritablen Flächenbrand im ganzen Jurabogen. Nun wurde in 47 Fabriken gestreikt. Die Arbeitgeber reagierten mit Aussperrung. Da ergriff Gewerkschaftspräsident und Nationalrat Konrad Ilg die Initiative und gelangte an Bundesrat Hermann Obrecht. Dieser war ja als Initiator der Gründung der Ebauches SA in der Uhrenindustrie bestens vernetzt, und er handelte sogleich: Am Samstagnachmittag Mitte Mai 1937 trafen sich in Neuenburg Vertreter der Gewerkschaft SMUV und der Schweizerischen Uhrenkammer zu Verhandlungen. An diesem Tag, so bezeichnete später ein Chronist der Gewerkschaft SMUV das Geschehen, erhielten die Uhrenindustriellen nach dem Uhrenstatut ein «weiteres Geschenk: den absoluten Arbeitsfrieden».[45] 19 Arbeitgeberorganisationen der Uhrenindustrie und die Gewerkschaft SMUV unterzeichneten den ersten Gesamtarbeitsvertrag in der Schweizer Wirtschaftsgeschichte. Dieser erste «Friedensvertrag» setzte den erbitterten Arbeitskonflikten ein Ende. Von nun an war vertraglich vereinbart, dass Konflikte auf dem Verhandlungswege beigelegt würden und auf Kampfmassnahmen wie Streiks oder Aussperrung verzichtet werde. Die Gewerkschaft wurde damit erstmals als Verhandlungspartnerin anerkannt. Dieser erste Gesamtarbeitsvertrag wie auch die weiteren Vereinbarungen in der Uhrenindustrie sollten wegweisend sein für Verträge in anderen Branchen – nicht immer zur Freude des Uhrenarbeitgeberverbands Convention patronale, wie dessen Generalsekretär später entnervt notierte: «Die Arbeitgeber der Uhrenindustrie haben die Nase voll, immer den Weg freiräumen zu müssen!» Dass die Uhrenindustrie damals als erste Branche eine Vereinbarung unterzeichnete, erklärt sich durch die Krisenanfälligkeit der Branche und das Bewusstsein beider Verhandlungspartner, dass Arbeitskonflikte die Notsituation verschlimmerten; andererseits sass nun ein Gewerkschaftsvertreter neben Uhrenpatrons im Asuag-Verwaltungsrat – man wähnte sich fortan, zumindest in Ansätzen, im gleichen Boot.[46] Als Gegenleistung sollte die Uhrenindustrie in den folgenden Jahrzehnten der Hochkonjunktur im Vergleich mit anderen Industriebranchen der Schweiz die höchsten Durchschnittslöhne zahlen.

1937 lud Rudolf Schild eine kleine Gruppe seiner Angestellten zu einem Ausflug ein. Es war ein sonniger Tag, man besuchte das Kraftwerk Handeck, die Staumauer beim Grimselsee und den Aaregletscher. Rudolf gehörte mit

Ein Ausflug mit Beschäftigten auf die Grimsel: Der junge Direktor Rudolf Schild pflegt den Austausch mit den Angestellten.

seinen erst 36 Jahren zu den jüngeren Teilnehmern. Seine Statur aber, seine schiere Grösse und sein forscher Blick strahlten die Autorität eines Direktors aus. Leutselig war er nicht, lieber stellte er Fragen und hörte zu. Das Gruppenbild im Album, das ihm die Mitarbeiterinnen und Mitarbeiter als Erinnerung an den Ausflug überreichten, war versehen mit der Überschrift «Frohe Gesellschaft». Der Direktor und seine Beschäftigten hatten auch allen Grund zu fröhlicher Stimmung: Die Auftragsbücher der Firmen Eta und Eterna waren gefüllt. Die Verkäufe der Eterna beliefen sich auf 1,6 Millionen Franken. Gleich nach Amtsübernahme setzte Rudolf die Arbeit seines Onkels Theodor fort und baute im Ausland ein weitverzweigtes Verkaufsnetz aus. Schon 1932 gründete er die Nouvelle Société d'Horlogerie de Luxe Sàrl in Paris; es folgten später Niederlassungen in Berlin, Kopenhagen, Helsinki, Prag, Stockholm und New York.

Auch die Rohwerkherstellerin Eta entwickelte sich gut. 1933, ein Jahr nach der Abspaltung von der Eterna, wies die Firma zwar einen Verlust in der Höhe von rund 71 000 Franken aus, weil noch im gleichen Jahr alle neu gekauften Maschinen sogleich abgeschrieben worden waren, wie Rudolf dem Verwaltungsrat mitteilte, dem er ab 1937 angehören sollte. Diese Praxis behielt der sorgsam auf einen gesunden finanziellen Boden bedachte Direktor auch künftig bei: Anschaffungen wurden meist im selben Jahr abgeschrieben, dies auf Kosten des ausgewiesenen Gewinns, aber zugunsten der Äufnung von stillen Reserven. Eta war damit gewappnet für Krisenzeiten. 1936, als der Maschinenpark auf die neueste technische Höhe gebracht worden war und die Verkäufe anzogen, konnte Eta einen Gewinn von 27 000 Franken ausweisen, der sich zwei Jahre später bei einer Bilanzsumme von 3,3 Millionen Franken schon auf 119 000 Franken erhöht hatte. Nun begann Eta, Dividenden von 10 Prozent und mehr auszuschütten. Davon profitierte die Ebauches SA und mit ihr die Mutterholding Asuag. Bis in die 1970er-Jahre sollte sich die Superholding mit den Dividenden und den Verwaltungsbeiträgen ihrer Töchter selbst finanzieren können.

Der fulminante Aufschwung nach den langen Krisenjahren währte aber nur kurz. Schon ab 1938 flachte sich die Auftragslage wieder ab. Das politische Klima in Europa war angespannt, es lag Krieg in der Luft. Deutschland rüstete auf und machte sich erneut die Uhrenindustrie zunutze: Diese hatte schon im Ersten Weltkrieg bewiesen, wie rasch sie ihre Produktion auf Kriegsmaterial umstellen konnte. Das Land unter Adolf Hitler begann im grossen Stil, Schweizer Uhrenarbeiter abzuwerben. In Grenchen machte die Geschichte des Ehepaars Geyer die Runde: Die Grenchnerin Flora Geyer hatte zusammen mit ihrem Mann eine Fabrik in Stuttgart errichtet, die Lagersteine für die Uhrenindustrie und für Unterseebootmessungen herstellte. Mittels Zeitungsinseraten suchten sie in der Schweiz nach qualifizierten Uhrenarbeitern. Heimlich verliessen einige Grenchner Arbeiter ihre Stadt, im Gepäck Zeichnungen und andere Daten über die Herstellung von Uhrenteilen. Ein anonymer Anruf beim Eidgenössischen Aussendepartement schreckte die Behörden auf. Ab und zu spedierte Deutschland Schweizer Beschäftigte auch wieder nach Hause, so zum Beispiel das Unternehmen Junghans in Pforzheim: Ein Schweizer hatte sich geweigert, die deutsche Fahne zu grüssen. Dem Betroffenen war dies einerlei, berichtete die Uhrenzeitung vom Vorfall: Das Essen sei schlecht gewesen und habe gebläht, und im Wirtshaus hätten sie einen ausgefragt: «Niemand traut niemandem mehr.»

Am 1. September 1939 läuteten die Glocken Sturm und kündigten die Mobilmachung an. Hitlers Deutschland war längst in Polen eingefallen. Auch Rudolf wurde rekrutiert. Madeleine blieb allein mit ihrer ersten Tochter in Grenchen zurück. Ihre in Paris lebende Tante Yvonne machte sich Sorgen und schrieb 1940: «Gott bewahre Euch von den Schrecken des Krieges! Holland ist

Der Eta-Mitarbeiter Adolf Gschwind feiert sein 40-Jahr-Dienstjubiläum.

gefallen, die infernale Maschinerie Hitlers ist im Vormarsch. Zwei Worte zu dieser Naturkatastrophe: Quel horreur! Rudi ist eingezogen worden – kann die Fabrik ohne ihren Direktor zurechtkommen?» Sie musste. Dort liefen die Schutzvorkehrungen auf Hochtouren, wie Eta-Mitarbeiter Adolf Gschwind sich später erinnerte: «Unser Luftschutz musste einrücken, das heisst den Posten im Fabrikareal antreten und bewachen. Wir schliefen einige Nächte im alten Esssaal.» Das Telefon wurde rund um die Uhr bewacht. Bald schon aber trat wieder Ruhe ein, «und wir konnten wieder zu Hause schlafen. Nur wenn etwa Alarm ertönte, so mussten wir an unsern Posten springen.» Nun wurde für den Notfall geübt: Eine fiktive Bombe «zerstörte» das Leitungsnetz der Hydranten; als Notbehelf musste die alte Feuerspritze, ein historisches Museumsstück, hergerichtet werden. Es wurde auch eine Reihe «interessanter Spezialübungen» unternommen, zum Beispiel zum Löschen einer Brandbombe: «Zu diesem Zwecke wurde eine Stahlplatte von zirka einem halben Zentimeter Dicke auf den Boden gelegt, eine Bombe darauf gelegt und entzündet.» Ein Soldat musste mit Sand löschen: «Es brauchte schon ziemlich Courage dazu, denn so ein Ding spritzte unheimlich mit Feuer um sich», erinnerte sich Gschwind.

Während im Ausland gekämpft wurde, nutzten die Fabriken im Inland die Zeit, den Maschinenpark zu überholen und aufzufrischen, so auch Eterna und Eta. Dort wurde auch gleich ausgebaut; in zwei Etappen entstand ein Anbau mit hellen Sälen. Die ganze Fabrik erstrahlte in neuem Glanz, als Adolf Gschwind im Herbst 1941 sein 40-Jahr-Jubiläum feiern konnte. «Ich traute meinen Augen kaum, meine Maschine war mit Blumen geschmückt und von Geschenken umstellt. Unter anderem fanden sich ein Rohrsessel, zwei Flaschen Wein und noch verschiedene gute Sachen. Ich konnte mich kaum fassen. Von allen Seiten wurde mir bei diesem Anlass gratuliert. Es wurde eine Foto gemacht, die aber leider nicht gerade gut herausgekommen ist. Meine Augen glänzten von Tränen und es musste deshalb eine zweite Aufnahme gemacht werden.»

Im Ausland tobte der Krieg, im Inland lief die Produktion der meisten Uhrenfabriken auf Hochtouren. Sowohl Alliierte wie die Achsenmächte waren an Schweizer Militäruhren interessiert, die als präzise und belastbar galten. 1942 hatte sich der Umsatz der Eta seit Kriegsbeginn von 2,6 auf 7 Millionen Franken erhöht; sie erwirtschaftete in diesem Jahr einen stattlichen Gewinn von 215 000 Franken. Die Firma hob die Dividende auf 15 Prozent an. Eterna verkaufte für 3,3 Millionen Franken Uhren – allein knapp 20 000 Stück im Wert von 700 000 Franken gingen nach Deutschland, darunter eine wasserdichte Militärtaschenuhr für die Wehrmacht, eine Borduhr mit einem Kaliber, das speziell für solche Uhren produziert wurde und das auch die italienische Luftwaffe verwendete. Die meisten Uhrwerke an die Wehrmacht lieferte die Konkurrenzfirma Assa mit ihrem Handaufzugskaliber AS 1130. Das «Wehrmachtskaliber» war gross, sehr robust, funktional und mit einer Stosssicherung ausgestattet; es sollte bis ungefähr 1970 produziert werden. Omega, IWC, Longines oder Cyma deckten die Nachfrage der Royal Air Force ab; die Uhren seien im Diplomatengepäck aus der Schweiz geschmuggelt worden, hiess es später. Die Besitzer von Omega, die jüdische Familie Brandt, hatten Deutschland nie beliefert.

Die Herstellung von Munitionsteilen aber hatten die Uhrenfirmen wohlweislich ausgelagert: 1941 gründete Ebauches SA die Technica AG, als Gründer zeichnete unter anderem Gottlieb Vogt-Schild, Ehemann einer der Töchter Adolf Schild-Hugis. Die Technica AG fabrizierte bis 1944 für mehr als 11 Millionen Franken Zeitzünder für Deutschland; der grösste Teil gelangte via Schweizerische Werkzeugmaschinenfabrik Oerlikon Bührle ins kriegführende Land. Einzelteile für diese Zünder bezog Technica aber weiterhin von Firmen der Ebauches SA. Die Alliierten, die bei Kriegsbeginn Verständnis gezeigt hatten für die neutrale Schweiz, begannen nun, Firmen mit Geschäftsbeziehungen zu den Achsenmächten auf schwarze Listen zu setzen. Die ganze Holding Ebauches SA kam auf diese Liste. Um sich davon zu befreien, vereinbarte sie 1942 mit den britischen Behörden, «dass sämtliche dieser Firma angeschlossenen Einzelfirmen wie Felsa, Assa, Michel, Eta, Fontainemelon ab sofort keine Munitionsteile irgendwelcher Art mehr für Deutschland herstellen werden». Als Garantie verlangten die Briten eine hohe Geldsumme.

Technica AG allerdings blieb auf der schwarzen Liste bis nach Kriegsende. Nun habe sie Schwierigkeiten, berichtete der Direktor dem Aussendepartement und bat um Hilfe. Die Firma habe damals den Kopf hingehalten, weil Ebauches SA von den Deutschen erpresst worden sei: «Die Ebauches SA und deren Kunden waren während des Krieges für ihre Transporte ins Ausland auf die Erteilung deutscher Geleitscheine angewiesen. Immer wieder versuchten die Organe der deutschen Regierung, Munitionsaufträge unterzubringen, dies jeweils unter Hinweis auf die Möglichkeit der Verweigerung der Geleitscheine. Da die Direktion der Ebauches SA nicht zugeben konnte, dass in den verschiedenen Tochtergesellschaften Munitionsaufträge für Deutschland angenommen wurden», und sie andererseits die Aufträge von Deutschland nicht ablehnen konnte oder wollte, «ohne unangenehme Folgen zu riskieren», habe man sich entschlossen, eine besondere Gesellschaft zu gründen, die sich ausschliesslich mit der Erledigung von Munitionsaufträgen für Deutschland befasste. Nun sei die Technica «in ihrer Entwicklung ausserordentlich schwer gehemmt». Es wurde der Vorschlag gemacht, die Firma solle als Übergangsmassnahme die Maschinen der beiden Grenchner Rohwerkproduzenten Assa und Eta revidieren. Diese aber lehnten dankend ab: Obwohl sie derselben Holding angehörten, wollte sich keine Fabrik von «Werkspionen» in die Karten blicken lassen.

Im Mai 1945 war der Krieg beendet, die Schweiz wie durch Wunderhand verschont geblieben. Unbestrittener Held der Stunde war General Henri Guisan. Am 12. Juli blickte das ganze Land auf die Uhrenstadt Grenchen: Ausgerechnet diesen Ort wollte Guisan mit seinem Besuch beehren. Man werde vom ganzen Inland beneidet, notierte stolz der Unteroffiziersverein in seinem Heftchen zum Besuch des Generals, «ganz besonders in der benachbarten Metropole soll es bis in die höchsten Stellen etwas lange Gesichter gegeben haben, dass die Grenchner wieder einmal die ‹läbigeren› gewesen sind». Der Verein wusste auch, warum: Der Uhrenarbeiter sei ein Qualitätsarbeiter, sein Beruf erfordere höchste Disziplin und Präzision: «Es ist kein Wunder, dass gerade die Solothurner Truppen zu den besten Soldaten gehören und beim General einen besonderen Stein im Brett haben.»

Die Stadt versank an diesem Tag in einem Fahnenmeer. Auf dem Programm stand ein Rundgang Guisans in zwei Uhrenfabriken, die beide von Nachkommen des Anton Schild geleitet wurden: der Assa und der Eta. «Pünktlich, wie angesagt, fuhr der Wagen des Generals bei Assa vor, wo er von der Fabrikleitung unter Führung von Herrn Adolf Schild, Herrn de Coulon, Herrn Direktor

Grenchen steht stramm und versinkt im Fahnenmeer: General Guisan besucht kurz nach dem Ende des Zweiten Weltkriegs die Fabriken Grenchens und lobt die Soldaten des Kantons Solothurn. Auf dem Bild rechts schüttelt er die Hand eines Kadermitglieds bei Eterna (links Rudolf).

Renggli» und anderen empfangen wurde. Das Interesse Guisans war gross, und er liess sich Arbeitssäle zeigen, «die gar nicht im Programm vorgesehen waren». Nun folgte die Besichtigung der Eta und Eterna, welche «die in der ganzen Welt geschätzten Eterna-Uhren herstellen». Danach wurde auf dem Schulhausplatz gefeiert, die Fabriken und Geschäfte hatten vorzeitig geschlossen, eine Volksmenge ergoss sich über den Platz, die Kinder schwenkten Fahnen mit der Aufschrift «Grenchen dankt dem General». «Ein unbeschreiblicher Jubel und Applaus hub an, als der General mit elastischen Schritten die Bühne betrat», notierte der Schreibende des Unteroffiziervereins.

Guisan seinerseits lobte die Grenchner Soldaten: «Das kann ich offen und absolut sagen: Mit ‹sincérité›! Ich sagte meinen Soldaten: Es wird gehalten! Und das wurde gemacht (Beifall). Das ist der richtige Schweizergeist, wie ich ihn heute Mittag in Grenchen in den Fabriken gesehen.» Die Musikkapelle spielte auf, danach begab man sich ins Hotel Löwen, wo ein «kleiner Imbiss serviert wurde – der General hatte ein Bankett strikte abgelehnt». Es wurde ihm eine «Grenchner Qualitätsuhr» überreicht, die Stimmung erheiterte sich nach jedem «kräftigen Dézaley», und «viel später als vorgesehen verliess der General sichtlich vergnügt das gastliche Grenchen». Guisan kehrte dann noch mit einer weiteren Verspätung nach Hause zurück: Da in der Schweiz als Kriegsmassnahme alle Wegweiser entfernt worden waren, verfuhren sich die beiden Militärchauffeure im Bucheggberg und mussten bei einem Bauern nach dem

Der «Schwarze Panther» in Aktion: Der FC Grenchen setzt zum Höhenflug an, steigt nicht zuletzt dank des Star-Goalies Erwin Ballabio (1918–2008) in die Liga A auf und zieht 1940 gegen die Grasshoppers Zürich in den Cupfinal ein.

Weg fragen. Das hatte des Generals Wohlgefallen über diesen Besuch keinen Abbruch getan, wie es in den Dankesbriefen an die Gastgeber zum Ausdruck kommt: «Das muss man den Grenchnern lassen: Sie verstehen es, Freude zu bereiten! Ganz besonderen Dank schulde ich Ihnen für die wundervolle Standuhr, die Grenchen mir geschenkt hat. Sie ist ein Beweis für die Leistungsfähigkeit Ihrer Industrie, die den Ruf Grenchens schon längst in alle Welt hinausgetragen hat.»

Der Aufschwung der Stadt Grenchen als Uhrenmetropole setzte sich nun ungehindert fort. Die Auftragsbücher der Fabriken waren voll, immer mehr Arbeiterinnen und Arbeiter strömten morgens hinein und abends wieder hinaus. Die Rendite, welche die Uhrenindustrie abwarf, förderte das Mäzenatentum der Industriellen. Beide Nachkommen des Garnbuchers Anton Schild, die nun die zwei erfolgreichsten Betriebe Assa und Eta führten, setzten sich für ihre Stadt ein. Der Flugplatz, den Adolf Schild-Behnisch 1931 gegründet und finanziert hatte, erfreute sich allgemeiner Beliebtheit im ganzen Land, während Rudolf schon bald die treibende Kraft hinter der Gründung und dem Bau des Spitals Grenchen wurde. Die Firmen Assa, Eterna und Eta förderten den Fussballclub Grenchen: Sie stellten Mitglieder des Clubs pro forma in ihren Betrieben ein; diese durften aber jederzeit das Training besuchen.[47] Rudolf und Madeleine waren oft an Fussballspielen anzutreffen. Wie in anderen Uhrenstädten gibt die Erfolgsgeschichte des Clubs beredtes Zeugnis der florierenden Branche.

An der Schweizer Fussballmeisterschaft 1938 stiess der FC Grenchen erstmals in die Nationalliga A vor, ein Jahr später erreichte er in dieser Liga hinter den Grasshoppers Zürich den zweiten Platz. Der Fussballclub der kleinen Stadt sollte sich unter den Besten der Schweiz halten bis Anfang der 1970er-Jahre. So korrelierte der Abstieg in die Nationalliga B, nach einer kleinen Verzögerung von einem Jahr, mit den Schwierigkeiten, mit denen die Branche zu kämpfen hatte, aber vor allem mit der späteren Entmachtung der Uhrenindustriellen, die ihre Gemeinde in manchen Belangen finanziell unterstützt hatten.[48]

Fritz Scholl und die Basis des Erfolgs

Im Haus des Direktors an der Gibelstrasse ging es immer lebhafter zu und her. Nach dem ersten Mädchen Jacqueline folgte 1941 die Geburt von Alfred, und zwei Jahre später wurde das zweite Mädchen Marianne geboren. Im selben Jahr starb ihre Grossmutter Jeanne Schild-Van den Brink im Alter von 76 Jahren nach kurzer Krankheit. Bis zuletzt hatte sie im alten Stammhaus der Familie Schild an der Rainstrasse gelebt. Ihr einziger Sohn Rudolf, so sprach der Redner an der Abdankung, sei «das Glück und der Stolz der Eltern» gewesen, «dem die liebende Mutter eine sorgfältige Erziehung zuteil werden liess». Jeanne habe entbehrungsreiche Zeiten durchgemacht, «jedoch erlebte sie später die Freude und Genugtuung, ihren Sohn als Direktor der Eterna zu wissen. Ihre letzten Lebensjahre waren umsonnt und umsorgt von der Liebe ihres Sohnes und der allzeit hilfsbereiten und ihr herzlich zugetanen Schwiegertochter.»

Gastfreundliches Haus des Direktors zuoberst an der Gibelstrasse, mit Blick auf die Berner Alpen.

Die Familie Rudolfs konnte nun geniessen, was Jeanne Schild verwehrt war: ein Leben im Wohlstand. Zwei Hausangestellte kümmerten sich um Küche und Haushalt. Madeleine wählte täglich die Menüs aus. Nur Fondue war die Domäne von Rudolf: Der Knoblauch war geschnitzt, der Wein dezilitergenau abgefüllt, das Maizena abgewogen, wenn Madeleine ihn in die Küche rief mit den Worten: «Rudi, tout est prêt!» Ein Gärtner besorgte die Pflege des grossräumigen Umschwungs. Die Kinder vergnügten sich auf der Spielwiese. Madeleine und Rudolf führten ein offenes und gastliches Haus. Gleichaltrige Kinder tummelten sich oft im Garten, und mittags oder abends sassen Gäste aus aller Welt mit am Tisch: Wenn die ausländischen Vertreter der Eterna-Uhren das Stammhaus in Grenchen besuchten, wurden sie stets auch in der Villa des Direktors empfangen. Madeleine begann, sich sachte in Grenchen einzuleben. Das raue Klima, der Nebel, der die Stadt im Winter einhüllte, behagten ihr aber nicht. Als Welsche blieb sie zeitlebens gegen Westen orientiert: Ihre Einkäufe tätigte sie oft in Biel, ihre Kleider liess sie sich nach wie vor in Lausanne von der alten Schneiderin der Familie Comtesse nähen. In Mussestunden schrieb sie lange Briefe an die Freundinnen ihrer Kinder- und Jugendjahre; mit ihrer Freundin Eva hatte sie vereinbart, sich einmal im Monat brieflich auszutauschen. Aber vor allem las sie: Ebenso wie ihr Vater verschlang sie literarische Neuerscheinungen – es gab wohl kaum ein mit dem Prix Goncourt ausgezeichnetes Buch, das sie nicht gelesen hatte.

Rudolf spannte seine junge Ehefrau auch in die Arbeit der Fabriken ein: Sie erstellte die Gehaltslisten für Eterna und Eta. Damit liess sich verhindern, dass die Beschäftigten Einblick in die Lohnpolitik hatten. Rudolf höchstpersönlich zahlte die Löhne aus. Am Zahltag stapelten sich jeweils Noten und Münzen auf seinem Pult, und die Mitarbeiterinnen und Mitarbeiter hatten anzutreten, um das Gehalt in Empfang zu nehmen. Diese Begegnungen nutzte er, um die Beschäftigten nach dem Gang der Dinge zu befragen und dem Unternehmen den Puls zu fühlen. Einige erlagen der Versuchung, Mitarbeiter oder Vorgesetzte anzuschwärzen. Andere schätzten das Interesse des Chefs und fühlten sich ernst genommen, wenn dieser beklagte Missstände sogleich beheben liess. Doch gab es wohl nur wenige, die dieser Begegnung nicht auch mit Bangen entgegenblickten: Messerscharf hielt der Direktor Verfehlungen vor und drängte auf bessere Arbeitsleistung. Wenn Rudolf auf Reisen war, und das war er oft, übertrug er die Lohnauszahlung seiner Frau. Wie ein Lauffeuer sprach sich die freudige Nachricht jeweils in der Fabrik herum: Anstelle des gestrengen

1950 am Flughafen in Cointrin: Die Familie winkt dem Vater, der in die USA reist, zum Abschied nach (von links: Madeleine mit Claude auf dem Arm, Marianne, Jacqueline, Alfred).

Blicks des Patrons und seinen bohrenden Fragen empfingen sie eine freundliche Begrüssung, ein herzliches Lächeln und einen Dank für ihre Arbeit.

Rudolf Schild-Comtesse mochte es, wenn ihn seine Frau und seine Kinder zu Hause erwarteten. Es war ihm wichtig, die Familie um sich zu haben. Nicht ohne Stolz stellte er sie den Geschäftsfreunden aus aller Welt vor. Brach er auf eine Reise auf, legte er Wert darauf, dass ihn mindestens Madeleine, aber am liebsten die ganze Familie an den Flughafen Kloten oder Cointrin begleitete. Das Familienleben war geprägt von Ritualen. Der Vater wurde gerufen, den Kindern Gute Nacht zu sagen, sobald sie ordentlich gewaschen unter der Decke lagen. Jeden Sommer wiederholte die Familie eine Wanderung über den Weissenstein oder später von Romont zum Bözingenberg nach Biel, wo die Familie dann vom Chef der Eta-Garage abgeholt wurde. Die Winterferien verbrachte sie in den Bergen in Crans-Montana oder später in Verbier, im Sommer ging es meist mit dem Auto drei Wochen ans Meer. Nach der Geburt des Nachzüglers Claude 1948 wurde es eng in der hinteren Reihe des Wagens, dessen Marke alle paar Jahre wechselte. Autos waren der einzige sichtbare Luxus, mit dem sich Rudolf in der Öffentlichkeit zeigte. 1948 kaufte er einen hellgrünen Buick Cabriolet, drei Jahre später den ersten in England produzierten Alvis, ganz in schwarz, mit grünem Cabriodach.[49]

Doch die Stunden, die Rudolf mit seiner Familie verbrachte, wurden rar. Neben seiner Arbeit in der Eta und Eterna sass er in den späten 1940er-Jahren mittlerweile in diversen Verwaltungsräten und Kommissionen, unter anderem ab 1943 in der eidgenössischen Fachkommission für die Heimarbeit in der Uhrenindustrie, ab 1945 im Verwaltungsrat des rentablen Unternehmens Roulements à billes miniatures SA (RBM) in Biel, eine Tochtergesellschaft der Asuag, die mit ihrer Produktion wenig später eine entscheidende Rolle spielen sollte in der Erfolgsgeschichte der Eterna und der Eta. Er trat die Nachfolge Theodor Schilds als Präsident der Elektrizitätskommission Grenchen an. Theodor war schon um die Jahrhundertwende, gleich zu Beginn der Einführung dieser erst skeptisch beäugten neuen Energiegewinnung, im Interesse seiner Uhrenbetriebe in die Kommission eingetreten und hatte sich für günstige Bedingungen und eine zuverlässige Versorgung eingesetzt. Bis 1941 war Rudolf sodann Präsident des christkatholischen Kirchgemeinderats, dessen Mitglied er bis 1965 blieb. Er sass im Vorstand des Industrieverbands Grenchen, was er bis zu seinem endgültigen Austritt aus all seinen uhrenbetrieblichen Verwaltungsräten 1975 bleiben sollte. 1949 nahm er für acht Jahre Einsitz in den Verwaltungsrat der Solothurner Kantonalbank. Schliesslich engagierte er sich massgebend für die Gründung des Spitals in Grenchen; nach der Eröffnung 1953 wurde er dessen Präsident und blieb es bis 1978, fast bis zu seinem Tod.

Als der kinderlose Onkel Arthur 1945 starb, erbte Rudolf seine Aktien an der Velofabrik Cosmos und Anteile an Liegenschaften und Obligationen diverser Firmen. Obwohl sein Erbanteil grösser war als jener der Miterben, war Rudolf enttäuscht: Der Onkel sei in «geistiger Umnachtung» gestorben und habe seiner von ihm geschiedenen Ehefrau «sehr weitgehende Versprechungen» gemacht. Rudolf erhob Einwände gegen die vom Juristen festgelegte Erbteilung und unterbreitete Miterbe Theodor Schild einen eigenen Vorschlag. Dieser reagierte ungehalten: «Ich bin mit deiner Gegenüberstellung materiell in keiner Weise einverstanden! Ich kann nichts dafür, dass du dich mit Arthur verkracht hast.» Rudolf beerbte Arthurs Sitz im Verwaltungsrat der Cosmos. Die von Theodor gegründete Firma hatte sich unter der Leitung seiner Brüder einen Namen gemacht als Herstellerin qualitativ hochstehender Fahrräder. Anfänglich von der Bevölkerung eher argwöhnisch betrachtet, hatte das Fahrrad bis in die 1940er-Jahre einen ungeahnten Aufschwung erfahren und gehörte zur alltäglichen Ausstattung eines Haushalts. Doch nun machte das Automobil dem Velo zunehmend Konkurrenz, die Umsätze der Cosmos gingen zurück. Der Verwaltungsrat, bestehend aus Rudolf, Theodors Sohn René Schild und dem umtriebigen früheren Minister Hermann Flückiger, gab eine Marktforschungsanalyse in Auftrag. Sportmodelle seien sehr begehrt, hielt der Bericht fest. Cosmos werde von der Mehrheit der befragten Händler als die beste Marke angesehen, sei bei den Kunden aber weniger bekannt als andere grosse Namen. Der Bericht empfahl, gezielter Werbung zu machen mit Slogans wie «Cosmos – das Velo mit leichtem Gang», «Cosmos-Velos kennen keinen Rost» oder, was das Vertrauen der Käufer bestimmt stärkte: «Cosmos-Velos haben gute Bremsen». Als sich die Verkäufe nicht erholten, wiesen Rudolf und René den Leiter an zu diversifizieren; man entschied sich für Spitalmaterial, und dies brachte die Firma dank Grossaufträgen der Spitäler Triemli in Zürich und Insel in Bern und ab 1953 wohl auch des neuen Spitals Grenchen fortan bestens über die Runden. 1954 betrug der Umsatz rund 1,5 Millionen Franken, 18 Jahre später sollte er sich verdoppelt haben.[50]

Als im August 1951 auch Theodor Schild verstarb und Rudolf das Verwaltungsratspräsidium beider Firmen Eta und Eterna übernahm, war seine Macht gefestigt. Eta war zu 100 Prozent im Besitz der Ebauches SA, an deren Kapital die Familien Schild beteiligt waren. Die Aktienmehrheit der Eterna war in den Händen der Mutterholding Asuag, das verbleibende Drittel teilten sich Rudolf und die Nachkommen Theodors auf. Nun wollte Rudolf auch mit einem grösseren Aktienpaket am Aufschwung der Eterna teilhaben. Da die Familie Theodors nicht verkaufen wollte, konnte ihm nur die Holding Wertpapiere abtreten. 1951 richtete sich Rudolf an Asuag-Direktor und Verwaltungsratspräsident Paul Renggli mit dem Wunsch, eine Option zu erhalten für den Erwerb von Eterna-Aktien für 200 000 Franken. «Angesichts der grossen Anstrengungen, die ich seit Jahren für die Eterna AG gemacht habe, werde ich sehr zu schätzen wissen, wenn mir nun auch die Gelegenheit geboten wird, am Mehrwert der Aktien zu partizipieren.» Die Asuag lenkte ein, beharrte aber auf ihrer Mehrheit und antwortete, sie könne ihm also nur 193 Aktien statt 200 zusichern. Dies sei ein weitgehendes Entgegenkommen: «Viele sind zwar nicht einverstanden im Büro und im Direktionskomitee, aber es wird Ihnen der Kauf trotzdem gewährt.» Auch bezüglich des Preises kam die Muttergesellschaft entgegen: «Wie Sie wissen, haben wir diese Aktien seinerzeit zu einem Preise gekauft, der 2000 Franken wesentlich überstieg. Auch aufgrund der Rendite übersteigt heute der Preis 2000 Franken. Mit Rücksicht auf die besonderen Verhältnisse, die in Ihrer Person vorliegen, ist die Asuag bereit, sich mit einem Preis von 1500 Franken zu begnügen. Die Eterna übernimmt 500 Franken per Aktie, um damit eine Anerkennung Ihrer besonderen Leistungen für die Entwicklung der Firma zum Ausdruck zu bringen.» Rudolf bedankte sich – nicht ohne sich zu vergewissern, «dass durch diese zusätzliche Leistung der Eterna meine normale Gratifikation nicht beschnitten werden soll». Auch steuerlich wollte Rudolf die Transaktion mit einem tiefen Wert der Aktien bestmöglich geregelt haben.

Neben der Asuag-Leitung mussten auch die Nachkommen Theodors ihr Einverständnis zu der Aktienübernahme Rudolfs erklären. René Schild tat dies mit dem Einwand, Rudolfs Anteil an der Eterna werde jenen seiner Familie übersteigen. Die Asuag teilte Rudolf mit: «Herr Schild glaubt nicht, dass sein Vater eine solche Entwicklung gebilligt hätte.» Die entsprechende Klausel im Vertrag von 1932 galt aber nur für zehn Jahre. So konstatierte Asuag, die Frist sei abgelaufen, ausserdem habe sich die Ausgangslage verändert: Theodor Schild sei damals selbst im Geschäft tätig gewesen. Im Übrigen, so fügte Renggli an, werde dadurch die Gruppe der Privataktionäre gestärkt, «was für die Familie Theodor Schilds kaum von Nachteil ist». Ein Jahr später zahlte Rudolf mit seiner Weihnachtsgratifikation von 30 000 Franken seine letzte Schuld bei der Solothurnischen Kantonalbank ab. Das Jahressalär, das er als Direktor bei der Eterna bezog, belief sich 1953 auf 25 260 Franken; damit war sein Verdienst geringer als jener des höchsten Kaders. Mit der Gratifikation von 50 000 Franken, den Dividenden sowie den Vergütungen seiner Verwaltungsratsmandate kam er auf ein einträgliches Jahressalär.

In der Tat hatten sich die beiden Unternehmen Eta und Eterna in den 1940er-Jahren überaus erfolgreich entwickelt. Im Rückblick, so betonten Zeitzeugen stets von Neuem, beruhte dieser Erfolg in erster Linie auf Rudolfs beinahe untrüglichem Instinkt für fähige, talentierte, leistungsbereite und dem Unternehmen loyal verbundene Kadermitarbeiter. Hatte Rudolf einmal ein Talent erkannt, liess er dieser Person freie Bahn und gewährte ihr finanzielle Unterstützung für alle Vorhaben. Es waren vor allem zwei Mitarbeiter, die mit Kreativität, Erfindungsgeist und Weitblick die Firmen an die vordere Front der Schweizer Uhrenindustrie katapultierten: Fritz Scholl und Heinrich Stamm.

Rudolf hatte es Fritz Scholl zu verdanken, dass Eta ihre Rohwerke bald einmal rationeller und günstiger herstellen konnte als die Konkurrenz. Die Automation, die Triebfeder des Fortschritts, hielt in der Eta unter Scholl früher Einzug als anderswo und wurde konsequenter vorangetrieben. 1910 als Sohn eines Schreinermeisters und Kleinbauern in Pieterlen geboren, hätte Fritz Scholl in die Fussstapfen seines Vaters treten sollen, wie er Jahrzehnte später an einem Vortrag vor dem Rotary Club Solothurn berichtete. «Doch ich war schon in meiner Jugendzeit sehr staubempfindlich, sodass man von diesem Vorhaben

Fritz Scholl, technischer Leiter der Eta, treibt die Automation voran und beschert der Firma einen Vorsprung auf die Konkurrenz.

absah. So erlernte ich den Beruf eines Mechanikers.» Nach Abschluss der Lehre trat er 1929 in der Eta eine Stelle an, «wo ich in der Etampesmacherei[51] ausgebildet wurde. Während der Generalmobilmachung musste die Fabrik umorganisiert werden, um die Produktion in reduziertem Mass aufrechtzuerhalten.» Scholl wurde in die Kalibristenabteilung versetzt. 1943 trat er die Stelle als Lehrmeister für die neu geschaffene Lehrwerkstatt an. Der Vertrag hielt fest: «Scholl wird zu diesem Zweck eine besondere Ausbildung machen, für deren Kosten die Fabrik aufkommt. Muss sich aber selber noch weiterbilden. Verpflichtet sich, Stillschweigen zu beobachten. Monatsgehalt: 525 Franken.» Ausserdem musste Scholl unterschreiben, nach allfälliger Auflösung der Anstellungsverhältnisse während zwei Jahren keine Beschäftigung im Ausland anzunehmen. Diese Klausel wurde nie bemüht: Scholl blieb sein ganzes Berufsleben der Eta treu, wurde Direktor seiner Abteilung und sollte 1969 als Nachfolger Rudolfs Delegierter des Verwaltungsrats werden. 1979, kurz bevor alle Fabriken der Ebauches SA in die Eta integriert werden sollten, trat er altershalber ab.

Die neue Lehrwerkstätte in der Eta bildete Beschäftigte für alle Arbeitsgänge aus – Werkzeugmacher, Décolleteure oder Pignonschneider. Scholl gewann damit vertieften Einblick in die Arbeitsmethoden und die Gestaltung der Arbeitsplätze. 1931 wurde ihm der Posten «Betriebsverbesserungen» und wenig danach der Werkzeugbau und der Werkzeugeinkauf überantwortet. «Die Automatisierung der Maschinen begann im Jahre 1948», berichtete Scholl den Rotary-Mitgliedern. «Ich hatte einen Lader entwickelt, der patentiert wurde und sich für das Laden der kleinen Uhrenbestandteile sehr gut eignet.» 1949 beförderte Rudolf den talentierten Entwickler zum Prokuristen, und 1955 «übernahm ich auch den Maschinenbau sowie den Maschineneinkauf. 1956 wurde ich zum Vizedirektor ernannt.» Die Automation schritt stetig voran. Scholls Credo war so einfach wie genial: Automation macht nur dann Sinn, wenn die Teile, die automatisch bearbeitet werden sollen, zuvor vereinheitlicht werden. Damit war «Standardisierung» das Losungswort der Stunde. Diese wiederum machte später vor allem eines möglich: die Massenproduktion. Damit war die Grenchner Fabrik gut vorbereitet auf die dramatischen Veränderungen in der Branche zu Beginn der 1970er-Jahre. Und Fritz Scholl nahm in der Eta das vorweg, was die Krise in den frühen 1980er-Jahren den anderen Fabriken aufzwingen sollte: die Konzentration der Produktion auf wenige Basiskaliber.

In allen Details beschrieb Fritz Scholl den Rotariern die bahnbrechenden Umwälzungen in der Eta-Produktion. «Früher gab es nur Handmaschinen. Später kamen die Halbautomaten: Die Stücke mussten von Hand entweder in ein Magazin oder direkt auf die Maschine geladen werden, die Operation selbst war dann automatisch.» Dann kamen die automatischen Lader: «Die Stücke konnten direkt aus einem Magazin automatisch auf die Maschinen geladen werden, ohne dass es dabei menschliche Hilfe brauchte.» Die Maschinen wurden zuerst mechanisch mittels eines Hebels gesteuert, bald aber schon elektrisch und schliesslich elektronisch, «das heisst kontaktlos». Die Herstellung der Rohwerke war früher in einzelne Arbeitsgänge aufgeteilt, und jeder Gang hatte seine Spezialmaschine. «Nach dem Krieg wurden die Transfermaschinen geschaffen, die 40 bis 50 Operationen in einem Arbeitsgang, das heisst mit einmaligem Laden, ausführen konnten.» Erst waren Maschinen von einem Motor durch eine Transmission angetrieben. Ende der 1930er-Jahre konnten die Maschinen unabhängig voneinander einzeln angetrieben werden. «Dadurch wurden die Arbeitssäle viel heller und schöner. Auch die Unfallgefahr konnte wesentlich reduziert werden.» Gleichzeitig liess Scholl die Stanz- und Schnittwerkzeuge mit Hartmetall ausstatten, was die Lebensdauer erhöhte.

Die Umwälzungen im Herstellungsverfahren hatten auch Veränderungen im Personalwesen zur Folge. «Früher kannte man in der Fabrikation nur den ‹grossen Chef›, der sowohl die Arbeit verteilte als auch die Maschine richtete und zum Schluss noch kontrollierte.» Scholl teilte die Stelle auf und «für jeden dieser verschiedenen Posten können nun geeignete Leute eingesetzt werden». Auch die Berechnung des Lohns musste angepasst werden, da dieser noch immer an die Leistung geknüpft war – die Einführung des Monatslohns für Arbeiterinnen und Arbeiter an Maschinen lag noch in weiter Ferne. Vor den

Die Automation in der Eta schreitet rasch voran: Drehautomaten für Metallbearbeitung 1956.

technischen Umwälzungen am Arbeitsplatz gab es nur den Geldakkord, «das heisst für 1000 Stück gab es so und so viele Franken – plus ein kleiner Grundlohn. Nun gibt es den Zeitakkord und den Prämienlohn.» Die Kalkulation mutet heute aufwendig an: «Der Zeitakkord wird berechnet mit der Zeitvorgabe (gemessene Zeit plus Verteilzeit plus Erholungszeit) und multipliziert mit dem persönlichen Ansatz. Der Prämienlohn kam erst mit der Automation, denn damit war es möglich, einem Arbeiter ganze Maschinengruppen zur Bedienung und Überwachung zuzuteilen.» Um die Beschäftigten zu höherer Leistung zu animieren, erhielt eine bestimmte Gruppe Produktionsprämien sowie eine sogenannte Dechet- oder Ausschussprämie, die abhängig war von der Anzahl «guter Stücke». Und schliesslich nutzte Eta auch neueste Forschungserkenntnisse bei der Rekrutierung von Beschäftigten: «Das Personal wird heute auf seine Fähigkeiten geprüft. Anhand des Prüfungsergebnisses wird eine entsprechende Partie zugewiesen. So ist es möglich, die Arbeitsfreude, das Arbeitsklima und die Qualität zu steigern.»

Es war der Sozialpsychologe und Maschinenbauingenieur Alfred Carrard, der Rudolf und Fritz Scholl im Bereich des Personalmanagements beraten hatte. Carrard, der an der ETH Zürich Arbeitswissenschaften lehrte, hatte 1926 mit der Arbeit «Zur Psychologie des Anlernens und Einübens im Wirtschaftsleben» habilitiert. Jeder Arbeitsplatz, so war seine Überlegung, stellt spezifische Anforderungen an den Beschäftigten. Es machte also Sinn, die persönlichen Fähigkeiten jedes Bewerbers zu prüfen. Als er noch Leiter der Lehrwerkstätte war, hatte Fritz Scholl begonnen, die Lehrlinge nach der Methode Carrard zu erfassen. Ebenso ging das neue Lohnsystem auf moderne Ideen Carrards zurück: Aus dessen sozialpsychologischer Sicht gab es nur ein Kriterium, «um den Wert eines Lohnsystems zu beurteilen: Inwieweit fördert es die Entfaltung der einzelnen Persönlichkeit.» Der Professor publizierte später seine Studien im Buch *Praktische Einführung in die Arbeitspsychologie*; es wurde ein Bestseller.

Die Lehrlingsausbildung in der Eta wurde bald einmal Vorbild für andere Betriebe. Die Reformpädagogik der 1940er-Jahre forderte eine bessere Vorbereitung der Schülerinnen und Schüler auf das Berufsleben, denn die Sekundar- und vor allem die Gymnasialbildung waren einer schmalen Bevölkerungsschicht vorbehalten. Unter Scholl liess Eta einen Wettbewerb ausschreiben, wie die Schule den Einstieg in die Arbeitswelt fördern könnte. Es gewann der Sekundarlehrer und Heilpädagoge Karl Stieger, der einige Jahre später von der Universität Freiburg zum Ehrendoktor ernannt werden sollte. Stieger hatte die Idee, die damaligen Oberschulen und Abschlussklassen in sogenannte Werkschulen umzuwandeln. Die Werkschulen boten einen Unterricht «auf werktätiger Grundlage» und bereiteten die Abgänger auf das praktische Berufsleben vor. 1962 publizierte Stieger seine Erkenntnisse im Buch *Die Schule als Brücke zur modernen Arbeitswelt*. Privaten Firmen wurde nahegelegt, Plätze für ein Blockpraktikum anzubieten. Eterna stellte sich zur Verfügung. Es wurde ein Erfolg, und die Reform des Schulwesens ging als «Grenchner Modell» in die Geschichte ein.

Dass Eta konsequent auf die Lehrlingsausbildung setzte, zahlte sich schon bald aus. Die Konstruktion der Uhrenrohwerke wurde immer ausgeklügelter und komplexer, die Anforderungen an das technische Know-how nahmen zu. Indem die zukünftigen Beschäftigten schon in der Lehre mit der Technologie vertraut gemacht wurden, konnte der Betrieb gleich zu Beginn ihrer Anstellung von der vollen Leistung profitieren. Ausserdem liess sich mit der Lehrlingsausbildung auch talentierter Nachwuchs erkennen und fördern. Fachkräfte in der Uhrenindustrie waren rar, die Betriebe versuchten, sie sich gegenseitig abzuwerben. Ein Ausnahmetalent, das in den 1950er-Jahren die Lehrwerkstätte der Eta besuchte, hiess Ernst Thomke. Der eigensinnige junge Mann, der im Gymnasium in Biel nach einer Ohrfeige, die er seinem Lehrer verpasst hatte, von

Rudolf in der Lehrlingswerkstatt der Eta.

der Schule geflogen war, fiel den Lehrmeistern sofort auf. Rudolf höchstpersönlich nahm mit ihm Kontakt auf – aber nicht wegen seiner Leistungen, sondern weil er die Schule schwänzte. Es war dem Direktor zu Ohren gekommen, dass Thomke bei schönem Wetter lieber in die Badi ging, als an der Gewerbeschule Buchhaltung zu büffeln. Thomke konnte sich dies erlauben, schrieb er doch in allen Fächern Bestnoten. «Als mich jemand verpetzte», erinnert sich Thomke heute, «musste ich beim Patron antraben. Da hockte er schäumend vor Wut im Büro, flankiert von Scholl und dem Personalchef, und las mir tüchtig die Leviten: Was ich mir denn erlaube, was ich denke, wer ich sei!» Dann schickte Rudolf den Lehrling raus mit den Worten: «Du hörst noch von mir!» Der junge Mann hatte dann aber nichts mehr gehört. Zwei Jahrzehnte später sollte Thomke auf dem Stuhl jenes Direktors Platz nehmen, der ihm einmal die Kappe gewaschen hatte.

Sozialpsychologe Carrard hatte auch Einfluss auf die Managementmethoden Rudolfs. 1944 versammelte sich eine kleine Gruppe von Eta-Mitarbeitern zum ersten Mal auf dem Bürgenstock zu einem mehrtätigen Seminar unter der Leitung des Professors. Diese fortan regelmässig durchgeführten Retraiten, «Besinnungsseminare» genannt, fanden später im Hotel Giessbach am Brienzersee statt. Der Kurs war beliebt, lockte doch die schicke Herberge mit einem Swimmingpool, einer Bar und exquisitem Essen. Die Gruppe bestand aus ungefähr 15 handverlesenen Teilnehmern in wechselnder Zusammensetzung.

War Rudolf nicht gerade auf Reisen, beehrte er neben Scholl und dem Personalchef die Seminarien mit seiner Anwesenheit. An jedem Tisch der Mitarbeiter stand ein leerer Stuhl parat, auf den sich der Direktor setzte, um mit den Beschäftigten das Gespräch zu führen. «Zu Beginn war man befangen und hatte Angst vor dem Chef, doch dann lockerte sich die Atmosphäre», erinnerte sich später ein Kadermitglied.[52] Rudolf hörte zu und stellte Fragen. Er nutzte diese Kurse, um den Beschäftigten auf den Zahn zu fühlen. Der Sinn dieser Seminare war es laut Carrard, die Arbeitsethik zu fördern – was auch gelang, wie das Kadermitglied bestätigte: «Nach den Kursen war man jeweils motiviert und strengte sich mehr an.» Allerdings: «In Giessbach wurde das doziert, was man dann genau umgekehrt in Grenchen machte.» Tatsächlich war Rudolf kein Anhänger eines partizipativen Managements oder von Mitsprache- oder Mitbestimmungsrechten der Belegschaft. Seine Welt war und blieb die hierarchische. In der Führung seines Personals setzte er auf Instinkt, Menschenkenntnis – und Informationen, die er sich an den Besinnungsseminaren holte.

Rudolf war sich bewusst, was er Fritz Scholl zu verdanken hatte. Jahrzehnte später, 1970, gratulierte er seinem Weggefährten zu dessen rundem Geburtstag und hielt Rückblick auf die Zusammenarbeit mit ihm: «Sie sind nicht als Deus ex machina vom Managerhimmel zu uns gekommen. Sie haben wie die Chinesen den langen, arbeitsreichen Marsch Ihrer Karriere von unten angetreten und sich damit auch ein Zeugnis beispielhafter Treue zu Eta ausgestellt. Ich kann mich noch sehr gut an die Besprechung erinnern, als wir zur Zeit von Professor Carrard die neue Lehrwerkstatt, eine der ersten, wenn nicht die erste der Uhrenindustrie planten, und es sich darum handelte, neue Methoden der Lehrlingsausbildung zu entwickeln. Mit dieser Lehrwerkstatt haben Sie recht eigentlich das Fundament unserer technischen Aufbauarbeit gelegt. Zum ersten Mal wurde der Lehrling von psychologischer Seite wirklich gründlich erfasst, und diese Methode hat seither hundertfach Früchte getragen in der mannigfaltigen Ausbildung unseres Kaders. Ein alter Spruch sagt ja, der Wert einer Firma werde wesentlich von der Qualität des Kaders bestimmt.»

Am 1. Dezember 1978, wenige Tage vor dem Tod seines früheren Patrons Rudolf Schild-Comtesse, wurde Fritz Scholl von der Eidgenössischen Technischen Hochschule Zürich mit dem Ehrendoktor für besondere Verdienste in der Uhrenindustrie ausgezeichnet. Eta war die erste Schweizer Uhrenfirma, die ihre Produktionsplanung und -steuerung vollständig auf die elektronische Datenverarbeitung umgestellt hatte.

Heinrich Stamm und die Erfindung des Kugellagers

1931, kurz vor seiner Ernennung zum Direktor, legte Rudolf einem Präzisionsuhrmacher in Luzern den Prototyp einer Uhr vor mit der Bitte, diese zu beurteilen: «Wir haben eine Armbanduhr mit automatischem Aufzug als Versuch herausgegeben. Bevor wir nun zur eigentlichen Fabrikation übergehen, weil das Kaliber noch mit Sekunde eingerichtet werden müsste, so möchte ich sehr gerne Ihren fachmännischen Rat haben, was Sie von der Sache halten.» Es war die Zeit, als die Uhrmacher und die Industrie weltweit an der Entwicklung einer brauchbaren automatischen Uhr tüftelten – einer Uhr also, die nicht mehr von Hand aufgezogen werden musste, sondern die sich selbst aufzog, ein Perpetuum mobile. Die elektronische Armbanduhr mit Batterie war noch in weiter Ferne. Der Uhrmacher in Luzern solle nun bitte das Modell testen und seine Erfahrungen übermitteln: «Die Einfachheit der Konstruktion ist jedenfalls ein Vorzug für unsere Lösung. Der Nachteil dieser Uhr besteht vielleicht darin, dass man sie wenigstens sechs Stunden am Tag tragen muss, damit sie 24 Stunden geht. Allein, da speziell Sportleute derartige Uhren wünschen, die natürlich viel mehr Bewegungen machen mit dem Arm als zum Beispiel Leute im Büro, wird bestimmt beim Tragen eine genügende Laufzeit für 30 Stunden erreicht.» Wenig später schrieb der Uhrmacher zurück: «Ich finde die Uhr in ihrem Äusseren zu dick, sie dürfte somit für die feinere Welt wenig in Frage kommen. Für die heutige ‹billige› Kundschaft ist der Preis reichlich hoch, denn interessant ist für Sie doch, etwas herauszubringen, welches eine recht grosse Serie verspricht. Technisch finde ich nichts einzuwenden, das geringe Geräusch dürfte nicht störend wirken.» Zwei Jahre später meldete Eta das Patent «Mouvement de montre à remontage automatique» an. Doch das Kaliber war noch nicht ausgereift und erreichte nie die Serienreife.

Der Wettlauf um die Entwicklung eines serienreifen automatischen Uhrwerks hatte längst begonnen. Den ersten automatischen Aufzug für Taschenuhren hatte der Autodidakt Abraham-Louis Perrelet bereits um 1770 entwickelt. Er verwendete hierfür eine Schwungmasse aus Leder für den Pendel und einen drehenden Rotor. Aber erst der Durchbruch der Armbanduhr zu Beginn des 20. Jahrhunderts machte es möglich, eine Serienproduktion des automatischen Aufzugs in Betracht zu ziehen. Denn die automatische Uhr muss bewegt werden – damit erst wird die Energie erzeugt, die das Uhrwerk zum Laufen bringt. Die erste serienmässig produzierte automatische Armbanduhr war die Harwood, patentiert 1924 vom Engländer John Harwood und zwei Jahre später an der Basler Messe der Weltöffentlichkeit vorgestellt. Produziert hatte das Werk die Grenchner Assa.[53] Harwood persönlich war an Direktor Adolf Schild-Behnisch gelangt, um die Firma für die Produktion zu gewinnen, schliesslich gehörte Assa mit einem jährlichen Ausstoss von 5 Millionen Rohwerken zu den führenden Ebauchesherstellern. Schild-Behnisch zeigte sich interessiert – unter der Voraussetzung, dass Etablisseure für den Verkauf gewonnen werden könnten. Fortis in Grenchen und Gisiger in Selzach machten mit. Es war ein Meilenstein in der Geschichte der Zeitmesser. Das Konstrukt war Folgendes: Die mit der Bewegung des Handgelenks gewonnene Energie übertrug sich auf die Schwungmasse im Zentrum der Uhr und spannte die Uhrfeder. Diese Schwungmasse trieb die Klinken und das Räderwerk an und rotierte im Winkel von 270 Grad; beidseitig schlug sie auf Federpuffer auf, weshalb die Mechanik «Hammerautomatik» genannt wurde. Assa entwickelte in der Folge Harwoods Konstruktion weiter und produzierte das Kaliber von 1929 bis 1931. Doch schon bald hatte die Hammerautomatik ausgedient: Die begrenzte Rotation erwies sich als Sackgasse. Assa blieb aber dran und sollte in den 1950er-Jahren in Zusammenarbeit mit der Marke Mido die automatische Uhr industrietauglich machen.

1931 präsentierte Rolex die Damenuhr Rolex Perpetual mit neuem Selbstaufzugssystem. Hier war die Schwungmasse als Zentralrotor konzipiert, einer frei und unbegrenzt in beiden Richtungen drehenden Masse. Emil Borer und Firmengründer Hans Wilsdorf liessen sich diese Erfindung patentieren; damit blieb der Zentralrotor bis Ende der 1940er-Jahre der Firma Rolex vorbehalten. 1938 präsentierte die Grenchner Rohwerkproduzentin Eta das erste Automatikkaliber mit oszillierender Schwungmasse. Die Schwesterfirma Eterna hatte auf die Hammerautomatik gesetzt, beendete das Programm aber schon 1945. Die Uhr funktionierte zwar ordentlich, wenn man sie morgens schon fleissig bewegte oder gar schüttelte. Man hörte sie in der Stille aber hämmern und spürte die Schwungmasse am Handgelenk. Zwischenzeitlich präsentierte

Das erste funktionierende «Perpetuum mobile» am Handgelenk: die Harwood mit dem Uhrwerk aus dem Hause Assa im Goldgehäuse.

Longines eine Neuheit: Die Schwungmasse des Rotor-Kalibers 22A lieferte in beide Richtungen Energie an das Federhaus.

So jagten sich die Entwicklungen hin zu einer ausgereiften Automatikuhr – bis 1949 am Sitz der Eterna und Eta ein Geniestreich gelang, der die Firmen Rudolfs in technischer Hinsicht an die weltweite Spitze katapultierte: die Erfindung des Kugellagerrotors. Dieser Rotor war den herkömmlichen Schwungmassen meilenweit überlegen. Heinrich Stamm, der Entwickler dieser Neuheit, war neben Fritz Scholl der zweite Mann im Kader von Rudolfs Firmen, dem Eta und Eterna den späteren Erfolg zu verdanken hatten. Rudolf hatte ihn 1939 als technischen Direktor eingestellt. Der 1898 geborene Entwicklungsingenieur verfügte mit seinem Wesen über die Eigenschaften, die man Uhrmachern gemeinhin nachsagte: Er war ein Tüftler, hochmotiviert, in seinem Auftreten zurückhaltend, einsilbig und eigenwillig. Er sei der Einzige gewesen, so berichteten Zeitzeugen, der dem autoritären Chef ungestraft widersprechen konnte. Stamms Forschungen begründeten den Ruf der Eterna als ein Unternehmen, das sich auf das Wesentliche des mechanischen Uhrwerks und auf innovative Lösungen für jahrhundertealte Herausforderungen konzentrierte – während sich andere Marken ihr Renommee mit zusätzlichen Funktionen, den Komplikationen,[54] verdienten.

Der geniale Erfinder und Entwickler Heinrich Stamm an seinem Pult in der Eta.

Vor seiner Anstellung in Grenchen war Heinrich Stamm Leiter des Berufslagers für Uhrmacher in Biel, das die Stadt als Wiedereingliederungsmassnahme für Arbeitslose in der Uhrenbranche gegründet hatte. Was ihn vor allem interessierte, war die Frage, wo sich im Uhrwerk Reibung vermeiden liess, um den Energiebedarf zu senken. Zu Beginn seiner Anstellung in der Eta beschäftigte er sich mit der Lagerung des Rotors. Stamm hatte die Aufgabe, den automatischen Aufzug auf eine Weise umzugestalten, dass das Werk auch in eine kleine Damenuhr eingebaut werden konnte. Das Problem: Je kleiner die Uhr ist – und dahin verlief die Nachfrage –, je mehr nimmt die Wirkung der Energie ab, die von der Bewegung übertragen wird. Nach einigen Jahren intensiven Studiums präsentierte er seine Entwicklung auf einem Blatt Papier: Stamm hatte den Schwungrotor auf Miniaturkügelchen gesetzt. Damit liess sich der Rotor nahezu verschleissfrei lagern. Die erste Umsetzung war mangelhaft, das Klinkenrad wollte nicht recht funktionieren. Der Patron habe geflucht, erzählte man sich, und Stamm änderte die Pläne um. 1948 war es so weit: Eterna präsentierte der Weltöffentlichkeit eine Uhr, deren Werk fortan untrennbar mit dem Markennamen verknüpft sein sollte. Entwickelt hatte es natürlich die Schwesterfirma Eta, doch Rudolf führte die beiden Betriebe weiterhin als faktische Einheit und sorgte stets dafür, dass Pioniertaten der Eta einige Zeit exklusiv der Eterna für die Herstellung von Präzisionsuhren vorbehalten blieben. Die Patentschrift vom September 1949 lautete denn auch auf Eta und beschrieb die Neuheit wie folgt: «Die fünf Kugeln von je 0,65 Millimeter Durch-

Das Miniaturkugellager erlaubt die nahezu verschleissfreie Lagerung des Rotors.

messer, von denen Tausend wenig mehr als ein Gramm wiegen, werden durch einen sehr fein gearbeiteten Käfig mit wenig Spiel im richtigen Winkelabstand gehalten. Sie bleiben bei zerlegtem Kugellager samt dem Käfig im äusseren Lagerring hängen.» Dies schaffe gleich mehrere Probleme aus der Welt, wie Eterna in der Öffentlichkeit verlauten liess: «Der Rotor des automatischen Werks kann weitgehend verschleissfrei gelagert werden, indem die Reibung reduziert wird. Er scheuert nicht mehr am Gehäuseboden oder an der Werksplatine. Der Wirkungsgrad ist erhöht, weil die Schwungmasse mit minimaler Friktion in beiden Drehrichtungen wirkt. Die Federpuffer fallen weg. Das Werk ist weniger störungsanfällig, weil die Verzahnung der Klinkenräder grösser ist.» Und zu alldem war es dank des modularen Aufbaus «servicefreundlich: Nach dem Lösen von drei [später noch zwei] Schrauben kann das ganze Modul in weniger als einer Minute vom Basiswerk abgehoben werden.»

Kurz vor der Lancierung 1949 ordnete Rudolf von New York aus an, den vorgesehenen Namen Ball-O-Matic in Eterna Matic umzuwandeln, da der erste Kugelschreiber auf dem Mark mit Namen Ball Pen soeben ein Fiasko erlitten hatte. Er gab den Auftrag, verschiedene Varianten dieser beiden Begriffe zu prüfen, einige davon mit fünf Kugeln, «als Fünfeck angeordnet, Spitze nach oben»; er erwarte die Entwürfe auf den nächsten Tag per Luftpost.[55] Nach Erscheinen der Eterna Matic schrieb er wiederum aus dem Ausland an die Adresse von Heinrich Stamm, das neue Kaliber habe hier «dank seiner Einfachheit und wirklich originellen Konstruktion unverzüglich eingeschlagen. Ich möchte Herrn Stamm nochmals für diese ausgezeichnete Leistung gratulieren und hoffe, dass die Fabrikation nun dafür sorgt, dass keine kleinen Nachlässigkeiten den Erfolg in Frage stellen.» Der Kugellagerrotor wurde später nach dem Wegfall des Patentschutzes unangefochtener Weltstandard in Automatikarmbanduhren.[56] Vorerst aber war die Entwicklung mit mehreren Patenten geschützt. In der Presse und im Fachhandel fand das Werk als «The Watchmaker's Watch» eine überwältigende Resonanz und galt nun als wissenschaftlich modernste und von Fachleuten bevorzugte Uhr. Von 1950 bis 1955 vermochte Eterna die Verkäufe zu verdoppeln. Um die Bedeutung zu dokumentieren, hatte die kaufmännische Abteilung die Idee, die fünf Kugeln des Lagers als neues Markenzeichen der Eterna einzuführen. Die Kügelchen, die fortan das Zifferblatt aller Eterna-Modelle schmückten, wurden auch den Grenchner Schülerinnen und Schülern bestens bekannt: Die Marketingabteilung lieferte den Schulen Stundenpläne mit einem kleinen Sack, wo fünf Miniaturkugeln lagerten. Die Lehrer konnten das physikalisch interessante Experiment vordemonstrieren, dass Blei in kleinen Dosen tatsächlich auf der Wasseroberfläche schwimmen konnte, obwohl das spezifische Gewicht von Blei achtmal grösser ist als jenes von Wasser.

Der nächste Entwicklungsschritt folgte sogleich: Stamm ersetzte das bis anhin doppelstöckige Klinkenrad durch zwei nebeneinanderliegende deckungsgleiche Räder. Dadurch konnte die Bauhöhe weiter reduziert werden. 1958 wurde die Eterna Matic Golden Heart vorgestellt, die kleinste automatische Damenuhr der Welt, deren Rotor aus massivem Gold war. 1962 folgte die noch flachere Damenuhr Eterna Matic Sahida, deren Werk noch 4 Millimeter mass. Im selben Jahr war die neue Eterna Matic 3000 dato mit einer Höhe von 3,6 Millimeter das weltweit flachste Kaliber mit Datumsanzeige. Auf diesem präzisen und zuverlässigen Uhrwerk sollte später der Automatikbestseller Eta 2892 basieren.

Das Miniaturkugellager blieb bis zum Ablauf der Patente dem hauseigenen Modell Eterna Matic vorbehalten. Eta entwickelte in der Zwischenzeit die Konstruktionen auf anderer Basis weiter, verwendete zwar auch die paarweise nebeneinander angeordneten Klinkenräder, aber die Schwungmasse drehte sich noch um ein konisches Gleitlager. Der Markt für Automatikwerke boomte. Die Nachfrage zielte auf immer flachere und zuverlässigere Kaliber. Nach Ablauf des Patents musste Eterna formell seine Werke bei der Eta einkaufen – Rudolf sorgte aber dafür, dass der Schwesterfirma günstigere Konditionen gewährt wurden. Dies sollte erst später bekannt werden, als er als Direktor abtrat und von der Asuag-Leitung für sein Vorgehen gerügt wurde. Der Kugellagerrotor wurde Allgemeingut und Weltstandard: Nach Schätzung basieren rund 95 Prozent aller Schweizer Automatikuhren, die heute gebaut werden, auf der Entwicklung von Heinrich Stamm. Eta produzierte bis 1966 rund 5 Millionen Exemplare dieses Uhrwerks unter der Kaliberbezeichnung 1080.

Rudolf nutzte die weltweite Aufmerksamkeit, die das Kugellager der Eterna beschert hatte, um die Werbung zu intensivieren. Schon lange beherzigte er den Satz, den er zu Beginn seiner Leitung Anfang der 1930er-Jahre einem Journalisten diktiert hatte: «Die neuzeitlichen Verkehrsmittel lassen die Welt mit jedem Tag kleiner werden, und wer nicht auf allen bedeutenden Märkten gleichzeitig aktiv auftritt, hat den Traum ausgeträumt, zu den führenden Marken zu gehören.» Das Prinzip der «Corporate Identity» fand Einzug. Der Stil für Inserate und Schaufenster wurde konsequent vereinheitlicht. Nun war die Gestaltung der Schaufenster nicht mehr den Vertretern im Ausland überlassen. Die Uhrenmarke mit dem Ruf, Spitzenqualität und perfekten Service zu bieten, erhielt ein Gesicht. Systematische Werbung und Imagepflege gewannen im Kampf um die Aufmerksamkeit der Kundschaft an Bedeutung, und dies rund um den Globus. Der neue Verkaufsschlager Eterna Matic wurde nun weltweit beworben.

Mit der Lancierung der Kontiki Ende der 1950er-Jahre sollte Eterna den Ruf als Herstellerin solider und präziser Qualitätsuhren weiter festigen. Das Abenteuer des Norwegers Thor Heyerdahl ermöglichte einen echten Marketingclou. Die ganze Welt blickte damals 1947 auf dessen waghalsigen Versuch, mit dem selbst hergestellten Floss Kon-Tiki von Peru aus Polynesien zu erreichen, und zwar mit keinem anderen Steuerungsmittel als Strömung und Winde. Wenn dies gelänge, so war der Archäologe und Ethnologe Heyerdahl überzeugt, wäre das der Beweis, dass die Ureinwohner Südamerikas die Inselregion Ozeaniens besiedelt hatten. Floss und Utensilien waren der damaligen Zeit nachempfunden; als zeitgemässe Ausrüstung nahm die Crew einzig eine moderne Funkanlage, Schlauchboot, Navigationsmaterial und eine Filmkamera

Knapp zehn Jahre nach dem Abenteuer Thor Heyerdahls lanciert Eterna die Uhr Kontiki.

mit. Und wasserdichte Uhren, wovon eine dieser Uhren aus dem Hause Eterna stammte. Heyerdahl war einige Monate zuvor an die Direktion gelangt mit der Frage, ob die Firma ein halbes Dutzend wasserdichte Strapazieruhren liefern könne, und dies für möglichst wenig Geld, denn die Vorbereitungen hatten sein ganzes Kapital verschlungen. Ob Rudolf den charmanten Norweger schon gekannt hatte, wie dies in einem Blog erwähnt wird, geht aus den Akten nicht hervor, aber bestimmt betrachtete er diesen Auftrag als Ansporn für das Unternehmen und die Beschäftigten, an einem aufsehenerregenden Experiment teilzuhaben. Er beauftragte die Entwicklung einer absolut wasserdichten Uhr. Sie war rechtzeitig fertig. Das Experiment Kon-Tiki gelang: Nach 101 Tagen auf hoher See lief das Floss vor dem Tuamotu-Archipel auf ein Riff auf.

Erst zehn Jahre später, 1958, lancierte Eterna zu Ehren Heyerdahls die sportliche Uhr Eterna Matic Kontiki mit Stahlgehäuse, verschraubter Krone und einem massiven gewölbten Glas, bombé genannt. Das Gehäuse war für 200 Meter Wassertiefe als wasserdicht garantiert. Auf den ersten Uhren war ein kleines Floss eingraviert, das bald schon von einem 18-karätigen Goldmedaillon mit dem Kontiki-Floss und den fünf Eterna-Kugeln im Segel abgelöst wurde. Die Kunden konnten, je nach Verwendungszweck, zwischen normalen Zifferblättern mit Strichindexen oder markanten Ausführungen in Schwarz mit grossen Leuchtdreiecken wählen.[57] Das Armband für gewisse Modelle stammte von der Genfer Firma Gay Frères, die auf feingliedrige Metallarmbänder spezialisiert war und nur das oberste Marktsegment der Schweizer Uhrenindustrie belieferte.

Reklame mit Yehudi Menuhin, Starviolinist und Bürger Grenchens.

Das Modell Kontiki wurde regelmässig in allen einschlägigen Gazetten beworben. Das Konzept lieferte die Zürcher Werbeagentur Wirz, mit deren Chef Rudolf befreundet war. Erst warb man mit einem Taucher und einem Haifisch, doch das änderte sich rasch: Die grosse Mehrheit der Kundschaft gehörte wohl kaum zu den Tauchern, wie das interne Magazin *Eterna Contact* 1965 feststellte: Die Werbung habe den Eindruck erweckt, bei der Kontiki handle es sich ausschliesslich um eine Taucheruhr, «während wir die Erfahrung gemacht haben, dass viele Leute einfach Gefallen an der Gehäuseform der Kontiki finden oder dann einen robusten und sportlichen Zeitmesser suchen, ohne dass sie damit unbedingt tauchen wollen». Das neue Inserat warb nun mit Raumflug und Mondrakete, «also einem Gebiet der modernen Technik»; damit lege man den Akzent auf «härteste Beanspruchung». Das interne Eterna-Blatt wies auch stets auf die neuesten Verkaufserfolge der einzelnen Modelle hin; so habe soeben der finnische Staatspräsident eine Eterna Matic 3000 gekauft, «und zwar für seinen persönlichen Gebrauch», ebenso El Cordobés, «der beliebteste Stierkämpfer Spaniens». Ein anderer Werbeklassiker war die Taschenuhr Golfer: Das Modell sollte demonstrieren, dass der Automatikaufzug selbst dann, wenn die Uhr in der Hosentasche getragen wurde, noch einwandfrei funktionierte.

Ab 1957 bewarb Wirz die Uhren mit anmutigen und weltbekannten Schauspielerinnen wie Gina Lollobrigida oder Brigitte Bardot. Die Werbung mit dem Violinisten Yehudi Menuhin, der in Grenchen bestens bekannt war und 1970 eingebürgert werden sollte, bekräftigte das Image der Eterna-Uhren von Eleganz,

Die moderne Werbung (hier für die Damenuhr Kontiki) zeigt nackte Haut.

Klasse und Virtuosität. Eterna Matic, das zugkräftigste Modell, stand nicht für Protz oder Luxus, sondern für Qualität und schnörkellose Schönheit. Diese Art der Imagepflege entsprach dem Wesen Rudolfs: Prahlerei und Prunk waren ihm ein Gräuel, lieber setzte er auf Präzision und Langlebigkeit. Als sich die Werbestrategie in der zweiten Hälfte der 1960er-Jahre den unkonventionellen modernen Strömungen anpasste, tat sich Rudolf schwer damit. Eingeläutet hatte das neue Zeitalter der Fotograf Hanspeter Mühlemann, dessen Werbung für ein Textilgeschäft Furore gemacht hatte: Einem jungen Model hängte er einen Regenmantel über und liess diesen von einer an der Decke befestigten Giesskanne mit Wasser bespritzen. Es war die Zeit von Twiggy und den Swinging Sixties; nun hatte Werbung auch sexy und frech zu sein. Die Werbeagentur der Eterna engagierte Models, die keine makellosen Schönheiten mehr waren, sondern ausdrucksstarke, sinnliche junge Frauen – mit langen geraden Haaren, weit aufgerissenen Augen, sinnlich-vollen Lippen, den nackten Beinen. Nur bekleidet mit einem dicken Pullover, warb ein Modell mit laszivem Blick für die Damen-Kontiki mit dem Werbespruch: «Accurate, elegant, tough, super-waterproof and, what is more, automatic». Auf anderen Fotos belud Mühlemann den ganzen Körper der Models, darunter auch farbige Frauen, mit Uhren. Ein Teil der traditionellen Kundschaft kam hier nicht mehr mit: «Glauben Sie wirklich, mit dieser verlebten Katze für Ihre schöne Uhr Reklame machen zu können??? Ich nicht!», ereiferte sich ein Käufer.

Dank Innovationen und einem Werbebudget von über einer Million Franken steigerte Eterna ihre Umsatz- und Gewinnzahlen rasant. 1952 wurden Uhren im Wert von rund 8 Millionen Franken verkauft, ein Jahr später knapp 9 Millionen bei einem Reingewinn von 212 000 Franken. Zum Leidwesen der Aktionäre stieg auch der vom Kanton veranschlagte Steuerwert der Aktien, nämlich von 3000 Franken 1955 auf 4300 ein Jahr später. Den Aktionären wurde eine Dividende von 15 Prozent des Aktienkapitals von einer Million Franken ausbezahlt.[58] Davon profitierte, als Mehrheitsaktionärin, vor allem die Asuag-Holding. Der Sitz der Asuag und auch der Ebauches SA war in Neuenburg, der grösste Teil der Profite der Grenchner Firmen wurde also in diesem Kanton versteuert. Rudolf fand dies zunehmend stossend und setzte sich für den Kanton Solothurn ein. Nach seinem Austritt aus dem Verwaltungsrat der Solothurner Kantonalbank 1957 richtete er sich an Sydney de Coulon, Generaldirektor der Ebauches SA: Die Grenchner Fabriken Eta und Assa seien die grössten Geldlieferanten der Asuag; jetzt, da die Banken allgemein unter einer Unterkapitalisierung und einem Liquiditätsmangel litten, «würde ich es als angebracht finden, wenn Sie der Kantonalbank eine zweite Million zur Verfügung stellen könnten. So käme wenigstens etwas in den Kanton Solothurn zurück.» Der Kampf um Macht und Einfluss in der Ebauches SA und der Mutterholding zwischen den welschen und den Deutschschweizer Uhrenzentren sollte sich in den nächsten Jahren akzentuieren.

Das Familienleben an der Gibelstrasse

«Ich bin untröstlich über die Verspätung meines Briefes, aber wir waren jeden Tag beschäftigt mit Einladungen!» Noch immer schrieben sich die Jugendfreundinnen Madeleine und Eva Ganz-Gamper in den 1950er-Jahren jeden Monat einen Brief mit Neuigkeiten aus ihrem Leben, wie sie es damals, beide frisch verheiratet, vereinbart hatten.[59] Madeleine Schild-Comtesse war diese Verbindung wichtig: «Auf diese Weise kann ich eine Art zweites Leben führen, deines parallel zu meinem und total verschieden.» Mit grossem Respekt verfolgte sie den Werdegang Evas, die nun als Gynäkologin in einem Spital arbeitete: «Ich bewundere dich so, wie du alles unter einen Hut bringen kannst – Haus, drei Kinder und deinen anspruchsvollen Beruf!» Madeleine sah sich als Frau des Direktors zweier Grenchner Uhrenfirmen auch ohne berufliche Tätigkeit voll ausgelastet. Die Villa an der Gibelstrasse hatte sich weiter mit Leben gefüllt. 1948 war der jüngste Sohn Claude als viertes und letztes Kind zur Welt gekommen. Das Haus, so befand Rudolf Schild mit Blick auf das vierte Kind, müsse vergrössert werden. Auf der westlichen Seite entstand ein neuer Trakt, unten mit grosser Küche und oben mit zwei weiteren Räumen.

Während sich Madeleine in Grenchen um Haus und Kinder kümmerte, sass Rudolf an Sitzungen oder bereiste die Welt. Gerne hätte sie ihren Mann öfters begleitet: «Rudi ist am Samstag auf eine lange Reise nach Südamerika abgeflogen», berichtete sie ihrer Freundin Eva im November 1954. «Er wird heute in Rio de Janeiro sein, dann Montevideo, Buenos Aires, Santiago, Lima, La Paz, Guayaquil, Cali, Bogotá, und zurück über New York. Ich werde ihn am 28. November in Kloten abholen. Ich bin betrübt, ihn nicht zu begleiten, doch er sagt, es sei aufwendig, um dann nichts zu sehen, denn er werde nur ein bis zwei Tage in jeder Hauptstadt weilen, um die Tour in einem Monat zu machen.» Wie üblich liess er sich, wenn der Abflug auf ein Wochenende fiel, von der ganzen Familie an den Flughafen begleiten. «Weil Rudi sehr früh abflog in

Sie schreiben sich ihr ganzes Leben jeden Monat einen Brief: Madeleine (hinten auf den Knien von Rudolf sitzend) mit ihrer Freundin Eva Ganz-Gamper und deren Ehemann.

Cointrin, entschlossen wir uns, am Vorabend fein zu dinieren und zu übernachten im Château de Dully zwischen Rolle und Nyon. Das Schloss ist ein einziges Beispiel schlechten Geschmacks, die Besitzerin eine Femme fatale mit einem Décolleté bis zum Bauchnabel.» Einige Monate später reiste Rudolf nach Südafrika. «Rudi ist sehr zufrieden von seiner Reise nach Südafrika nach Hause gekommen», berichtete Madeleine an Eva, «es ist ein originelles Land, aber noch nicht so dienstleistungsorientiert wie Südamerika.»

Als Gegenleistung für seine langen Abwesenheiten begleitete Rudolf seine junge Frau an Feste und Bälle. Er tanzte ebenso gerne wie sie; Madeleine liebte Abendveranstaltungen, die ihr die Gelegenheit boten, Kontakte zu pflegen. «Ich weiss nicht, ob ich abgenommen habe oder verjüngt bin», schrieb sie Eva im Oktober 1954, «jedenfalls habe ich viel getanzt in dieser Zeit und das tut mir gut, um auf andere Ideen zu kommen. Einer dieser Bälle bei Freunden in Solothurn hätte dir auch gefallen: Eingeladen waren 120 Leute, und alle Männer – ausser drei – waren im Frack. Beim Eingang erhielt jeder Mann ein Kärtchen mit dem Namen seiner Tischnachbarin. Der Ball mit einem unermüdlichen Orchester dauerte bis in den Morgen!» Auch den traditionellen Dezember-Ball im Kreise der Rotarier schätzte Madeleine sehr: «Immer nett, die Weihnachtszeit in dieser familiären Atmosphäre zu beginnen. Wir gehen in den Ferien nach Villars, weil Jacqui ein bisschen mehr Jugend um sich haben möchte als in Crans!»

Trotz zwei Dienstboten im Haus blieb Madeleine tagsüber wenig freie Zeit. Wenn der Direktor nach Hause kam, wollte er seine Frau in seiner Nähe haben – auch dann, wenn sie der Husten plagte und sie in einem anderen Zimmer schlafen wollte. «Ich liege im Bett – mit Keuchhusten!», berichtete Madeleine ihrer Freundin. «Ich habe wieder Kontakt aufgenommen mit meinem homöopathischen Doktor in Lausanne. Jetzt nehme ich die kleinen Pillen und habe gut darauf reagiert. Einstweilen schlafe ich kaum, weil Rudi es nicht mag, jemanden husten zu hören. Ich muss also bei einem Hustenanfall das Zimmer verlassen, und du kannst dir vorstellen, wie angenehm das ist, nachts bis zu 15-mal zu rennen und zu husten bis fast zum Erbrechen!» Selbst bei seiner Frau ertrug Rudolf den Husten nicht, der ihn an den Raucherhusten seines Vaters Max erinnerte. Dass sich Madeleine grundsätzlich seinen Wünschen und Bedürfnissen fügte und er in mancher Hinsicht seine Frau loyal und respektvoll unterstützte, bewahrte die Harmonie zwischen den Eheleuten. Auseinandersetzungen gab es keine. Rudolf bewunderte ihre Leichtigkeit im Umgang mit anderen Menschen. Ressentiments kannte sie nicht, sie begegnete allen, vom Gärtner bis zum Professor, entgegenkommend und freundlich lächelnd. Mit ihrem friedliebenden Wesen vermochte sie das oft Strenge und Unnahbare ihres Ehemannes abzuschwächen. Das Bedürfnis, sich beruflich zu verwirklichen, hatte sie nicht; ebenso wenig feministische Überzeugungen. «Wir hatten Besuch von Vertretern aus aller Welt, zum Beispiel ein Herr aus Montreal, sehr kultiviert, Vater von neun Kindern! Er verstand sofort, warum ich gegen das Frauenstimmrecht bin, oder besser gegen die überstürzte Einführung in der ganzen Schweiz, statt langsam dort zu beginnen, wo man reif ist dafür!»

Rudolf hielt sein damaliges Versprechen gegenüber den Eltern Comtesse und bescherte Madeleine und seinen Kindern ein Leben im Wohlstand. Geld bedeutete ihm Sicherheit, ausschweifender Luxus interessierte ihn nicht; man gönnte sich aber regelmässig Ferien in Hotels der oberen Preisklasse. Einzig bei schönen Autos wurde er schwach. Madeleine spürte sehr wohl, dass der Antrieb des autoritär und machtbewusst auftretenden Rudolf in allem, was er tat, nicht das persönliche Prestige war, sondern ein Bewusstsein für die Verantwortung, die er trug für das Wohlergehen seiner Nächsten, seiner Beschäftigten und seiner Stadt – ein Bewusstsein, das sein Vater Max sträflich hatte vermissen lassen. Als einer seiner besten Mitarbeiter an einem Gehirntumor starb, schrieb Madeleine ihrer Freundin: «Rudi hatte sich enorm um ihn gekümmert und besuchte ihn oft in Zürich und dann in Küsnacht, wohin er verlegt wurde.» Offenbar trete die Krankheit heute vermehrt auf wegen den elektronischen Geräten im Haushalt, «deren Strahlungen so unheilvoll für den

Die Familie um den Tisch im Salon versammelt (von links): Marianne, Claude, Jacqueline, Alfred und Mutter Madeleine.

Menschen sind». Die zahlreichen Patenschaften für notleidende Kinder aus aller Welt und deren Dankesbriefe füllten ganze Ordner. Auch Madeleine hatte ihren Einsatz zu leisten für die Firma und die Stadt: «Rudi hat mir eine neue Aufgabe zugewiesen», schrieb sie im März 1957; es war fünf Monate nach dem ungarischen Volksaufstand gegen die kommunistische Partei und die sowjetische Besatzungsmacht; ungarische Flüchtlinge wurden in der Schweiz mit offenen Armen empfangen. «Ich muss ein Apartment möblieren für drei Ungarn, die Rudi in seiner Fabrik angestellt hat. Wahnsinn, wie viel das zu tun gibt, wenn man eine gewisse Summe nicht überschreiten soll. Andererseits ist es auch interessant, und man lernt eine völlig andere Mentalität kennen.» Sein Einsatz für den Bau des Spitals Grenchen und für die Lehrlingsausbildung beeindruckte sie: «Rudi hat nicht nur das Spital Grenchen gebaut, er denkt auch an seine Lehrlinge», schrieb sie in das Fotoalbum. Als das neue Spital im Bau war, kümmerte sie sich mit anderen Frauen um die Ausstattung mit Wäsche; während vieler Wochen kauften sie Leintücher und andere Stoffe ein und nähten Bettwäsche und Handtücher.

Rudolf und Madeleine teilten auch ihre Hobbys wie Curling und Golf. Die Sommerferien verbrachten sie meist in der Nähe eines Golfplatzes. «Nach vollen Tagen haben wir uns endlich hier in Hossegor installiert, dem charmantesten Ort, den wir je gesehen haben», berichtete Madeleine ihrer Freundin 1955 aus dem französischen Ferienort am Atlantik. «Das Hotel liegt an einem See mit Privatstrand, und das Meer ist 700 Meter entfernt. Golf ist wunderbar und wir spielen jeden Tag unsere 18 Löcher und gehen 10 Kilometer durch die Pinienwälder, einfach deliziös.» Jedes Jahr fuhr die Familie drei Wochen in die Sommerferien und eine Woche in die Skiferien. Eva hatte sich darüber gewundert: «Du fragst mich, warum wir für vier Wochen im Jahr unser schönes Haus verlassen.» Madeleine antwortete ihr: «Dazu ist zu sagen, dass wir an den Wochenenden nie weg fahren, dass wir ständig Besuch haben. Und so ist es eine willkommene Auszeit, wenn ich mich nicht mit der Organisation des Haushalts beschäftigen muss, sondern Sport machen kann wie Golf und Curling.»

Sie gratulierte ihrer Freundin zum zwanzigsten Hochzeitstag: «Die Zeit vergeht zu schnell, und Ende August werden auch Rudi und ich feiern. Er schlägt mir eine Reise nach Ägypten vor im Herbst, aber ich glaube erst am Tag der Abfahrt daran, weil er so beschäftigt ist, dass er noch seine Meinung ändern kann!» Der Hochzeitstag ging vorbei, «von einer Reise nach Ägypten hab ich nichts mehr gehört, auf jeden Fall wird diese nicht morgen stattfinden …» Im folgenden Jahr entschädigte sie Rudolf aber mit einem Ferienaufenthalt im Nahen Osten, den er auch gleich mit dem Geschäft verband: «Ich habe mit Rudi die schönste Reise gemacht, die ich mir träumen konnte, abgesehen vielleicht von der Reise mit Maman nach Marokko, als ich 20 war. Von Genf aus flog ich die ganze Nacht und ein wenig des Tages nach Teheran. Dort traf ich Rudi und wir wurden vom Vertreter der Eterna empfangen, als wären wir Schwester und Bruder. Das sind sehr kultivierte Leute, Verwandte der Entourage des Schahs. Sie haben uns zu Palästen und Privatvillen gefahren, umrahmt von Blumen und Bassins und Säulen, wie man sie nur in Träumen sieht. Für einen Tag sind wir nach Isfahan geflogen – bestimmt der schönste Flecken der Welt! Von Teheran ging es weiter nach Beirut, das sehr farbig, aber weniger vornehm ist. Der Vertreter fuhr uns noch nach Dama, wo wir eine Moschee besuchten mit Pantoffeln und ich mit einem schwarzen Tuch über dem Haar und den nackten Armen … Aber da ich ein bisschen der Typ dieser Region bin, habe ich mich wunderbar wohl gefühlt und die Leute haben mich rasch adoptiert!»

Rudolf pflegte mit vielen seiner Vertreter im Ausland freundschaftliche Kontakte; auf deren obligater Reise nach Grenchen waren sie stets auch Gast im Haus an der Gibelstrasse. Manchmal brachten die Geschäftsfreunde den Direktor auch auf neue Gedanken: «Stell dir vor, Rudi hat sich entschlossen, eine Abmagerungskur zu machen, in Überlingen beim Doktor Buchinger! Kürzlich hat er seinen Repräsentanten für Curaçao kaum wiedererkannt, der in der Fabrik auftauchte, ganz fröhlich und um 20 Jahre verjüngt! Das war ein solcher Schock für Rudi, dass er ihn fragte, was er gemacht hatte, und der andere erzählte ihm in höchsten Tönen von seinem Aufenthalt in Überlingen. Gestern ist er nun losgegangen mit 116 Kilo, und ich frage mich, was noch übrig bleiben wird in drei Wochen …»

Neben ihren Verpflichtungen an der Seite des Direktors kümmerte sich Madeleine um die Erziehung ihrer Kinder. Ebenso wenig, wie sie selbst nach eisernen pädagogischen Prinzipien erzogen worden war, liess sie sich von Konzepten leiten oder verlangte Disziplin. Unter den häufigen Abwesenheiten der Eltern lernten die Kinder früh, selbstständig zu sein. Madeleine war stolz auf ihren Nachwuchs und liess ihn dies auch fühlen – im Gegensatz zum Vater, der kaum ein anerkennendes Wort über die Lippen brachte. In die Erziehung mischte er sich nicht ein. Allein seine autoritäre Erscheinung aber flösste Respekt und Furcht ein, sein eisernes Schweigen bei Widerrede war Strafe genug. Das Taschengeld der Kinder war knapp bemessen, sodass sich diese allerlei Tricks einfallen liessen, um ihre Finanzen aufzubessern. Sommers gingen die Älteren einer bezahlten Arbeit nach. «Jacqueline hat sich entschlossen, während ihrer Ferien zu arbeiten, um Geld zu verdienen. Sie beginnt morgen in der Fabrik in der Werbeabteilung und freut sich riesig darauf, ich hoffe nur, sie wird nicht enttäuscht sein.» Den Kindern durften die Privilegien nicht in die Wiege gelegt werden, sie hatten sich zu behaupten wie alle anderen auch. Ohne dass die Söhne davon erfuhren, setzte sich Rudolf aber zeit seines Lebens bei der Leitung der Asuag-Holding dafür ein, dass Alfred und Claude angemessene Stellungen bei Eta und Eterna garantiert waren.

Die älteste Tochter Jacqueline besuchte 1954 das Gymnasium in Solothurn, während der sechsjährige Claudinet, wie seine Maman ihn zärtlich nannte, noch zu Hause war. «Er ist noch immer ein Sonnenschein, fröhlich und amüsant, und belebt das Haus. Es wird hart sein, ihn nächstes Jahr in die Schule zu schicken.» Jacqueline war eine Wesensmischung von Vater und Mutter: Von Rudolf hatte sie Ehrgeiz, reizbare Ungeduld, den Hang zu Schwermut und hohe Ansprüche an sich selbst geerbt, von der Mutter die elegante Erscheinung, das strahlende Wesen und das Bedürfnis nach sozialem Austausch. Sie scheute die

Madeleine kleidet ihre Tochter Jacqueline ein.

offene Auseinandersetzung mit dem autoritären Vater nicht. Wenn die Funken sprühten und die Türen knallten, setzte sie sich wutentbrannt an das Klavier und hämmerte lautstark Bach-Etüden in die Tasten. Jacqueline mache ihr Sorgen, schrieb Madeleine ihrer Freundin: «Sie war sehr müde nach Abschluss dieses Semesters, wegen einer asthmatischen Bronchitis und weil sie ihr seelisches Gleichgewicht nicht findet.» In Villars hatte das Mädchen die Bekanntschaft eines jungen Literaturstudenten gemacht: «Es muss einer dieser avantgardistischen Existenzialisten sein mit ihren sehr revolutionären Theorien. Ich glaube, das ist die Mentalität der jungen Welschen von heute, und das zieht Jacqui sehr an. Sie erstickt ein bisschen im solothurnischen Konformismus. Trotzdem verteidigt sie die germanische Mentalität und die deutsche Literatur gegenüber den Versuchen des Literaturstudenten, sie in die grossen Ideen von André Gide und Edmond Gilliard[60] einzuführen.» Er habe sie an einen Wohltätigkeitsball eingeladen, doch «mit ihrem kaputten Knie und ihrem Keuchhusten schien alles ins Wasser zu fallen, und sie weinte bitterlich. Sie tat mir sehr leid, und da Rudi in München war, pflegte ich ihr Knie, ihren Keuchhusten und habe ihr eine schöne Robe machen lassen. Nun hat sie wieder Freude am Leben.»

Im Juli 1955 holte die ganze Familie Rudolf vom Flughafen Kloten ab, «und wir feierten dort bei einem Diner den 18. Geburtstag von Jacqueline». Zum

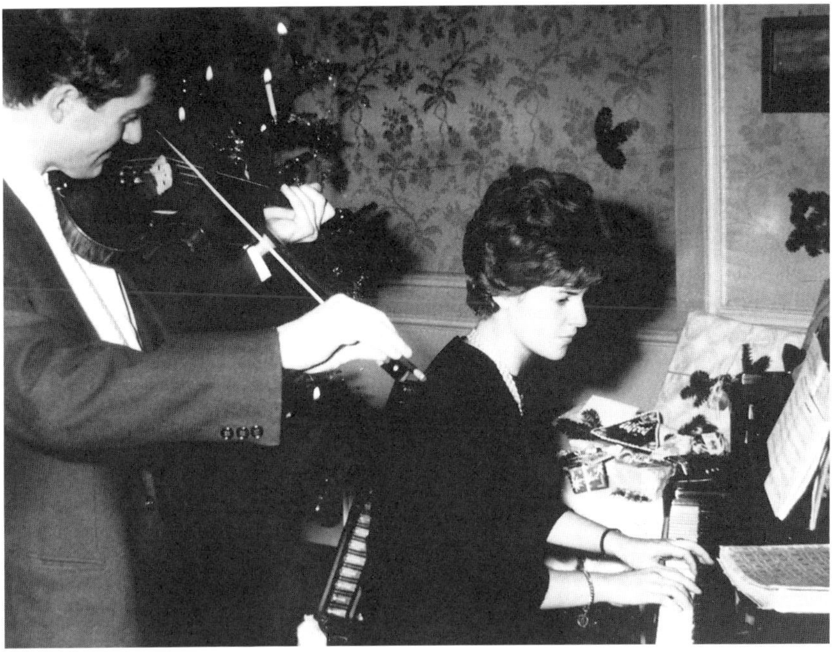

Die beiden feiern gerne, berichtet Madeleine: Marianne und Alfred.

Abschied ihrer Klasse nach bestandener Matur lud Jacqueline zu einem rauschenden Ball in die Villa an der Gibelstrasse. «Es war sehr berührend zu sehen, wie sich die Jungen trennen mit Gefühlen der Freude, endlich frei zu sein, und des Bedauerns, dass ein erster Teil der Jugend vorbei ist.» Vor Studienbeginn in Genf unternahmen Tochter und Mutter eine gemeinsame Reise nach Italien: «Mit dem Autocar geht es nach Florenz, Rom, Neapel und Capri. Ich freue mich wahnsinnig auf diese Abwechslung», schrieb Madeleine an ihre Freundin. Zugleich teilte sie ihr die Neuigkeit mit, dass Jacqueline sich verlobt habe mit Bernhard Hahnloser. «Sie haben sich vor einem Jahr kennengelernt und sofort beschlossen zu heiraten. Wir dachten, Jacqui wird noch oft ihre Meinung ändern, aber gestern haben sie sich verlobt. Marianne und Alfred dachten zuerst, es handle sich um einen Aprilscherz, und lachten gestern im Pyjama über diese Neuigkeit bis spät in die Nacht! Gottseidank habe ich noch die drei anderen, wenn Jacqui für ein Jahr ins Ausland geht.» Das Hochzeitsfest in «einem hübschen Hotel in Spiez» wurde in aller Eile organisiert. «Meine Familie kam von Paris, jene von Rudi aus Holland, jene der Schwiegereltern aus Deutschland und Winterthur, und diese Mischung hat aussergewöhnlich gut funktioniert.» Man amüsierte sich bestens, «die vier Cousins Jäggli von Winterthur parodierten zum Beispiel den Professor Hahnloser, wie er vor seinen Bildern steht und diese kommentiert, das war perfekt und zeugte von grossem Talent. Die Jungen sind dann Richtung Stresa weggefahren mit dem hübschen kleinen VW, den ihnen Rudi zur Hochzeit schenkte.» Madeleine hatte den Schwiegervater bereits früher kennengelernt, als sie zusammen, mit der damals zehnjährigen Jacqueline an der Hand, eine Führung durch das Berner Münster besuchte. Erst fünf Monate später sollte Madeleine ihrer Freundin von der Schwangerschaft ihrer Tochter berichten, als habe man erst jetzt diese Neuigkeit erfahren.

Tochter Marianne, schön, blond und lebensfreudig, fand Gefallen an Festen und Feiern – allzu sehr, wie die Mutter meinte. Die ganze Familie genoss 1957 Weihnachtsferien in Crans und feierte den 45. Geburtstag Madeleines «mit einer Partie Curling, wo wir den zweiten Preis gewannen, und einem Kostümball, der uns an den alten Hafen von Marseille führte mit einer Bouillabaisse, die um Mitternacht serviert wurde. Alfred und Marianne haben hier viele junge Belgier getroffen, und sie tanzen jeden Abend – ein bisschen zu viel! Alfred schätzt man auf 20 Jahre (er ist 16!) und Marianne auf 17 (sie ist 14), sie haben einfach zu viel Erfolg für ihr Alter!» In den Sommerferien am Meer hatte die Mutter Mühe, sie unter Kontrolle zu halten: «Alfred und Marianne kommen in ein Alter, das für uns nicht erholsam ist! Die Freuden am Strand und die ruhigen Spiele genügen ihnen nicht mehr, und sie haben sich einer grossen Gruppe junger Menschen angeschlossen und träumen nur von Casino, Kino, Cabaret etc. Wir werden nächstes Jahr einen anderen Ort suchen müssen, denn es ist jeden Abend dieselbe mühevolle Geschichte, sie ins Bett zu bringen! Sie haben viel Erfolg und verstehen sich prächtig. Sie sind nun daran, ein Fest zu organisieren für den 14. Geburtstag von Marianne und ich höre sie nebenan darüber diskutieren, wer eingeladen werden soll.» Marianne stickte ein Studentenband für ihren Flirt, «der 20-jährig ist! Das Band ist wunderbar, aber Marianne ist fast ein bisschen zu sehr engagiert für ihr Alter.» Ansonsten gab es nur positive Nachrichten von der jüngeren Tochter zu berichten: «Sie ist sehr geschickt, bemalt ständig Porzellan, sie spielt Klavier und Orgel, und sie beginnt, ihre Roben selbst zu nähen. Sie liebt es zu kochen und ist gut in der Schule!»

Der 17-jährige Sohn Alfred sollte in jenem Februar 1958 die Aufnahmeprüfung für das Technikum in Biel machen. «Rudi ist nach Bangkok abgeflogen, wo er eine Woche bleiben wird, danach verbringt er eine Woche in Hongkong und eine weitere in Tokio und kommt dann auf direktem Weg über Alaska und den Nordpol zurück! Dieses Mal hätte ich ihn wahnsinnig gern begleitet, aber ich muss hier bleiben, um Alfred zu unterstützen.» In den letzten Jahren hatte sich Alfred von einem rebellischen, zu Jähzorn neigenden Kind mit mageren schulischen Leistungen zu einem sportlichen, gut aussehenden und ambitionierten jungen Mann gewandelt. Vor vier Jahren hatten die Eltern beschlossen, ihren Sohn in das Internat nach Zuoz zu schicken: Grenchen sei kein gutes Umfeld für Alfred, hatte damals Madeleine ihrer Freundin geschrieben. «Die Höhe wird ihm gut tun in dieser Pubertätsphase, wie auch die regelmässige Disziplin im Sport und in der Schule. Wenn die Resultate gut sind, lassen wir ihn vielleicht dort oben bis zum Alter von 15 Jahren und geben ihn dann direkt nach Solothurn.» Die ganze Familie begleitete Alfred mit dem Wagen ins Engadin; Alfred murrte nicht und fügte sich. Seine Gefühle blieben selbst der Mutter verborgen: «Ich weiss nicht, wie er reagieren wird, denn er drückt sich in seinen Briefen nicht aus.»

«Alfred scheint sehr glücklich zu sein in Zuoz», meldete die Mutter bald darauf mit Erleichterung. «Er fährt viel Ski und schreibt sehr amüsante Briefe von seinem Leben und den Streichen der jungen Leute. Seine Lehrer berichteten uns, seine Gesundheit sei exzellent, sein Selbstvertrauen gestärkt, aber man müsse ihn noch immer überwachen und ihn anspornen, damit er sich nicht mit den Resultaten zufriedengibt und einen Effort macht.» Madeleine staunte, als er über die Festtage nach Grenchen zurückkehrte: Aus dem Pummelchen war ein grosser Mann geworden – «ein schöner, starker Junge! Er hat es geschafft, eine der drei Goldmedaillen der Schule für sportliche Leistungen zu erhalten. Wir wünschen uns natürlich, dass er auch im schulischen Bereich Medaillen holt!»

Alfred war zwar reifer geworden, als er zwei Jahre später zurück ins Gymnasium in Solothurn ging, aber keinesfalls gefügiger. Anders als seine älteste Schwester rebellierte er nicht offen gegen den übermächtigen Vater; lautstarken Streit vermied er ebenso wie seine Mutter. Er hatte gelernt, seine Neigung zu Jähzorn mit Ironie und Witz in allen Lebenslagen zu disziplinieren und seine eigene Verletzlichkeit und den Hang zu Schwermut zu überspielen: Wähnte er sich unter Gleichgesinnten, unterhielt er die Gruppe mit geistreichen Wortspielereien, humoristischen Beobachtungen über die Eigenheiten anderer Leute und genüsslichen Erzählungen über seine Streiche. Sein Witz war bissig, ohne zu verletzen – zuweilen schien es fast so, als liesse ihn die sarkastische Verfremdung die Unwägbarkeiten des Lebens besser ertragen. So entwickelte er sich als junger Mann zum Antipoden seines Vaters: Autoritäres Gehabe war ihm fremd, den Ernst des Lebens entschärfte er mit ironischer Distanz. Mit Befremden beobachtete er die Sinnsuche seiner ältesten Schwester und deren Hang zu philosophischen Antworten. Lieber vergnügte er sich an einer Party, seilte sich nachts nach dem Gutenachtkuss seiner Eltern mit Leintüchern über den Balkon ab und kehrte morgens früh nach Hause zurück. Leichtfüssig übersprang er die knarrenden Treppenstufen, um seine Eltern nicht zu wecken. Eines Nachts jedoch, so erzählte er später verschmitzt, streifte er in der Dunkelheit die Marmorstatue, die das Treppenhaus schmückte. Mit Gepolter stürzte diese herunter und verletzte ihn am Kopf. Als er realisierte, dass seine Eltern noch nicht zu Hause waren, verband er sich die klaffende Wunde mit einem weissen Tuch und legte sich ins Bett. Einbrecher hätten ihn überfallen, berichtete er seinen entsetzten Eltern. Noch in derselben Nacht war das Haus von Polizei umstellt, und Spürhunde schnüffelten im Garten nach der Spur der gewalttätigen Diebe. Die Eltern erfuhren die Wahrheit nie, doch Madeleine beunruhigte seine Unfolgsamkeit. «Alfred hat eine ‹folie› für Autos», schrieb sie Eva, «er versucht immer, unseren grossen Wagen zu nehmen, um seine Kameraden auszufahren. Wir schimpfen dann mit ihm, und er verspricht, damit aufzuhören. Aber gestern ist er am helllichten Tag mit dem Auto an den Bahnhof gefahren, um ein junges Pärchen abzuholen. Ich habe ihn zur Rede gestellt, da er ja erst 16 ist, aber er reagiert nicht und sagt nichts, und ich beginne, mich zu ängstigen.»

1958 bestand er die Aufnahmeprüfung für das Technikum in Biel. Er folgte damit nicht nur dem Wunsch seines Vaters, sondern seiner eigenen Berufung: «Seit einigen Monaten zeigt Alfred ein leidenschaftliches Interesse an der Wissenschaft und Physik, Elektronik im Besonderen», schrieb Madeleine an Eva. «Wir haben ihn ein psychotechnisches Examen machen lassen und es scheint, dass er in diesem Bereich wirklich eine ausserordentliche Begabung hat.» Das Tüfteln mit neuesten elektronischen Errungenschaften wurde Alfreds Lieblingsbeschäftigung: «Alfred hat viel Geschmack für Dekoration und stellt regelmässig sein Zimmer um, mit viel modernen Ideen und komplizierten elektronischen Installationen mit indirekter Beleuchtung, verbunden mit dem Radio, Rasierapparat und so weiter, was man als Installation patentieren könnte! In diesem Fall werden wir ihn in die Richtung eines Uhreningenieurs leiten, das heisst fünf Jahre Technikum und drei Jahre Universität in Neuenburg mit der Möglichkeit, danach das Doktorat zu machen.»

Den Doktorhut sollte sich Alfred sparen. Zu sehr lockte die Mitarbeit in den Firmen seines Vaters. Ausserdem hatte auch er sich noch als Student verheiratet, war Vater geworden und hatte nun finanziell für seine Familie zu

Rudolf flankiert von seinen beiden Söhnen Claude (links) und Alfred.

sorgen. Er bezog ein Haus gegenüber der Villa seiner Eltern und trat schon mit 22 Jahren in die Eta ein. Fasziniert von der Technik der Uhr, erwarb er sich rasch ein profundes Know-how und wurde später technischer Direktor. Als Techniker war er Spitze – als Vorgesetzter aber genügte er mit seiner Konfliktscheu und dem introvertierten Wesen den Anforderungen nicht. Er sollte sich nie aus dem Schatten seines Vaters lösen. Viele Jahre später schrieb er: «Söhne von Alpha-Tieren können nicht selbst Alpha-Tiere sein.» Sein Vater war längst verstorben, als er 1982, nach der Krise und mitten in der Umstrukturierung der Schweizer Uhrenindustrie, das Feld räumen sollte. Mit grosser Bitterkeit verliess er die Eta, die sein Vater einst zur Blüte gebracht hatte und die als einziges Mitglied der Holding Ebauches SA noch immer schwarze Zahlen schrieb.

Im Haus an der Gibelstrasse war es ruhig geworden nach dem Auszug der beiden älteren Kinder. Längst war auch der Vater Madeleines verstorben. Die letzten Lebensjahre des Witwers Alfred Comtesse waren für ihn wie auch für sein einziges Kind ein grosses Drama. Nach ihrer Hochzeit weilte er öfters in Grenchen bei Madeleine zu Besuch, sehr zur Freude der Kinder, die seinen Geschichten lauschten und ihr Sackgeld aufbessern konnten mit den Zwanzigräpplern, die er für gute Noten verschenkte – aber zum Leidwesen Rudolfs, der sich an den vornehmen Manieren und der stundenlangen Morgentoilette seines Schwiegervaters zusehends nervte. Wohl nährte auch die Nähe der Gattin zu ihrem Vater seine Eifersucht. Tatsächlich nahm Alfred Comtesse seine Tochter sehr in Beschlag, wie Madeleine 1955 ihrer Freundin Eva berichtete: «Er hat eine Leidenschaft für Briefmarken und hilft mir, meine Kollektion zu erweitern und meine Korrespondenz zu erledigen.» Immer heftiger litt Alfred Comtesse an einer rasch fortschreitenden Gicht.

Drei Jahre später nahte der Tod. Eines Nachts läutete in Grenchen das Telefon: Es gehe dem Vater sehr schlecht. «Rudi und ich sind sofort losgefahren und frühmorgens in Genf angekommen, da ging es Papa schon besser, und er war glücklich, uns zu sehen.» Madeleine wachte die folgenden Tage am Bett ihres schmerzgeplagten Vaters. Die Ärzte waren medizinisch interessiert an diesem «ungewöhnlichen Fall und haben mich gebeten, Fotos machen zu dürfen und eine Autopsie, was ich zurückwies. Die Krankenschwestern haben mich gelehrt, den Blutdruck zu messen, ihn zu rasieren, Sauerstoff zu geben.» Trotz der schweren Stunde erfasste die Tochter ein inniges Glücksgefühl: Sie konnte noch einmal intensive Momente mit dem Vater erleben. «In dieser Woche, als ich Papa ganz für mich allein hatte, als er mir sagte, wie glücklich er sei, mich wiedergefunden zu haben, und wie er dafür gebetet habe – all das hat mir einen unglaublichen inneren Frieden gegeben.» Der Vater starb in ihren Armen, es war der Geburtstag von Jacqueline: «Sie ist mit Rudi und den Kindern am Vorabend ins Spital gekommen und hat die Nacht mit mir und Papa verbracht; ich dachte, das sei gut für ihre Ausbildung. Während der Nacht hatte Papa sie erkannt und war so glücklich, uns bei sich zu haben. Nach dieser Woche, in der ich keine Minute schlief, war ich nicht einmal müde, sondern abgrundtief glücklich, meinen Vater wiedergefunden zu haben.»

Madeleine räumte die alte Wohnung ihres Vaters in Monthey: «Es ist eine traurige Arbeit, einen Haushalt aufzulösen, mit allem, was er an Erinnerungen enthält. Dieses Eindringen in die Intimität jener, die man liebte, fühlt sich für mich an wie eine Indiskretion.» Zu Hause in Grenchen gestaltete Madeleine die Zimmer um: «Im Zimmer von Alfred will ich eine Bibliothek einrichten mit der Sammlung der modernen illustrierten Bücher, die – so habe ich es in den Zeitungen gelesen – eine der schönsten Privatbibliotheken der Schweiz ist. Zudem hatte Papa eine immense Kollektion von Exlibris.» Madeleine vermachte diese der Bibliothek von Sion.

Im kleinsten Kreis wurde die Asche des Vaters in das Grab der Mutter in Grenchen gelegt. Madeleine bedankte sich für den Beileidsbrief ihrer Freundin

Eva, «aber wir müssen nicht deprimiert sein, wir müssen Vertrauen haben in Gott, dass er uns leitet und dass nichts geschieht, ohne dass er dies nicht will. Alles ist arrangiert für uns Menschen. Auch ich denke nun oft an den eigenen Tod (Rudi und ich machen gegenwärtig unser Testament), aber ich glaube nicht, dass der Tod eine Trennung ist; es scheint mir fast, als sei Papa nun näher bei mir als je.»

Rudolf stand seiner Frau bei. Um Madeleine abzulenken, wurden die Soireen mit Freunden wieder aufgenommen. Sie machten Ausflüge im Kreise der Rotarier-Freunde und besuchten die Kollektion Bührle im Schloss Jegenstorf: «Die Bilder (17. und 18. Jahrhundert) sind nicht erste Wahl, aber die Soiree war sehr herzlich.» Rudolf fliege schon bald wieder nach New York, wo er aber nur eine Woche bleiben werde. «Und stell dir vor: Unter der Hartnäckigkeit von Marianne habe ich in Biel mit Yogalektionen begonnen! Ich muss sagen, es ist wunderbar und ich fühle mich sehr gut. Ich hätte nie gedacht, dass man sich so leicht entspannen kann.» Die Familie trat in den neuen Golfclub in Bern ein, Alfred hatte nun einen Fahrausweis in der Tasche: «Jetzt, da Alfred Auto fährt, und zwar sehr, sehr gut, ist es ein wahres Vergnügen, mit der Familie dorthinzufahren.»

Die Unbeschwertheit im Kreise der Familie sollte nur noch wenige Jahre dauern. 1959 schrieb Madeleine ihrer Freundin: «Jetzt endlich hatte ich den Mut, zum Frauenarzt zu gehen und mich untersuchen zu lassen. Er hat eine Gewebeprobe genommen von einer Geschwulst – alles negativ, ich bin erleichtert.» Doch die ungefährliche Geschwulst war zugleich das Unglück: Die Ärzte übersahen später den Tumor. Mit Freuden hatte Madeleine noch die Geburt von fünf Enkeln erleben können; das Haus an der Gibelstrasse war noch einmal erfüllt von Kinderlärm. An Weihnachten versammelte sich die ganze Familie um den opulent geschmückten Weihnachtsbaum, die Enkel hatten auf ihrer Flöte vorzuspielen, begleitet vom sägenden Geigenspiel des grinsenden Onkels Alfred. An Ostern gab es für die Enkelkinder schöne Nester im Garten zu entdecken.

Madeleine starb 1966 im Alter von 54 Jahren. Damit erloschen auch die Lebensfreude Rudolfs und der Glanz in der Villa an der Gibelstrasse. Zehn Jahre später lud sein Freund Hans Sommer, Direktor bei der Ebauches SA, zu einem Galaabend. Rudolf bat die Ehefrau des «roten» Grenchner Stadtammanns Eduard Rothen zum Tanz. Obwohl sie in politischer Hinsicht das Heu nicht auf der gleichen Bühne hatten, respektierten sich der frühere Fabrikdirektor und der umtriebige Stadtammann; Eduard Rothen nannte ihn gar «meinen Freund». Während des Tanzes beugte sich Rudolf zu Frau Rothen hinunter und sagte: «Passen Sie gut auf Ihren Mann auf, dass er nicht zu viel arbeitet und dass er seine Familie nicht vernachlässigt.» Er sprach, so dachte sich seine Tanzpartnerin, von seiner eigenen Geschichte.

Japan rüttelt die Eidgenossen wach

1956 sollte ein besonders intensives Jahr werden für die Mitarbeiterinnen und Mitarbeiter bei Eterna: «Es finden die Feierlichkeiten zum 100-Jahr-Jubiläum der Eterna statt mit vielen Festivitäten», schrieb Madeleine an ihre Freundin Eva. «Die Repräsentanten der ganzen Welt sind, zusammen mit ihren Frauen, für ein paar Tage eingeladen.» Das Jubiläum wurde dann mit einem rauschenden Fest und unzähligen Veranstaltungen gefeiert. Die Firma feierte sich selbst in einer mehrseitigen Broschüre über die Geschichte des Unternehmens und mit neuen Uhrenmodellen mit Namen Centenaire. Diese Jubiläumsuhr setzte den Beginn des internationalen Wettlaufs um das flachste Automatikwerk: Das in der Centenaire verwendete Kaliber 1429U[61] war nun vorne mit dabei. Als damaliger Reklamechef war Adolf M. Schütz verantwortlich für das gelungene Jubiläumsheftchen. Schütz, eloquent und ehrgeizig, sollte in den folgenden Jahren unaufhaltsam die Karriereleiter erklimmen und nach dem Rücktritt Rudolfs die Führung der Eterna übernehmen.

Das Fest dauerte mehrere Tage. Geladen waren neben den Beschäftigten beider Firmen, offiziellen Gästen und ausländischen Vertretern alle Nachkommen des Eterna-Gründers Urs Schild. Madeleine war rund um die Uhr beschäftigt mit Empfängen: «Es gab ein volles Programm mit Variété, das sehr fröhlich und unterhaltend war», berichtete sie an Eva. «Montag und Dienstag kamen alle Vertreter der nordischen Länder, von Deutschland und Österreich, Brasilien, Nicaragua, Indien und Japan und sogar ein authentisches Paar aus China in Hongkong, also insgesamt 85 Personen. Mittwoch habe ich mich um die Damen gekümmert und sie auf den Weissenstein, an den Bielersee und nach Bern gefahren. Am Donnerstag hatte ich alle hier im Haus für eine Garden Party bei wundersam schönem Wetter. Nach dem Kaffee besuchten wir alle die Fabrik und fuhren dann nach Giessbach für den grossen Ball. Am Freitag reisten wir aufs Jungfraujoch, es war herrlich.» Die Vertreter bedankten sich

Mehrtägige Feier mit reichem Programm anlässlich des Centenaire der Eterna: Madeleine und Rudolf testen die Rutschbahn.

überschwänglich: Aus Deutschland erhielt Rudolf eine Silberschatulle mit eingravierten Unterschriften und dem Schriftzug «100 Jahre Eterna».

Es waren die goldenen Fünfzigerjahre. 1953 hatte der Wert der Exporte der schweizerischen Uhrenindustrie erstmals die Milliardengrenze überschritten. Die Rohwerkhersteller der Holding Ebauches SA trugen mit 156 Millionen Franken dazu bei; der Umsatz der Grenchner Assa unter Adolf Schild-Behnisch belief sich auf 46 Millionen Franken, jener der Eta unter Rudolf Schild auf 20 Millionen, und Fontainemelon, wo Direktor Denis Robert das Zepter führte, erreichte einen Umsatz von 19 Millionen Franken. Die restlichen 13 Ebauches-Töchter waren kleiner, keine erreichte die 10-Millionen-Grenze. Die Fabriken agierten noch immer weitgehend selbstständig, die Generaldirektion der Ebauches SA beschränkte sich ebenso wie jene der Mutterholding Asuag auf die Aufgaben eines Sekretariats, verwaltete die Finanzen und bewilligte jeden formellen Antrag der Betriebe auf Kredite. Die schweizerische Uhrenindustrie florierte, ihre Produkte fanden reissenden Absatz im Ausland, fast alle Unternehmen schrieben Gewinne – ob Rohwerk- oder Bestandteilproduzent oder Etablisseur. Rund 97 Prozent ihrer Produktion exportierte die Branche ins Ausland, allein ein Drittel davon in die Vereinigten Staaten.

Allerdings: Die komfortable Lage der Branche hielt Rudolf Schild-Comtesse nicht davon ab, an der Pressekonferenz zum Firmenjubiläum zu warnen. Über hundert Medienleute waren der Einladung gefolgt, absolvierten einen Rundgang durch die Fabrik und lauschten den Ausführungen des Direktors.

Rudolf Schild zeigt einem Kunden aus Bagdad die neuste Eterna-Kollektion, 1958.

Die Schweizer Tageszeitung *Die Tat* war angetan: «Die Präzision der Uhrmacherarbeit übertrug sich im übrigen auch auf die Abwicklung des Presseempfangs: Nach dem plastischen Einblick in die Entstehung der Eterna-Uhr vermochte die klare Sicht in die Gesamtprobleme der schweizerischen Uhrenindustrie, wie sie Dr. Schild in einem Vortrag offenbarte, zu beeindrucken.» Rudolf sprach nicht nur die Erfolge an, sondern wies auf neue Herausforderungen hin – zu einem Zeitpunkt, als die Branche auf der Erfolgswelle ritt und kaum jemand ernsthafte Probleme sah. Das enge Vertragssystem, das zu Beginn der 1930er-Jahre etabliert worden war, hatte einige «Schönheitsfehler» zur Folge, sagte der Direktor: Die Lieferanten durften als Entschädigung dafür, dass sie nicht mehr ins Ausland lieferten, ihre Preise «vorteilhaft» festsetzen; einige liessen dabei «ein gesundes Mass vermissen». Es stelle sich heute für die Verbandsorgane das Problem, die Preise nach unten an jene des Auslands anzupassen, obwohl damit einige kleinere Betriebe in Schwierigkeiten kämen. Zweitens dürfte entgegen der Meinung einiger Kleinbetriebe die «Kollektivpropaganda» der schweizerischen Uhrenindustrie, die in den vorhergehenden Jahren ausgebaut worden war und die jede Firma mitfinanzierte, nicht vernachlässigt werden; ohne zielbewusste weltweite Werbung würde sich die Branche selbst «ihrer wichtigsten Waffe» berauben. Sodann verstärkten sich die «Angriffe» der amerikanischen Uhrenindustrie gegen die Schweizer Uhr, die Regierung in Washington leiste neuerdings Schützenhilfe. Der Journalist der *Tat* schloss sich in seinem Artikel «mit Nachdruck» dem Wunsch des «Gewährsmanns» Rudolf Schild-Comtesse an, die schweizerische Uhrenindustrie möge die «Vitalität und Weitsicht aufbringen, um in den eigenen Reihen die an und für sich unvermeidlichen Bindungen elastisch der Lage anzupassen».

Noch immer waren in der Schweiz die Geschäftsbeziehungen unter den Lieferanten und Käufern in den sogenannten Konventionen streng geregelt. Die Vertragspartner hielten sich die vereinbarte Treue, was bedeutete, dass zum Beispiel ein der Kollektivkonvention angeschlossener Bestandteilfabrikant seine Produkte nur an Betriebe liefern durfte, welche die Konvention unterzeichnet hatten. Ein Uhrenfabrikant, der Mitglied des Fertiguhrenverbands Fédération Horlogère FH war, durfte seine Rohwerke nur bei Fabriken der Asuag-Tochter Ebauches SA beziehen und die übrigen Bestandteile nur bei einem Mitglied des Verbands UBAH. Die Minimaltarife mussten eingehalten werden, der Export von Rohwerken und Bestandteilen war zwar nicht gänzlich untersagt, doch streng kontingentiert und mit vielen Auflagen bezüglich der ausländischen Abnehmer verbunden. Noch immer wollte man damit verhindern, dass sich die Konkurrenz im Ausland entwickeln konnte.

Indes: Es war just diese Politik, die dem Aufbau der Uhrenindustrie im Ausland kräftig Vorschub leistete und damit den Niedergang der Schweizer Fabriken in den 1970er-Jahren beschleunigte. Viele Jahre später, an einer Sitzung 1984, als das ganze Regelsystem soeben zerschlagen worden war, liess die zuständige Kommission des Ständerats die Ereignisse in der Uhrenindustrie Revue passieren. Waldemar Jucker, Direktor des Bundesamts für Konjunkturfragen, brachte die Lehren aus der Geschichte auf den Punkt: «Wenn man auf das Elementarste zurückgeht, kann man sagen: Boykotte führen selten zu dem, was man möchte. Die Schweiz glaubte, durch den Boykott ausländischer Montageunternehmungen die weltweite Uhrenproduktion weiterhin dominieren zu können. Dies wirkte kontraproduktiv, indem die hartnäckigsten unter den Boykottierten selbst eine Bestandteilfabrikation aufbauten. Wer einen Boykott überlebt, ist in der Regel nachher stärker, als wenn er nie durch einen solchen angespornt worden wäre.» Das Uhrenstatut und die Konventionen führten demnach letztlich zum gegenteiligen Resultat dessen, was mit ihrer Hilfe beabsichtigt war.

Um die Uhrenindustrie auch weiterhin zu schützen, hatte das Parlament 1951 die vor zehn Jahren geschaffenen Strukturen um zehn Jahre verlängert und damit die «Compartimentage», die weitgehende Arbeitsteilung, zementiert. Unter dem Uhrenstatut mussten nach wie vor jene, die eine Uhrenfabrik eröffnen, eine bestehende erweitern oder ihr Produkt verändern wollten, bei den

Behörden um eine Bewilligung nachfragen. Die Eintrittsbarrieren blieben hoch: Nur einem Viertel der Anträge für eine Neugründung wurde die Bewilligung erteilt. Gesuchen um Betriebsvergrösserungen wurde eher stattgegeben.[62] Die Verbände durften zwar neu die ausgehandelten Minimaltarife nicht mehr als allgemein verbindlich erklären, sie hatten aber andere Waffen, um aussenstehende Schweizer Fabrikanten zu disziplinieren – zum Beispiel mit einem Lieferboykott. Mit den Konventionen liess sich allgemein gut leben: Die Subholdings der Asuag, allen voran die Ebauches SA, mussten ihre Verkäufe kaum je mit Marketing unterstützen – im Gegenteil: Sie waren in der komfortablen Lage, ihre Produkte zu kontingentieren und Kaufwillige auf die Warteliste zu setzen. Die Asuag-Holding kontrollierte nun rund 50 Fabriken, die Rohwerke, Hemmungen, Spiralfedern und Unruhen produzierten und insgesamt 11 000 Personen beschäftigten. Sie war reich, und sie konnte sich selbst finanzieren: Vor allem ihre Rohwerktochter Ebauches SA, das Herzstück der Asuag mit den Zugpferden Assa, Fontainemelon und Eta, lieferte zuverlässig hohe Gewinne ab. Nicht nur der Wohlstand war garantiert, auch die regionalen Interessen blieben gewahrt: Klein- und Kleinstbetriebe im Jura konnten von gleichen Preisen wie Grossabnehmer profitieren und damit bestens über die Runden kommen. Im Verwaltungsrat der Asuag sass noch immer das «Parlament», bestehend aus Vertretern des Bundes, der Arbeitnehmerorganisation, der Fertiguhrenverbände und der Banken.

Doch aus den Kreisen der Fabrikanten regte sich zunehmend Widerstand gegen den Druck, sich dem Diktat der grossen Organisationen zu unterwerfen. Im Mai 1957 marschierten aufgebrachte Vertreter der unabhängigen Westschweizer Uhrenfabrikanten nach Bern, um dem Bundesrat ein Ultimatum zu überreichen. Er solle eingreifen: Die dissidenten Firmen waren vom Fertiguhrenverband FH mit einem Lieferboykott bestraft worden, weil sie deren Kollektivkonvention nicht unterschreiben wollten; die Konvention verbot unter anderem den Austausch von Rohwerken, Uhrenbestandteilen und anderen Produkten unter den Uhrenfabriken. Der Westschweizer Verband wollte endlich eigene Verträge mit den Lieferanten aushandeln. Zehn Polizisten erwarteten die Demonstranten vor dem Bundeshaus. Karl Huber, Generalsekretär des Volkswirtschaftsdepartementes, hörte sich die Klagen an und wies daraufhin die FH an, den Boykott aufzuheben. Das sei ein Schlag gegen die Auswüchse des Kartellwesens, schrieb die Zeitung *Das Volksrecht*. Dem dissidenten welschen Verband aber blieb es weiterhin verwehrt, eigene Konventionen mit den

Rohwerk- und Bestandteillieferanten abzuschliessen, was dieser als «diktatorischen Schutz des Verbandsdiktates» geisselte.

Auch die übrige Schweizer Wirtschaft hatte wenig Verständnis für den Schutz der Uhrenbranche. Diese «abgeschlossene Festung», sagten zum Beispiel Vertreter des Vororts des Schweizerischen Handels- und Industrievereins, stehe unter einer «Bevormundung, die für alle andern Industrien völlig undenkbar ist. Die jüngere Generation kennt den freien Markt einfach nicht.» Auch im Ausland kam das schweizerische Kartell unter Beschuss. Nun machten die USA mobil: Einige amerikanische Uhrenfirmen, allen voran die mächtige Bulova, klagten bei ihrer Antikartellbehörde gegen eine ganze Reihe Schweizer Fabriken und Verbände wegen privatrechtlicher Abmachungen; betroffen waren unter anderem auch die Holding Ebauches SA, Eterna und Rolex. Die Amerikaner machten geltend, die völlige Reglementierung der Schweizer Uhrenbranche mache den Kauf von Bestandteilen und Maschinen zu annehmbaren Preisen praktisch unmöglich. Bundesrat Max Petitpierre bat den Schweizer Botschafter in Washington zu verhandeln. Er habe versucht, so berichtete dieser, den Unterstaatssekretären die besondere Lage der Branche in der Schweiz zu erklären. «Es ging hart auf hart. Während es zuweilen schien, als ob endlich doch noch einiges Verständnis gefunden werden könnte, kam in der langen Diskussion schliesslich vonseiten des Chefs der Antitrust Division so viel Bitterkeit zum Ausdruck, dass wir jede Hoffnung fahren lassen mussten.»

Es gebe da noch ein weiteres Problem, fügte der Schweizer Botschafter an. Man habe ihm vordemonstriert, was «up jewelling» bedeute: Die Schweiz verkaufte Uhrwerke mit kleinen Löchern für die Lagersteine, die Steine wurden aber erst nach der Einfuhr in Amerika eingesetzt. Damit konnte der hohe Zollsatz für Uhren mit mehr als 17 Steinen umgangen werden. Jetzt folge möglicherweise eine Quotenregelung für Schweizeruhren. Er habe nun alles in seiner Macht Stehende getan, die Schweizer Fabrikanten seien aber undankbar: «Was ich nicht ertrage, ist, dass sie mir auch nur die kleinste Verantwortlichkeit für die gegenwärtige üble Lage in die Schuhe schieben.»

Washington nahm die Klage bei der Antikartellbehörde gegen die Schweizer als Vorwand, um 1954 die Zölle auf Schweizer Fertiguhren auf horrende 54 Prozent anzuheben; betroffen waren vor allem die billigeren Steinankeruhren. Die *Neue Zürcher Zeitung* geisselte dies als «äusserste Rücksichtslosigkeit», in Grenchen protestierten die Gewerkschaften an der Seite des Verbands deutschschweizerischer Uhrenfabrikanten, die ganze Schweiz war entrüstet; aber auch

Zwei Weggefährten, die sich respektieren: Karl Obrecht, Präsident der Asuag-Holding, und Rudolf an einer Pressekonferenz, 1960er-Jahre.

die amerikanischen Zeitungen äusserten sich kritisch zu dieser protektionistischen Massnahme.[63] Das Verhältnis der Schweiz zu den USA, das zuvor schon beschädigt war nach Auseinandersetzungen um Kriegswirtschaft und Bankgeheimnis, wurde weiter getrübt. Die Zollbarriere wirkte: Bis 1960 schrumpften die Schweizer Uhrenexporte nach Amerika um einen Drittel. Die USA blieben aber trotzdem mit einem Anteil von 30 Prozent der weitaus wichtigste Absatzmarkt, gefolgt von Kanada mit 7 Prozent, Hongkong, Grossbritannien, Deutschland, Italien und Spanien. Erst Frédéric Walthard, Schweizer Diplomat und Anwalt, sollte 1965 in dieser Sache die Lösung finden. Das Urteil der Antikartellbehörde entbehre der rechtlichen Grundlage, weil es sich gar nicht um eine «privatrechtliche Konspiration» handeln könne: Die Exportkontrolle war ja durch eine Verordnung des Bundesrats abgestützt. Nach einem Wutausbruch des zuständigen Richters John M. Cashin, so erzählte Walthard später, wurden die Zölle wieder auf das Niveau von 1954 gesenkt.

Derweilen hatte die schweizerische Uhrenindustrie versucht, dem Problem der hohen Zölle mit Niederlassungen auf den amerikanischen Jungferninseln beizukommen, wo der Import von Uhrenteilen ohne Zölle erlaubt war. Hier wurden sie zusammengesetzt und zollfrei aufs Festland USA weitergeleitet. Es war feucht und heiss auf diesen Inseln, die Städte machten den Eindruck von Kolonialgebieten.[64] Gängige Transportmittel zwischen den Inseln waren alte englische Wasserflugzeuge. «Flughäfen» bestanden aus Rampen ins Meer, und nach dem Start drehte der Pilot mit einer manuellen Kurbel die Räder ein. Die

Einrichtungen der Uhrenfirmen kosteten viel Geld, und die Gewinnaussichten waren durchzogen. Die japanische Uhrenindustrie aber hatte schon seit Beginn der 1960er-Jahre die Bedeutung der Händler und Rhabilleure in den USA erkannt: Via Virgin Islands drangen sie nun quasi durch die Hintertür in den amerikanischen Markt ein. Lange vor den Schweizern – und von denen lange nicht bemerkt – profitierten sie von den steuerbegünstigten Produktionsstätten. Die japanischen Uhrwerke wurden in Fertiguhren, zollgünstig und unter den Handelsmarken mächtiger amerikanischer Verteiler, auf das Festland gebracht. Damit bauten die japanischen Firmen im Fachhandel ein Qualitätsimage auf, das bislang den Schweizer Produkten vorbehalten war.

Was jedoch gravierender war: Der amerikanische Markt verlangte in den 1960er-Jahren zunehmend nach preisgünstigen Ankeruhren. Die Massenkaufkraft stieg stetig an, die Nachfrage nach Uhren explodierte. Der Besitz einer Uhr war nicht mehr Luxus, sondern zunehmend Lebensnotwendigkeit. Das Geschäft mit Zeitmessern versprach gute Rendite. Die Schweizer Firmen aber sollten noch lange nicht auf die neuen Kundenwünsche eingehen, sondern das Feld den japanischen und amerikanischen Fabrikanten überlassen. Diese setzten nun alles daran, das rasch wachsende Marktsegment für qualitativ hochstehende Billiguhren zu erobern. Wenige grosse Firmen wie Seiko und Timex begannen, grosse Serien mit modernsten Techniken und niedrigen Gestehungskosten zu produzieren. Einzig die Schweizer Produzenten von günstigen Roskopfuhren profitierten bis in die 1970er-Jahre von der neuen Marktsituation: Ihre Uhr wurde Symbol der Mode- und Wegwerfgesellschaft, und der Anteil der Roskopfuhr am Schweizer Uhrenexport nahm stetig zu.

Die Auftragsbücher der Schweizer Uhrenfirmen blieben vorderhand gefüllt. 1961 dominierten ihre Produkte noch immer den Weltmarkt: Die Schweiz exportierte 42 Millionen Uhren – weit abgeschlagen folgte Westdeutschland mit 3,2 Millionen. Qualitativ hochwertige Produkte genossen nach wie vor Weltruf. So waren die ersten Wolken, die sich mit der Konkurrenz der grossen Konzerne wie Seiko, Timex oder Citizen am Horizont zeigten, noch nicht alarmierend. Aber dennoch sichtbar: Der Anteil der Schweizer Produktion am Welthandel war im Sinken begriffen und betrug 1961 noch 42 Prozent gegenüber 50 Prozent im Jahr 1937. Doch die Strukturen der Schweizer Uhrenindustrie waren denkbar ungünstig, um sich gegen die aufstrebende ausländische Konkurrenz zu wappnen. Im Sektor der Fertiguhren gab es Hunderte von Klein- und Kleinstbetrieben. Sie waren zwar in Verbänden organisiert, aber diese waren primär Einkaufsgesellschaften, welche die Preise mit den Lieferanten aushandelten. Der mächtige Verband Fédération Horlogère FH, der die Etablisseure und Manufakturen vereinigte, kümmerte sich wenig um Fragen des Vertriebs oder des Marketings seiner Mitglieder. Dass diese Kleinbetriebe im Jura noch existieren konnten, freute zwar den Bund: Er hatte mit dem Uhrenstatut seine regionalpolitischen Ziele erreicht. Doch wie sollten sie sich jemals gegenüber den grossen ausländischen Uhrenkonzernen mit ihren gigantischen Budgets für Marketing und Werbung durchsetzen können?

In dieser Situation kam der Bundesrat in Erklärungsnotstand, warum die Branche noch immer öffentlich-rechtlich verordneten Schutz genoss. Mittlerweile hatten auch in der Schweiz die Diskussionen über ein Kartellgesetz nach amerikanischem Vorbild begonnen; der Bund war bereits ermächtigt worden, Vorschriften gegen «volkswirtschaftlich oder sozial schädliche Auswirkungen von Kartellen» zu erlassen. Das Uhrenstatut war bis 1961 befristet; das Parlament musste über die Verlängerung befinden. Das Volkswirtschaftsdepartement hielt einen Kurswechsel für angebracht und gab bei der Preisbildungskommission eine Analyse in Auftrag. Im Bericht sprach sich die Kommission klar für die Abschaffung des Uhrenstatuts aus. Die Fabrikationsbewilligungspflicht ermöglichte den einzelnen Holdings wie der Asuag eine monopolistische Stellung, die nun die internationale Wettbewerbsfähigkeit der Firmen beeinträchtigt hatte. In einer internen Notiz an Generalsekretär Karl Huber schrieb der Kommissionspräsident, offenbar verstünde die Uhrenbranche das Prinzip des freien Wettbewerbs nicht. Aus «Asuag-Kreisen» werde neuerdings argumentiert, die Monopolstellung ihrer vier Trusts mit Rohwerken, Spiralfedern, Hemmungsteilen und Unruhen trage dank der hohen Exporterlöse zu einer positiven Zahlungsbilanz und zu hohen Steuereinnahmen bei. Diese Rechtfertigung werde von Kartellen oft ins Feld geführt. «Sofern diese Argumentation richtig wäre, müsste zwangsläufig das Prinzip der freien Marktwirtschaft falsch sein. Dass die Wettbewerbswirtschaft sehr wohl geeignet ist, den Aussenhandel, die Staatsfinanzen und das private Einkommen günstig zu beeinflussen, beweist die Nachkriegsentwicklung in Deutschland.»

Innerhalb der Uhrenindustrie war man sich uneinig darüber, ob die dirigistischen Massnahmen des Staates weiterhin wünschbar seien. Anders als noch vor 30 Jahren sprachen sich nun die Etablisseure für die Liberalisierung aus: Sie spekulierten auf billigere Preise von Rohwerken und Bestandteilen. Die Asuag-Holding hingegen befürchtete ebenso wie die Verbände der Gehäuse-

und Zifferblatthersteller das Eindringen ausländischer Konkurrenten in den einheimischen Markt. So legte der Bundesrat dem Parlament einen Kompromiss vor: Das Uhrenstatut, das Fabrikation und Export regulierte, solle abgeschafft werden, aber mit einer Übergangsfrist und einer schrittweisen Auflockerung bis 1971. Es war vorerst eine sanfte Liberalisierung. Damit sollte die Industrie Zeit gewinnen, sich auf die Freiheit vorzubereiten, sagte der Bundesrat: «Nach den Verhandlungen mussten selbst die Gegner einer gesetzlichen Regelung anerkennen, dass sich der Staat an diesem Zweig unserer Wirtschaft, dem er während fast dreissig Jahren einen weitgehenden Schutz gewährte, nicht von einem Tag auf den andern seinem Schicksal, das heisst einer zügellosen Konkurrenz überlassen kann.» Anstelle des Uhrenstatuts wollte man später eine offizielle technische Qualitätskontrolle CTM einführen, um einem «Absinken der Qualität unserer Uhren entgegenzuwirken», denn eine solche sei zu befürchten als Folge des erwarteten Drucks «einer gewissen Kundschaft» auf die Preise der Fertigprodukte.[65]

Jetzt war es absehbar: Ab 1965, dem ersten Zwischenschritt der Liberalisierung, würde der Wind für die Schweizer Uhrenbranche rauer werden. Darauf musste man sich vorbereiten – doch in welche Richtung und wie? Eigentlich waren sich alle Verbände und Organisationen einig: Das Gebot der Stunde hiess Konzentration, also Kräfte bündeln und Kosten reduzieren. Doch wie dies zu geschehen habe, sollte Gegenstand ausgiebiger und Jahre andauernder Diskussionen sein. Es standen sich zwei Lager mit unterschiedlichen Interessen gegenüber: die Fertiguhrenproduzenten unter dem Dach des Verbands Fédération Horlogère und die Rohwerk- und Bestandteilhersteller unter der Asuag-Holding. Beide Seiten hatten sich damals bei der Gründung der Asuag versprochen, nicht in den Produktionsbereich des anderen Lagers einzudringen. Jetzt beobachteten sie sich gegenseitig mit Argusaugen. Ihre Vertreter hatten Einsitz in den Gremien der anderen Seite und konnten sich damit überwachen. Die Trennung hatte sich bis jetzt scheinbar bewährt: Die Rohwerk- und Bestandteilfabrikanten mussten sich nicht um den Absatz der fertigen Uhr kümmern; die Schweizer Uhr hatte sich bis anhin ohne grosse Anstrengung verkaufen lassen, und dies zu einem guten Preis.

Was aber sollte geschehen, wenn die Schweizer Uhr auf dem internationalen Markt in Bedrängnis kam? Darüber wollte jetzt der Bund reden – er war schliesslich immer noch Aktionär der Asuag-Holding und sass in deren Verwaltungsrat. Das Volkswirtschaftsdepartement rief Kommissionen ins Leben, um die Lage periodisch zu besprechen. Auch Rudolf wurde um Mitarbeit gebeten: Als Direktor der beiden florierenden Firmen Eta und Eterna kannte er sowohl den Markt im Fertiguhrensektor wie auch jenen in der Rohwerkbranche; ausserdem sass er neuerdings als Ebauches-Delegierter im Verwaltungsrat der Asuag. 1962 bat ihn Generalsekretär Karl Huber, das Präsidium der neuen «Beratenden Kommission für Fragen der Ausfuhr der Uhrenindustrie» zu übernehmen: «Es will mir scheinen, dass wir gerade in Fragen der Ausfuhr ein grosses Interesse daran haben, dass das neue Organ von jemandem präsidiert wird, der im praktischen Wirtschaftsleben steht und zugleich nicht nur mit den konkreten Ausfuhrfragen, sondern auch mit den Problemen der Dachorganisation der Uhrenindustrie bestens vertraut ist. Ihre starke Arbeitsbelastung ist mir bekannt, und ich könnte mir vorstellen, dass eine neue Aufgabe nicht gerade das ist, was Sie am dringlichsten wünschen.» Doch Rudolf sagte zu, und Huber, der viele seiner Auffassungen teilte, wurde ein Freund.

Im Oktober 1963 traf sich die ganze Führungscrew der Branche im Bundeshaus zu einer Sitzung der Ständigen Beratenden Kommission der Uhrenindustrie; geladen waren auch Universitätsprofessoren und Gewerkschaftsvertreter.[66] Rudolf war als Beisitzer anwesend, ebenso Karl Obrecht, Sohn des Hermann Obrecht und soeben zum Verwaltungsratspräsidenten der Superholding Asuag ernannt. «Die Asuag spielt in der Uhrenindustrie bekanntlich eine zentrale Rolle. Sie ist nicht nur auf eine kommerzielle Politik verpflichtet, sondern sie hat gemäss ihren Statuten das allgemeine Interesse der Uhrenindustrie zu wahren», erklärte Huber die Anwesenheit Obrechts. Haupttraktandum war die Frage, «inwieweit die traditionelle Politik der Uhrenindustrie noch den heutigen Verhältnissen gerecht wird». In der Folge betonten alle Vertreter der Uhrenindustrie, man sei durchaus konkurrenzfähig und habe bisher nichts falsch gemacht, es hätten sich nur die Bedingungen geändert. «Die Qualität der Handarbeit ist nicht mehr ein Schlüsselelement der Industrie», sagte Gérard Bauer, Präsident des Verbands FH. «Diese Entwicklung ist irreversibel. Wenn der Zweite Weltkrieg nicht stattgefunden hätte, hätte man die Probleme, die sich heute stellen, schon viel früher anpacken müssen. Der Krieg hat die Entwicklung der ausländischen Konkurrenz unterbrochen.» Als Zukunftsszenarien sehe er eine engere Kooperation mit dem Ausland vor, zum Beispiel Beteiligungen an ausländischen Firmen oder Gründung eigener Firmen im Ausland, sowie eine «kontrollierte Schablonage». Karl Obrecht pflichtete Bauer bei: Das Problem heute war die gegenseitige Kaufs- und Verkaufstreue, denn «in der Schweiz gibt es für die Bestandteilfabrikanten keinen genügenden Absatz mehr». Es sei aber «Sache der Uhrenindustrie selber, die Frage zu lösen, wie sie in Führung bleiben will». Die Problemanalyse war «relativ einfach, die Schwierigkeiten liegen aber auf der politischen, sozialen und regionalen Ebene – bei der Möglichkeit also, die getroffenen Beschlüsse auch durchzuführen». Das Gerangel in der Uhrenindustrie in den folgenden Jahren sollte ihm vollumfänglich recht geben.

Als Rudolf um seine Meinung gebeten wurde, setzte er zu einer langen Rede an: «Ich bekenne, dass ich nicht der Vater heutiger Theorien bin. Meine Erfahrungen zwingen mich, den Flug der Gedanken von einer etwas realistischeren Seite zu betrachten.» Die Schweizer Uhrenindustrie hatte sich gegenüber dem Ausland wie Deutschland, Frankreich, England und den USA durchaus als konkurrenzfähig erwiesen. «Wenn wir es also mit einer offenen Konkurrenz zu tun haben, so stehen wir nach wie vor an erster Stelle.» Gegenüber Russland und Japan war die Lage anders: Die japanische Uhrenindustrie entwickelte sich dank der Zollmauer, während sich Russland politisch abriegelte. Die Situation werde erst jetzt gefährlich, da diese beiden Länder «eine Überschussproduktion zu verkaufen haben, während sie bis jetzt hauptsächlich nur für ihren eigenen Bedarf Uhren produziert haben». Beide Länder drangen nun mit ihren Erzeugnissen in die traditionellen Absatzmärkte der Schweizer Fabriken ein. Die Konkurrenz der USA mit Timex Corporation war ebenfalls stark, weil dort die billige Uhr durch eine «Riesenreklame» lanciert worden war. «Die grossen Firmen haben den Vorteil, dass jede nur von einem Kopf geleitet wird. Darum haben sie es leicht, eine gezielte Markenpolitik zu betreiben. Die schweizerische Uhrenindustrie hat dieser Markenpolitik für billige Uhren wenig entgegenzustellen. Wir sind 500 Unternehmen, die Uhren exportieren, darunter kaum zwei Dutzend, die sich eine internationale, alle Märkte umfassende grosszügige Markenpolitik leisten können.» Dieses Votum Rudolfs zeigt, dass die Probleme, die später zum Zusammenbruch führen sollten, den Branchenvertretern schon damals längst bewusst waren. Das Uhrenstatut und die gegenseitigen Vereinbarungen hatten eine Struktur am Leben erhalten, die keine Schlagkraft mehr hatte.

Wenige Monate später traf sich die gleiche Gruppe erneut zu Besprechungen. Wiederum waren sich alle einig, dass etwas geschehen müsse. Es zeigte sich immer mehr, dass die «zentralen Probleme bei der Strukturfrage, bei der Forschung und der Vermarktung liegen», sagte Huber. Um schlagkräftig zu sein, müsste die Anzahl der Etablissage-Betriebe von gegenwärtig 550 auf 50 reduziert werden. Ein weiterer Umstand machte die Lage ungemütlich: Nur

15 Prozent der exportierten Uhren waren sogenannte Markenuhren, der grosse Rest fiel auf die «anonyme» Uhr, und diese liess sich nicht mit einem «Brandmarketing» verkaufen. Gérard Bauer, Präsident der FH, machte nun einen Vorschlag, der einem Paradigmenwechsel gleichkam: Gemeinsam könnten der Verband FH und die Asuag eine neue Vertriebsgesellschaft für Fertiguhren gründen und damit das Absatzmarketing forcieren – selbstverständlich mit Asuag als Minderheitsaktionärin. Allerdings seien wohl seine Verbandsmitglieder «kaum begeistert von dieser Idee». Sein Vorschlag kam einem Eingeständnis gleich, dass die Fédération Horlogère die Probleme der Etablisseure nicht selbst lösen konnte. Bauer war ein schlauer Taktiker: Er suchte nicht die gleichberechtigte Mitbestimmung der Rohwerkhersteller, sondern hatte es ganz offensichtlich auf das Geld der reichen Asuag-Holding abgesehen.

Rudolf mochte Gérard Bauer nicht. Der 1907 geborene Jurist und Politikwissenschafter, den man noch immer «Minister» nannte, nachdem er früher als Diplomat in internationalen Verhandlungen die Eidgenossenschaft vertreten hatte, war ein distinguiert auftretender Mann mit vornehmen Attitüden – Rudolf hielt ihn für blasiert. Aus seiner Abneigung machte er gleich zu Beginn seiner Rede an dieser Sitzung keinen Hehl: «Ich bedaure, dass es mir bestimmt ist, jeweils nach Herrn Minister Bauer zu sprechen.» Sein folgendes Votum macht deutlich, wie tief der Graben zwischen den Lagern der Etablisseure und der Rohwerkhersteller schon war. Es war auch ein Graben zwischen der Mentalität der Deutschschweiz, also Grenchen, und der welschen Schweiz, wo die meisten Fertiguhrenfirmen ansässig waren. Im Wesentlichen gab Rudolf dem Minister zur Antwort, die FH solle selbst schauen, wie sie das Problem der Vermarktung der Fertiguhren lösen wolle. «Ich bin über die heutige Bescheidenheit der FH enttäuscht, wenn sie die Aufgabe, ihre mehr als 500 Mitglieder zu überwachen, noch mit andern Stellen teilen will.» Was die teilweise Auslagerung der Rohwerkproduktion ins Ausland betreffe, könne man der Asuag nicht zumuten, eine solche zu finanzieren, «ginge es doch darum, eine direkte Konkurrenz zu unserer eigenen Uhrenfabrikation aufzubauen». Die Wurzel des Problems sei die Compartimentage, die branchentypische Aufsplitterung im Rahmen des Regelwerks des Uhrenstatuts. Es gab noch Manufakturen, die alles selbst herstellten, doch diese konnten mittlerweile die Rohwerke für den eigenen Gebrauch nicht mehr rationell herstellen. «Vor wenigen Jahren haben noch 50 Manufakturen alle Rohwerke für ihre Uhrenproduktion selbst hergestellt; heute sind es keine 20 mehr. Die meisten fabrizieren nur Werke für einige wenige Kaliber.» Er verteidigte die Politik der Asuag und ihrer Tochter, der Ebauches SA: Die Holdings hatten bisher dafür gesorgt, dass die Preise stabil waren und die Produktion ausreichend und technisch auf dem neuesten Stand. Rudolf stand auch der Idee einer gemeinsamen Vertriebsgesellschaft skeptisch gegenüber: «Bisher sind fast alle Konzentrationen, soweit es sich um den Verkauf von Uhren handelte, schief gegangen; niemand will sich von seinen Partnern vorschreiben lassen, wo und wie er verkaufen soll.» Die Etablisseure waren Individualisten, eine gemeinsame Vermarktung ihrer Produkte «scheint mir schon allein vom Standpunkt der menschlichen Schwierigkeiten aus gesehen ein fast unlösbares Problem».

Tatsächlich waren die Etablisseure keineswegs eine einheitliche Front. Im Verband FH steige die Temperatur langsam an, schrieb wenig später der Direktor der Bieler Montres Era in einem vertraulichen Brief an Rudolf. Jeder spreche von Konzentration, doch alle Vorschläge scheiterten am Widerstand der kleineren Mitglieder. «Es ist ja heute leider so, dass man in Verbandssitzungen auf dem Maul sitzen muss, weil einerseits die Sekretäre und FH-Funktionäre auf dem Weiterbestehen des heutigen Apparats beharren und andererseits die kleineren Betriebe – die um ihre Zukunft doch mehr oder weniger zittern – alles veranlassen, um die Bremsen zu ziehen. Warum schleppt man noch die Kleinbetriebe mit?» Die Rohwerkhersteller hüteten sich aber, Öl ins Feuer zu giessen: Als wäre die Uhrenbranche eine grosse Familie, vermieden sie es, Konflikte mit den Etablisseuren an die Öffentlichkeit zu tragen. Jene, die es trotzdem taten, wurden umgehend gerügt. Als Adolf M. Schütz, Marketingchef der Eterna, an einem Vortrag die Strukturen in der Fertiguhrenbranche kritisch würdigte, erhielt er vom Präsidenten der Ebauches SA eine Rüge. Schütz hatte im Vortrag gesagt: «In den meisten Fällen ist der Uhrenproduzent ein extremer Individualist, der seine Unabhängigkeit nicht aufgeben will – sogar dann nicht, wenn er mehr verdienen und ein friedlicheres Leben führen könnte mit einem Zusammenschluss. Es gibt keine legalen Waffen, um ihn zu einer Mitgliedschaft eines Kollektivs zu zwingen, und darum wird der Fortschritt diesbezüglich nur erreicht werden durch kontinuierliche Aufklärung und Schulung und den sanften Druck der ökonomischen Realitäten.» Der Vortrag sei von Eterna-Direktor Schild-Comtesse abgesegnet und gewisse Passagen nach Kritiken aus FH-Kreisen gestrichen worden, rechtfertigte sich Schütz. Er hoffe, so schrieb er bald darauf einem Kollegen, «dass sich in Zukunft die Ebauches SA aktiver um die Fertiguhr bekümmert, und dann wird die Tätigkeit der FH ohnehin platonisch».

1965 fiel das Uhrenstatut faktisch weg. «Die Uhrenindustrie ist ein launiges Kind», schrieb ein Kommentator in einer Schweizer Zeitung. «Sie war ebenso eifrig bemüht, das Geschenk anzunehmen, wie sie sich vor mehr als 30 Jahren bemüht hatte, ihr Schicksal in die Hände der mütterlichen Eidgenossenschaft zu legen.» Als Generalsekretär Karl Huber 1967 zum Bundeskanzler gewählt wurde, dankte ihm Rudolf für seinen Einsatz, die Uhrenbranche zu liberalisieren: «Ihre glänzende Beförderung zum Bundeskanzler hat mir zwar offen gestanden gar keine Freude bereitet. Ich denke dabei an die zukünftige Zusammenarbeit zwischen der Uhrenindustrie und Bern. Sie haben es in all den Jahren verstanden, von einer grossen Klagemauer zu einem Weggenossen und Wegweiser zu werden, so dass heute eine denkbar gute Zusammenarbeit zwischen Industrie und Regierung besteht.» Er dankte «für die Loyalität, mit der Sie mir immer begegnet sind. Ich habe eigentlich nur etwas bedauert: Dass Sie es zwar fertiggebracht haben, die Uhrenfabrikanten ins ‹Bad der Freiheit› zu tauchen, ohne dass gleichzeitig auch unsere verehrte Bauernschaft etwas schwimmen gelernt hat.»

Die deutsche Wochenzeitschrift *Die Zeit* kommentierte 1967, nun habe sich die Schweizer Uhrenindustrie vom «mittelalterlichen Kettenpanzer» befreit. «Wir treten die Flucht nach vorn an», sagte Rudolf, mittlerweile Verwaltungsratsdelegierter der Holding Ebauches SA, im Interview mit der Zeitung. Schild-Comtesse sei einer der mächtigsten Männer der Schweizer Uhrenindustrie, schrieb der Redaktor der Zeitung, und seine Parole laute: Kostensenkung. Das bedeutete, erklärte Rudolf dem Journalisten, «weitgehend automatisierte Produktion – soweit es sich nicht um jene, mit Prestigedenken behafteten Markenuhren handelt, die ihre letzte Präzision von täglich 5 Sekunden Ganggenauigkeit nur durch höchste handwerkliche Kunstfertigkeit erhalten. Mindestens 1000 Stück täglich müssen hergestellt werden, dann ist es rationell.» Die Schweiz musste sich dem Konkurrenzkampf mit Japan stellen: Das Land der aufgehenden Sonne hatte 1947 erst 3,4 Millionen Uhren produziert – 1964 waren es knapp 12 Millionen und 1970, so schrieb *Die Zeit*, «werden es wohl an die 22 Millionen Uhren sein, von denen gut 10 Millionen auf den Weltmarkt drängen werden. Es sind keine schlechte Uhren, die aus Nippon kommen – nicht zuletzt das hat die Eidgenossen wachgerüttelt.»

Nach langen Diskussionen rangen sich 1966 der Verband FH und Asuag dazu durch, unter Mithilfe der Banken eine gemeinsame Vertriebsgesellschaft für Fertiguhren zu gründen. Die neue Chronos Holding unter Mehrheitsbeteiligung des Fertiguhrenverbands FH hatte den Zweck, «im Sektor der Uhrenfabrikation Zusammenschlüsse von Uhrenfabriken und ihrer Marken zu erleichtern». Rudolf war nicht glücklich über diesen Versuch: «Viel zu breite Einsatzpolitik der neuen Gesellschaft», notierte er. Der Verband FH und die «diversen Spezialisten» – damit waren Bankenvertreter gemeint – kannten das Problem gar nicht. Rudolf war überzeugt: Nur wenn die Etablisseure bereit waren, ihre Produktion zusammenzulegen und hier Kosten zu sparen, machte ein Zusammenschluss einen Sinn. Die Finanzgesellschaft sollte sich denn auch als Rohrkrepierer erweisen. Sie kaufte die Markenrechte der Firma Cyma, die ihre Produktion damit einstellte, und wenig später die Unternehmen Ernest Borel und Doxa. Daneben beteiligte sie sich an anderen Fertiguhrengruppen wie Saphir SA mit Favre-Leuba und Jaeger-LeCoultre. Im Verlauf der 1970er-Jahre sollte die Gruppe still und leise die Produktion einstellen, 1978 liquidiert und die Marken dem Familienunternehmen Aubry Frères SA verkauft werden.

1970 startete die Superholding Asuag einen neuen Versuch, eine Gruppe mit Fertiguhrenbetrieben zu bilden, dieses Mal mit weit mehr Mitteln, mit international etablierten Marken und vor allem unter dem Lead der Superholding. Diese «Flucht nach vorn» sollte den Graben zwischen den Rohwerkherstellern und dem Verband Fédération Horlogère weiter vertiefen. «Ich glaube, es ist nötig, sich einmal dieses psychologische Spannungsfeld zu vergegenwärtigen», hielt 1966 der Verfasser einer Strukturanalyse der Branche fest. Der verwaltungsinterne Bericht war zuhanden des Bundesrats verfasst und liefert aufschlussreiche Hinweise auf die von Misstrauen und Abneigung geprägte Stimmung zwischen den Protagonisten der Asuag und den Etablisseuren.[67] «Die FH scheint – etwas überspitzt ausgesprochen – gegenüber der für die Führung einer klaren und wirksamen Industriepolitik bedeutend besser ausgerüsteten Asuag-Gruppe einen gewissen Minderwertigkeitskomplex zu haben.» Man habe den Eindruck, gewisse Kreise «fühlten sich geradezu Herrschaftsgelüsten der Asuag ausgeliefert». Die Etablisseure befürchteten, das «Imperium der Asuag-Gruppe (das heisst der Ebauches SA)» werde seine Marktmacht ausnützen und am Ende die Probleme im Alleingang meistern, indem «es auch noch das ‹produit terminé› einsacken könne».

Was dann auch geschehen sollte in einem Akt der Befreiung. Erst gründete Asuag 1971 eine Gruppe mit bestehenden Fertiguhrenmarken. Und 1978 sprengte der neue Eta-Generaldirektor Ernst Thomke die Fesseln vollständig auf: Er gab den Auftrag, die Swatch-Uhr zu produzieren.

Der alternde Patron und seine Firmen Eta und Eterna

Es war still geworden in der Villa an der Gibelstrasse. 1964 war Madeleine unheilbar an Krebs erkrankt. Operationen und Chemotherapie zeigten keine Wirkung. Hilflos musste Rudolf Schild das Sterben seiner Frau mitansehen. Er wachte an ihrem Bett, sooft er konnte. Besucher liess er nur kurz in das Zimmer ein: Seine Frau sollte Ruhe haben. Madeleine trug ihr Schicksal mit Würde; nie hatte jemand sie klagen hören. Selbst beim letzten Besuch ihrer Enkel kurz vor dem Tod 1966 lächelte sie ihnen freudig entgegen, nahm sie in die Arme und winkte ihnen beim Abschied tapfer nach. Einige Monate vor ihrem Ableben schrieb sie ihrem Arzt: «Wenn ich das Leben geniesse und jeden Tag auf dieser Erde etwas Bereicherndes entdecke, so ist es nur, weil ich mich für alles interessiere, alles beobachte, alles Schöne und Liebe in mich aufnehme, ohne meiner Krankheit mehr Platz in meinem Leben einzuräumen, als sie es verdient. Ich habe das Glück, dass ich mich gut pflegen kann, dass ich ganz hervor-

Sie stand immer an seiner Seite: Rudolf und seine Frau Madeleine an Weihnachten.

ragende menschliche Ärzte gefunden habe und dass ich unglaublich verwöhnt werde von meinen Lieben.»

Nach ihrem Tod legte sich eine bleierne Stille über die Villa. Die drei älteren Kinder waren längst verheiratet und ausgezogen. Nur der jüngste, mittlerweile 18-jährige Sohn Claude wohnte noch bei seinem Vater. Nach der Matura begann Claude, in Bern Betriebswirtschaft zu studieren. Sohn Alfred bewohnte mit seiner vierköpfigen Familie ein Haus an der Gibelstrasse gegenüber der Villa seines Vaters. Er war 1963 im Alter von 22 Jahren in die Eta eingetreten und 1967 zum Handlungsbevollmächtigten befördert worden. Fortan nahm er an der Seite seines Vaters an den Sitzungen der Firma teil, der ihn als Nachfolger für die Aufgabe vorbereiten wollte.

Der Vater stürzte sich nach dem Tod Madeleines in die Arbeit. Seine Mitarbeiter, aber auch die Geschäftsleitungen der Asuag und Ebauches SA begegneten ihm mit Anteilnahme und Rücksicht. 1968 bedankte sich Rudolf bei Asuag-Generaldirektor Theodor Renfer für die Gratifikation «für besondere Verdienste» in der Höhe von 90 000 Franken: «Einmal mehr möchte ich Ihnen recht herzlich danken für Ihre ausserordentlich grosszügige Geste sowie auch für das Verständnis, dem ich bei Ihnen immer wieder begegnen durfte. Sie wissen ja, dass ich seit bald zwei Jahren in der Eterna erst recht meine grosse, wenn nicht grösste Befriedigung finde, auch wenn ich mich glücklicherweise von meinen vier Kindern sehr verständnisvoll umgeben fühle.»

Die Firmen Eterna und Eta hatten sich unter Rudolfs Ägide bestens entwickelt. 1967 überschritt der gemeinsame Umsatz erstmals die 100-Millionen-Grenze. Mit 236 Mitarbeitenden erwirtschaftete Eterna einen Umsatz von 25,6 Millionen Franken, der Reingewinn belief sich schon seit einigen Jahren auf durchschnittlich 750 000 Franken. Eta erreichte mit 1200 Angestellten einen Umsatz von knapp 80 Millionen Franken. An die Fondation d'Ebauches, eine gemeinnützige Stiftung zugunsten des Wohnungsbaus für Mitarbeiterinnen und Mitarbeiter, lieferte sie jährlich 2 Millionen Franken ab. Durchschnittlich flossen mehr als 5 Millionen Franken Steuern an Solothurn. Die Rohwerkherstellerin war damit mittlerweile die grösste Steuerzahlerin des Kantons. Rudolf hatte das Unternehmen gut gewappnet für Krisenzeiten: In der «Spezialreserve» lagen 50 Millionen Franken, Eta war Eigentümerin von 1000 Aren Land in Grenchen und Umgebung mit Wohnhäusern, Bauland und landwirtschaftlich genutzter Fläche. Ausserdem hatte Rudolf dafür gesorgt, dass die Fabriken der Ebauches SA die Pensionskasse mit namhaften Summen, die weit über die paritätisch vereinbarten Beiträge hinausgingen, auf einen gesunden Boden stellten. Bei seinem Rücktritt von der Leitung der Eterna 1971 würdigte der Laudator der Ebauches SA diese Leistung: «Dr. Schild war sich jederzeit bewusst, dass der Erfolg nur erreicht werden konnte durch eine Kollektivleistung aller Beteiligten und dass jeder Arbeitgeber die Pflicht hat, die Arbeitnehmer am Erfolg eines Unternehmens teilnehmen zu lassen.» Die Pensionskasse der Ebauches SA «dürfte eine der bestfundierten Sozialeinrichtungen der Uhrenindustrie sein».

Noch immer profitierte Eta von den Arbeiten von Heinrich Stamm und Fritz Scholl. Stamm tüftelte weiter an der Vereinfachung der Kaliber. 1967, im selben Jahr, als Eta die elektronische Stimmgabeluhr Mosaba vorstellen sollte, gelang ihr ein Coup mit einem neuen automatischen Uhrwerk. Bald schon präsentierte das Schwesterhaus Eterna die Eterna Matic 3000. Das Kaliber war mit 3,6 Millimeter das flachste Uhrwerk mit Zentralrotor. Stamm und sein Team hatten dafür eine neue Lösung gefunden: Die einzelnen Teile des Werks waren enger gruppiert und liessen eine Mulde frei, in der das Automatikräderwerk gelegt und mit drei Schrauben befestigt werden konnte. Das Kugellager war auf sieben Kugeln erhöht, deren Durchmesser weiter reduziert. Die Uhrmacher im Service hatten Freude: Fortan mussten sie nur drei Schrauben lösen, um die Automatikbaugruppe vom Uhrwerk zu trennen. Die Presse sprach von einem «Meilenstein». Das Werk wurde später konsequent weiterentwickelt. 1975 sollte es als Kaliber 2892 Furore machen; dieses wird noch heute in IWC- und anderen Uhren benutzt und ist mittlerweile von chinesischen Firmen kopiert worden.[68]

Längst stand fest, dass Fritz Scholl dereinst die Nachfolge von Rudolf antreten werde bis zu seiner Pensionierung, wenn dann Sohn Alfred, so war der Plan des Vaters, die Geschäfte übernehmen würde. Unter Scholls Ägide schritten die betrieblichen Veränderungen immer schneller voran. Ab 1969 war das Setzen der Lagersteine automatisiert, was als erneute Pionierleistung gefeiert wurde. Scholl richtete sein Augenmerk weiterhin auf die Optimierung der Abläufe – getreu seiner bewährten Devise: zuerst normalisieren, dann standardisieren, dann automatisieren – und festigte damit die führende Position der Eta. Mitarbeiter Hugo Zangger erinnerte sich in einem Interview an jene 1960er-Jahre und an den Pioniergeist: «Neue Maschinen wurden entworfen und anschliessend Prototypen erstellt für das Stanzen von Rädchen, aber auch ganze Fertigungsstrassen für das Setzen der Steine und so weiter.»[69] Die «Rund-

Rudolf Schild (links) und sein designierter Nachfolger Fritz Scholl ergänzen sich ideal.

taktmaschine» war eine solche Entwicklung. Bei bisherigen Maschinen hob sich der Tisch mit dem Werkstück nach oben, wo die Werkzeuge waren. In der Eta kam man auf eine andere Idee: Die Werkstücke lagen auf dem Tisch, die Werkzeuge griffen von oben auf die Steine oder Platinen zu, bearbeiteten sie, zogen sich zurück, worauf sich der Tisch weiterdrehte und den Werkzeugen das nächste Stück zur Bearbeitung vorlegte. Von nun an war die Bearbeitung der Stücke automatisiert. Als Innovation folgte später eine Erosionsmaschine mit einem Draht als Elektrode; damit konnte ähnlich einer Laubsäge Hartmetall geformt und Stempel oder Matrizen herausgebrannt werden.

Scholl setzte in seiner Führung auf die Mitarbeitenden und ihre Ideen, wie sich Prozesse rationalisieren liessen. Eine Kommission mit Vertretern der wichtigsten Abteilungen nahm die Vorschläge entgegen. Diese mussten gut dokumentiert sein. Wurde eine Idee umgesetzt, erhielt der Urheber eine Prämie. «Manchmal wurde etwas zur Verhinderung der Verletzungsgefahr eingereicht, manchmal zur Rationalisierung. Es gab auch solche, die alles ändern wollten, aber da musste man ‹sieben›», erzählt Zangger. Für Aussenstehende habe es wohl nicht selten den Anschein gemacht, hier werde gebastelt; doch es war keine Bastelei, es waren «Pioniertaten: Wir mussten uns unseren Weg selber suchen».

Rudolf hörte auf seine Leute und war über kleinste Details informiert. Nach jedem Gespräch verfasste er stichwortartige, präzise Notizen mit den wichtigsten Ergebnissen; damit war er bestens dokumentiert, wenn eine Angelegenheit erneut zur Sprache kam. Vor dem Besuch eines ausländischen Vertreters orientierte er sich jeweils über die aktuelle Politik des betreffenden Landes; der Agent war angenehm überrascht, wenn sich der Direktor nicht nur an frühere

Gespräche erinnerte, sondern auch über die Geschehnisse in der Heimat plauderte. Nach wie vor teilte Rudolf, wie damals sein Grossvater Urs Schild, die Monatslöhne höchstpersönlich aus. Damit holte er sich Informationen über das Innenleben des Betriebs. Wies ein Mitarbeiter auf missliche Umstände hin, wurde sogleich gehandelt. Hans Graf, Leiter Sondermaschinenbau bei der Eta, erinnert sich: «Ich erwähnte nur einmal ein Problem mit meinem früheren Chef, der in seinem Stahllager etwas Unordnung hatte. Am gleichen Abend wollte ich grad die Firma verlassen, da kam Scholl mit mir in den Lift und führte mich ins Magazin: ‹So, wo ist der Fehler?› Ich musste alles erklären: Der Stahl sei nicht genau beschriftet, und so sei man oft nicht sicher, ob man das richtige Teil mit der richtigen Härte zur Verarbeitung erhalte.» Die Direktion fackelte nicht lange: Der aufmerksame Mitarbeiter wurde sogleich zum Chefeinkäufer für Stahl befördert. «Ich wurde dann ein bisschen vorsichtiger mit meinen Äusserungen», sagt Graf heute und lacht.

Auch das Computerzeitalter hielt Einzug, allerdings einige Jahre später als in amerikanischen Betrieben. Diese konnten von einem Programmiersystem zur Herstellung von Maschinen profitieren, welches das renommierte Massachusetts Institute of Technology MIT für den Flugzeugbau entwickelt hatte. Eta zog 1961 nach mit einem lochkartengesteuerten Computer für die Administration. 1967 machte sich Scholl in Amerika vor Ort ein Bild über die neuesten technischen Entwicklungen. Er besuchte Kodak, IBM und General Motors und war beeindruckt: «Diese grossangelegten Laboratorien sind unvorstellbar, wenn man sie nicht gesehen hat. Alles ist sehr grosszügig angelegt.» 1968 bestellte Ebauches SA gemeinsam mit der Eta den ersten Grosscomputer Univac 1108. Eta liess das Ungetüm in den Zentralbüros der Ebauches SA einbauen. Die beiden anderen grossen Ebauches-Firmen Assa und Fontainemelon waren nicht glücklich über die Wahl: Sie hatten in ihren Firmen auf ein System von IBM gesetzt, das eine dezentrale Anwendung ermöglichte. Die Computersysteme waren nicht nur inkompatibel: Die Konkurrenz musste von nun an alle ihre Daten im Grossrechner eingeben und befürchtete, Eta könne sich über die Geschäftslage ihrer Schwesterfirmen orientieren. Denn die Fabriken unter dem Holdingdach standen noch immer in Konkurrenz zueinander, obwohl sie in verschiedenen Gremien gemeinsam über die Produkte und zukünftige Entwicklungen diskutierten. Vor allem die Fabrik Eta war bekannt als hermetisch abgeschlossenes Gebäude, das aus Furcht vor Werkspionage keiner Schwesterfirma und schon gar nicht Aussenstehenden Zutritt gewährte. Das System von

Univac sollte sich bald als Sackgasse und als Fehlentscheid erweisen; schon wenige Jahre später wurde auf IBM umgestellt.

Fritz Scholl und Rudolf zollten sich gegenseitig Respekt. Mit seiner auf Ausgleich bedachten Seite war Scholl die ideale Ergänzung zu seinem Chef. Dessen bisweilen schroffer Umgang mit Kadermitgliedern, die ihm nicht genehm waren, glich Scholl mit Gelassenheit und Fürsorge aus. Wollte ein Abteilungsleiter einen Untergebenen wegen Unfähigkeit entlassen, versuchte er stets, dem Betroffenen eine andere Stelle im Betrieb zu vermitteln. Scholl galt als umgänglich; dem obersten Chef brachte man Respekt, aber auch Furcht entgegen. Beide pflegten aber den direkten Kontakt zu den Beschäftigten, nahmen teil an den traditionellen «Besinnungsseminarien», an den Jahresversammlungen der Betriebsfeuerwehr oder der Kranken- und Alterskasse und kegelten dort mit den Angestellten. Der Präsident der Betriebskommission war ein «Roter», Rudolf zeigte keine Berührungsängste: «Er sprach mit allen, keiner konnte ausweichen», erinnert sich Graf. Ab und zu lud der Direktor das Kader in sein Haus an der Gibelstrasse ein; man tummelte sich am Swimmingpool bis tief in die Nacht. Der Hausbesitzer mit seinem «verhaltenen, gepflegten Humor» schaute freundlich lächelnd zu. Jedes Jahr feierten die Angestellten der beiden Firmen und ihre Familien gemeinsam Weihnachten; die Kinder machten am Weihnachtsspiel als Engel verkleidet mit.

Beförderungen teilte Rudolf jeweils in einem persönlichen Brief mit, in dem er die Leistungen würdigte. Die so Ausgezeichneten dankten es ihm ebenfalls mit einem Brief: «Mit grosser Freude habe ich meine Beförderung zum Prokuristen zur Kenntnis genommen», schrieb ein Mitarbeiter 1970. «Wenn ich auf meine 24-jährige Tätigkeit in der Firma Eta zurückblicke, kann ich mit Überzeugung sagen, dass es sich gelohnt hat und auch weiterhin lohnt, sich für Ihre Firma einzusetzen. Die Firma Eta ist eine der wenigen grossen Firmen, wo ein Mann oder auch eine Frau ohne höhere Schulbildung eine echte Möglichkeit hat, sich eine angesehene Stellung zu erarbeiten. Ein Faktor, der bei der Personalwerbung der jüngeren Generation ins Gewicht fallen kann.»

Wenn Rudolf aber etwas zu bemängeln hatte, so tat er dies auf direktem Weg und ungeschminkt. Selbst Scholl blieb nicht verschont, wie ein früher Vorfall dokumentiert. Scholl genoss 1961 in Montecatini gerade seine wohlverdienten Ferien, als ihn ein Brief des Direktors erreichte: «Es gehört zu den selbstverständlichen Pflichten jedes Chefs, dass er bei jeder Abwesenheit seine Stellvertretung präzis ordnet. Leider muss ich wieder einmal feststellen, dass

Die Herren gönnen sich eine Pause am Swimmingpool: am Besinnungsseminar im Giessbach-Hotel.

Sie dieses ausserordentlich wichtige Problem nicht voll erfasst haben.» Er benütze die Gelegenheit, um ganz allgemein festzustellen, dass Klagen über die Qualität nicht mit der nötigen Gründlichkeit nachgegangen worden sei: «Ein Mangel an straffer Führung!» Er könne sich ja in den Ferien «einiges durch den Kopf» gehen lassen. «Im Übrigen wissen Sie genau, dass ich Ihre Fähigkeiten sehr hoch einschätze und Ihnen gegenüber immer eine sehr loyale Haltung eingenommen habe. Ich hoffe deshalb, dass Sie diese wohlgemeinten Zeilen im richtigen Geist auffassen und verarbeiten, nachdem Ihr erster Zorn verflogen sein wird. PS. Der Betrieb schwimmt völlig ohne Oberleitung. Soeben stosse ich auf einen mir unbekannten Mann in Arbeitsbluse», offenbar von der Firma Hauser beauftragt, die Maschinen zu prüfen. Der Mann laufe unkontrolliert im Betrieb herum, «dabei ist Hauser bekanntlich in höchstem Masse daran interessiert, unsere Automatisierung genauer zu studieren». Scholl, so erzählt man, nahm die Beanstandungen jeweils mit der nötigen Gelassenheit entgegen. Rudolf dankte ihm seinen Einsatz mit grosszügigen Gratifikationen, die er bei der Ebauches SA beantragte. Die Summe überstieg regelmässig das Jahresgehalt. 1965 etwa erhielt Scholl eine Gratifikation von 90 000 Franken, die mit einem Drittel über dem Lohn lag. Er dankte es Rudolf jedes Jahr mit denselben Worten: «Ich danke Ihnen für das grosse Vertrauen, das Sie mir immer wieder entgegenbringen. Ich versichere Ihnen auch im neuen Jahr meine ganzen Kräfte zur Unterstützung Ihrer grossen Aufgabe.»

Mit der Höhe der Gratifikationen belohnte oder bestrafte Rudolf sein Kader. «Ich habe davon Kenntnis genommen, dass Sie die Gratifikation nach dem Leistungsprinzip bemessen», schrieb ein Kadermitarbeiter, nachdem der Patron ihm die Summe gekürzt hatte. Er wisse: Auch ihm seien Fehler unterlaufen, «wie jedem, der arbeitet». Gewisse Vorwürfe müsse er aber zurückweisen – vor allem jene, die Angelegenheiten betreffen, «für die ich weder einen Auftrag noch die notwendige Kompetenz habe, so zum Beispiel der Vorwurf, dass ich nicht in der Lage wäre, vor unseren drei Direktoren über Probleme zu referieren».

Nach dem Tod seiner Frau war Rudolf ein anderer, Mitarbeiterinnen und Mitarbeiter, Kollegen und Kolleginnen sahen es alle und spürten seine Einsamkeit. Seine Wutausbrüche mehrten sich, sein latentes Misstrauen verstärkte sich. Der Inhalt seines Lebens waren seine Arbeit und seine Kinder. Und jetzt, Ende der 1960er-Jahre, musste er sich mit seinem Rücktritt und der Nachfolge befassen. Es fiel ihm schwer. Die Fabriken der Asuag wurden von den Direktionen, meist Nachkommen der Gründerfamilien, noch immer geleitet, als wären sie völlig unabhängig. Jetzt aber, da sich die Verhältnisse in der Branche mit der auf 1971 angekündigten Liberalisierung veränderten, wollte Ebauches SA die Zügel straffer in die Hand nehmen. Die Holding setzte neu eine Altersgrenze von 69 Jahren fest. Es war ein Wink mit dem Zaunpfahl für die Familien, das Zepter zu übergeben. 1969 trat Rudolf als Verwaltungsratsdelegierter der Ebauches SA zurück, wie er es schon zu Beginn festgelegt hatte. Er hatte aber bisher keine Anstalten gemacht, bei Eta zurückzutreten. Asuag-Präsident Karl Obrecht liess ihn vorerst gewähren: Er nahm Rücksicht auf die Trauer seines Freundes. Ebenso wusste er das immense Know-how und die unbestechliche Meinung Rudolfs zu schätzen: «Die Zusammenarbeit mit dir ist mir stets eine Freude, selbst wenn wir die Dinge nicht immer gleich sehen. Ich zehre selbst immer noch von deiner grossen Erfahrung und deinem klaren Blick.»

Noch immer im Minderheitsbesitz der Gründerfamilien, waren bei der Eterna keine Altersgrenzen gesetzt. Derweil brachte sich Adolf Schütz in Stellung. Der Marketingdirektor war 1952 von Rudolf als kaufmännisches Kadermitglied angestellt worden. Wie üblich bei Neuanstellungen der oberen Etage, hatte Rudolf zuvor ein grafologisches Gutachten eingeholt. Der Befund war durchzogen: «Es handelt sich um einen sehr intelligenten Mann, mit extrem starkem Charakter, hart und unternehmerisch denkend. Sehr direkt, offen und ehrlich.» Schon bald stand ihm Rudolf kritisch gegenüber und warf ihm verschwenderischen Umgang mit den Finanzen vor. Der kostenbewusste Direktor kümmerte sich offenbar auch um kleinste Details: Man habe doch längst beschlossen, die Ausgaben für Schaufensterdekorationen in der Schweiz energisch zu kürzen, «wo bleibt da die immer wieder betonte und versprochene Reduktion». In einem Winterthurer Schaufenster habe die Aufschrift «Präzisionsuhren» gefehlt: «Ein wesentlicher Fehler, da in unserer Reklame der Name Eterna unbedingt mit diesem Begriff assoziiert werden muss.» Die Mängelrüge umfasste acht Punkte – der Letzte bezog sich auf eine Rechnung des Hotels Baslerhof über 75 Franken für die Dekoration einer Vitrine, «ohne dass wir Unterlagen finden».

Hier zeigte sich im Kleinen, was später der Eterna unter der Leitung von Adolf Schütz den Ruf kosten sollte: Rudolf war ein vorsichtig agierender Geschäftsmann, hatte stets die Kosten im Blick und bremste, wenn ihm Ziele zu ehrgeizig schienen. Sein Nachfolger aber sollte seine persönliche Geltung mit der Steigerung des Umsatzes koppeln, was schliesslich dazu beitrug, dass die einst solide Eterna wenige Jahre nach dem Abgang Rudolfs 1971 in die roten Zahlen schlitterte. Eine erfolgreiche Bilanz kam bei der Mehrheitseigentümerin Asuag gut an und wurde mit Gratifikationen belohnt. Die Mutterfirma Asuag hatte Rudolf mehrmals gedrängt, den Umsatz zu erhöhen, ohne Erfolg. So beschwerte sich Schütz 1967 bei Asuag-Generaldirektor Theodor Renfer: «Seit Jahren stellt Herr Dr. Schild-Comtesse, der sich bei Eterna in allen Belangen der Fabrikation die alleinige Entscheidungsgewalt vorbehält, eine massive Produktionssteigerung in Aussicht, die aber bis jetzt nicht verwirklicht wurde. Unter diesen Umständen wird ein dynamischer Einsatz in Verkauf und Werbung sinnlos.» Schütz drohte mit seinem Abgang, «falls die Produktion nicht unverzüglich und massiv gesteigert wird, denn ich will endlich einmal beweisen können, dass ich mindestens ebenso viel, wenn nicht mehr zu leisten imstande bin als zahlreiche unserer Konkurrenten».

Renfer bat Rudolf um Klärung des Sachverhalts. Dieser war gekränkt und tat, was er in Zukunft noch manches Mal tun sollte: Er verwies auf seine langjährigen Verdienste. Eterna hatte sich unter seiner Leitung erfolgreich entwickelt: «War sie noch in der Rangliste der exportierenden Schweizer Uhrenfirmen 1953 auf Platz 37, so erreichte sie 1966 den 14. Platz.» Eta hatte für Eterna eine spezielle Equipe mit «ganz erstklassigen Spezialmechanikern» bereitgestellt. Wenn nun aber die Ebauches SA das Budget für die Produktion der Eterna um 40 Prozent erhöhe, so müsse man die Mehrproduktion «erst mal verkaufen können». Bald darauf beschwerten sich weitere subalterne Kadermitglieder beim Asuag-Präsidenten Karl Obrecht über ihren Chef. Mit sorgfältiger Wortwahl versuchte Obrecht im Oktober 1968, das Thema anzuschneiden. Rudolf reagierte erneut mit dem Verweis auf seine Errungenschaften. Er hatte sich mittlerweile mit den Kadermitgliedern unterhalten, «und ich anerkenne durchaus, dass gewisse Kritiken zu hart waren. Dann haben wir in aller Ruhe über die einzelnen Punkte gesprochen. Sie waren sehr positiv und waren dankbar, meine Vorschläge über eine Verbesserung der Effizienz zu hören.» Da in allgemeiner Manier das schlechte Klima in der Eterna bemängelt werde, «erlaube ich mir, die Rentabilität der Eta zu erwähnen und die unzähligen Gewinnmillionen, die dazu beigetragen haben, dass die Ebauches SA und indirekt auch die Asuag viele Dinge zugunsten der allgemeinen Uhrenindustrie verwirklichen konnten. Ich erlaube mir, eine lapidare Frage zu stellen: Wie ist es möglich, dass Eta die wichtigste Steuerzahlerin des Kantons Solothurn geworden ist, wenn es im Innern nicht ein Klima der dynamischen und ausgeglichenen Kollaboration gegeben hätte? In diesem Kontext erwähne ich auch, dass Eta die höchste Rate hat an Mitarbeitern, die mehr als 25 Jahre im Betrieb sind. Also ein schöner Beweis in Sachen Klima. Der Erfolg ist keineswegs nur mir zuzuschreiben. Es gibt drei Direktoren, die in grösster Freiheit arbeiten, ich habe mich auf die Koordination auf höherem Niveau beschränkt. Ich bin auf jeden Fall sehr stolz auf das Resultat unseres Teams, sodass es mich beelendet, allgemeine Vorwürfe zu hören ohne Einblick in das reale interne Leben einer industriellen Unternehmung.»

Doch die Klagen über Rudolfs Umgang mit Kaderleuten bei der Eterna häuften sich. Ein besonders geschädigtes Mitglied gab seinen Verletzungen in deutlichen Worten Ausdruck: «Das Misstrauen und die Verachtung all denen gegenüber, die nicht mit der gleichen Intelligenz, Brillanz und Macht wie Sie ausgestattet sind, muss im Grunde genommen sehr weit gehen.» Das Resultat seien «viele psychisch Geschädigte, die für längere Zeit unfähig sind zu denken, zu reden oder gar zu handeln». Der Mitarbeiter schlug vor, Rudolf und Schütz sollten Frieden schliessen und «die Atombomben» vernichten: «Nichts könnte unsre liebe Konkurrenz mehr freuen, als ein Bruch zwischen Ihnen und Herrn Schütz.» Rudolf antwortete umgehend: Statt wie vereinbart konkrete und positive Vorschläge zu machen, beinhalte das «Schriftstück nicht nur Übertreibungen, sondern auch Verleumdungen», und gab dem Autor den Brief wieder zurück.

Nun schaltete sich Karl Obrecht ein. Im Gespräch erinnerte er Rudolf an die Altersgrenze, die der Verwaltungsrat der Ebauches SA beschlossen hatte. Im Februar 1969 nahm Rudolf schriftlich Stellung. Dass er sich dabei die Mühe machte, auf acht Seiten seine Sicht der Dinge darzustellen, zeigt, wie sehr ihn die Angelegenheit verletzt haben musste. Sein Brief legt auch Zeugnis ab von seinen Geschäfts- und Führungsprinzipien. Es sind die Prinzipien eines Patrons alter Schule, der sich in allen Belangen seiner Firma verpflichtet fühlt. Eigene Profilierung in anderen Gremien interessierte ihn nicht; das Bedürfnis, von allen geliebt zu werden, kannte er nicht. Seine Zeilen richtete Rudolf an Asuag-Generaldirektor Theodor Renfer mit Kopie an Obrecht. Als Erstes verlieh er seiner Sorge Ausdruck über die Überproduktion in der Eterna. Ende 1968 habe er sich gezwungen gefühlt, die Produktion zu drosseln. «Da im ersten Halbjahr die Verkäufe immer schwächer sind als im zweiten, muss erwartet werden, dass der Stock an fertigen Uhren bis im Sommer 1969 auf 100 000 Stück anwächst, was einer Immobilisierung von mindestens 4 bis 5 Millionen Franken entspricht. Wäre Eterna in früheren Jahren nicht so sparsam geführt worden, würden wir heute bei den Banken längst im ‹Roten› sitzen.» Was die schlechte Beziehung zum Verkaufschef anbelange, «muss ich gestehen, dass ich ihm unnötig viel Munition geliefert habe. In formeller Beziehung waren gewisse meiner Kritiken sehr hart, und ich habe daraus meine Lehre gezogen.»

Folgendes müsse man aber berücksichtigen: «Ich bin stolz darauf, dass nach neusten Mitteilungen die Eterna-Qualität im Jahre 1968 mit 2,8 Punkten den 6. Rang unter mehr als 500 schweizerischen Uhrenfabriken einnimmt.» Dies könne nicht erreicht werden ohne ein «einwandfreies, positives Betriebsklima» und eine «prachtvolle Zusammenarbeit der Chefs aller Fabrikationsdepartemente. Ich habe bis zur Stunde unsere Grossisten auch stets zum Essen eingeladen, sehr oft in meinem eigenen Haus, und ich unterhalte gerade mit den wichtigsten Grossisten von jeher ein freundschaftliches Verhältnis, umso mehr, als ich diese auch alle persönlich ausgesucht und verpflichtet habe.» Was die Beziehungen zu den Tochtergesellschaften anbelange, predige er bis heute den Herren: «Es ist wunderbar, eigene Tochtergesellschaften zu besitzen, aber wehe, wenn diese Gesellschaften nicht unter schärfster Kontrolle gehalten werden.»

«Schliesslich sei mir noch eine ganz allgemeine Frage gestattet», fügte Rudolf an: «Halten Sie es für zweckmässig, wenn ein Mann in der Stellung von Dr. Schütz mit seinen sämtlichen Vizedirektoren per du steht und auch mit wichtigen Direktoren von Tochtergesellschaften (New York) ‹Schmollis› gemacht hat? Ich weiss aber nicht, wie man mit Schmollisbrüdern immer eine objektive Kritik führen kann, wie sie vielleicht im Interesse der Firma läge. Zum Schlusse gestatte ich mir, Ihnen zu bestätigen, dass ich bezüglich der Form meiner künftigen Kritik bestimmt viel gelernt habe und mir auch bewusst bin, dass meine eigene Gesundheit dies kategorisch erfordert. Ich habe mich entschieden zu stark mit Eterna identifiziert; bestimmt nicht zum Nachteil der Asuag als Grossaktionärin.» Er hoffe, so endete Rudolf den langen Brief, dass seine «wahrscheinlich unbestreitbaren Verdienste in einem wirklich loyalen Geist gewürdigt werden».

Asuag-Präsident Karl Obrecht nahm sich Zeit, seinem Freund in einem siebenseitigen Brief zu antworten. Rudolf hatte sich darüber beklagt, zu spät über Beanstandungen seiner Kaderleute orientiert worden zu sein. Obrecht erklärte sich: Er lehne es grundsätzlich ab, «als Klagemauer aller Unzufriedenen zu dienen. Wenn die Kläger einen gar zu weinerlichen Eindruck machen, weise ich sie in der Regel darauf hin, dass es ihnen unbenommen sei, einen neuen Arbeitsplatz zu suchen.» Er habe deshalb die Kritik nicht an Rudolf weitergeleitet, sie schien ihm zu nichtig. «Dazu kamen die Krankheit und hernach der Tod deiner Frau, die es mir vollends verbaten, dich mit solchen Dingen zu behelligen.» Rudolf trage heute noch schwer am Verlust seiner Gattin, vielleicht verliere er deshalb ab und zu «die Gewalt über die Nerven». Rudolfs Einsatz in all den Jahren werde von niemandem in Zweifel gezogen, «gewiss zuletzt von mir». Wenn er ihn nun an die gültige Altersgrenze erinnere, «so war der Zusammenhang nur zufälliger Natur. Es ist mir peinlich, auf solche Beschlüsse hinweisen zu müssen, vor allem einem erfolgreichen Mann gegenüber, aber sie bestehen nun einmal, und es ist die unangenehme Pflicht des Präsidenten, sie anzuwenden.» Obrecht hatte gehofft, Rudolf käme selbst auf diese Regelungen zurück, aber «du bist nun der Auffassung, diese Beschlüsse seien für dich nicht anwendbar, weil du nicht Direktor, sondern Präsident und Delegierter der Eta bist». Obrecht war anderer Meinung: Eine solche Sonderregelung würde von den anderen nicht akzeptiert werden. Und «einmal müssen die Herren der Eta ja auch allein schwimmen lernen. Du bleibst ja in der Nähe und bleibst bis auf weiteres Mitglied des Comité der Ebauches SA.» Gerne würde Obrecht ihm noch «gewisse Spezialaufgaben» bei der Ebauches übertragen. «Es geht bei alledem wahrlich nicht darum, dich möglichst rasch loszuwerden und dich ‹hinauszuwerfen›, wie du dich ausdrückst. Als Mann, der einen solchen Lebenserfolg aufzuweisen hat, wirst du mir gewiss auch zugestehen, dass der letzte Beweis der Grösse eines Unternehmers darin liegt, dass er sich niemals unersetzlich fühlt, sondern die Kontinuität derart ordnet, dass es jederzeit ohne Zäsur weitergeht.»

Er wolle, beendete Karl Obrecht seinen langen Brief, noch eine sehr persönliche Frage stellen: «Ich glaube nicht fehlzugehen, wenn ich annehme, dass dich auch die Zukunft deiner Söhne beschäftigt. Es sollte meines Erachtens möglich sein, dir in dieser Hinsicht Zusicherungen und Garantien zu geben, die dich beruhigen und befriedigen können. Ich möchte schliesslich nochmals der Hoffnung Ausdruck geben, dass du an meiner unbedingten Loyalität nicht zweifelst und dass du Vertrauen hast zu den Gefühlen der Freundschaft und der Hochschätzung, die ich für dich empfinde.» Einige Tage später notierte Rudolf in Stichworten: «Meine Zukunft bei Eterna – Besprechung mit Karl Obrecht in Solothurn, März 1969: Karl Obrecht sehr freundschaftlich und liebenswürdig.» Die beiden besprachen ein neues Organigramm für die Eta und waren sich einig, dass Fritz Scholl Rudolfs Nachfolge als Generaldirektor und später Mitglied des Ausschusses der Ebauches SA antreten solle. In der Eterna konnte Rudolf Verwaltungsratsdelegierter bleiben, aber die betriebliche Führung Adolf Schütz überlassen. «Obrecht einverstanden, dass ich die Arbeitszeit bei Eterna nach eigenem Ermessen abbaue. Ich könnte Reisen unternehmen, insbesondere in Tochtergesellschaften.» Schütz werde von nun an die Korrespondenz selbstständig erledigen.

Wenig später lag das neue Organigramm der internen Organisation der Eterna auf Rudolfs Tisch, von Schütz verfasst – für Rudolf war keine Position mehr vorgesehen. Den Beschäftigten teilte Schütz mit: «Da sich Herr Dr. Schild allmählich entlasten will, muss ein schrittweiser Übergang von der gegenwärtigen, ausgesprochen zentralistischen Leitung zu einem Führungsstil nach Kollegialitätsprinzip vorbereitet werden.»

Eterna verzeichnete im Geschäftsjahr 1969 einen Umsatzrückgang von 2 Prozent und eine Stockzunahme von 20 Prozent. Schütz verwies auf schlechte Reisevertreter, insbesondere in Amerika, und die Konkurrenz der anderen Marken. Rudolf nahm beelendet zur Kenntnis, wie Liquidationsuhren aus dem Hause Eterna den Markt überschwemmten. Schon bald wünschten sich einzelne Kadermitglieder wieder Rudolfs starke Hand zurück und beschwerten sich in seinem Büro über den neuen Chef: «Man kam näher ins Gespräch», notierte Rudolf, «und Z. erklärte spontan, Schütz habe nicht nur bei ihm, sondern auch bei den andern Vizedirektoren abgewirtschaftet. Er frage sich, ob Schütz die Eterna absichtlich herunterwirtschafte, um nachher glänzen zu können, oder ob es sich nicht eher um ein Charakterdefizit handle, da Schütz sich nie mit Eterna identifiziere. Sollte Schütz gehen, so werde ihm niemand folgen, es müsse aber bald etwas geschehen!»

Es geschah tatsächlich etwas – aber nicht zugunsten der Firma. Denn mittlerweile hatte die Generaldirektion der Mutterholding Asuag entschieden, eine neue Gruppe mit Fertiguhrenproduzenten zu gründen, dieses Mal unter ihrer eigenen Ägide und nicht unter dem Diktat des Verbands Fédération Horlogère. Auch Eterna sollte unter das Dach der später auf General Watch Company GWC getauften Gruppe verlegt werden. Rudolf stellte sich nicht prinzipiell gegen die Gründung der neuen Fertiguhrengruppe, der Sinn leuchtete nach wie vor ein: Die Asuag wollte dem Endprodukt, der Markenuhr unter die Arme greifen. Mit grossen Zweifeln aber sollte Rudolf mitverfolgen, wie konzeptlos die Asuag handelte. 1971 sollte er aus Protest vom Amt des Verwaltungsratsdelegierten der Eterna zurücktreten.

Die Elektronik hält Einzug

Gebannt blickte das Ausland auf die Schweiz: Wie würde die Uhrenindustrie mit der neu gewonnenen Freiheit umgehen? Die deutsche Wochenzeitschrift *Die Zeit* schickte 1968 erneut einen Reporter ins Nachbarland, um den Puls zu fühlen. Dieser begann seine Reportage am neuen Forschungszentrum in Neuenburg: «In der Rue A. Breguet laufen die Uhren der Zukunft. Sie ticken nicht mehr, sie summen nur noch.» Die Elektronik hatte Einzug gehalten. Die Wunderuhr am Ende des Jahrhunderts, so sagte der Direktor dem Reporter, würde «gewiss eine elektronische Uhr sein, bei der es keine bewegenden Teile mehr gibt». Im Forschungslabor arbeitete man fieberhaft an den technischen Herausforderungen. «Nous sommes condamnés à la supériorité!», diktierte Gérard Bauer, Präsident der Fédération Horlogère FH, dem Schreiber. Dieser Satz, so kommentierte der Journalist mit ironischem Unterton, werde nun allen Schweizer Uhrenfirmen eingehämmert, die noch im «sturen Zunftdenken verhaftet» waren. Das Forschungszentrum Centre électronique horloger CEH war denn auch eine gute Adresse, um sich von der «Überlegenheit» zu überzeugen: Hier hatte im Jahr zuvor, 1967, ein kleines Forschungsteam die weltweit erste funktionierende Quarzarmbanduhr entwickelt, die unter dem Namen Beta 1 der Öffentlichkeit vorgestellt worden war.

Der Beginn des Quarzzeitalters in der Schweizer Uhrenindustrie war verheissungsvoll. Doch nur zwei Jahre später hatte die Branche den Vorsprung auf die japanische Konkurrenz wieder eingebüsst. Einmal mehr, so lassen die Ereignisse den Schluss zu, lagen die tieferen Ursachen nicht zuletzt in den Strukturen, die unter dem Regime des Uhrenstatuts zementiert worden waren. Während in Japan Seiko mit Zehntausenden von Mitarbeitern und einem Direktor an der Spitze Forschung, Entwicklung und Herstellung im Konzern koordinieren konnte, waren in der Schweiz gleich mehrere mittlere und kleinere Firmen und Institutionen mit der Quarzuhr beschäftigt. Die Zersplitterung der Betrie-

Einige Mitglieder des Teams mit Technikern und Uhreningenieuren im Centre Electronique Horloger CEH, das die erste funktionierende Quarzarmbanduhr entwickelt hat (von links): Charles-André Dubois, François Niklès, Jean Hermann, Richard Challandes, Charles Frossard 1967 nach der Übergabe der Uhr an das Observatorium in Neuenburg.

be und der gegenseitige Wettbewerb bedeutete auch eine Zersplitterung der Forschungs- und Nutzungskräfte. Erst als Fritz Scholl, Generaldirektor der Eta, die Fesseln sprengte, 1976 nach Amerika reiste und mit dem Patent Staudte nach Grenchen zurückkehrte, konnte dank der Eigenproduktion der Quarzresonatoren die Aufholjagd im Bereich der Quarzuhr beginnen.

Dabei war es gerade die Idee der Initianten des Forschungslabors in Neuenburg, mit einem Gemeinschaftsunternehmen die Kräfte zu bündeln. Das Centre Electronique Horloger CEH war 1962 aus Kreisen des Verbands Fédération Horlogère FH und des Bundes angeregt worden. Markenuhrenfirmen wie IWC, Zenith und Patek Philippe schlossen sich an. Eher widerwillig beteiligte sich auch die Asuag-Tochter Ebauches SA am Aktienkapital, schliesslich mussten ihre Rohwerkfabriken mitverfolgen, was dort entwickelt wurde. Bis anhin hatte sich das grösste Know-how im Bereich Forschung, Entwicklung und Produktion von Rohwerken in den Fabriken der Ebauches SA konzentriert. Als die ersten elektromechanischen und elektronischen Armbanduhren auf dem Markt erschienen, sah der Verband FH den Moment gekommen, diese Machtballung bei der Ebauches SA zu brechen und die Forschung an ein unabhängiges Gemeinschaftslabor zu delegieren. Allerdings war das Konstrukt des CEH denkbar ungünstig: Die Frage, welche Firma oder Organisation die Entwicklungsresultate nutzen durfte, liess die Interessengemeinschaft bei der Gründung offen. Da die Aktionäre auch Konkurrenten waren, wurde grösste Geheimhaltung beschlossen. Und unter dem ersten Direktor Max Forrer war bis 1965 von der Forschung an Quarzuhren nicht die Rede.

Die Forschungsstätte CEH war vielmehr Antwort auf eine spektakuläre Neuentwicklung der amerikanischen Firma Bulova: die elektronische Accutron. 1960 auf den Markt gebracht, war die Accutron – ein Zusammenzug von Accuracy und Electronics – weltweit die erste serienmässig hergestellte elektronische

Uhr. Die Entwicklung machte Furore. Auch sie hatte ein Schweizer erfunden: Der 1921 geborene Basler Max Hetzel hatte sich schon in seiner Diplomarbeit an der ETH Zürich mit elektronisch angeregten Stimmgabeln beschäftigt. 1950 begann er als Entwicklungsingenieur bei der Filiale Bulova Watch in Biel zu arbeiten. Zwei Jahre später erhielt die Tochterfirma Besuch von Arde Bulova, dem Sohn des Gründers.[70] Dieser war beunruhigt: Soeben hatten die französische Uhrenfirma Lip und die amerikanische Elgin gemeinsam die erste elektromechanische Uhr auf den Markt gebracht. Erstmals in der Geschichte der Uhr hatte hier eine Batterie die Federkraft ersetzt und lieferte die Energie. Die Kontakte waren aber noch immer elektromechanisch, Unruh und Spirale hatten noch nicht ausgedient.

Hetzel vertiefte sich auf Geheiss seines Chefs in die neue Entwicklung, studierte die Patente und kam zum Schluss: Diese Uhr hatte keine wesentlichen Vorteile gegenüber der rein mechanischen Uhr – ausser man baute ihr einen Transistor ein. Die Erfindung des Transistors, dem elektronischen Bauelement zum Schalten und Verstärken von elektrischen Signalen, war der Quantensprung, der die Welt der Elektronik in ein neues Zeitalter katapultierte.[71] Bulova war an Hetzels Vorschlag interessiert und schickte ihm aus Amerika drei Transistoren. Im Juni 1953 meldete Hetzel ein Patent an mit dem Titel «Elektrische Uhr». Er hatte die Unruh durch eine Stimmgabel ersetzt. Der Transistor brachte die Stimmgabel zum Schwingen, die nun als Gangregler funktionierte. Seitlich an einem der Arme steckte ein Draht, an dessen Ende ein winziger Rubin befestigt war. Bei jeder Schwingung der Stimmgabel schob der Rubin das Zahnrad einen Zahn weiter und trieb damit das Räderwerk und die Zeiger an. Die Gangabweichung lag im Bereich von zwei Sekunden im Tag. Das war für die damalige Zeit sehr gut, aber nicht wesentlich besser als bei hochstehenden mechanischen Kalibern. Die ersten Prototypen, die Hetzel baute, waren wenig überzeugend, vor allem die Batterie machte Probleme. Die resolute Bulova-Chefin in Biel, Madame Sandoz, hatte bald einmal genug, und Hetzel reiste ins Mutterhaus nach New York, wo er weiterforschte. 1960 war die Accutron serienreif und konnte der staunenden Weltöffentlichkeit vorgestellt werden. Die komplette Uhr bestand aus nur noch 27 Teilen, die Hälfte war beweglich.

Dass die Accutron in den USA hergestellt werden konnte, hatte seinen Grund: Die staatliche Weltraumforschung trieb Elektronik und Miniaturisierung der Teilchen voran. «Die Entwicklung der Bulova Accutron ist ein Beispiel für die staatliche Finanzierung privater Forschung», sagte später Adolf Schütz,

Die erste elektronische Stimmgabeluhr auf dem Markt: Accutron von Bulova.

mittlerweile Marketingdirektor bei Eterna, in einem Rückblick auf die Geschichte der elektronischen Uhr. Hetzel hatte seine Erfindung offenbar auch der Ebauches SA oder Eterna angeboten, bevor er nach Amerika ging, denn Schütz sagte weiter: «Obschon unsere Konstrukteure damals, als sie ihnen von Hetzel vorgelegt wurde, der Grundkonzeption positiv gegenüberstanden, sahen sie keine Möglichkeit, die technologischen Probleme zu bewältigen. Es ging dabei vor allem um die Frage, wie man – ohne rasche Abnützung in Kauf zu nehmen – die 360 Schwingungen der Stimmgabel auf das Schwungrad mit 300 feinen Zähnen übertragen könne. Dank der staatlichen Aufträge für das Weltraumforschungsprogramm konnte Bulova alle Probleme weitgehend auf dem Buckel des amerikanischen Steuerzahlers lösen. Es dauerte in der Tat lange, bis die schweizerische Uhrenindustrie den Vorsprung aufholen konnte, und auch das war nur möglich dank einem Lizenzvertrag.»[72]

Kaum war die Accutron lanciert, machte sich in der Eta Heinrich Stamm ans Werk. Der Chefentwickler, der damals 1949 der Eterna mit seinem Miniaturkugellager zu internationalem Ruhm verholfen hatte, war noch immer in Hochform. Akribisch studierte er das Werk und suchte eine Lösung für dessen grösstes Manko: die Lageempfindlichkeit. Hielt man die Uhr nämlich schräg, stockte das Werk. Schon bald hatten er und ein Mitarbeiter das Problem gelöst: Sie wählten einen stimmgabelähnlichen Metallbiegeschwinger als Resonator; der Gang war damit weniger lageabhängig. Die Abweichung betrug lediglich 0,5 Sekunden am Tag – gegenüber 2 Sekunden bei der Accutron. Man nannte sie Mosaba: «montre sans balancier». 1965 reichte Eta das Patent ein, 1966 belegte die Mosaba am Concours Observatoire den ersten Platz bezüglich Ganggenauigkeit. Es war ein willkommener Prestigegewinn für die Grenchner Rohwerkherstellerin. Direktor Rudolf Schild vertraute Heinrich Stamm und seiner Entwicklung voll und ganz und ärgerte sich bald über die Generaldirektion der Ebauches SA: Diese machte keine Anstalten, Stamms Idee umzusetzen. Selber handeln und produzieren durfte Eta nicht, es brauchte die Genehmigung und die Kredite der Mutterholding.

Ebauches SA hatte aber in den letzten Jahren ebenso wie die grossen ausländischen Uhrenkonzerne Citizen, Seiko und Timex auf die elektromechanische Uhr mit konventioneller Unruh wie das Haus Lip gesetzt und diese unter dem Namen Dynotron auf den Markt gebracht. Rudolf war beunruhigt: Seit die Rohwerkholding am Gemeinschaftslabor CEH beteiligt war, vernachlässigte die Generaldirektion die hauseigene Forschung. Ebauches SA als weitaus wichtigste Rohwerkherstellerin in der Schweiz durfte aber keinesfalls von Entwicklungen eines Gemeinschaftslabors abhängig werden, dessen Aktionäre darüber bestimmten, wer die Forschungsresultate nutzen durfte. Denn bei ihren Fabriken konzentrierte sich das grösste industrielle Know-how der Schweiz, was die Entwicklung und Herstellung von Uhrwerken anbelangte. Der Zeitpunkt war gekommen, so schrieb Rudolf 1966 an die Generaldirektion der Ebauches SA, dass sich «die Technische Direktion der Ebauches SA sehr seriös um die Frage der Weiterentwicklung der elektronischen Uhr kümmert». Es sei eine Illusion zu glauben, die elektromechanische Uhr mit dem klassischen Oszillator sei die «definitive Lösung unseres Problems». Die Ebauches SA durfte sich nicht mit Zwischenlösungen zufriedengeben und musste unbedingt vermeiden, dem Forschungslabor CEH in Neuenburg das Feld zu überlassen: «Man braucht nicht viel Phantasie, um das traurige Ende der Ebauches SA zu sehen, das uns erwartet, wenn das CEH unter Einfluss der Fédération Horlogère den Wettbewerb für die Produktion einer elektronischen Uhr nach System Hetzel lancieren wird.» Man werde «abhängig von einer Politik, welche das CEH diktiert, ohne dass wir eine eigene Entwicklung entgegensetzen können». Er persönlich lehne die Verantwortung ab für die Untätigkeit der letzten Jahre, «als wir zu viel Zeit verloren mit Projekten, die mit der generellen Evolution, wie sie das CEH repräsentiert, nicht Schritt halten konnten. Ich erwarte Ihre Vorschläge bezüglich einer starken Initiative im Bereich der elektronischen Uhr.»

Wenige Wochen später lag ein Bericht des technischen Direktors André Beyner auf dem Tisch. Die elektronische Stimmgabeluhr Mosaba könne 1966

Die Antwort von Heinrich Stamm auf die Accutron: die Eterna Sonic oder «montre sans balancier» (Mosaba), lanciert 1969.

zusammengesetzt und in drei Jahren auf den Markt gebracht werden. Allerdings kam man um eine Lizenz von Bulova nicht herum, ebenso wenig wie die anderen Projekte des Labors CEH im Bereich der elektronischen Stimmgabeluhr. Im Übrigen, so fügte Beyner an, sei das Potenzial des CEH besser geeignet, die elektronische Uhr weiterzuentwickeln. Aber jetzt ging es vorwärts in der Ebauches SA: Bald darauf gründete sie die Ebauches Electronique SA in Marin. Hier sollten nun die neuen elektronischen Uhrwerke und ihre Komponenten hergestellt werden. Die Holding investierte gesamthaft mehr als 70 Millionen Franken in den Aufbau der Fabrik und neue Maschinen. Schon bald arbeiteten dort mehr als 700 Leute. Sie hatten die Aufgabe, an den drei Generationen der Uhren mit Batterie zu arbeiten: am elektromechanischen Kaliber Dynotron, an der elektronischen Mosaba mit Biegeschwinger und am Quarzwerk.

Wie immer hatte sich Rudolf ausbedungen, dass Eterna die Entwicklungen der Eta als Erste in ihren Modellen auf den Markt bringen durfte, und zwar exklusiv während einigen Monaten. Der Name für die Uhr mit dem elektronischen Biegeschwinger, die Heinrich Stamm entwickelt hatte, stand fest: Eterna Sonic. Man wählte klassische Modelle, denn Käufer teurer Uhren bevorzugten ein Design, das modisch nicht veraltete. Die Eterna Sonic stand 1969 kurz vor der Lancierung, als sich Marketingchef Adolf Schütz aufgeregt an Rudolf wandte: Jetzt sei auch der Omega bewilligt worden, das Werk Mosaba zu benutzen.

Omega war Mitglied der Société Suisse pour l'Industrie Horlogére SSIH und ritt auf der Erfolgswelle. Die Manufaktur hatte sich vertraglich einige Privilegien ausbedungen. Die Ebauches SA verlangte von jedem Abnehmer 200 000 Franken als Beitrag an die Lizenzkosten von über einer Million Franken. Schütz notierte, er habe Omega-Besitzer Charles Brandt vorgeschlagen, als Gegenleistung einen Beitrag an die Lancierungskampagne zu verlangen; Brandt sei nicht darauf eingestiegen, «er musste sich hier allerdings auf Witzeln und Blödeln beschränken, indem er meinte, wir sollten nicht jammern, denn indirekt käme die Summe ja doch wieder uns als Asuag-Gesellschaft zugute». Ausserdem wolle Brandt in Fragen der Mosaba nur noch direkt mit der obersten Leitung der Ebauches SA sprechen. Warum Omega die Sache mit Mosaba nur halbherzig anpackte, sollte sich bald darauf zeigen: Seit Jahren arbeitete die Bieler Firma heimlich an der Entwicklung der Quarzuhr.

In der Eterna bereitete man sich auf die Lancierung der Eterna Sonic vor. Das Markenunternehmen würde mit dieser Uhr, so waren alle überzeugt, wieder einen grossen Marketingcoup landen und damit an den Erfolg anknüpfen, den 1949 die Eterna Matic mit dem Kugellager bescherte. Doch es sollte anders kommen. Das Werbebudget, das Schütz allein für die Lancierung beantragte, war mit 400 000 Franken gigantisch hoch. Die ersten Modelle wurden im Februar 1969 vorgestellt. Von September bis Dezember sollten knapp 20 000 Stück produziert und verkauft werden. Entscheidend war die Startphase, denn nach einigen Monaten durften auch andere Firmen das Mosabawerk einkaufen. Dem umfangreichen Informationsdossier an die ausländischen Vertreter legte Schütz einen Einfränkler bei: «Dies ist der erste Franken, den Sie mit einer Eterna Sonic verdienen. Es liegt nun an Ihnen, diesen raschestmöglich zu vermehren.» Man warb vor allem mit der Ganggenauigkeit, nach wie vor das zentrale Verkaufsargument. Der vom Werbebüro vorgeschlagene Slogan «Eterna Sonic – der Vollkommenheit am nächsten» gefiel Schütz nicht: «Vollkommenheit ist ein Zustand, am nächsten ist deren Herabminderung.» Das Fernsehen zeigte die ersten Werbespots: Ein Lord sitzt in der Bibliothek seines Schlosses, als der Geist des Onkels erscheint. Der Lord blickt auf seine Uhr: «Mitternacht ist erst in 31 Sekunden, Onkel Charles.» Dieser hält die Uhr ans Ohr: «Tickt ja nicht mal!» Lord: «Elektronisch, Onkel Charles.» Der Geist misstrauisch: «Yankee?» «Swiss made, Onkel Charles. Eterna Sonic.» Der Geist verschwindet mit der Uhr. Nach einer Grossaufnahme der Eterna Sonic und Lizenzvermerken meldet eine Stimme aus dem Off: «Es ist erst Mitternacht, wenn die Eterna Sonic

Mitternacht zeigt. Elektronisch. Mit Schweizer Präzision.» Der Spot sei zu einem absoluten Liebling der Fernsehzuschauer geworden, vermeldete die Marketingabteilung wenig später.

Lizenzgeberin Bulova hatte wenig Freude an der Werbung und drohte: Falls sich Eterna weiterhin mit «nie erreichter Präzision» brüste, sähe sich Bulova gezwungen, mittels Inseraten zurückzuschlagen mit dem Hinweis, Bulova *garantiere* ihre Präzision der Accutron, wogegen Eterna sich mit blossen Behauptungen begnüge. «Unsere Position ist mehr als wacklig», räumte Schütz in einem internen Memo ein, «wenn wir einerseits behaupten, unser Produkt sei besser als Accutron, uns anderseits aber nicht getrauen, höhere Präzision zu versprechen.»

Doch trotz hoher Qualität des Werks und enormem Werbeaufwand: die Eterna Sonic erwies sich als Flop. Es lief vieles schief. Das Interesse der Vertreter war da, gespannt warteten sie auf die Sensation, doch Eterna konnte vorerst nur eine kleine Gruppe von Märkten beliefern: Die neue Tochterfirma Ebauches Electronique Marin hatte die bestellte Menge an Rohwerken nicht rechtzeitig liefern können, angeblich wegen Mangels an qualifiziertem Personal. Den Agenten fehlten für das entscheidende Weihnachtsgeschäft die Uhren. Immerhin konnte eine kleine Testgruppe in die USA geliefert werden, um «unter schwierigsten Bedingungen, gewissermassen in der Höhle des Bulova-Accutron-Löwen» Marketingerfahrung zu sammeln, wie Schütz notierte. Auch dort stiess die Eterna Sonic auf Interesse. Das zweite Problem war ungleich gravierender: Im Herbst 1969, vor der Lancierung der Eterna Sonic, verdichteten sich die Gerüchte, die japanische Uhrenindustrie bringe schon bald die erste serienreife Quarzarmbanduhr auf den Markt.

Das Uhrwerk mit dem Quarz sollte alles verändern. Die Anfänge dieser Entwicklung gehen auf das Jahr 1919 zurück, als im Ausland erste Versuche mit Quarz unternommen wurden. Das harte Mineral versprach viele Vorteile: Es kann mit geeigneter Frequenz zu hohen und regelmässigen Resonanzschwingungen angeregt werden; diese hohen Schwingungen würden die Genauigkeit des Uhrwerks gegenüber dem mechanischen Werk schlagartig um ein Vielfaches erhöhen. 1929 entwickelte ein Ingenieur bei der amerikanischen Bell erste Prototypen von Uhren mit Quarz mit den Dimensionen eines Schranks und ungünstigen Reaktionen auf Temperaturschwankungen. Erst die Miniaturisierung der Elektronik machte die Entwicklung einer Armbanduhr mit Quarz möglich. In der Schweiz forschte seit 1949 die Gesellschaft Oscilloquartz, eine Tochter der Asuag, an der neuen Technologie. Als Rudolf 1964 für drei Jahre Delegierter der Ebauches SA wurde, ordnete er sogleich an, die Forschung zu intensivieren, vor allem im Bereich der Mikrominiaturisierung. Er verlangte mehr Mittel für Oscilloquartz, «um eine Fabrik mit 140 Arbeitern zu beschäftigen».[73] Als 1965 im Forschungslabor CEH einige begabte Techniker unter der neuen Leitung von Roger Wellinger begannen, eine Quarzarmbanduhr zu entwickeln, verwendeten sie erstmals den miniaturisierten Quarzstab, der ihnen von Oscilloquartz geliefert wurde, sowie die Integrierte Schaltung, ein Mikrochip mit mehreren Transistoren.

Ende der 1960er-Jahre überschlugen sich weltweit die Ereignisse. Das Quarzkaliber Beta 2 des Labors CEH gewann 1968 am Chronometerwettbewerb des Observatoriums in Neuenburg die ersten zehn Preise und liess damit die Quarzuhrwerke der japanischen Seiko hinter sich. Die Testergebnisse waren eine Sensation. Doch dieser Anfang verlief im Sand. 1970 kam zwar eine Probeserie der ersten Uhren mit dem Werk Beta 21 auf den Markt: Ebauches SA, die Manufaktur Omega und ein Fertigungszentrum in Yverdon setzten bis 1977 je 2000 Exemplare zusammen. Einige Uhrenmarken brachten Modelle mit der Beta 21 auf den Markt. Doch man hatte bald einmal gesehen, dass es sich um eine «Labor-Uhr» handelte, die nicht zu einem vernünftigen Preis hergestellt werden konnte. Ausserdem war sie riesig – Spötter nannten sie «die Bergbahnstation» – und konsumierte viel Energie.

Der japanische Konzern Seiko hingegen kam schon 1969 auf die technische Lösung, die einige Jahre später und auf Umwegen auch in der Ebauches SA verwirklicht werden sollte. Ein kleines Team hatte bei Seiko während zehn Jahren in hochgeheimer Mission alle Entwicklungen der elektronischen Uhr studiert. Die sechs Mitarbeiter schafften es, ein zuverlässiges und kleines Quarzwerk zu entwickeln, das serienmässig produziert werden konnte. Das Werk nutzte die neue energiesparende Halbleitertechnologie, die CMOS[74]-Schaltung, und den Schrittschaltmotor für die Zeigerbewegung. Nach diesem Konzept funktioniert noch heute praktisch jede analoge Quarzuhr. Ende 1969 begann Seiko, die weltweit erste serienreife Quarzarmbanduhr zu verkaufen.[75]

Die Schweizer Uhrenfirmen waren sich bewusst, was mit der Quarzarmbanduhr von Seiko auf sie zukam. Im letzten Moment versuchten sie, den Japanern den Wind aus den Segeln zu nehmen: Überstürzt kündigten einige Unternehmen in der Öffentlichkeit eigene Quarzmodelle an. Deren Serienreife lag aber noch in weiter Ferne. Kurz vor der allgemein erwarteten Lancierung des Seiko-Modells berichtete im November 1969 das *Grenchner Tagblatt*: «Vor einigen Wochen stellte die Uhrenfabrik Longines die erste Quarzuhr der Öffentlichkeit vor. Es ist durchgesickert, dass der grösste japanische Uhrenfabrikant Seiko demnächst eine elektronische Uhr auf den Markt bringen wird. Nicht weniger als 18 verschiedene Schweizer Uhrenfabrikanten befassen sich heute mit der Entwicklung einer elektronischen Uhr.» Ebenfalls 1969 stellte Omega ihre erste Quarz-Konzeptuhr vor: die Megaquarz 2400, ein konisch geformtes «Ungeheuer».[76] Die Manufaktur hatte schon in den 1950er-Jahren die Entwicklung in hochgeheimer Mission beim Genfer Battelle-Forschungsinstitut in Auftrag gegeben. Longines und Omega gingen mit ihrer Ankündigung aber zu früh an die Öffentlichkeit: Der Entwicklungsstand von Resonatoren, Elektronik und Motoren liess eine serienmässige Herstellung noch nicht zu. Als man die angekündigten Modelle dann Jahre später endlich auf den Markt brachte, war die Technik überholt und der Preis für Quarzuhren schon im Sinkflug.

Betrübt verfolgte die Direktion der Eterna, wie die verfrühte Ankündigung der Konkurrenz von Quarzuhren ihrer Eterna Sonic den Wind aus den Segeln nahm. An der Mustermesse in Basel war das Modell prominent ausgestellt; man erwartete viele Bestellungen. Die Uhr stiess denn auch zu Beginn auf reges Interesse, es wurde eifrig bestellt. Dann aber wanderten die Kunden weiter und sahen bei Longines den Prototyp der Quarzuhr. Viele machten kehrt und stornierten ihre Bestellungen bei Eterna. Schütz vermeldete einen «krassen Stopp der Eterna-Sonic-Verkäufe sowohl durch Generalvertreter wie Detaillisten als Folge der marktschreierischen Ankündigungen von billigsten Quarz- und Digitalquarzuhren: Niemand weiss mehr, was er tun soll; Generalvertreter treten an Ort, bevor man klarer sieht.» Damit begann das vermeintliche Paradepferd der Eterna schon kurz nach dem Start zu lahmen. 1975 sollte Rudolfs Sohn Alfred Schild von seiner Asienreise berichten, bei den Vertretern sei die Mosaba «tot», werde aber allgemein als die beste elektronische Uhr auf dem Markt betrachtet. Ausserdem sei man der Meinung, Seiko werde jetzt «mit der flachen Quarz den Automatenmarkt töten, in etwa drei Jahren. Alle warten jetzt auf Quarzuhren aus der Schweiz.» 1977 war die Zeit der elektronischen Stimmgabel nach dem System seines Erfinders Hetzel definitiv abgelaufen.[77]

Kehren wir nochmals zurück zu dem Moment, als Seiko Ende 1969 die erste Quarzuhr lancierte. In der Ebauches SA analysierte der technische Direktor André Beyner das Werk sogleich in allen Details und rapportierte dem Ausschuss: Sie glich in ihrer Art der Ultra quartz von Longines. Seiko wollte

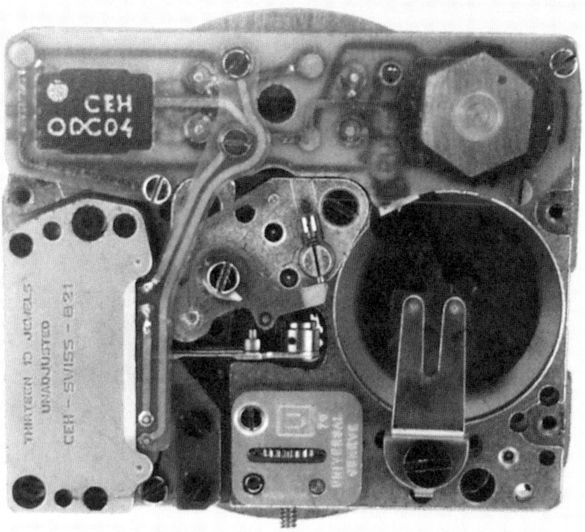

Das Quarzwerk Beta 21.

sie vorläufig nur in Japan zu einem Preis von 1250 Franken verkaufen. Das Werk war rund und damit weniger voluminös als die viereckige Beta 21, ihr Quarzteil ein bisschen kleiner und vibrierte mit einer Frequenz von 8192 Hertz. Jetzt wollte die Ebauches SA die Sache in die eigenen Hände nehmen: Beyner kündigte ein Entwicklungsprogramm an mit dem Ziel, die Mängel der Beta 21 zu korrigieren. Welches Potenzial die Quarzuhr bot, wurde aber noch längst nicht erkannt: Er glaube nicht, sagte Beyner, dass die elektronische Uhr jemals billiger hergestellt werden könne als die mechanische. Das Entwicklungspotenzial hing unter anderem von der Verfügbarkeit billiger miniaturisierter Batterien ab. Wollte man hier mitziehen, musste die Ebauches SA eine Zusammenarbeit mit spezialisierten Elektronikfirmen anvisieren. Ebauches wolle jetzt die Sache gemeinsam mit dem Forschungslabor CEH anpacken: «Mittlerweile hat auch das CEH endlich begriffen», sagte Beyner 1970, «dass Forschung nicht isoliert, sondern von Anfang an im Austausch mit den Industriellen betrieben werden muss.»

Die Schweizer Uhrenindustrie sah sich im Bereich des Quarzwerks mit zwei Handicaps konfrontiert: Erstens hatte sie, anders als die amerikanischen Uhrenfirmen, keine treibende elektronische inländische Industrie, die ihr neueste Entwicklungen zur Verfügung stellen konnte. Was dringend fehlte, waren neben der miniaturisierten Batterie die Integrierte Schaltung und das geeignete Herstellungsverfahren von Quarzen. In der Ebauches SA versuchte man fieberhaft, das Problem mit den Batterien zu lösen, wie den Protokollen entnommen werden kann. Die Holding kaufte die Batterieherstellerin Renata, die aber lange Zeit keine brauchbaren Resultate lieferte. Mit dem 1966 ins Leben gerufenen Gemeinschaftsunternehmen Faselec wollte die Branche die Integrierte Schaltung weiterentwickeln, doch im entscheidenden Moment war sie für die neue Halbleitertechnologie nicht gewappnet.[78]

Die zersplitterte Struktur der Branche war das zweite Handicap. Die Händler sträubten sich lange gegen die Quarzuhr und beeinflussten die grossen Verbände und Holdings:[79] Sie verdienten mit Reparaturen am mechanischen Werk ebenso viel wie am Verkauf. Eine Quarzuhr musste aber nicht mehr gewartet werden, ausser dem Wechsel der Batterie. So war auch das Interesse der Etablisseure an den neuen elektronischen Uhrwerken anfänglich lau. Anders als in Japan lag in der Schweiz das traditionelle hochentwickelte Know-how im Bereich der mechanischen Uhr – eine Umstellung würde diese Tradition beenden. 1970 kostete eine Quarzuhr noch das Fünffache der elektronischen Stimmgabeluhr Mosaba. In diesem Jahr machte der Umsatz mit elektronischen Uhren erst 2 Prozent aller weltweit verkauften Zeitmesser aus. «Das Potenzial der elektronischen Uhr ist heute Spekulation», sagte Adolf Schütz. «In Deutschland wollen vor allem kaufkräftige Leute die elektronische Uhr kaufen, weil sie technisch interessant ist.» Eines war aber sicher: «Es gibt für diese Art Zeitmesser eine Marktnische.» Ob die elektronische Uhr nun ein echtes oder unechtes Bedürfnis war, «wie es der linke Philosoph Herbert Marcuse definiert, spielt keine Rolle – wenn es ein ‹unechtes› Bedürfnis ist, so müsste man erwidern: Schaffen wir eben ein neues Bedürfnis.»

Es dauerte aber schliesslich nur wenige Jahre, bis die Schweiz den Vorsprung gegenüber den japanischen Grosskonzernen aufgeholt hatte. Dass die Schweizer Uhrenindustrie bis dahin viel Terrain auf dem Weltmarkt verloren hatte, war aber nicht Folge der neuen Technologien, sondern sie wurde gewissermassen auf ihrem Heimgebiet geschlagen: der mechanischen Uhr.

Die Asuag-Holding braucht Geld

Zu Beginn der 1970er-Jahre erreichte die Schweizer Uhrenindustrie ein Trommelfeuer alarmierender Nachrichten. Die Vormachtstellung auf dem Weltmarkt bröckelte. Gefahr drohte von der machtvoll auftretenden ausländischen Konkurrenz und vom starken Franken. Die Rahmenbedingungen für die Exportbetriebe verschlechterten sich. Es waren Grossbetriebe wie die amerikanischen Timex und Bulova sowie die japanischen Seiko und Citizen, die den Schweizer Uhrenproduzenten das Fürchten lehrten. Sie agierten mit einer geschickten Markenpolitik und waren bei Importeuren, Detaillisten und Konsumenten sehr präsent. Legendär ist die damalige Werbekampagne der Bulova, clever inszeniert zum Aufbau eines Images von hoher Präzision: Ein Mann sitzt lesend im Wohnzimmer, als vom nahen Kirchturm plötzlich Glockenschläge ertönen. Der Mann zählt die zwölf Schläge mit, blickt auf seine Bulova-Uhr, die 23 Uhr 55 zeigt, steht auf, steigt zum Kirchturm hoch und richtet die Turmuhr nach der Zeit seiner Uhr. Die Firma US-Time ihrerseits war mit der preisgünstigen Timex omnipräsent in Tageszeitungen, am Fernsehen und bei grossen und kleinen Detaillisten. Das Unternehmen, das auch in Schottland, Frankreich und Deutschland produzierte, verfügte mit seinem Model 21 über ein günstiges, robustes und einfach herzustellendes Stiftankerwerk, das sich nicht demontieren liess: Wenn die Uhr nicht mehr lief, sandte man sie dem Timex-Reparaturdienst, der einfach das Werk austauschte.

Der japanische Seiko-Konzern, 1881 von Kintaro Hattori gegründet, hatte sich in den 1960er-Jahren vorgenommen, die Schweizer Uhrenindustrie in die Knie zu zwingen – notfalls in den ersten Jahren auf Kosten des Gewinns. Der Gigant forcierte Rationalisierung und Marketing und drang mit mechanischen Uhren in den traditionellen Markt der Schweizer Produzenten ein. 1969 präsentierte Seiko die erste Quarzuhr mit einem Mikrochip, der die Uhr steuerte; diese war zwar noch so teuer wie ein Kleinwagen, die Japaner aber arbeiteten mit vollem Einsatz an neuen Entwicklungen. Während man in den Asuag-Firmen noch über Preiszuschläge für «Werkspezialitäten» wie automatischer Aufzug oder Datumanzeige hitzige Debatten führte, präsentierten sie sogenannte Komplettprodukte in attraktiver Preislage. Detaillisten im Ausland wie Sears Roebuck wünschten nun nachdrücklich preisgünstige, gute Schweizer Produkte, um gegen Timex anzugehen. Sie gelangten mit ihrem Anliegen an die Schweizer Branchenvertretung Watchmakers of Switzerland Information Center, Wosic, in New York und an die Ebauches SA. Diese kalkulierte die Kosten und winkte ab: Die inländischen Preise für Uhrenbestandteile liessen ein billiges Fertigprodukt nicht zu. Und unter den strukturellen Bedingungen wäre kein Schweizer Uhrenfabrikant in der Lage, die Lieferung der gewünschten Stückzahlen und Termine einzuhalten: Die Produktionskette mit unzähligen Klein- und Mittelfirmen, organisiert in einzelnen Verbänden und Holdings, war zu schwerfällig geworden.

1970 unternahm der Jurist Peter Renggli eine Studienreise in die USA. Der Sohn des früheren Asuag-Verwaltungsratspräsidenten Paul Renggli, der bald selbst die Geschicke der mächtigen Rohwerkholding bis zu ihrer Auflösung leiten sollte, berichtete der Generaldirektion über seine Befunde: Die Schweiz kämpfe in den USA mit einem negativen Image, dies vor allem wegen des Bankgeheimnisses. Sie werde als «egoistisch» und ihre Wirtschaftsstrukturen als kartellistisch wahrgenommen; das Label «Swiss Made» verliere an Bedeutung. Mit Übernahmen trieben die Amerikaner die Konzentration voran. Die Schweizer Vertretung Wosic in New York halte es offenbar unter ihrer Würde, sich bei der Firma Timex umzusehen – «sehr bezeichnend» für die Überlegenheitsgefühle der Schweizer, schrieb Renggli, stehe doch Timex für die billige Wegwerfuhr. Gerade dieses Segment aber sei zukunftsversprechend. «Zusammenfassend kann man feststellen, dass wir nicht nur vor schwerwiegenden Marketingproblemen stehen, sondern auch vor Produktions- und Preisproblemen. Es ist meine feste Überzeugung, dass wir nur mit einer wahrhaft internationalen Politik unsere langfristigen Interessen wahren können.»

Es musste etwas getan werden. Um dem Gefühl des Horror Vacui zu entgehen, heckte die Generaldirektion der Asuag-Holding einen neuen Plan aus: die Gründung einer Subholding für Fertiguhren. Damit wollte Asuag nun das Zepter in die Hand nehmen. Jährlich verlor die Schweizer Uhr auf dem Weltmarkt an Terrain. Die reiche und mächtige Superholding wollte nun den Etablisseuren beistehen in der Vermarktung ihrer Uhr, dem Produkt der gemeinsamen Arbeit. Denn die wenigsten Etablisseure hatten für das Marketing genügend Geld, und sie konnten sich auch nicht an der Börse finanzieren: Um kapitalmarktfähig zu sein, brauchte es einen Minimalumsatz von mehreren 10 Millionen Franken. Doch mit einer Struktur, in der nicht mal ein Dutzend Schweizer Firmen einen Umsatz von über 30 Millionen auswies, war ein solches Unterfangen unmöglich. Der Verband der Fertiguhrenproduzenten, die Fédération Horlogère, hatte es nicht geschafft, die Kräfte zu konzentrieren.

Ende 1970 teilte Karl Obrecht, Verwaltungsratspräsident der Asuag, dem Bund seinen Plan mit, eine Fertiguhrengruppe zu gründen: Der Zeitpunkt sei gekommen, die Industriepolitik der Superholding den geänderten Verhältnissen anzupassen. Die Eidgenossenschaft war noch immer Aktionärin der Superholding. Damals 1932 hatte sie sich nolens volens an Asuag beteiligt, weil Banken und Etablisseure auf Bundeshilfe gepocht hatten. Als Rechtfertigung der öffentlichen Beteiligung an einer privatrechtlichen Finanzholding hatte man der Superholding statutarisch den Zweck verpasst, ihre Geschäftspolitik im «allgemeinen Interesse der Uhrenindustrie» auszuüben. Spätestens jetzt, da die Schweizer Uhrenindustrie um ihren Platz auf dem Weltmarkt kämpfen musste, war dieser Passus obsolet. Die Asuag musste sich von der Pflicht, auch kleine und kleinste Firmen am Leben zu erhalten und die Etablisseure nicht zu konkurrenzieren, befreien. Auf diesen Umstand hatte Obrecht den Bund hinweisen lassen, denn damit war auch der Zweck der Bundesbeteiligung am Uhrenkonzern infrage gestellt. Doch die Bundesverwaltung sollte noch lange Jahre keine Anstalten machen, sich mit dem Ausstieg zu befassen – bis sich das Problem Anfang der 1980er-Jahre quasi von selbst löste.

Im Oktober 1970 setzten sich der Asuag-Verwaltungsrat und Vertreter der Banken gemeinsam an einen Tisch. Traktandiert war die Gründung der neuen Fertiguhrengruppe. Präsident Karl Obrecht präsentierte den Herren sein Konzept, dem Marktverlust der Schweizer Uhr entgegenzutreten. Im Verwaltungsrat der Asuag sass auch Gérard Bauer, Präsident des Dachverbands der Fertiguhrenindustrie. Mit Verspätung und aufgestautem Ärger erschien er an der Sitzung: Die Bestandteilholding Asuag war tatsächlich im Begriff, die Lager aufzubrechen und das Gärtchen seines Verbands zu betreten. Als Erstes erhob er Einspruch gegen die Pläne Obrechts; das Fertiguhrenprodukt habe nicht darauf gewartet, dass man ihm «die Hand ausstreckt». Obrecht reagierte gereizt: Leider habe der Minister gefehlt, als er eingangs die Verdienste der Fédération Horlogère würdigte. Im Übrigen müsse Asuag nun endlich handeln und Entscheidungen treffen. Die Vertreter der Banken begrüssten die neue Strategie – unter zwei Bedingungen: Keinesfalls durfte Asuag die Etablisseure der neuen Tochtergesellschaft mit günstigeren Rohwerkpreisen der Ebauches SA bevorzugen. Und zweitens musste unbedingt ein «modernes Management» die Gruppe leiten. Auch der Verband der Bestandteilhersteller UBAH hatte seine Zustimmung signalisiert. Der Bundesvertreter nahm eine neutrale Haltung ein, «weil wir die Notwendigkeit von Konzentrationen erkennen».

Gérard Bauer aber fuhr fort mit seinen Einwänden: Wenn die Asuag nun eine Industrieholding werden wolle, müsse sie «das Spiel spielen», den «Restposten der Kartellisierung eliminieren» und die Preise für Rohwerke und Bestandteile senken. Von der FH habe man sich konstruktivere Vorschläge gewünscht, entgegnete Obrecht: «Die FH hat uns keine Alternative im Bereich der Konzentration aufgezeigt.» Bauer wehrte sich: Direktion und Präsident der Asuag waren sich offenbar nicht bewusst, dass ihre Mitglieder stärker gelitten hatten unter der behördlichen Fabrikationsbewilligungspflicht als die Rohwerkhersteller. Es liege nicht an den Rohwerkherstellern, schaltete sich nun Rudolf Schild ein, wenn die Schweizer Uhr nicht mehr konkurrenzfähig sei. Die FH fordere, Ebauches SA solle die Preise senken, aber «die Preise der grossen Konkurrentin Seiko sind höher». Natürlich unternahm man Anstrengungen, die Produktion zu rationalisieren. Das wahre Problem sei aber das fehlende Marketing der Fertiguhr. «Man muss jetzt das dringende Problem der Marken lösen.» Das «dringende Problem» war, dass viele Schweizer Marken das gleiche Kundensegment bearbeiteten und sich gegenseitig auf dem internationalen Markt konkurrenzierten. Dieses Problem müsse auch beim Aufbau der neuen Asuag-Gruppe angegangen werden.

An ihrer Generalversammlung im November 1970 gab die Asuag die Pläne zur Gründung der General Watch Company GWC bekannt. Man wolle die Branche konzentrieren und dies, wie Obrecht sagte, nötigenfalls auch gegen den Willen des Verbands der Uhrenproduzenten FH. Obrecht nahm kein Blatt vor den Mund, um die mangelnde Kooperationsbereitschaft der FH zu geisseln. Da der Verband keine Alternative vorgeschlagen habe, müsse er sich nun mit dem Grundsatzentscheid abfinden: «Viele können es einfach nicht fassen, dass sich die Zeiten geändert haben.» Der Graben zwischen den Etablisseuren und den Bestandteilherstellern war tiefer denn je. Tatsächlich sagte man FH-Verbandspräsident Gérard Bauer eine tiefsitzende Abneigung gegenüber der Ebauches SA nach. In der Rohwerkholding sprach man von Bauers «Zickzackkurs» und «Janusköpfigkeit». Man betrachtete ihn nicht als verlässlichen Verhandlungspartner; dass er im Verwaltungsrat der von ihm geringschätzig als «Zulieferanten» betitelten Ebauches SA sass und damit Informationen aus dem Innern der Holding erhielt, hatte sich schon mehrere Male als ungünstig erwiesen.

Die Uhrenproduzenten befürchteten zweierlei: dass Ebauches SA der neuen Gruppe bessere Preise für ihre Rohwerke machen würde, während die aussenstehenden Etablisseure erst in beschränktem Mass auf andere Lieferanten ausweichen konnten, da die Holding der Werkhersteller faktisch ein Monopol hatte. Zweitens würde die noch immer reiche Asuag mit viel Geld das Marketing der Mitglieder der neuen Gruppe ankurbeln, deren Produkte die anderen auf dem Weltmarkt abdrängen würden. Obrecht versuchte zu beruhigen: Man werde kaum 90 Prozent der Kunden verärgern, um 10 Prozent zu begünstigen. Der FH wurden in der Folge weitgehende Zugeständnisse gemacht. Der Präsident der Ebauches SA, Léo Du Pasquier, war empört: Der direkte Kontakt mit den Märkten, den die Ebauches SA stets gefordert hatte, blieb ihr weiterhin verwehrt. Es bleibe der ärgerliche Eindruck, sagte Du Pasquier, dass die Ebauches SA übergangen werde als Preis, um vom Verband der Fertiguhren das Einverständnis einzuholen – ein Preis, der die Zukunft der kontrollierten Gesellschaften und der Asuag selbst in Gefangenschaft nehme: «Leur liberté de mouvement risque de se trouver bilatéralement dans les mains de la FH pour l'avenir.»

Der Protest nutzte wenig, die neue Gruppe nahm Formen an. Man wählte wiederum die Form einer Holding und nahm mit Etablisseuren Kontakt auf. Zu befürchten war, dass sich nur jene zu einem Beitritt überreden liessen, die in Schwierigkeiten steckten und Schuldner der Rohwerklieferantin Ebauches SA waren. Einige davon mussten erst mit teurem Geld saniert werden. So auch die renommierte Uhrenmarke Longines. Nachdem sich Longines zuvor mit dem Markenunternehmen Rotary zusammengeschlossen hatte, kämpfte die Gruppe mit akuten Finanzproblemen und Bankschulden von mehreren Millionen Franken. Als Manufaktur hatte sie unter dem Uhrenstatut ihre Rohwerke nur für eigene Uhren herstellen dürfen und hatte sich nicht an die Regeln der grossen Serien adaptieren können. Die ersten Gespräche des Managements von Longines mit der Ebauches SA fanden noch vor der Gründung der GWC statt. Das Komitee suchte nun eine Lösung und zog eine Minderheitsbeteiligung am renommierten Markenuhrenbetrieb in Betracht. Hier zeigte sich die Chance, «endlich eine echte vertikale Konzentration zu verwirklichen», insistierte ein

Mitglied. Die Meinungen waren geteilt. Einmal mehr warnte Rudolf vor den Kosten: Eine finanzielle Beteiligung machte nur dann Sinn, wenn Longines die eigene Rohwerkproduktion einstellte und die Produkte bei den Fabriken der Ebauches SA einkaufte. Longines produzierte jährlich «höchstens» 600 000 Werke, aufgeteilt auf verschiedene Kaliber, wovon einige bereits veraltet seien. 50 000 Werke pro Kaliber – «jedermann wird mir beipflichten, dass die Produktion nicht rentabel ist». Der Maschinenpark diente der Ebauches SA auch nicht. Ob Longines bereit sei, die Bezeichnung Manufaktur aufzugeben, bezweifelte Rudolf. Sein Bremsmanöver ärgerte Karl Obrecht: Die Angelegenheit müsse nun nicht primär als «Rentabilitätsrechnung» betrachtet werden, sondern als Zukunftsprojekt: «Die Restrukturierung der Schweizer Uhrenindustrie bewegt sich unweigerlich in Richtung vertikale Konzentration. Die SSIH hat das nun verstanden.[80] Wenn Asuag ihren Einfluss in der Politik der Uhrenindustrie bewahren will, ist sie genötigt, sich auf diese Restrukturierung einzustellen. Das ist auch das Ziel der zukünftigen Fertiguhrenholding.»

Schliesslich entschied die Ebauches SA, sich an Longines-Rotary zu beteiligen. Der rapid sinkende substanzielle Wert der Marke spielte der Holding in die Hände: Für die ersten 36 Prozent des Aktienkapitals zahlte sie 1971 noch 11 Millionen Franken – die Summe hatte sich innerhalb eines Jahres halbiert. Longines hatte vier Ateliers in Saint-Brais, Lajoux, Genf und Les Brenets mit insgesamt knapp 900 Beschäftigten. Obrecht berichtete an den Sitzungen von einer wahren «Desertion» der Longines-Aktionäre; dies beweise, «dass kein Vertrauen mehr besteht in die Zukunft des Unternehmens. Diese Desertion riskiert aber leider, von einer Kündigung des Kaders gefolgt zu sein», weshalb nun Ebauches SA die volle Verantwortung übernehmen musste. Das Gerücht, man habe die Aktionäre gezwungen zu verkaufen, sei falsch: «Sie haben realisiert, dass dieser Verkauf für sie von Vorteil ist – wie wir auch, übrigens.» Nun diskutierte das Komitee eine Mehrheitsbeteiligung, um «die Inkonvenienzen eines von einem Familienclan beherrschten Managements» zu beheben, sagte Léo Du Pasquier. Einmal mehr warnte Rudolf vor den finanziellen Folgen: Er werde sich der Stimme enthalten, denn die Ebauches SA riskiere mit dieser Aktion, sich die Probleme bei Longines «aufzuhalsen»: «Wir brauchen Longines nicht, wenn sie nicht eine weitere Klientin der Ebauches SA wird.»

Da mittlerweile die neue Asuag-Tochter General Watch Company Gestalt angenommen hatte, stockte man die Beteiligung an Longines und Rotary auf über 60 Prozent auf und integrierte sie in die neue Fertiguhrengruppe. Die

Direktion von Longines hatte sich vergeblich gegen eine Mehrheitsbeteiligung gewehrt, worauf Ebauches SA drohte: Man strebe eine gütliche Aktienübernahme an, könne dies aber angesichts der vielen verkaufswilligen Aktionäre auch «unfreundlich» tun. Trotz des gesunkenen Werts zeigte sich Rudolf «erstaunt» über den hohen Preis des Übernahmepakets an Longines, dies vor allem angesichts der vermuteten Schulden von Longines. Er fragte nach, wie hoch denn diese seien. «Mehrere Millionen», wurde ihm geantwortet, keiner kannte die präzise Summe. Und Rudolf stellte an dieser Sitzung des Komitees einmal mehr beunruhigt fest, wie sorglos die Rohwerkholding mit ihren Finanzen umging.

Das Management der Asuag hatte nun alle Hände voll zu tun mit der Gründung und Strukturierung der neuen GWC. Im Verlauf der Monate schlossen sich namhafte Markenfirmen an: Certina, Diantus Watch, Endura, Eterna, Longines, Mido, Oris, Rado, Rotary und Technos. Die Integration dieser Firmen kostete Geld, und dieses holte sie bei ihren Töchtern, allen voran bei der Ebauches SA. 1971 allein zahlte die Rohwerktochter rund 27 Millionen Franken an den Aufbau der GWC. Jetzt hatte sie zum ersten Mal in ihrer Geschichte keine Bankguthaben mehr. Im April 1971 stellte Hans Sommer, neuer Generaldirektor der Ebauches SA, den Mitgliedern des Komitees eine eindrückliche und äusserst beunruhigende Statistik der hausinternen Fabrikation vor. Als früherer Steuerkommissär des Kantons Solothurn war Sommer buchhalterisch geschult; Rudolf hatte ihn im Wissen, dass nun eine seriöse Finanzanalyse nottat, wenige Jahre zuvor dem Kanton für die Abteilung Finanzen der Ebauches SA abgeworben. Die vergleichenden betriebswirtschaftlichen Daten waren alarmierend. Zwischen 1963 und 1970 hatte sich der Umsatz der Rohwerkholding zwar verdoppelt; die Kosten der Herstellung waren aber ungleich stärker angestiegen, nämlich allgemein um 141, beim Material allein um 162 Prozent und bei Investitionen in Maschinen um satte 295 Prozent. Die Verwaltungsbeiträge an das Mutterhaus, Quote-parts genannt, hatten sich um 90 Prozent, die Dividenden um 97 Prozent erhöht. Der Reingewinn nach Investitionen betrug 1970 noch rund 20 Millionen Franken; ein Jahr später resultierte bereits ein Verlust von 4,6 Millionen Franken.

Diese Hiobsbotschaft an die Fabriken bestätigten die Befunde des Beratungsbüros McKinsey: Die Rentabilität war dramatisch gesunken. Asuag hatte McKinsey Ende 1970 im Hinblick auf die völlige Liberalisierung der Uhrenbranche mit einer Durchleuchtung der Superholding und ihrer Tochtergesellschaften beauftragt. Die Resultate waren dann aber dermassen brisant, dass der Bericht der Berater gleich wieder in den Schubladen verschwinden sollte. Der Auftrag an McKinsey trug den Titel: «Anpassung der Konzernorganisation an die Zielsetzungen und Erfordernisse der Siebziger Jahre». Die Berater stellten in ihrer Analyse als Erstes klar: Organisation und damit Probleme der Holding waren Folgen der historisch gewachsenen Struktur. Die veränderten Rahmenbedingungen hatten nun eine «fatale Abwärtsspirale» in Gang gesetzt: Die ausländische Konkurrenz rüstete auf und drang in das Segment der Schweizer Etablisseure ein; der technologische Fortschritt beschleunigte sich und verlangte beträchtliche Investitionen in Entwicklung und automatisierte Herstellungsverfahren. Die Berater kamen zum Schluss: Die Struktur der Asuag und der Führungsstil waren nicht geeignet, die Probleme zu lösen. Die einzelnen Fabriken verfolgten noch immer primär ihre eigenen Interessen. In der Generaldirektion fehlten «Spezialisten», die sich durchsetzen konnten. Wichtig war nun, eine «zentrale Entscheidungsgewalt» zu bilden, ohne aber die industrielle Selbstständigkeit der Tochtergesellschaften zu beschneiden. Um die Marktstellung der Fabriken zu halten, solle der Export von Rohwerken und Bestandteilen an ausländische Fertiguhrenfabrikanten forciert und die Produkte mit Rationalisierungsmassnahmen verbilligt werden.

Dann kündigten die Berater von McKinsey den Besuch in den Fabriken an. Die Asuag-Generaldirektion bat das Betriebsmanagement um «Kooperation». Schon zwei Monate später verschickte sie ein «streng geheimes» Dokument an alle Direktoren: «Unsere Finanzanalyse hat zu alarmierenden Resultaten geführt.» Sie hatten zwar gesamthaft den Umsatz steigern können, allen voran die Rohwerkfabriken der Ebauches SA, und die Bilanzstruktur war «sehr gesund», doch «hat sich die Konzernrentabilität entscheidend verschlechtert.» Die Verschuldung war zwar mit 5 bis 6 Prozent sehr niedrig, die Rendite auf dem Eigenkapital aber miserabel. Der Umstand, dass die Betriebe bisher ihre Investitionen selbst finanzieren konnten, habe wohl zu Nachlässigkeit geführt, hielten die Berater fest: Das «Rentabilitätsbewusstsein bei Investitionsentscheidungen» war nicht durch die hohen Zinssätze des Kapitalmarkts diszipliniert worden. In der Tat war der summierte Nettogewinn der Konzerngesellschaften um mehr als 40 Prozent gesunken. Noch 1960 hatte der Ebauches SA bloss 57 Prozent ihrer Produktion ausgereicht, um die Kosten zu decken – zehn Jahre später brauchte sie dafür 97 Prozent, die Ausnahme war Eta. Falls dieser Trend anhalte, werde der Asuag-Konzern ab 1974 ohne Gewinn arbeiten, sagten die

Berater. Der Cashflow hatte sich in der untersuchten Periode um knapp die Hälfte auf 15 Prozent und die Bruttomarge, also der Nettoumsatz abzüglich die direkten Herstellkosten, um 8 auf 31 Prozent verringert. Was die Situation gefährlich machte, denn ausgerechnet jetzt standen hohe Investitionen an, um mit neuen Technologien Schritt zu halten. Auch die Kundschaft der Asuag, die Etablisseure, würden sich immer mehr verschulden müssen, ohne den Umsatz weiter steigern zu können. Erschwerend kam hinzu, dass die Asuag praktisch vollständig von der schweizerischen Ankeruhrenindustrie abhängig und damit einem Klumpenrisiko ausgesetzt war.

Um diese bedrohlichen Probleme wirkungsvoll anzugehen, so die Schlussfolgerung der Berater von McKinsey, musste der Konzern, der heute eine «lose Gruppierung von Gesellschaften» sei, dringend straffer geführt werden. «Die meisten wesentlichen Entscheide werden heute auf der Stufe der einzelnen Tochtergesellschaften gefällt.» Eine konsolidierte Holdingbilanz war noch in weiter Ferne. Die einzelnen Abschlüsse der Töchter wurden an den Generalversammlungen meist innerhalb von einer halben Stunde präsentiert und abgenickt, ohne dass die Bilanzen eingehend geprüft worden wären. Da nun das Wachstum nicht mehr selbst finanziert werden konnte, musste die Generaldirektion «Einfluss nehmen auf die Investitionsentscheidungen. In der Vergangenheit sind die Investitionen bedeutend rascher angestiegen als der Mengenausstoss.» Notwendig war sodann eine rigorose Kostenkontrolle, eine konzernweite «Materialforschung», um die steigenden Weltmarktpreise für Rohmaterial aufzufangen, und eine klare Preispolitik «angesichts des Quasimonopols des Konzerns». Produkte- und Sortimentsentscheidungen mussten koordiniert werden, das Führungspersonal besser geschult und die Konzernleitung befähigt werden, «richtungsweisende Voraussagen über die Entwicklungen der Technologie und der Marktstruktur» zu erarbeiten. Und es galt, die Forschung voranzutreiben.

Mit diesem Bericht servierte McKinsey der Generaldirektion der Asuag-Holding alle notwendigen Argumente, um einen Richtungswechsel zu initiieren. In weiten Teilen nahm sie Diagnose und Rezepte vorweg, welche die Beratungsfirma Hayek Engineering 1982 der Generaldirektion präsentieren sollte. Doch die wenigen Exemplare dieses «hochgeheimen» Dokumentes verschwanden ungenutzt in den Schubladen. Asuag-Präsident Karl Obrecht liess die Bemerkung fallen, es sei einfach, Berater anzustellen, aber umso schwieriger, sie wieder loszuwerden. Die Führung der Holding blieb schwach, die Betriebe stritten sich noch lange über die Verteilung der Produktion, die einzelnen Tochtergesellschaften agierten weiterhin unkoordiniert. Hie und da sollte die Asuag-Generaldirektion in den kommenden Jahren versuchen, zentrale Massnahmen durchzusetzen, meist mit unzureichender Fachkompetenz und Überzeugungskraft. Der Widerstand der Betriebsleitungen blieb gross – wie sollte es auch anders sein: Jede Fabrik kämpfte um ihr eigenes Überleben, jeder Direktor war bemüht, die Kapazitäten «seiner» Fabrik auszulasten, um keine Entlassungen vornehmen zu müssen. Das Konstrukt der Superholding war nun, da der Absatz der Produkte zu stocken und die Rentabilität zu sinken begannen, zum Scheitern verurteilt. Erst 1981 und angesichts massiver Liquiditätsprobleme sollte es gelingen, die «bislang getrennt marschierenden und schlagenden Truppen zum geschlossenen Gevierthaufen» zu vereinigen, wie es die *Neue Zürcher Zeitung* ausdrücken wird.

Dabei kündigten sich Liquiditätsengpässe innerhalb der Holding schon 1971 an. Kurz nachdem McKinsey den Bericht abgeschlossen hatte, musste die Ebauches SA die Hälfte der Goldreserven, die sie seit dem Eintritt Rudolfs in den Verwaltungsrat 1951 geäufnet hatte, verkaufen. Im folgenden Jahr wurden die Maschinen- und Immobilienbudgets der Fabriken gekürzt. Zu allem Übel kamen einzelne Firmen in Schwierigkeiten, an denen Ebauches SA beteiligt war. Eine davon war die französische Uhrenfabrik Lip SA. Ebauches SA hatte sich 1967 mit 33 Prozent an der einstmals grössten französischen Uhrenfabrik in Besançon beteiligt. Die Lip SA hatte schon damals finanzielle Probleme, Ebauches SA half aus und hoffte, vom Know-how im Bereich der elektromechanischen Uhren zu profitieren. Schuld waren, so sah es das Komitee der Ebauches SA, die starke französische Gewerkschaft und schlechtes Management unter dem umtriebigen Patron Fred Lip. 1970 sah sich Ebauches SA gezwungen, erneut Geld einzuschiessen, und erhöhte ihren Anteil auf 43 Prozent.

Doch es half nichts: Das französische Unternehmen strampelte weiter in Agonie. Im Januar 1973 musste die Firma die Bilanz hinterlegen. Ebauches SA überwies weitere 3 Millionen Franken. Er glaube nicht an eine Rettung, sagte Rudolf an einer Sitzung des Ebauches-Ausschusses, aber es bleibe nichts anders übrig, als die Millionen einzuschiessen, um die Lieferanten zu bezahlen. «Im Übrigen bin ich nicht erstaunt über diese Entwicklung, vor der ich seit Beginn an gewarnt habe.» Genervt erinnerte Karl Obrecht an die Aussage eines Bundesrats: «Im Nachhinein erweisen sich 20 Prozent aller Entscheidungen in einer Firma als falsch. Die Beteiligung an der Lip war eine dieser falschen

Entscheidungen, es hat nun keinen Sinn mehr, darüber zu debattieren.» Der «Fall Lip» ging später in die Wirtschaftsgeschichte ein als «*der* soziale Konflikt der 1970er-Jahre»:[81] 1973 besetzte die Gewerkschaft das Fabrikgebäude, die rund 1300 Beschäftigten übernahmen das Management und probten das Experiment einer Industriekommune. Im August liess die französische Regierung das Werk stürmen. 1974 konnte sich Ebauches SA endlich befreien und ihren Anteil verkaufen. 1977 sollte die französische Uhrenmanufaktur endgültig liquidiert werden.

1972 kündigte Asuag eine Aktienkapitalerhöhung an. Um die Aktionäre nicht zu erschrecken, zeichnete sie wider besseres Wissen ein optimistisches Bild der Lage: «Der Cashflow unserer Gesellschaft ist nach wie vor günstig. Die bedeutende Expansion unserer Gruppe, wie auch die Forschungskosten und insbesondere die Entwicklung von vier Generationen elektronischer Uhren konnte aus eigenen Mitteln finanziert werden.» Die neue Gruppe General Watch Company verschlinge jedoch mehr Geld als geplant, man benötige nun über 100 Millionen Franken, um die Bilanz zu sanieren. Die erste Kapitalerhöhung seit der Gründung der Superholding 1931 richtete sich an den bisherigen Aktionärskreis. Für 30 Millionen Franken wurden Aktien mit einem Aufgeld von 67,5 Millionen Franken herausgegeben und der Nominalwert gesplittet. Die Generaldirektion beteuerte, man habe die Zusage der Banken, «dass sie weder früher noch später die Aktienmehrheit der Asuag-Holding erlangen wollen». Einige Aktionäre waren verunsichert und intervenierten. Die Konzernleitung kam ihnen entgegen: «Wir sind uns bewusst, dass diese massive Kapitalerhöhung aussergewöhnliche finanzielle Anforderungen an Sie stellen kann.» Deshalb gewähre man ein Darlehen «oder Entgegennahme von Aktien unserer vier seit 1931 bestehenden Tochtergesellschaften Ebauches SA, FAR, FBR und Spiraux Réunies an Zahlungsstatt». Mittelfristig sei beabsichtigt, das Geld am öffentlichen Kapitalmarkt aufzunehmen. Doch dazu sollte es nie kommen, und zehn Jahre später hatte die Aktie der Superholding Asuag kaum mehr einen Wert.

Asuag brauchte dringend Geld. Bisher hatte die Generaldirektion die Verwaltungsgebühren der Töchter jedes Jahr neu aushandeln müssen. Nun wollte sie die Beiträge in einem Konzernvertrag offizialisieren. Auf Seite 26 des Entwurfs stand verklausuliert, die Holding werde künftig über die Verwendung der Mittel der Töchter mitbestimmen: «Im Rahmen der Direktiven der Asuag betreffend der Anlage der Kapitalien kann die Ebauches SA über ihre Liquidität frei bestimmen.» «Im Rahmen der Direktiven» versah Rudolf mit zwei Ausrufezeichen – ebenso die Passage, dass künftig gut aufgestellte Firmen gezwungen werden konnten, die Produktion von Kalibern zugunsten notleidender Schwestern abzugeben. Die Aktionäre der Ebauches SA, vorwiegend Nachkommen der Gründer von Assa, Fontainemelon und Eta, wehrten sich: Sie machten geltend, die Institutionalisierung der Beiträge sei eine versteckte Gewinnabschöpfung unter Umgehung der Generalversammlung und eine Schmälerung der Dividenden. Karl Obrecht rechtfertigte die Massnahme: Es handle sich bloss um eine Klärung des Bestehenden. René Schild-von Platen war nicht überzeugt und wollte die Industriekonvention juristisch prüfen lassen. Tatsächlich stand die neue Vereinbarung zwischen der Mutterholding Asuag und ihren Töchtern rechtlich auf wackligen Füssen. Selbst Walter Schluep, Rechtsprofessor in St. Gallen und seit 1972 Verwaltungsrat der Asuag, musste hinter vorgehaltener Hand zugeben, dass die ganze Angelegenheit «heikel» sei und der Vertrag die Rechte der Minderheitsaktionäre in unzulässiger Weise verletze. Er musste es wissen: Schluep hatte dissertiert mit einer Arbeit «über die wohlerworbenen Rechte des Aktionärs nach schweizerischem Recht». Eine Gruppe von Aktionären, darunter die Nachkommen von Theodor Schild, klagten in der Folge bis vors Bundesgericht; dieses entschied nach einer «Güterabwägung» zugunsten der Holding aufgrund «überwiegenden öffentlichen Interesses» – eine Begründung, die keinen Raum für Anfechtungen liess.

René Schild-von Platen zog sich im April 1973 aus dem Verwaltungsrat der Ebauches SA zurück – aus Protest, wie er verkündete. Allerdings war Karl Obrecht auch zu Ohren gekommen, so notierte Rudolf, «wie René die Leitung krass anschwärzte». Daraufhin habe Sydney de Coulon zu Rudolf gesagt, er werde René zum Rücktritt auffordern, «das heisst nicht wieder wählen lassen». Da René Schild damals von seinem Cousin als Verwaltungsratsmitglied vorgeschlagen worden war, wollte de Coulon nun wissen, ob er dagegen Opposition mache. «Ich verneinte dies», notierte Rudolf.

Bald darauf meldete Asuag neue Begehren an: Den Bau eines mehrstöckigen Gebäudes in Biel für den neuen Hauptsitz. Dafür wurde die Ebauches SA mit 10 Millionen Franken zur Kasse gebeten. Es sollte sich erweisen, was der britische Soziologe C. Northcote Parkinson in seinen unternehmerischen «Lehrsätzen» ironisierte: Wenn ein Institut mit einem neuen Gebäude seine Bedeutung demonstrieren will, steht es meist am Rande des Ruins: «Gründliche Analysen sowie Vergleiche solcher Bauten zeigten deutlich, dass jede Perfektion der Planung ein Zeichen des Niedergangs ist. Während Perioden aufregender Entdeckungen oder Fortschritte hat kein Mensch Zeit, ein vollkommenes Hauptquartier zu erstellen.» [82] Die Asuag war auf bestem Wege, unfreiwillig ein anschauliches Beispiel dieser These zu werden.[83]

Zu den betrieblichen Hiobsbotschaften gesellten sich in den 1970er-Jahren auch externe Handelserschwernisse. Am 15. August 1971 gab der amerikanische Präsident Richard Nixon bekannt, die «Konvertibilität des Dollar in Gold oder andere Reservemittel auszusetzen». Damit war das 1944 in Bretton Woods geschlossene internationale Abkommen über weltweit gültige, fixe Wechselkurse für jede Währung aufgekündigt. Schon drei Monate später wurde der Dollar zum ersten Mal abgewertet; der Wechselkurs gegenüber der Schweizer Währung sank von 4.30 auf 3.84 Franken. 1975 stürzte der explodierende Erdölpreis die Weltwirtschaft in eine Rezession, und die Aufwertung des Schweizer Frankens setzte sich in schwindelerregendem Tempo fort. Im Sommer 1978 erhielt man für einen Dollar noch 1.45 Franken. Diese Entwicklung war für die fast vollständig vom Export abhängige Uhrenindustrie desaströs. Die Schweizer Exportprodukte verteuerten sich zwischen 1971 und 1978 um rund 180 Prozent. Ende der 1970er-Jahre beschleunigte damit der starke Franken die Talfahrt der Schweizer Uhrenbranche.

Das Schicksal der Eterna in der General Watch Company

1971 nahm die neue Tochtergesellschaft der Asuag Formen an. Die Gruppe mit Fertiguhrenbetrieben war auf den Namen General Watch Company GWC getauft worden. Nach und nach begaben sich bekannte und weniger bekannte Marken unter das neue Dach: Certina, Diantus, Endura, Edox, Mido, Oris, Rado, Technos und Titus. IWC hatte zwar verhandelt, sich dann aber zurückgezogen. Auch Longines und Rotary, an denen sich die Rohwerkholding Ebauches SA kurz zuvor beteiligt hatte, wurden in die GWC integriert; diesem Entscheid waren lange Diskussionen vorangegangen – unter anderem hatte der Aussschuss bei GWC darüber debattiert, ob es sich bei Longines tatsächlich um eine Weltmarke handle, die erhaltenswürdig sei. Die Verkäufe von Longines in Europa waren stark rückläufig. Die Ausschussmitglieder erfuhren durch einen Artikel in der *Neuen Zürcher Zeitung*, dass sich der Umsatz bei Longines auf 70 Millionen und jener von Rotary auf 30 Millionen Franken reduziert hatte. Das Protokoll notierte: «Herr Dr. Fröhlicher[84] war peinlich berührt davon, alle diese Neuigkeiten der Zeitung entnehmen zu müssen.»

Tatsächlich war der Informationsstand der Verantwortlichen in der Asuag ausgesprochen dürftig. Wie sich später herausstellen sollte, waren einige Markenfirmen zu teuer eingekauft worden. Der Geldbedarf der Asuag für den Aufbau der GWC war hoch. Die neue Gruppe unterbreitete allen verkaufswilligen Firmenaktionären Umtauschangebote; die Bezahlung erfolgte in Inhaberobligationen der Asuag-Holding, in Aktien der neuen Gesellschaft und zu 10 Prozent in bar. Damit floss viel Geld in die Taschen der Besitzer, was vor allem jene freute, deren Betriebe erste Schwächen zeigten. Wie es wirklich um die Markenunternehmen stand, war kaum in Erfahrung zu bringen und schon gar nicht aus den Bilanzen zu lesen. Rudolf, dessen Eterna auch in die Gruppe integriert werden sollte, hatte sich deshalb vor der Gründung der GWC bei einem «Insider» über das Innenleben der potenziellen Übernahmekandidaten erkundigt. Viktor Flury, Direktor der Era Watch Company in Biel mit der Marke Edox, gab ihm Auskunft, und Rudolf notierte: «Mido scheint in einer sehr prekären Situation zu sein. Die beiden Brüder Henri und Walter[85] machen sich gegenseitig die grössten Vorwürfe. Nach Viktor Flury hat Mido als Weltmarke ausgespielt und Walter sowie Henri müssten sich einen neuen Job suchen. Walter habe gesagt, er hänge durchaus nicht an der Marke Mido und sehe eine Möglichkeit, in der Holding mitzumachen.» Auch bei Rado gebe es Differenzen zwischen dem Sohn des Gründers Schlup und dem Schwiegersohn Lüthi. Ausserdem habe der wichtigste Rado-Aktionär in La Neuveville eine Stiftung gegründet, «um sein Vermögen wie gewohnt spekulativ zu verwalten. Sein Sohn hat offenbar als Direktor der Club Hotels in Biel versagt und betreibt nun ein Motel in der Nähe von Lausanne. Nun sei die Quelle aus der Stiftung in La Neuveville aus unbekannten Gründen versiegt. In dieser Situation musste offenbar der Bankverein aushelfen. Umsatz circa 47 Millionen Franken.»

Diese Gerüchte bestätigten die Besorgnis Rudolfs, dass nur jene Markenfirmen bereit waren, ihre Unabhängigkeit aufzugeben, die entweder in finanziellen oder personellen Schwierigkeiten steckten – oder die mit der Asuag-Leitung verbandelt waren: Gil Baillod, Redaktor der Zeitung *L'Impartial*, kommentierte die Gründung der GWC mit spitzer Feder: «Die Uhrenindustrie ist noch immer eine Familienangelegenheit.» Einmal mehr war Rudolf an den vorbereitenden Sitzungen der Asuag seiner Rolle als Mahner in der Wüste nachgekommen: Eine Gruppe mit Markenunternehmen durfte nicht wahllos Mitglieder aufnehmen, sondern musste die Erzeugnisse nach einem Konzept aufeinander abstimmen. Ziel musste sein, eine Produktepyramide aufzubauen, die jedes Kundensegment abdecken konnte. Stattdessen befand sich nun eine Reihe von Firmen in der General Watch Company, deren Markenuhren sich gegenseitig auf den Weltmärkten konkurrenzierten. Die meisten Uhrenmodelle lagen irgendwo in der mittleren Preisklasse.

Es war naheliegend, auch Eterna in die GWC zu integrieren. Das Markenunternehmen war seit der Gründung der Asuag vor 40 Jahren unter dem Dach der Holding. Diese Ausnahme vom Prinzip, dass Asuag nur Rohwerk- und Bestandteilproduzenten vereinigen sollte, war geschichtlich bedingt: Die Manufaktur unter der Leitung von Theodor Schild wurde damals aufgeteilt, die Rohwerkproduktion in die Ebauches SA integriert und die Etablissage Eterna als Tochtergesellschaft unter das Dach der Superholding gestellt. Eterna und Eta blieben gebäulich und faktisch auch betrieblich miteinander verhängt. Die

Familien Schild waren noch immer mit einem Minderheitspaket am Aktienkapital beteiligt. Mit der geplanten Integration in die neue GWC mussten nun Rudolf und die Nachkommen von Theodor Schild ihre Anteile verkaufen oder in GWC-Aktien umtauschen. Sie taten es widerwillig und sorgenvoll. Zuvor hatte Rudolf der Asuag-Leitung das Versprechen abgerungen, dass die Eterna auch unter der GWC-Holding als «universelle Weltmarke in ihrer Preislage» weiterentwickelt werde. Es komme nicht infrage, gewisse Märkte einfach aufzugeben. «Die Herren scheinen auch einzusehen», hielt Rudolf sein Gespräch mit Asuag-Präsident Karl Obrecht und anderen Direktoren fest, «dass von den erwähnten Marken eigentlich nur Eterna eine wirklich universelle Markenpolitik betrieben hat, und dass anderseits die neue Holding unbedingt eine Spitzenmarke, und zwar die gleiche für sämtliche Länder, benötigt.» Dabei konnte es sich seiner Ansicht nach nur um Eterna handeln. Er riet den Herren, «dringend noch mindestens zwei universelle Marken zu entwickeln, die in der mittleren und unteren Preislage weltweit forciert werden sollen. Ich wies auf Roamer hin, worauf Obrecht bemerkte, diese Leute seien gegenwärtig noch sehr stolz, würden aber sicherlich einlenken, da ja keine Nachkommenschaft vorhanden sei.» Im Übrigen sei noch völlig unklar, wie der Absatz der Produkte organisiert werden soll, «wenn zwei Firmen in ungefähr der gleichen Preislage sich in einem bestimmten Land bis jetzt konkurrenzierten».

Um die Schild-Familien auszuzahlen, musste der Wert der Eterna berechnet werden. Man einigte sich auf die Summe von 26,5 Millionen Franken. 1970 belief sich der Umsatz auf 34 Millionen Franken. Eterna hatte 146 000 Uhren verkauft, davon 74 Prozent mit automatischem Kaliber. Das Markenunternehmen beschäftigte 132 Mitarbeitende, weitere 110 Leute waren in den eigenen Vertriebsgesellschaften in Deutschland, Holland, Schweden, Dänemark, Finnland, Österreich, USA, England, Libanon, Frankreich und Norwegen angestellt. Die Grenchner Uhrenfirma war damit tatsächlich neben Longines das einzige Markenunternehmen in der GWC, das eine echte internationale Verkaufspolitik betrieben hatte. Unter Rudolf hatte die Marke das solide Image einer qualitativ hochstehenden und innovativen Firma erworben. Modelle aus dem Hause Eterna bürgten für Präzision, Zuverlässigkeit, neueste Technik und besten Service. In den letzten Jahren hatte Eterna auf die elektronische Stimmgabeluhr Mosaba gesetzt – just in dem Moment, als die Quarzarmbanduhr die Welt zu erobern begann. Die übereilten Ankündigungen von Omega, Longines und anderen, bald schon eine Uhr mit Quarz als Resonator zu lancieren, hatte den Markt für die Eterna Sonic geradezu «massakriert», wie Direktor Schütz sagte.

Ob es am Fehlstart der Mosaba lag, an den persönlichen Verbindungen des neuen Generaldirektors Peter Renggli zu Walter Schaeren, Sohn des Mido-Gründers Georges Schaeren, oder an Bestrebungen, die Macht der alten Patrons zu brechen: Das einst stolze Markenunternehmen Eterna wurde in der General Watch Company in die hinteren Reihen verwiesen. Ausdruck davon war die Absicht Rengglis, Eterna keinen Sitz im Ausschuss der GWC zuzugestehen. Beunruhigt wandte sich Rudolf Anfang 1971 an seinen Weggefährten Karl Obrecht. «Mein Lieber» – er wähle diese inoffizielle Ansprache, «weil gewisse Aspekte der General Watch Holding mir etwas nahe gehen und ich mich spontaner und differenzierter äussern möchte.» Als Erstes kam er auf den Beschluss des GWC-Verwaltungsrats zu sprechen, dass das Vorkaufsrecht der Enkelkinder für Aktienkäufe «auf Gesuch hin» ausgeschlossen werden könne. «Materiell muss ich gestehen, dass ich noch nie einem derart generellen Ausschlussrecht begegnet bin. Es wäre denkbar, Väter damit für eine nicht regierungskonforme Haltung zu bestrafen.» Im Übrigen wünschte sich Rudolf eine Erklärung, dass seine beiden Söhne bei der GWC «im Rahmen und unter der Voraussetzung ihrer Eignung eine positive Aufgabe finden».

«Damit», fuhr Rudolf in seinem Brief fort, «komme ich auf das eigentliche Kernproblem der Eterna zu sprechen, und du wirst dich erinnern, dass ich schon anlässlich unserer ersten Besprechung gewisse Bedenken äusserte, dass die Struktur- und Markenpolitik der GWC bis jetzt überhaupt nicht zur Diskussion gebracht worden ist.» Diese Diskussion würde künftig im Ausschuss der GWC geführt werden, ohne dass hier Eterna ihre Interessen verteidigen könnte. Der Ausschuss aber war das eigentliche Machtzentrum: «Wir beide wissen», schrieb Rudolf an Obrecht, «dass die Verwaltungsräte der Ebauches SA und der Asuag nie eine Sachfrage umstossen konnten, die im Comité bereits entschieden war.» Damit werde die Firma «ausgeschaltet. Es handelt sich um die grosse Schicksalsfrage der Eterna, ob sie zur Regionalmarke degradiert werden soll, nachdem ausgerechnet Eterna in der Vergangenheit weitaus am längsten eine wirklich internationale Markenpolitik betrieben hat, und zwar in einer Konsequenz und Vollständigkeit, die nicht einmal Certina aufweisen kann.» Natürlich müssten Eterna und Certina in «loyaler und korrekter Weise» die zukünftige Absatzpolitik klären, aber «ich kann beim besten Willen nicht verstehen, dass man bei der Asuag die Eterna über die Klinge springen lassen

Seinen Söhnen soll dereinst Platz im Unternehmen Eta und Eterna eingeräumt werden: Vater Rudolf (ganz links) nimmt im Hintergrund an einer Führung seines Sohnes Alfred (Mitte) durch die Eta teil.

will». Er könne unmöglich verantworten, dass in Zukunft über Eterna im Abwesenheitsverfahren entschieden werde. «Es würde für mich eine ungeheure Enttäuschung bedeuten, wenn du mich in dieser Schicksalsfrage im Stich lassen solltest.» Der Betrieb hatte der Asuag «jahrzehntelang in loyaler Weise gedient und ist nach deinen eigenen Aussagen als die finanziell am besten fundierte Firma der General Holding» zu bezeichnen.

Karl Obrecht erhörte die Bitte und unterschrieb eine von Rudolf vorgelegte Erklärung, wonach «meine beiden Söhne im Rahmen und unter der Voraussetzung ihrer Eignung in der Asuag-Gruppe eine positive Aufgabe und Zukunft finden werden.» Ausserdem setzte sich Obrecht über den Entscheid Rengglis hinweg und bewirkte, dass Adolf Schütz im Ausschuss immerhin als beratende Stimme zugelassen wurde. Rudolf zeigte sich von diesem Ausgang befriedigt, wie er der Notiz anfügte.

Im Februar 1971 wurde die GWC offiziell gegründet. Allein für die Direktion waren 27 Stellen geplant. Jede Tochtergesellschaft hatte künftig ein Prozent des Umsatzes abzuliefern, um das Holdingdach zu finanzieren. Die Mutter Asuag verlangte nun ihrerseits neben den Dividendeneinnahmen ein Prozent des Gesamtumsatzes der GWC als Verwaltungsgebühren. Die beteiligten Marken beschäftigten insgesamt 3500 Angestellte. Die konsolidierte Bilanzsumme der neuen Gruppe wurde auf 300 Millionen Franken geschätzt. Damit erreichte die ganze Asuag-Gruppe erstmals einen Jahresumsatz von über einer Milliarde Franken, und ihre Töchter stellten nun alles her, was es für die Uhr brauchte. Die Holding deckte 60 Prozent der inländischen Nachfrage nach Uhrwerken ab, 70 Prozent nach Unruhen und 80 Prozent nach Spiralfedern.

In den ersten zwei Jahren ihres Bestehens zahlten nur die Töchter Eterna und die Bieler Era Watch Dividenden an die GWC, die Holding selbst schüttete keine Gewinnbeteiligung aus. Die Aktionäre der Gruppe, die früheren Eigentümer der einzelnen Betriebe, waren verärgert. Das sei üblich beim Aufbau einer neuen Gruppe, entgegnete der Finanzchef der GWC. Obrecht gab 1973 «einmal mehr zu bedenken, dass die Aktionäre dank der Verzinsung der Obligationen eine höhere Rendite haben als früher». 1974 mussten die Firmen ihre Dividenden an die GWC-Holding erhöhen, um der Gruppe als Ganzes eine erstmalige Dividendenausschüttung zu ermöglichen. Es sollte auch die letzte sein.

Die Belegschaft der Eterna war verunsichert. Im Juni 1971 richtete Rudolf klärende Worte an die Angestellten – am Inhalt allerdings zweifelte er wohl selbst: «Ich darf Sie alle beruhigen: Wir stehen in der Uhrenindustrie vor einem Umbruch. Der Zersplitterung der Kräfte kann nur durch Zusammenschluss von Unternehmen begegnet werden. Löhne und Unkosten steigen rascher als die Betriebsgewinne. Die ausländische Konkurrenz wird stärker und gefährlicher. Der einzelne Betrieb hat Mühe, die enormen Kosten dauernder Investitionen, der Reklame, des Kundenservice und der üblichen Betriebskosten länger allein zu tragen.» Der Ausweg sei eine Koordination im Einkauf, in der Fabrikation und vornehmlich im Verkauf. Die einzelne Marke komme nach wie vor zur Geltung. Niemand brauche um seinen Arbeitsplatz besorgt zu sein, «gewisse Schwierigkeiten sind meiner Meinung nach vorübergehender Natur. Ich bitte Sie um Vertrauen in die neue Holding.»

Rudolf allerdings zog es vor, sich bei Eterna zurückzuziehen. Im Sommer 1971 gab er offiziell die Geschäftsleitung und das Delegiertenmandat ab. Am 30. Juni war das Parktheater Grenchen mit Blumen geschmückt: «The Grand Old Man» der Schweizer Uhrenindustrie, wie ihn die Presse betitelte, wurde verabschiedet. Alle Beschäftigten waren eingeladen, ihre Arbeit um 16 Uhr 30 zu beenden; «Eta arbeitet normal, denn die Feier gilt nur für Eterna», vermerkte das Organisationskomitee vorsorglich in der Einladung. Auf dem «Regieblatt» stand die «Ansprache Frau Gerbers und Überreichen der Rosen an Dr.

Schild-Comtesse (die Rosen liegen bei der Seitenbühne bereit). Felber ist dafür verantwortlich, dass Frau Gerber nicht vergisst, die Blumen von der Bühne ins Parkett mitzunehmen, wenn sie sich zu Dr. Schild begibt. Beim Buffet gibt es keine Tischordnung. Es ist wichtig, dass die Unterschriftsberechtigten mit einem guten Beispiel vorangehen. Es bleiben nur die beiden Vizedirektoren, aber diskret im Hintergrund, um dafür besorgt zu sein, dass der Abend nicht ausartet.» Die Rede hielt Theodor Renfer, abtretender Generaldirektor der Asuag. Rudolf hatte sich ebenso wie damals sein Onkel Theodor Schild mit der Eterna identifiziert, sagte Renfer. «Die Schilds fassten grosse Entschlüsse mit viel Einsatz und Risikofreude. Doch haben sie nie Risiko mit Spekulation verwechselt.» Allen Entscheiden war eine «gründliche Lagebeurteilung» vorangegangen. Jetzt, da die Firma vollständig in andere Hände ging, hatte Rudolf «seinem Charakter entsprechend» einen «glanzvollen Abgang» dem Eingliedern vorgezogen. Dass dem «harten, kompromisslosen Kämpfer Rudolf Schild das Aufgehen seiner Firma in der neuen Konstellation nicht gerade verlockend erscheint, ist verständlich».

In seiner Replik wurde Rudolf erneut seinem Ruf als Mahner gerecht: «Qualität ist auch eine Frage der Loyalität und des Charakters, und ich hoffe deshalb ganz besonders, dass unsere erstklassige Fabrikationsabteilung der Qualitätsbesinnung in alle Zukunft treu bleiben möge.» Man dürfe nie vergessen, «dass Eterna und unsere ganze schweizerische Uhrenindustrie auch bittere Zeiten durchgemacht haben, als im Jahre 1932 der Uhrenexport auf 86 Millionen Franken gesunken war und unser ganzer Jahresumsatz bei Eterna kaum so gross war wie ein Wochenumsatz der letzten Jahre». Heute exportiere die Schweizer Uhrenindustrie Ware im Wert von 2,6 Milliarden Franken – «ein Paradies, wenn sich nicht am Horizont einige Wolken zeigen würden. Jedermann weiss, dass wir mit der japanischen Uhrenindustrie einen erbarmungslosen Kampf ausfechten müssen. Umso wichtiger wird es sein, das in der heutigen Wohlstandskonjunktur etwas verzuckerte Lebensbild wieder realistischer zu gestalten.» Jeder soziale Fortschritt setze eine gesunde Wirtschaft voraus. «Ich schätze mich sehr glücklich, dass Eterna heute dank einer hie und da als konservativ empfundenen Sparsamkeit wohlgerüstet steht, um zum Wohle aller Betriebsangehörigen die künftigen Schwierigkeiten meistern zu können.»

Trotz ihrer Verdienste für die Mutterholding Asuag sollte Eterna in den folgenden Jahren ins Abseits gedrängt werden. Die Bieler Mido, die stärkste

Konkurrentin der Eterna, festigte ihre Stellung in der GWC. Walter Schaeren, Direktor bei Mido, gelangte schon bald an die Spitze der General Watch Company, wo er künftig die Fäden zog. Die Verkäufe der Eterna stagnierten. In der Folge besserte der neue Generaldirektor Adolf Schütz die Bilanzzahlen auf, indem er die Warenlager vollstopfte, was nicht unbemerkt blieb: Angesichts des sinkenden Gewinns bei gleichzeitig steigendem Umsatz bestätigte der GWC-Verwaltungsrat die Vermutung Rudolfs, Eterna beschönige den Umsatz. Schütz wurde verwarnt. Mitte der 1970er-Jahre sollte die einst erfolgreiche Markenfirma zum ersten Mal seit Jahrzehnten in die Verlustzone abgleiten.

Die Fertiguhrengruppe GWC war gegründet worden, um Synergien zu nutzen. Doch der Weg dorthin war voller Stolpersteine und sollte während der kurzen Lebensdauer der Holding nie wirklich gelingen. Wie Rudolf mit seiner Menschenkenntnis und aus eigener Erfahrung vorausgesagt hatte, waren die Probleme auch menschlicher Natur. Die Markenbetriebe blieben unter der bisherigen Führung, und diese setzte sich für ihre Pfründe ein. Heftige Diskussionen entbrannten über Struktur und Zusammenarbeit. Die Vertreter der einzelnen Marken waren verunsichert: Mit wem musste man nun verhandeln, und hatte die Marke noch Überlebenschancen im neuen Gebilde? Denn von nun an meldeten sich am Telefon nicht mehr die einzelnen Marken, sondern die General Watch Company. Ein neuer Begriff musste lanciert werden, was erfahrungsgemäss Jahre dauerte. Die GWC-Leitung trichterte den Firmen ein, Goodwill zu schaffen und den Namen General Watch Company bei Kunden und Lieferanten bekannt zu machen. Den Standbetreuern an der Basler Mustermesse wurde eingebläut, «Optimismus zu verbreiten und Bedenken zu zerstreuen». Man solle betonen, dass man nun gemeinsam stärker sei und der Effekt der Holding «zwei plus zwei gleich fünf». Man werde keine Marken sterben lassen.

Um den Kundendienst im Inland zu rationalisieren, gründete die neue Gruppe eine «GWC Marché Suisse». Schütz richtete sich sorgenvoll an Rudolf: «Wir haben schwerste Bedenken gegen diesen Vorschlag, soweit er uns vom direkten Verkehr mit unserer Kundschaft abschneiden will.» Auch im Ausland sollten Verkaufsgesellschaften gegründet werden – keine gute Nachricht für Eterna, die sich über Jahrzehnte hinweg ein funktionierendes Netz treuer Generalvertreter aufgebaut hatte. So waren die Tage ihrer Tochtergesellschaft in Paris gezählt. Seit vielen Jahren hatte dort Urs Burkard die Eterna France erfolgreich geleitet. Nun wurde sie erst der neuen Longines France einverleibt

Der neue Generaldirektor der Eterna, Peter Morf, überreicht Rudolf die ersten nummerierten Exemplare der neuen Kontiki mit Quarzwerk.

und diese zwei Jahre später in GW France umgewandelt. Die neue GWC-Tochter in Paris schwoll rasch zu einer Blase mit 100 Angestellten an – bei einem Umsatz von 31 Millionen Francs.

Dennoch war 1974 das Jahr der Umsatzrekorde: Die Asuag-Töchter verkauften Güter im Wert von 1,4 Milliarden Franken. Der Anstieg war vor allem den Firmen der General Watch Company zuzuschreiben. Nun trugen Uhren und fertige Werke fast die Hälfte zum gesamten Umsatz der Asuag-Holding bei. Gleichzeitig wurde die Asuag-Holding zunehmend abhängig von Bankenkrediten; 1974 betrug der Anteil der Kredite an den Aktiven von 250 Millionen Franken rund 30 Prozent. Der steigende Umsatz hatte aber den Druck zu radikalen Veränderungen und Kosteneinsparungen abgeschwächt. Keiner erinnerte sich mehr an die letzte grosse Krise in der Uhrenbranche der Zwischenkriegszeit.[86] Die neuen Schutzzölle, welche die Länder in Südamerika aufbauten, beunruhigten nicht sonderlich.

Umso schockierender waren die Ereignisse, die auf das Rekordjahr folgten. 1975 brach der Umsatz der GWC um beinahe einen Fünftel auf 464 Millionen Franken ein; der Rückgang war stärker als im Durchschnitt der gesamten Schweizer Uhrenbranche. Die Direktion schob das Problem auf die herrschende Rezession, auf den Preiszerfall der elektronischen Digitaluhren und neue protektionistische Massnahmen im Ausland. Sie verordnete einen allgemeinen Personalstopp, Kurzarbeit und Einsparungen bei Einkäufen. Aufgaben, die man soeben zentralisiert hatte, wurden wieder an die Betriebe delegiert. Ende 1975 mussten auf dem Platz Grenchen 70 Angestellte entlassen werden, ein Jahr

Rudolf führt seinen jüngeren Sohn Claude in das Geschäft mit den Uhren ein.

später gab Certina die Entlassung von 160 Personen bekannt. «Alle Mitarbeiter haben Verständnis», notierte das Protokoll des Verwaltungsrats der GWC. Der Direktion gehörten mittlerweile 46 Personen an, die sich dem Verfassen zahlreicher Studien widmeten, zu deren Zweck ausgedehnte Reisen in die USA unternommen wurden.

Auch in der Eterna brach 1975 der Umsatz um 15 Millionen auf 25 Millionen Franken ein. Nun ergriff die GWC-Leitung die Initiative und wechselte das Management aus. Peter Morf übernahm das Zepter bei Eterna. Das frühere Kadermitglied bei Omega entliess als Erstes Adolf Schütz: Er habe die Substanz der Eterna mit zu teurer Werbung für Eterna Sonic und mit «unverkäuflichen Designeruhren» vernichtet. Claude Schild, jüngster Sohn Rudolfs, meldete sich auf die frei gewordene Stelle als Marketingdirektor. Peter Morf stellte ihn an, denn ein Nachkomme des langjährigen Direktors, der bei seinen Geschäftspartnern stets hohes Ansehen genossen hatte, würde helfen, den lädierten Ruf der Marke wiederherzustellen. Noch am gleichen Tag, als Rudolf von der Einstellung seines Sohnes erfuhr, besuchte er Peter Morf in seinem Büro, bedankte sich und fügte an: «Aber ich bitte Sie, ihn wie jeden andern Mitarbeiter zu behandeln.»

Mittlerweile wurde in der GWC-Leitung unter Präsident Walter Schaeren darüber diskutiert, Eterna als Marke aufzugeben. Der neue Marketingdirektor Armin Glaus setzte sich für die Weiterführung ein. «Wenn wir die Marke Eterna aufgeben wollen im Sinne einer Konzentration der GWC-Tätigkeit auf wenige Marken, dann erübrigt sich die nachfolgende Arbeit», schrieb er zuhanden der Direktion und des früheren Patrons Rudolf. «Wir können dann Eterna sofort transferieren in Certina (oder Mido) und lassen sie dann langsam auslaufen.» Ein solcher Schritt schien ihm aber nicht verantwortbar zu sein, denn Eterna war nach wie vor gesund: «GWC muss es als ihre Aufgabe betrachten, das im Namen Eterna liegende Potenzial auszubeuten.» Allerdings kämpfe auch die Grenchner Uhrenfirma ebenso wie alle anderen mit dem gleichen Problem: «Mangelnde Profilierung der Marke.» Zudem bearbeiteten Mido, Certina und Eterna ähnliche Märkte und Segmente und stünden alle für die Attribute «gut bürgerlich und technisch auf hohem Niveau». Glaus schlug vor, die Fabrikation bei Eterna einzustellen und diese zu Mido zu transferieren, «denn Mido hat überflüssigen Fabrikationsraum und steht auf dem Qualitätsniveau der Eterna». Diesen Satz markierte Rudolf mit einem dicken «Non!» in roter Farbe. Produkte der Eterna, so Glaus weiter, die nicht mehr in die neue Konzeption passten, müssten liquidiert, hängige Bestellungen annulliert oder an Tochtergesellschaften weiterverkauft werden; Golduhren sollten eingeschmolzen werden. 1976 vermeldete die Presse, die Produktion von Mido und Eterna werde zusammengelegt.

Die Marke aber blieb erhalten. Unter Peter Morf nahm Eterna einen neuen Aufschwung. Rigoros schrieb er veraltete Uhrenmodelle ab. Nun konnte die Firma von der neu in der Eta angelaufenen seriellen Produktion von Quarzwerken profitieren. Mit der Royal Quartz Kontiki, einer eleganten und superwasserdichten Herrenuhr, lancierte Eterna 1976 ein neues Leadermodell: Es war die flachste Uhr mit Datumsanzeige und Quarzwerk auf dem Markt. Es war ein cleverer Schachzug: Der Name Kontiki lehnte an glorreiche vergangene Zeiten an, das Werk aber war mit neuester Technologie ausgestattet. Der Preis betrug stolze 1400 Franken. Morf höchstpersönlich präsentierte Rudolf die Uhr an einem Mittagessen und übergab ihm, wie üblich, die ersten zwei Exemplare der limitierten Serie. Rudolf reagierte zurückhaltend: Der Preis für eine Uhr aus Stahl schien ihm übersetzt. Ab 1976 erholten sich die Umsätze wieder. Zwei Jahre später war Eterna, zusammen mit Longines und Concorde, die Testmarke für die flachste Quarzuhr der Welt, die von der Eta in Zusammenarbeit mit Ebauches SA produziert worden war.

Doch die GWC als ganze Gruppe schrieb weiter Verluste. Die Japaner, so analysierte 1978 ein Redaktor der deutschen Zeitschrift *Die Zeit*, hatten den Schweizern vor allem eines voraus: Als Newcomer hatten sie lernen müssen, wie man verkauft, «derweil die Schweizer noch verteilt hatten». Das Management der einzelnen Markenbetriebe fühlte sich von der GWC-Leitung verschaukelt. Einzelne Direktionen begannen sich mit der Frage auseinanderzusetzen, wie sich die Betriebe wieder aus der Holding herauslösen liessen. 1978 hielt sich das Gerücht, die ganze Gruppe stehe vor dem Konkurs. Die Konten der Tochtergesellschaft in Frankreich wurden blockiert. Bald darauf nahm Eterna France unter dem früheren langjährigen Leiter Urs Burkard wieder die Arbeit auf und meldete sich bei den Detaillisten zurück: «L'accueil est plus que chaleureux!», vermeldete Burkard begeistert in die Schweiz.

Mit dem Experiment General Watch Company war Asuag angetreten, um den Fertiguhrenbetrieben im Verkauf auf die Sprünge zu helfen. Doch das Konzept war von Beginn an unausgereift, die Kosten für den neuen Überbau waren hoch und die Kooperation blieb rudimentär. So trug der Versuch einer General Watch Company dazu bei, die Asuag-Holding finanziell auszubluten. Als sich in der zweiten Hälfte der 1970er-Jahre die Lage dramatisch verschlechterte, war die Krisenkasse der Asuag leer.

Rudolf Schilds letzte Jahre im Dienst der Eta

Laut und mahnend tickten zu Beginn der 1970er-Jahre die Uhren am Hauptsitz der Rohwerkholding Ebauches SA in Neuenburg. In exakt bemessenen Abständen hingen sie in den Gängen und schlugen im Gleichklang: Alle waren sie an eine Mutteruhr angeschlossen. Auf Schritt und Tritt wurden die Besucher an das eigentliche Aufgabengebiet dieser Firma erinnert. Auf drei Etagen verteilt lagen die Büros links und rechts entlang der dunklen langen Flure. Das Innere des 50-jährigen Gebäudes im Eigentum der Holding-Stiftung strahlte den Charme eines überdimensionierten Advokaturbüros aus. Pünktlich um 10 Uhr morgens und 15 Uhr nachmittags wurde Tee in Plastikbechern serviert. Gedämpft drang der Verkehrslärm durch die Fenster, die auf die Strasse zum Bahnhof zeigten. Prokuristen und das Kader durften den Parkplatz im Kellergeschoss benutzen.

Das betriebliche Klima wirkte auf Aussenstehende nett und höflich, aber wenig dynamisch. Die meisten Kadermitglieder hatten sich in der Armee hochgedient und kannten einander vom Militärdienst. «Amtssprache» war Französisch; nur selten wurde hochdeutsch gesprochen, obwohl die zwei umsatz- und gewinnstärksten Tochtergesellschaften Eta und Assa im deutschsprachigen Grenchen ansässig waren. Nur mit Unlust, wenn überhaupt, kämpften sich die Welschen durch Protokolle in deutscher Sprache. Der Röstigraben teilte die Lager, auch betriebspolitisch. Die Temperamente waren denkbar unterschiedlich. Obwohl der Grenchner Rudolf Schild Witwer einer Frau aus dem französischsprachigen Raum war, fühlte er sich selten akzeptiert im Kreise der locker-geselligen Welschen: «Ah vous, les romands, vous savez ça mieux que moi», war seine Antwort bei Meinungsverschiedenheiten.

Auf Anfang 1971 sollten die letzten fremden Mieter ausquartiert werden: Die bis anhin glücklich florierende Tochtergesellschaft der Asuag-Holding brauchte mehr Raum. In der Leitung von Ebauches SA und ihrer Mutterholding

Asuag hatten sich Dynastien gebildet, die ihre Stellungen «vererbten». Väter der Familien Obrecht und Renggli gaben ihre Spitzenpositionen an die Söhne weiter. Peter Renggli, Jurist und Oberst im Armeestab und Sohn des früheren langjährigen Verwaltungsratspräsidenten der Asuag, war 1971 zum Generaldirektor der Asuag ernannt worden. Einige Jahre später sollte er auch das Verwaltungsratspräsidium von Karl Obrecht erben. Dem ganzen Management war gemeinsam, dass keiner der Herren je in einem Uhrenbetrieb gearbeitet hatte. Jeder hatte seine Meinung über die anderen und tat diese hinter vorgehaltener Hand auch kund: Der eine hatte einen Hang zum «Simplifizieren», der andere eine «Abneigung gegen Theoretiker», der dritte war «eng im Denken». Das subalterne Kader war allgemein der Ansicht, an der Spitze balle sich die Macht, es fehle an einer klaren Unternehmenspolitik, die Geschäftsleitung sei improvisiert, zwischen den Generaldirektionen von Ebauches SA und Asuag herrsche oft dicke Luft und Meinungsverschiedenheit über die zukünftige Marschrichtung des Rohwerk- und Bestandteilkonzerns. Die Schweizer Uhrenbranche war soeben vom Staat in die Freiheit entlassen worden. Wie sollte sie genutzt werden? Die Zeit drängte: Wie der McKinsey-Bericht 1971 gezeigt hatte, nahm die Profitabilität der Rohwerk- und Bestandteilfabrikation bedenklich ab. Der Befund war zwar rasch wieder in den Schubladen verschwunden, hatte aber doch zu einer gewissen Nervosität geführt.

In den Direktionen der Fabriken selbst stand man der Bürokratie der Mutterholding Ebauches SA und erst recht jener der Superholding Asuag kritisch gegenüber. Von «Wasserkopf» war die Rede und von «Trittbrettfahrern». Der Generaldirektion der Ebauches SA allein waren 270 Leute unterstellt, im Zentralbüro arbeiteten 140 Beschäftigte. «Ah, un nouveau passager – bienvenu!», pflegte Denis Robert, Gründernachkomme der Fabrik Fontainemelon, zu sagen, wenn im Überbau wieder ein neues Direktionsmitglied angestellt wurde. Für Robert waren die «Bürokraten» in den übergelagerten Gremien Fahrgäste im bequemen Waggon, während vorne schwitzende und dampfende Fabriken die Bahn in Fahrt hielten. Bis anhin vermochte die Generaldirektion der Holdings Asuag und Ebauches SA der Macht der Fabrikleitungen wenig entgegenzusetzen. Im Grunde werde die Ebauches SA von den drei Leitern der grössten Tochterfirmen Eta, Fontainemelon und Assa dirigiert – also von Rudolf Schild-Comtesse, Denis Robert und Walter Bannwart, in dieser Reihenfolge, sagte 1970 ein Mitarbeiter der Ebauches SA einem Neuankömmling. «C'est eux

Die Uhrenfabrik Fontainemelon AG, Gründungsmitglied der Ebauches SA, gelangte 1825 in den Besitz der Familie Robert. 1984 wird sie in die Eta integriert.

qui font le beau temps.» Die Generaldirektion der Ebauches SA sei in Wahrheit ein Generalsekretariat.

Der Verwaltungsrat der Ebauches SA traf sich jeweils jährlich im April und September. Karl Obrecht amtete sowohl als Asuag- wie auch als Ebauches-Präsident; die restlichen 18 Mitglieder vertraten ihre Fabriken, die Bestandteilhersteller der anderen Tochtergesellschaften der Asuag, die Banken und die Verbände der Fertiguhrenindustrie. 1970 hatte Rudolf die Leitung der Eta-Fabrik Fritz Scholl übergeben, blieb aber Mitglied des Ebauches-Verwaltungsrats. In jenem Jahr überstieg der Umsatz der Eta erstmals die 100-Millionen-Grenze. Der Umsatzsprung war auf die Übernahme der Grenchner Schwesterfirma Felsa zurückzuführen. Diese hatte schon seit einigen Jahren Probleme mit dem Geschäftsgang und war hoch verschuldet. Sie galt als Opfer der Liberalisierung der Branche nach dem faktischen Fall des Uhrenstatuts 1965: Ihre Kunden, allen voran die A. Michel, durften nun die Fournitüren bei billigeren Lieferanten bestellen – und taten dies auch. Bereits Anfang 1968 legte man Rudolf eine Zusammenarbeit mit der schlitternden Felsa nahe. Doch da diese weitgehend die Kaliberpolitik der Eta kopierte, sah Rudolf die einzige Lösung in einer Fusion. «Gleichzeitig möchte ich hinzufügen, dass ich absolut nicht unglücklich wäre, wenn meine Aufgaben nicht noch mehr belastet würden und Sie meiner Idee nicht folgen», liess Rudolf die Generaldirektion der Ebauches SA wissen.

Mitte des Jahres war die Fusion beschlossene Sache. Rudolf weilte in Lissabon, als an einer Sitzung der Kaliberkommission der Ebauches SA «die Bombe in aller Ruhe» gezündet wurde, wie der anwesende Eta-Mitarbeiter dem Chef berichtete. «Léo [Du Pasquier] teilte en passant mit, dass Felsa von der Eta übernommen werde. Er fragte, ob es hierzu einen Kommentar gebe. Es herrschte vollkommene Stille. Das totale Schweigen seitens Assa und Fontainemelon ist wohl auf den Überraschungseffekt zurückzuführen, ich kann es mir nicht anders erklären.» Nach der Übernahme lud Rudolf den Direktor der Felsa an das Weihnachtsessen des Eta-Kaders im Restaurant Arche ein. Dieser bedankte sich danach und fügte an, der erstmalige Besuch der Eta sei eindrucksvoll gewesen: «Einmal mehr wurde mir bewusst, wie gross der fabrikationstechnische Vorsprung Ihrer Firma ist, wie sie sich seit Jahrzehnten unter Ihrer klaren, straffen Führung zur ersten Tochtergesellschaft der Ebauches SA entwickelt hat.» Rudolf solle nun nicht zu streng mit der Felsa ins Gericht gehen.

Den Respekt, den man Rudolf im Verwaltungsrat der Eta noch immer entgegenbrachte, gründete auf seinem Wissen und vor allem auf seinem Leistungsausweis. Seine Macht aber begann zu schwinden: Die alten Weggefährten bei Ebauches SA und Asuag traten langsam ab, die neuen Mitglieder der Generaldirektion strebten vorwärts und wollten mehr Entscheidungsmacht. Da kam ein krisenerprobter Warner wie Rudolf, der stets mit dem Mahnfinger auf die Folgekosten jeder Massnahme zeigte, ungelegen. Die Eta selbst war reich dotiert mit Krisenreserven. Als Verwaltungsratspräsident der Eta entgingen ihm dort selbst Details nicht, die auf «Verschwendung» hinwiesen. In einem Memo an die Direktion tadelte er die Praxis, dass auch Vizedirektoren ihr Auto in der Fabrikgarage gratis waschen lassen konnten; zudem sei zu befürchten, dass diese auch gleich Reparaturen in Auftrag gaben. Man solle sich die andere Grenchner Fabrik Assa zum Vorbild nehmen: «Nach neuster Auskunft werden in der Assa die Vizedirektoren haargenaugleich behandelt wie Prokuristen und Handlungsbevollmächtigte.»

Erst recht setzte sich Rudolf im Verwaltungsratsausschuss der Ebauches SA fürs Sparen ein. Hier mehrten sich die Ausgaben in beängstigendem Ausmass: Forschung, Übernahmen, Nothilfe an andere Firmen wie die französische Lip SA oder steigende Beiträge an die Mutterholding nagten an den Reserven – just zu dem Zeitpunkt, als Ratlosigkeit herrschte über die Richtung der zukünftigen technologischen Entwicklungen und der Wünsche der Kunden. Früher rissen sich die Klienten um die Rohwerke der Ebauches SA. Die Verkaufschefs waren tatsächlich Verteilchefs, die den Kunden auf Anfrage Kontingente zuwiesen. Diese komfortable Situation war nun in Gefahr. Das angestammte Gebiet der Ebauchesfabriken, das mechanische Uhrwerk, geriet unter Druck – nicht wegen der elektronischen Uhr, denn diese trug bis Mitte der 1970er-Jahre nur mit einem einstelligen Prozentanteil am weltweiten Verkaufsvolumen bei. Sondern es waren die günstigen japanischen Ankeruhren, die in den 1960er-Jahren via Virgin Islands in den grössten Markt der Schweizer, die USA, eingedrungen waren und über die wichtigsten Warenhäuser wie etwa Macy's und Sears Roebuck mit deren Eigenmarken neue Verkaufskanäle erschlossen hatten.

1971 war die Entwicklung längst bei der dritten Generation elektronischer Uhren angelangt: der Quarzuhr.[87] Es sollte bis heute die letzte sein. Doch der Herstellungspreis von 100 bis 200 Franken für Quarzuhren war noch immer hoch, gegenüber 7 bis 15 Franken für einfache mechanische, 15 bis 30 Franken für automatische und 25 bis 50 Franken für elektronische Stimmgabeluhren. Die Preise für Quarzuhren zeigten zwar schon eine sinkende Tendenz dank neuen Produktionsverfahren und günstigeren Komponenten, doch das enorme Verbilligungspotenzial ahnte noch kaum jemand. Ein Team des Gemeinschaftsunternehmens Centre Electronique Horloger CEH in Neuenburg forschte noch immer an der Quarzuhr, Ebauches SA hatte aber mit der Gründung des eigenen Elektronikzentrums Ebauches Electroniques Marin das Heft wieder an sich genommen. Die Techniker in Marin hatten den Auftrag, alle wichtigen Komponenten der elektronischen Uhr herzustellen. Damit wollte die Rohwerkholding auch auf dem Gebiet der neuen elektronischen Werke autark agieren können – so wie sie es bisher bei ihren mechanischen Uhren gewohnt war. Eine Abteilung der neuen Produktionsstätte widmete sich dem elektromechanischen Uhrwerk, eine andere dem von Heinrich Stamm entwickelten elektronischen Werk Mosaba. Nun begann auch die Entwicklung der Quarzkaliber.

Für gewisse Teile des elektronischen Uhrwerks blieb die Ebauches SA aber auf andere Firmen angewiesen, so etwa bei der Integrierten Schaltung, dem Schlüsselelement der elektronischen Uhr. Die Entwicklung hin zu höheren Kapazitäten der Mikroprozessoren schritt vor allem in den USA mit Tempo voran. 1972 kündigte André Beyner, technischer Direktor bei Ebauches SA, den Ausschussmitgliedern endlich die Produktion von Damen- und Herrenquarzarmbanduhren an; die elektronischen Teile werde man schon bald bei Faselec beziehen können. Doch dies erwies sich als Trugschluss. Das Gemeinschaftsunternehmen Fabrication de sémiconducteurs électroniques war 1966 gegründet worden mit dem Ziel, im Bereich der Integrierten Schaltung zu forschen und die Teile der Industrie bereitzustellen. Man holte den holländischen Technologiekonzern Philips als Mehrheitsaktionär an Bord und hoffte, von dessen Patenten und Lizenzen zu profitieren. Die Erwartungen erfüllten sich nicht; Faselec machte schon bald Schlagzeilen, allerdings nicht die gewünschten: «35 Frauen entgehen knapp dem Tod», titelte der *Blick* im Januar 1969. Im Fabrikationsgebäude hatte sich ausgetretener Wasserstoff entzündet. Der Schaden belief sich auf 9 Millionen Franken, der Betrieb musste für ein halbes Jahr eingestellt werden. In dieser Zeit entwickelte Japan die neue stromsparende Halbleitertechnologie CMOS. Faselec sollte den Rückstand nicht mehr wettmachen; einige Jahre später übernahm Philips das restliche Aktienpaket, an dem neben Ebauches SA der Verband FH, Landis & Gyr und andere Organisationen beteiligt waren.

Als dann in Marin endlich die ersten Quarzwerke produziert werden konnten, waren für das dritte Quartal 1973 erst einige Tausend Stück budgetiert. «Dieser Mangel in einem Sektor, der sich dermassen rasch entwickelt, ist ein gravierendes Problem», sagte Ausschussmitglied André Bezzola, Vertreter einer Fertiguhrengruppe. «Die Gefahr besteht, dass hier andere Produzenten die Lücke füllen werden.» André Beyner beschwichtigte: Bei der leistungsstarken Quarzuhr seien nun die Probleme der Integrierten Schaltung gelöst. Was die günstige Quarzuhr betreffe, so habe man «enorme Schwierigkeiten» mit dem Lieferanten Faselec und müsse hier eine andere Lösung anvisieren. Einige Monate später erkundigte sich André Bezzola erneut, ob die Generaldirektion «die Sache im Griff» habe. «Es scheint mir, die Quarzuhr hat Mühe mit dem Start.» An der Basler Messe hatte die Ebauches SA kein neues elektronisches Produkt mit Digitalanzeige präsentiert ausser jenes mit Flüssigkristallen LCD, «von dem bereits vor zwei Jahren die Rede war und das nun auf dem Markt schon wieder veraltet ist. Das ist beunruhigend! Wann wird die Ebauches SA der Klientel endlich Produkte präsentieren, die Avantgarde sind?» André Beyner gestand ein, dass es noch «einige technische Probleme» gab. Schwierigkeiten bereitete vor allem die Beschaffung einer miniaturisierten Batterie. Der technische Leiter stellte die Grundsatzfrage: Sollte Ebauches SA weiterhin jedes Teil selbst herzustellen versuchen und damit autark bleiben oder gewisse Komponenten bei ausländischen Firmen einkaufen, ebenso wie es die japanische Industrie tat? Für Beyner war die Frage eine rhetorische: Er sah die Rolle der

Ebauches SA nicht als «Zwischenhändlerin», wie er sagte. Die Abteilung Oscilloquartz forschte im Bereich des Quarz, und die neue elektronische Fabrik würde sich um die anderen elektronischen Teile kümmern. Nicht zuletzt diese Politik der Autarkie trug in den folgenden Jahren zum technologischen Rückstand der schweizerischen Uhrenindustrie bei. Asuag-Präsident Karl Obrecht wies auch darauf hin, dass die grossen ausländischen Konkurrenzfirmen finanziell potenter waren, um Komponenten einzukaufen. Was die Richtungsentscheide erschwerte, war der rasante Fortschritt: Rund 30 neue Module kamen wöchentlich auf den Markt, «welches soll da gekauft werden? Ähnlich wie beim Taschenrechner können wir diese Evolution nicht verhindern.» Und Beyner ergänzte: «Es ist schwierig, einen klaren Kopf zu bewahren angesichts dieser Entwicklungen.»

Das neue Schreckgespenst war mittlerweile die Solid-State-Uhr, ein Werk mit Halbleiterbauteilen und ohne bewegliche Teile. Sie war quasi als «Abfallprodukt» der elektronischen Forschung von Firmen wie Texas Instruments in deren Pipeline. Die Solid State werde den Schweizer Produzenten das Fürchten lehren, waren Vertreter der amerikanischen Elektronikkonzerne überzeugt: 1972 prognostizierten sie der Schweizer Uhrenbranche den Abbau von 50 000 Arbeitsplätzen bis auf 30 000 Stellen im Jahre 1980. Die Einführung der Solid State in den USA zu einem Preis von 200 Franken war auf 1975 geplant. Die Weltuhrenproduktion, so sagten die amerikanischen Vertreter gegenüber Schweizer Zeitungen, sei im Begriff, vollständig umgeschichtet zu werden, und die Schweiz werde die Teile bei amerikanischen Firmen einkaufen müssen. «Ein Vertreter der Schweizer Uhrenkammer lächelte», beschrieb die *Solothurner Zeitung* die Reaktion in der Schweiz. Falls es tatsächlich gelinge, qualitativ hochwertige Solid-State-Uhren zu entwickeln, werde deswegen «keinesfalls die Stunde der mechanischen Zeitmesser geschlagen haben, meinte der Generaldirektor der Ebauches SA kürzlich an einer Pressekonferenz».

Die Prognose der Amerikaner über den Arbeitsplatzabbau sollte sich erstaunlich präzise bewahrheiten – allerdings nicht als Folge der Uhren ohne beweglichen Teile: Die Schweizer Fabriken sollten auch später noch ihr präzisionsmechanisches Know-how verwerten können. Das Problem waren zunächst die Strukturen der Branche: Das staatliche Uhrenstatut hatte mit der geradezu exzessiven Unterteilung in Einzelzweige viele kleine und kleinste Produzenten am Leben erhalten, dies mit dem Zweck, «eine sinnvolle Zusammenarbeit» der einzelnen Branchen sicherzustellen. Mit dem Wegfall der Bewilligungspflicht für Rohwerke und reglierende Bestandteile begann der Anpassungsprozess, dem in den Jahren zwischen 1970 und 1975 knapp ein Drittel der insgesamt 90 000 Arbeitsplätze in der Schweizer Uhrenindustrie zum Opfer fallen sollten. Dieser dramatische Abbau war damit einerseits Folge von industriellen Konzentrationen und veränderten Produktionsmethoden; der Prozess war unter dem Regime der freien Marktwirtschaft ebenso unaufhaltsam wie unabdingbar. Andererseits hemmte gerade der allzu zögerliche Auflösungsprozess der Compartimentage die Konkurrenzfähigkeit der Schweizer Uhr auf dem internationalen Markt, sodass die sinkenden Verkäufe den Stellenabbau zusätzlich beschleunigten. Die Generaldirektionen der Verbände und Holdings schafften es nicht, diese Strukturen rechtzeitig zu beseitigen und die Arbeitsprozesse zusammenzuschliessen. So war eines der vielen akuten Probleme der 1970er-Jahre die unzureichende mengenmässige und preisliche Leistungsfähigkeit der Hersteller von Gehäusen und Zeigern. Ab 1975 bis Anfang der 1980er-Jahre sollten weitere 30 000 Personen ihre Stelle in der Uhrenindustrie verlieren, primär als Folge des technologischen Wandels.

Währenddessen stritt man sich in der Ebauches SA über die Gründe, warum die Produktion von Quarzwerken nicht in Fahrt kam. Einige sahen das Problem darin, dass man auf zu vielen Entwicklungsschienen fuhr: der elektromechanischen, der elektronischen Uhr mit stimmgabelähnlichem Metallbiegeschwinger und der Uhr mit Quarz als Resonator. Als Jean-Didier Bauer, Generaldirektor der Ebauches-Tochter Sefea im grenznahen Frankreich, die Meinung äusserte, die Ebauches SA könne sich diese Mehrgleisigkeit nicht leisten, wurde er ausgelacht: Noch zu Beginn der 1970er-Jahre konnte sich die Generaldirektion nicht vorstellen, dass es der mächtigen Rohwerkholding jemals an Geld mangeln könnte. Andere machten das mangelnde Interesse der Fertiguhrenproduzenten für die geringe Produktion von Quarzwerken verantwortlich, dritte den Endkonsumenten, der noch nicht bereit sei, elektronische Uhren zu kaufen. Das Zentrum in Marin für die Entwicklung und Herstellung von elektronischen Uhrteilen nahm sich vor, den Kontakt mit den Etablisseuren zu intensivieren. Gérard Bauer vom Verband FH zeigte sich «beglückt», «bloss kommen diese Gespräche mit zwei oder drei Jahren Verspätung. Es ist absolut unerlässlich, unsere Kräfte zu vereinen.»

Doch statt die Kräfte zu vereinen, wurde der Ton zwischen den Fertiguhrenproduzenten und Rohwerkherstellern zusehends gehässiger. Der Verband Fédération Horlogère nahm der Asuag-Holding noch immer übel, dass sie mit der Fertiguhrengruppe General Watch Company in ihr Territorium eingedrungen war. Die «Ultras» unter den Etablisseuren begannen, die Ebauches SA «auf ganzer Linie» zu bekämpfen, wie im Ausschuss konstatiert wurde. Jede Erhöhung der Preise ihrer Rohwerke werde künftig torpediert. Die FH gab auch der Ebauches SA die Schuld, dass einige Etablisseure Rohwerke einkauften und diese ins Ausland weiterverkauften, wo sie in Fälschungen eingebaut wurden. Die Rohwerkproduzenten kontrollierten ihre Kunden zu wenig, «das Problem ist aber, dass Sie Ihren Umsatz nicht schmälern wollen! Wann nimmt dieser Skandal ein Ende!», rief Gérard Bauer in die Runde. Karl Obrecht schob die Schuld an diesem Umstand weiter auf die Gehäusehersteller: Da hier ein Engpass bestehe, werde die Einschalung im Ausland gemacht, «was natürlich ein grosses Problem für die Schweiz ist». Da war es wieder, das Gespenst der Schablonage, das damals vor knapp 40 Jahren alles verändert hatte.

Selber aber hatte der Verband der Fertiguhrenproduzenten lange Jahre fern der Realität seiner Mitglieder agiert; so schrieb er ihnen teilweise untaugliche Kalkulationsschemas vor und verlangte hohe Mitgliederbeiträge. Bis Ende der 1960er-Jahre hatte ein Betrieb 58 Rappen pro verkaufte Uhr an den Verband abgeliefert, erst nach der Liberalisierung des Marktes sank der Beitrag auf 10 Rappen. Die Abgaben nährten die Verbandsleitung gut, trugen aber zum Hochpreisimage der mittleren und billigeren Schweizer Uhren bei. Nun, da die Uhr im Ausland an Boden verlor, schoben sich die Etablisseure und Rohwerkhersteller gegenseitig die Schuld zu. Der Ebauches SA werde vorgeworfen, sie sei zu wenig dynamisch, sagte Rudolf an einer Ausschusssitzung: «Dieser Vorwurf müsste wenn schon der ganzen Schweizer Uhrenindustrie gemacht werden.» Die Etablisseure hatten es auch drei Jahre nach der vollständigen Liberalisierung des Marktes nicht geschafft, sich wirkungsvoll zu konzentrieren: «Sie weigern sich, anzuerkennen, dass es die Struktur ist, die sie schwächt, die sie nicht verändert haben und die es ihnen verhindert hat, eine konzertierte Markenpolitik und ein wirksames Marketing zu betreiben.»

Rudolf war einer der wenigen Direktoren der Betriebe in der Asuag-Holding, der zwei Hüte trug: Er kannte die Bedürfnisse der Rohwerklieferanten wie auch jene ihrer Klienten. Wohl nicht zuletzt deshalb setzte er sich trotz seiner Abneigung gegen die Fédération Horlogère weiterhin für korrekte Beziehungen und verlässliche Geschäftsbedingungen ein. So befürwortete er flexible Verträge, die von den Fertiguhrenproduzenten auch kurzfristig gekündigt werden konnten: Man könne niemandem zumuten, angesichts der gegenwärtigen

Unsicherheit über die Entwicklung der Produkte während Jahren gebunden zu sein. Dezidiert wehrte er sich dagegen, der traditionellen Klientel untreu zu werden und Rohwerke an deren Konkurrenz zu verkaufen. Er wisse, dass eine Politik auch ändern müsse und dies auch solle, doch mit dem Eintritt in das liberalisierte Zeitalter sei es wichtig, das gegenseitige Vertrauen zu fördern und nicht zu frustrieren. Preisreduktionen für Grossabnehmer lehnte er ab: Dies werde «das Problem von Leuten, die nicht anders als mit Hass der Ebauches SA begegnen, auch nicht lösen».

Nun wäre der Asuag-Holding gesetzlich nichts mehr im Wege gestanden, in der Ebauches SA eigene Fertiguhren zu produzieren und zu verkaufen – eine Statutenänderung hätte genügt, das Know-how war vorhanden. Doch für die Direktoren der Rohwerkhersteller war dies noch immer ein Tabu. Die Möglichkeit, fertige Uhren herzustellen, wurde zwar zu Beginn der 1970er-Jahre kurz diskutiert; ein Ausschussmitglied schlug vor, das Statut «Die Ebauches SA kommerzialisiert keine fertigen Uhren» mit dem Adverb «prinzipiell» abzuschwächen, doch selbst diese Minimalvariante fand keine Zustimmung. Die Rohwerkhersteller wollten ihre Klienten auch im eigenen Interesse nicht verärgern: Zumindest theoretisch konnten die Etablisseure nun selbst Rohwerke und Bestandteile herstellen oder sie gar im Ausland beziehen. Der Konzern SSIH mit Omega und Tissot zeigte schon erste Bemühungen, die Nachfrage nach Rohwerken mit eigenen Fabriken zu decken. Das war alarmierend. Alles müsse getan werden, sagte Rudolf, um sich die Treue der Klientel zu sichern.

Einmal mehr liess die Ebauches SA 1973 ihre Fabriken durchleuchten. Der Befund war durchzogen. Der grösste Betrieb, die Grenchner Assa, litt unter massiven Überkapazitäten: Sie habe zu sehr auf das automatische Werk gesetzt und die Entwicklung der billigeren Standardwerke vernachlässigt. Auch technisch war Assa im Rückstand und schrieb längst rote Zahlen. Die Fabrik Fontainemelon «konnte sich zufolge der günstigen Nachfrage für billige Ankeruhren stetig weiterentwickeln», hatte aber hohe Unkosten. Bei Eta falle der «enorme Zuwachs an Materialkosten und der allgemeinen Unkosten» auf. Ansonsten war die Eta sehr solid: «Das Unternehmen hat zufolge grossen Produktivitätsfortschrittes eine sehr günstige Ertragslage halten können.» Tatsächlich war die Grenchner Fabrik mittlerweile der rentabelste Betrieb der Holding, der Cashflow hatte sich gegenüber dem Vorjahr um knapp einen Drittel erhöht. Die «Milchkuh» der Asuag, wie sie nun genannt wurde, zahlte jährlich 2 Millionen Franken Dividenden an das Mutterhaus und lieferte

12 Millionen Franken als Verwaltungsgebühren an die Asuag ab. Fontainemelon hingegen wurde bei vergleichbarem Umsatz nur mit 7,3 Millionen Franken zur Kasse gebeten, was Rudolf «mit Verwunderung» zu Kenntnis nahm.

An vierter Stelle der Ebauches-Fabriken stand die Ebauches Bettlach. Hier lief es vorläufig rund: Ebauches Bettlach hatte sich hinter der Grenchner Baumgartner Frères zur grössten Schweizer Produzentin von billigen Stiftanker- und Roskopfwerken gemausert und stellte mit rund 900 Angestellten jährlich 10 Millionen Werke her. Bisher hatte sie weitgehend Narrenfreiheit genossen: Die Mutterholding hatte sich kaum um das abschätzig als «montre prolétaire» bezeichnete Uhrwerk gekümmert. Das änderte sich nun aber zu Beginn der 1970er-Jahre: Billige Uhren waren weltweit im Aufwärtstrend, Konsumenten verlangten zunehmend nach Wegwerfartikeln. Mittlerweile arbeitete die ganze Branche an der Entwicklung günstiger Uhrwerke. 1970 hatte Tissot mit der Astrolon eine Sensation lanciert. In diesem Plastikuhrwerk waren die Teile um knapp die Hälfte auf 52 reduziert, Schrauben gab es keine mehr. Manche bezeichneten später die Astrolon als Vorgängermodell der Swatch. Der Astrolon war trotzdem kein Erfolg beschieden: Die Quarzuhr war die stärkste Konkurrentin, und es fehlte, einmal mehr, an einem Erfolg versprechenden Marketing.

Nun zeigten sich in der Ebauches SA erste zaghafte Bemühungen, Kosten einzusparen. Dies war nur möglich, wenn alle Fabriken grosse Werkserien herstellen und damit die Produktion rationalisieren konnten. Jeder Betrieb hatte sich zwar in der Vergangenheit auf ein gewisses Kundensegment und auf bestimmte Werkgrössen spezialisiert, hatte daneben aber auch viele andere Kaliber im Sortiment geführt, um eine breite Nachfrage abzudecken. Einige der Produkte erfreuten sich grosser Beliebtheit, andere litten unter den Veränderungen der Kundenwünsche und des technologischen Fortschritts. Bis anhin hatten die Fabriken mehr oder weniger eigenmächtig ihr eigenes Produkteprogramm bestimmt. Jetzt war die Generaldirektion der Ebauches SA entschlossen, dieser Eigenständigkeit ein Ende zu setzen. Jeder Betrieb, so war die Idee von Direktor André Beyner, sollte sich auf drei wichtige mechanische Kaliber konzentrieren und diese vollautomatisiert herstellen. Doch wer bestimmte, welche Firma künftig welche Produkte produzieren durfte? «Im Grunde stellen sich heute zwei zentrale Fragen», brachte es Denis Robert, Direktor bei Fontainemelon, im Komitee auf den Punkt: «Wie soll der Kuchen verteilt werden? Und wie kann der Kuchen vergrössert werden?» Es waren einfache Fragen – die Lösung aber umso schwieriger. Auch hier erwies sich das Konstrukt der Holding als Hindernis.

Um den Kuchen sinnvoll zu verteilen, entwarf André Beyner ein Fabrikationsprogramm mit dem Ziel, Überschneidungen zu eliminieren und dem Gesetz der grossen Serien zum Durchbruch zu verhelfen. Der technische Leiter teilte das gestraffte Angebot in vier preisliche Niveaus ein und ordnete die Niveaus den Firmen zu: Eta sollte sich auf das höchste Niveau «haut standing» konzentrieren, Fontainemelon mit seinen Standardkalibern[88] auf das Niveau zwei, Assa mit Automatikkalibern auf das Niveau drei und Ebauches Bettlach auf das günstige Niveau vier. Schon allein der summarische Entwurf stiess auf heftigen Widerstand der Fabrikdirektoren. Der Vorschlag sei eine «exzellente Arbeitshypothese», sagte Rudolf. Oberstes Gebot sei aber die Rentabilität. Die der Eta zugewiesene Produktion in der teuersten Kaliberkategorie war zu klein, um genügend Gewinne abzuwerfen. Eta interessierte sich auch für die Produktion des billigeren Kalibers 7 ¾ der dritten Kategorie – eine gewisse Durchlässigkeit zwischen den Betrieben sei wünschenswert, sagte Rudolf. Denis Robert seinerseits wunderte sich, dass weder die Kaliber Anker und Roskopf noch das elektronische Werk im Programm für Fontainemelon aufgeführt waren. Beyner gab zu, dass Fontainemelon nur ein «bescheidener Platz» eingeräumt worden war, aber sobald die neue Asuag-Tochter Ebauches Electroniques SA in Marin Halbleiter liefern würde, konnte Fontainemelon mit der Produktion des elektronischen Werks beginnen. Dies wiederum rief die anderen Direktoren auf den Plan: Auch Rudolf meldete das Interesse für elektronische Uhrwerke an; er schlage vor, Eta und Fontainemelon sollten gemeinsam «dieses Problem» studieren, denn schliesslich gelte es, ein Gleichgewicht herzustellen und Gewinne zu erwirtschaften – «unabdingbar sowohl für die Häuser wie auch für die Generaldirektion». Asuag-Präsident Karl Obrecht war «sehr befriedigt» zu hören, dass die Fabriken endlich kooperieren wollten. Jetzt aber befürchtete Assa-Direktor Walter Bannwart, ins Hintertreffen zu geraten, und beantragte, sich diesen Diskussionen anschliessen zu dürfen. Und schliesslich meldete auch Urs Schild, Leiter der Ebauches Bettlach, sein Interesse an.

Beyner realisierte: Der Weg hin zu einer echten Konzentration würde steinig sein. Jede Firma war bestrebt, ihre Pfründe zu verteidigen. Dies zeigte exemplarisch der Versuch der Ebauches-Generaldirektion, die Produktionskapazitäten bei Fontainemelon auszulasten, indem man ihr die Herstellung des automatischen Standardkalibers mit der Höhe 5,5 Millimeter erlaubte. Damit würde die Fabrik im Kanton Neuenburg zum ersten Mal in den Bereich der Automatikkaliber eindringen – eine Domäne, die bisher Eta und Assa vorbe-

ORGANISATION D'EBAUCHES SA										
1	2	3	4	5	6	7	8	9	10	11
Ebauches Niveau 1	Ebauches Niveau 2	Ebauches Niveau 3	Ebauches Niveau 4	Ebauches Calibres sélectionnés	Produits électroniques (industrialisation)	CEE	Fournitures horlogères	Produits mécaniques de diversification	Machines spécialisées et outillages	Temps et fréquences international
ETA	FHF	ASSA	EBT	EBR	EEM	EBE	GFF	ED	MSO	TFI
F. Scholl	D. Robert	F. Vogt	P. Sulliger	F. Sandoz	R. Beaumann	D. Robert	R. Beaumann	W. Bannwart Sintec Meccanica	H. Kronenberg	B. Schlueter B. Kern
1220	1410	1540	840	690	780	790	700	200	260	180

août 1975

Ebauches SA versucht, die Produktion der Firmen einzelnen «Niveaus» ihrer Kaliber zuzuordnen.

halten war. Eta produzierte mit Erfolg die Kaliber der Höhe 5,2 und 5,9 Millimeter. Rudolf wehrte sich denn auch mit allen Mitteln gegen den Angriff Fontainemelons: Der Verkauf der «Bastardhöhe» von 5,5 Millimeter werde den Markt für Eta «massakrieren». Die Kunden seien zufrieden mit den bereits bestehenden Kaliberhöhen, «einzig Fontainemelon will 5,5 Millimeter produzieren aus Gründen, die ich hier nicht ansprechen will». Eta habe sich stets korrekt verhalten und die nicht automatischen Standardkaliber aus dem Hause Fontainemelon nicht konkurrenziert. «Ich schlage vor», sagte Rudolf, «die Diskussion um das Kaliber 5,5 augenblicklich zu beenden und die Preise für die Kaliber 5,2 und 5,9 zu senken und damit den Wünschen der Klientel nachzukommen.» Es handle sich sonst um eine «diktatorische Massnahme», die der Ebauches SA sehr teuer zu stehen käme. Für einmal war es die Grenchner Konkurrentin Assa, die der Eta Schützenhilfe leistete: Direktor Bannwart geisselte das Ansinnen von Fontainemelon als «egoistische Politik»; der Produktionsbereich der Assa war in den letzten Jahren empfindlich amputiert worden, «nun werden die vitalen Interessen der Eta *und* der Assa tangiert». Asuag-Präsident Karl Obrecht reagierte ungehalten: Lange genug sei die fehlende Entscheidungsmacht der Direktion kritisiert worden, jetzt solle man sich mit «dem Faktum» abfinden.

Bald darauf informierte Eta ihre Mitarbeitenden über den Geschäftsgang: «Zum ersten Mal seit vielen Jahren ist unser Umsatz 1971 gesunken, und zwar um 19 Prozent in Stücken (im Gegensatz zum Total in Franken, das leicht gestiegen ist). Man stellt eine Tendenz zum Kauf von Standardkalibern fest, also billige Produkte, die wir nicht herstellen. Der Bestellungseingang im laufenden Jahr ist viel besser. Wir werden weiter rationalisieren. Und wir sind sehr besorgt: Fontainemelon hat das exklusive Recht, Standard-Automatikkaliber zu produzieren. Für uns eine Herausforderung, denn die Klientel wünscht sich immer mehr Standardautomaten.» Der Zwischenabschluss 1972 war aber wider Erwarten hervorragend: Eta verbuchte einen Gewinn von 17 Millionen Franken, rund 10 Millionen mehr als budgetiert. 1972 sollte die zugkräftige Grenchner Rohwerkherstellerin mit 21 Prozent am Gesamtumsatz mehr als die Hälfte zum Gewinn der Ebauches-Holding beitragen.

Die Zahl der Beschäftigten in der ganzen Ebauches SA war in den letzten Jahren kontinuierlich angestiegen. Anfang der 1970er-Jahre standen rund 9200 Personen in ihrem Sold, davon knapp die Hälfte Frauen. Die Assa beschäftigte 2100 Leute, Fontainemelon und Eta je 1300 und die Bettlach AG 840 Personen. In den beiden Forschungslaboratorien arbeiteten 730 Leute in Marin und 200 bei Oscilloquartz. In all den vergangenen Jahrzehnten war die Branche von klassenkämpferischen Auseinandersetzungen verschont geblieben; seit dem Abschluss des Friedensabkommens 1937 verhandelten Arbeitgeber- und Arbeitnehmerorganisationen am Tisch und fanden meist ein Übereinkommen. Bis in die 1960er-Jahre zahlten die Uhrenarbeitgeber ihren Angestellten die höchsten Durchschnittslöhne aller Industriebranchen in der Schweiz. Von 1966 bis 1971 aber war der durchschnittliche Reallohn in der Uhrenindustrie deutlich weniger angestiegen als in anderen Branchen und belegte noch den vierten Rang. Mit dem Ende des Kartells und der erstarkenden ausländischen Konkurrenz geriet nun auch der Arbeitsfrieden in Gefahr. Zudem stieg die Inflation in der Schweiz dramatisch an und sollte im Dezember 1973 mit einer Jahresrate von 12 Prozent den Höhepunkt erreichen.

Der Gesamtarbeitsvertrag garantierte den Gewerkschaften den Teuerungsausgleich. Der Arbeitgeberverband Convention Patronale, der alle Uhrensektoren vertrat, verweigerte sich 1972 dieser vertraglich vereinbarten Leistung und drohte mit dem Schiedsgericht. Es standen harte Verhandlungen an. Dabei waren sich die Arbeitgeber keineswegs einig. Der Spalt folgte dem Röstigraben und widerspiegelte die Heterogenität der Branche. Die grossen Rohwerkfabriken waren in deutschschweizerischen Ballungszentren konzentriert, während die kleineren Uhrenbetriebe im Jura noch immer dezentral organisiert waren. Es waren vor allem die Etablisseure des Verbands FH, die sich gegen die gewerkschaftlichen Forderungen stellten. Die Asuag-Holding wartete vorerst ab und blieb neutral. Im Ausschuss der Ebauches SA allerdings regte sich Unmut über die «unerbittliche Haltung einiger FH-Delegierter». Es waren vor allem die Direktoren der Grenchner Fabriken, die auf eine gütliche Einigung mit den Gewerkschaften drängten. Die drei grössten Unternehmen Eta, Assa und A. Michel waren seit jeher ein Sonderzüglein gefahren und hatten stets eigene Vereinbarungen mit den Deutschschweizer Gewerkschaften ausgehandelt. Der Generaldirektion der Asuag war diese «relative Unabhängigkeit» Grenchens zunehmend ein Dorn im Auge. Nach der Niederlegung der operativen Leitung bei Eterna 1971 hatte Rudolf seine Demission als Vorstandsmitglied des Verbands Schweizerischer Uhrenfabrikanten VdU eingereicht. Vorstandspräsident Jürg Stampfli überredete ihn zum Bleiben: «Sie haben seit langen Jahren wie kein anderer die Arbeitgeberpolitik des VdU massgebend mitbestimmt, und der VdU ist damit wahrhaftig nicht schlecht gefahren.» Er bitte Rudolf zu bleiben, denn «Ihr Urteil, welches Sie ja nicht in erster Linie aus der Eterna AG, sondern aus der Eta AG mitbringen, lässt sich einfach nicht ersetzen». Rudolf gab nach und blieb.

Tatsächlich war Rudolf auch hier ein gewiefter Taktiker. Ansonsten im Lager der Mahner und Sparer, setzte er sich nun vehement für die Einigung mit der Gewerkschaft ein. Diese verlangte neben dem Teuerungsausgleich eine Kompensation der real gestiegenen Lebenshaltungskosten – insgesamt 75 Rappen mehr pro Stunde. Die Taktik Rudolfs war, den Arbeitnehmern schon im laufenden Jahr einen Teuerungsausgleich von 30 Rappen zu gewähren mit der Auflage, dass später keine Nachforderungen gestellt würden. Mit ihrer Politik hingegen provozierte die Convention Patronale den Gang ans Schiedsgericht, und dieses würde, so befürchtete der Stratege, sich zugunsten der Arbeitnehmer aussprechen und den Kompromissvorschlag vereiteln. Er geisselte die unerbittliche Haltung der Convention Patronale: «Die Attitüde dieser Ultras, den Teuerungsausgleich vollständig zu verweigern mit dem Argument, die Lohnaufbesserung wirke sich auf den Preis der Fertiguhr aus, versetzt uns Arbeitgeber in eine unmögliche Situation.» Dies füge den Arbeitnehmern, die einen rechtlichen Anspruch hätten, «grosses Unrecht» zu, sagte Rudolf und sah den guten Ruf der Ebauches SA in Gefahr: «Es ist allen klar, dass die

Uhrenindustrie durch eine schwierige Phase geht, aber wir sind noch nicht in den roten Zahlen.» Nun preschte der Verband der deutschschweizerischen Uhrenfabrikanten vor und beschloss, einen Vorschuss auf den Ausgleich von 30 Rappen zu leisten. Die Grenchner Eta übernahm den Entscheid. «Ich verlange, dass dies Ebauches SA ebenso handhabt», sagte Rudolf. Unabhängig von «elementaren ethischen Verhaltensweisen» des Patronats werde eine offene Auseinandersetzung mit den Gewerkschaften teuer zu stehen kommen. Tatsächlich entschied das Schiedsgericht wenig später zugunsten der Gewerkschaften: Die Argumente der Arbeitgeber, die sich vor allem auf die Politik Nixons und der monetären Krise stützten, überzeugten nicht. Rudolf rief den Ebauches-Verwaltungsrat dazu auf, sich mit der Convention Patronale zu «entsolidarisieren» und öffentlich zu erklären, dass die Rohwerkproduzenten die Rechte der Arbeitnehmer respektierten. Im Juni 1972 schloss die Asuag-Holding an der Seite des VdU mit den Gewerkschaften ein Abkommen über den Teuerungsausgleich ab. Der Verband FH sei empört, berichtete Generaldirektor Léo Du Pasquier den Komiteemitgliedern, die Fédération Horlogère werde nun die Rohwerkproduzenten auf «ganzer Ebene» bekämpfen und auf ihre «Verarmung» hinarbeiten.

Das Jahr 1974 sollte das letzte Geschäftsjahr sein vor der dramatischen Sanierungsaktion 1982, das Hoffnungen auf ein business as usual weckte. Ebauches SA erhöhte die Dividenden, um nach aussen zu zeigen, «dass das Problem Lip gut verdaut worden ist», wie der Direktor der Berner Kantonalbank Max Häni betonte. Im Juni 1974 bahnte sich die Wende an. Im Vorjahr war das System der fixen Wechselkurse von Bretton Woods endgültig zusammengebrochen. Die Schweiz und Grossbritannien gingen als erste Länder zu freien Wechselkursen über. Kurz darauf folgte das Ölembargo, mit dem die Opec den Westen für die Unterstützung Israels im Jom-Kippur-Krieg bestrafte. Der Preis für Erdöl stieg sogleich um rund 70 Prozent an und löste im Westen die erste grosse Rezession nach 30 Jahren nahezu ungebremsten Wachstums aus. Die Schweizer Nationalbank erhöhte die Leitzinsen, verknappte so das Geld und verstärkte damit die Krise. 1975 schrumpfte das Bruttoinlandprodukt um 7,7 Prozent. Die Arbeitslosigkeit blieb vorerst gering: Als Erstes wurden die ausländischen Arbeitskräfte nach Hause geschickt. Die Verteilungskämpfe wurden härter und der Ton zwischen Arbeitgeber- und Arbeitnehmerorganisationen schärfer. Alle Seiten befürchteten Einbussen beim erreichten Wohlstand.

1975 erwirtschaftete die Grenchner Fabrik Eta noch immer einen Gewinn nach Abschreibungen von 5,4 Millionen Franken oder 15 Prozent des Umsatzes.

Nun finanzierte sie alle anderen Fabriken der Ebauches SA, deren Lage dramatisch war: Der Gewinn von Fontainemelon war auf 78 000 Franken geschmolzen, und Assa wies einen Verlust von über 8 Millionen Franken aus; auch die restlichen kleineren Schwesterfirmen waren in den roten Zahlen. Ebauches SA teilte mit, Arbeitszeit und Löhne der Beschäftigten um 10 Prozent zu kürzen. Die betroffenen Kantone wurden informiert. Die Gewerkschaften leisteten selten Widerstand. Der Verwaltungsrat der Ebauches SA informierte, vom Rückgang der Rohwerkverkäufe seien mit Ausnahme der automatischen aus dem Hause Eta alle Kaliber betroffen, vor allem aber die Werke Roskopf, Chronografen und Standardkaliber. Die Klientel litt unter einem «katastrophalen Liquiditätsengpass», vor allem die Abnehmer von Roskopfwerken: Allein im Februar 1975 gingen die Aufträge an die Roskopfwerkproduzenten um 80 Prozent zurück. Nach 120 erfolgreichen Jahren kündigte sich nun das Ende der billigen Roskopfuhr an: Sie fiel dem Preiszerfall bei den Quarzarmbanduhren zum Opfer. Die Betriebe hatten die Gefahr verkannt und es verpasst, rechtzeitig auf die Elektronik umzustellen. Ausnahmslos alle sollten bis 1983 die Tore schliessen oder Konkurs anmelden.

Im Februar 1975 lud Biga-Vorsteher Jean-Pierre Bonny die erste Garde in der Bundesverwaltung zu einem Gespräch mit Vertretern der Uhrenindustrie ein. «Die Lage spitzt sich immer mehr zu. Die verantwortlichen Leiter der interessierten Organisationen drängen darauf, vom EVD empfangen zu werden.» Im Bundeshaus rüstete man sich gegen neue Forderungen der Uhrenbranche, denn diese waren so sicher wie das Amen in der Kirche. Generalsekretär Alfons Hasler fand das Aufgebot seitens des Bundes übertrieben, wie er mitteilte: Die «letzte Abwehrfront» solle noch nicht eingesetzt werden. Die Bittsteller beklagten einen massiven Auftragsrückgang, Verschlechterung der Zahlungsmoral und schrumpfende Gewinnmargen aufgrund der weltweiten Depression und des starken Frankens. Zu befürchten sei, dass nun Marktanteile an Japan und die USA verloren gingen, die nicht mehr zurückerobert werden konnten. Der Bund solle Sofortmassnahmen prüfen wie Änderung der Wechselkurspolitik, Ausbau der Exportrisikogarantie, Überwachung der Devisenmärkte und, als Ultima Ratio, Importrestriktionen. Die Bundesvertreter sicherten der Branche zu, die Eidgenössische Bankenkommission werde Ausnahmen von der Kreditbegrenzung gewähren – das bedeutete, so wurde dem Bundesrat in einem Memo mitgeteilt, «praktisch eine völlige Befreiung der Uhrenindustrie von der Kreditzuwachsbegrenzung». Wenige Jahre später sollte sich diese Politik rächen.

Der Arbeitsplatzabbau in der schweizerischen Uhrenbranche setzte sich mit schwindelerregendem Tempo fort. Asuag-Präsident Peter Renggli war aber noch immer überzeugt, die Anpassung der Branche an die veränderte Situation werde «harmonisch» vonstattengehen, die Probleme seien nur vorübergehender Natur und Folge der ungünstigen Inflationsrate und Wechselkurse. Von dieser Aussage sollte er in der Öffentlichkeit noch einige weitere Jahre nicht abrücken, bis die Banken die Superholding schliesslich zu einer Sanierung zwangen.

Am 9. April 1975 nahm Rudolf das letzte Mal an einer Verwaltungsratssitzung der Ebauches SA teil. Er stand in seinem 75. Lebensjahr. Man gab sich an jenem Tag nach langer Zeit wieder einmal in den Zentralbüros in Grenchen die Ehre. Alle Mitglieder waren anwesend. Die Nachrichten waren alarmierend: Die Schwestergesellschaft Ebauches Electronique Marin produzierte ihre elektronischen Kaliber für das Lager, die Qualität des Quarzkalibers ESA 9181 liess zu wünschen übrig, und die Entwicklungen im Bereich Batterien, dem Sorgenkind der elektronischen Uhr, stockten. Man brauchte dringend kleinere Batterien mit längeren Laufzeiten. Es wurde beschlossen, die soeben erhöhte Dividende wieder auf 10 Prozent zu senken. Ausgerechnet die Bankenvertreter waren nicht erfreut über diesen Entschluss, man füge sich aber aus «psychologischen Gründen», da auch die Beschäftigten eine Lohneinbusse akzeptieren mussten, sagte Max Häni von der Berner Kantonalbank. Die Vertreter der Finanzbranche, deren Banken jahrelang von hohen Dividenden der Ebauches SA und der Asuag profitiert und in den Verwaltungsräten keinen brauchbaren Beitrag zur Lösung der Probleme geliefert hatten, zogen es weiterhin vor, stillzuhalten.

Mittlerweile war in allen Betrieben ausser bei der Eta Kurzarbeit verordnet worden: Den Männern wurde die Arbeitszeit um 10 Prozent gekürzt, «doppelverdienenden» Frauen um 40 bis 100 Prozent. Aus «Solidarität» kürzte sich der Ebauches-Verwaltungsrat die Entschädigung ebenfalls um 10 Prozent. Der Anteil der Schweizer Uhrenindustrie am Weltmarkt betrug noch 37 Prozent. Am Ende der Sitzung wurde Rudolf verabschiedet, Karl Obrecht drückte im Namen aller die Dankbarkeit für seine «wertvolle Mitarbeit» aus, und Fritz Scholl wurde zum Nachfolger ernannt.

Im gleichen Jahr begann die Asuag-Tochter Ebauches Electroniques Marin mit der Fabrikation der Integrierten Schaltkreise. In der Eta, die auch unter einem Auftragsrückgang bei ihren mechanischen Werken litt, wurden die

Unter Ernst Thomke macht die Schweizer Uhrenindustrie wieder Furore – erst 1979 mit der Präsentation der damals mit 1,98 Millimeter dünnsten Uhr der Welt, der Delirium Tremens, nach einem Prototyp von André Beyner und produziert in der Eta, dann 1980 mit der Delirium IV, der mit 0,98 Millimeter flachsten Uhr aller Zeiten (auf dem Bild: die Eterna Linea Museum mit einem Gehäuse aus 18 Karat Gold).

Beschäftigten in internen Ausbildungsprogrammen auf die Quarzwerkfabrikation umgeschult – gerade rechtzeitig, um ein Jahr später mit einer fulminanten Aufholjagd durchzustarten. Da die mächtige Eta mittlerweile alle Fabriken in der Ebauches SA und die Holding finanzierte, setzte sich Generaldirektor Fritz Scholl über Formalitäten hinweg und ordnete in seiner Fabrik die Herstellung eigener Quarzwerke an. Zwei Umstände führten zum raschen Erfolg: Erstens hatte sich Scholl in den USA das Patent Staudte geholt, das die Japaner schon vor drei Jahren eingekauft hatten – damals zu einem viel billigeren Preis. Mit diesem Verfahren liess sich die Quarzstimmgabel mithilfe der fotolithografischen Technik rund tausendmal billiger herstellen.[89] Zweitens machte es Eta den Etablisseuren einfach, die neuen Quarzkaliber zu verwenden: In Konzeption und Abmessungen waren sie austauschbar mit den Automatikwerken und konnten mit denselben Gehäusen, Zeigern, Zifferblättern und Uhrgläsern ausgestattet werden.

1978 holte sich Fritz Scholl Ernst Thomke als Nachfolger an seine Seite. Scholl hatte den früheren Eta-Lehrling und jetzigen Mediziner überredet, seine Stelle in der Pharmabranche aufzugeben und die Leitung der Eta zu übernehmen, obwohl diese Aufgabe mittlerweile allgemein als «Kamikaze-Job» galt. Als Outsider war Thomke in seinen Entscheidungen nicht gehemmt von der Geschichte, von Seilschaften oder Rücksichtnahme auf Traditionen. Er war ein «Macher», der sich durchsetzte. Als neuer Generaldirektor der Eta sollte ihm der Kraftakt gelingen, die Ebauches SA aus den Fesseln der verkrusteten Strukturen zu befreien.

Noch im selben Jahr spornte der erst 37-jährige Generaldirektor die Belegschaft zu neuen Höhenflügen an: Jetzt musste die Schweizer Uhrenindustrie einen internationalen Prestigeerfolg anstreben, um ihr lädiertes Image aufzubessern. Er trieb die Entwickler dazu an, neue Lösungen zu finden, um den Wettbewerb mit Japan um die flachste Uhr zu gewinnen. Die geniale Idee, die dieses Ziel ermöglichen sollte, hatten André Beyner und sein Team in der Ebauches Electroniques Marin: Indem der Gehäuseboden als Werkplatte genutzt und das Werk von unten nach oben zusammengesetzt wurde, konnte die Höhe massiv reduziert werden. In der Eta machte sich die technische Abteilung mit den Uhreningenieuren Urs Giger und Anton Bally an die Entwicklung der Produktion dieses Werks mit dem Namen Delirium, das nun als Prototyp vorlag. Es war ein Wettlauf gegen die Zeit. Am 12. Januar 1979, einen Monat nach dem Tod Rudolfs, präsentierten Eterna, Longines und Concorde an verschiedenen Orten rund um den Erdball die flachste Uhr der Welt: Sie mass noch 1,98 Millimeter und steckte in einem Goldgehäuse. Die Schweizer Uhrenindustrie war wieder vorne mit dabei.

Die Geschichte der Assa – oder «Fusion Blödsinn»

«Fusion Blödsinn», notierte Rudolf Schild im März 1972 nach einem informellen Gespräch mit Mitgliedern der Generaldirektion der Ebauches SA. Man hatte ihm vorgeschlagen, Eta solle sich mit der Grenchner Schwesterfirma Assa zusammenschliessen. Rudolf hatte die operative Leitung seiner Fabrik schon längst Fritz Scholl übergeben, war aber noch Verwaltungsratspräsident. Eine Fusion kam für ihn nicht infrage – in erster Linie, so legen es die Notizen nahe, aus Besorgnis um «seine» Eta: «Die Eta ist kerngesund und hat die optimale Grösse. Assa ist schwer krank, ist mehr als gross genug, um sich unter Aufsicht selbst zu sanieren.» Die Kinder Rudolfs erinnern sich später, der Vater habe biologische Gesetze bemüht, um seine ablehnende Haltung zu erklären: Man lege nicht einen gesunden Apfel mit einem faulen zusammen, denn dann werde der gesunde Apfel mit der Fäulnis angesteckt. Aber auch andere Motive mochten eine Rolle gespielt haben: die grundsätzliche Befürwortung einer Konkurrenzsituation und wohl auch seine Gefühle der Loyalität, die er gegenüber dem Betrieb seiner Verwandten, der Nachkommen seines Grossonkels Adolf Schild-Hugi hegte. Denkbar sei, so teilte Rudolf der Ebauches-Generaldirektion mit, eine verstärkte Koordination der beiden Firmen, selbstverständlich unter der Leitung der Eta-Direktion. Er selbst sei bereit, auf «konsultativer Basis» mitzumachen. Erst im Jahre seines Todes 1978, als Rudolf längst auch das Verwaltungsratsmandat abgegeben hatte, sollte die als «Fusion» getarnte Übernahme der Assa durch die Eta Wirklichkeit werden.

Seit knapp 90 Jahren war Grenchen von zwei Uhrenfirmen dominiert, die beide weltweit zu den grössten ihrer Branche zählten. Beide Firmen waren im 19. Jahrhundert von Brüdern gegründet worden. Mit dem Vater Anton Schild und dessen «Uhrmacherlogis» hatte damals, 1851, alles begonnen. Dessen achtes und jüngstes Kind Adolf besuchte noch die Schule, als sein Bruder Urs 1856 Teilhaber wurde an der Uhrenfabrik des Arztes Josef Girard. Adolf sei ein guter Läufer gewesen, sagte man, weil er jeweils nach Solothurn Petrol holen gehen musste. Auch er wollte Uhrmacher werden. Er ging in die Lehre bei seiner Schwester Gritli, die der Vater Anton in den Jura geschickt hatte, um das Handwerk zu lernen; danach fand er eine Lehrstelle in einem Atelier im jurassischen La Ferrière. 1864, im Alter von 20 Jahren, trat Adolf Schild als Visiteur in die Fabrik seines Bruders Urs ein.

Urs Schild widmete sich fortan den kaufmännischen Belangen und Adolf den technischen. Phasen der Hochkonjunktur wechselten sich ab mit schweren, von Überproduktion gezeichneten Krisen. Aber es ging doch stetig aufwärts: 1870 gehörte die Fabrik mit rund 300 Arbeitsplätzen zu den wichtigsten Arbeitgebern der Region. Das Leben Urs Schilds als Unternehmer, Familienvater und Politiker war hektisch; Adolf, gesellig und friedliebend, brachte die nötige Ruhe in den Betrieb. Bald einmal beförderte ihn sein Bruder zum technischen Leiter. Mit 29 Jahren heiratete Adolf Schild Pauline Hugi, eine prägnante Persönlichkeit und gesegnet mit aussergewöhnlichem Geschäftssinn. Sie übernahm 1880 den Dorfladen, den Urs Schild eingerichtet hatte, und brachte ihn zur Blüte. Damit verdiente sie ein Vielfaches dessen, was der als knausrig geltende Urs ihrem Ehemann Adolf als Gehalt zahlte.

Als Urs 1888 verstarb und sein ältester Sohn Max in die Urs Schild & Cie. eintrat, war es vorbei mit der Eintracht im Betrieb. Ungestüm und einzelgängerisch in seinem Wesen, schlug Max die Meinung und Erfahrung seines Onkels Adolf in den Wind. Acht Jahre später entschloss sich Adolf Schild-Hugi, auszutreten und seinen eigenen Betrieb zu gründen, die A. Schild & Cie. Die Firma nannte sich Fabrique d'ébauches et de finissages:[90] Anders als die Manufaktur Urs Schild & Cie., die auch fertige Uhren produzierte, konzentrierte sich Adolf Schild-Hugi auf die reine Rohwerkproduktion, ergänzt mit der Fabrikation von Zylindern, Ankern, Trieben – sogenannten Pignons –, Rückern und Teilen der Hemmung. Das kam den Etablisseuren entgegen, die nun bei A. Schild & Cie. das gesamte Paket bis zum Räderwerk und den Schrauben bestellen konnten. Adolf setzte auf Qualität. Wie viele Uhrenfabrikanten auch, tüftelte er am Problem der Auswechselbarkeit der Bestandteile, denn die fertigungsbedingten Massabweichungen der Teile erschwerten den Zusammenbau des Werks. Bald war es so weit: Die Rohwerkteile waren normiert und wurden so präzise hergestellt, dass sie auswechselbar waren. Das Nacharbeiten an den Teilen erübrigte sich. An der Landesausstellung 1914 erhielt die A. Schild & Cie. eine Goldmedaille für ihre Verdienste.

Die Familie des Assa-Gründers Adolf Schild-Hugi und seiner Frau Pauline anno 1898: stehend (von links): Karl, Adolf, Hedwig, Paul, César, Ernst; sitzend: Robert, Pauline, Adolf (es fehlt Johanna).

Auch Adolf Schild-Hugi war politisch aktiv als Gemeinde- und Kantonsrat, war Mitglied und Präsident der Schulkommission, der Bezirksschulpflege und des neuen Armenerziehungsvereins Grenchen. In seinem Wesen war er ausgesprochen freisinnig orientiert. Er war es, der 1877 die Gründung der Christkatholischen Kirchgemeinde in Grenchen anregte. Hauptinitiant war sein Bruder Josef, der als gefeierter Kammersänger und Kantonsrat die Devise «Los von Rom» überzeugend vertrat. Die Christkatholische Kirche war in der Schweiz einige Jahre zuvor aus Protest gegen die Dogmen des Ersten Vatikanischen Konzils von 1870 entstanden.[91] In den Kulturkampfjahren war Schild-Hugi der führende Kopf der Christkatholiken von Grenchen, als erster Präsident leitete er 1881 bis 1897 die Kirchgemeinde. Sein Neffe Werner Flury, ein aufmerksamer Beobachter seiner Zeitgenossen, beschrieb später seinen Lieblingsonkel als «unverwüstliches Naturkind», als «Selfmademan, der keinen Neid oder Missgunst hervorrief. Urwüchsig, wohlmeinend, von schlichter Natürlichkeit, unterhaltsam, den Schalk des mit lustigem Augenzwinkern verbundenen Neckens im Nacken, ein Hüne von Gestalt, sangesfroh und einem währschaften Trunk mit einer Portion Käse in angeregter Gesellschaft zugetan, dem sauertöpfisches, grüblerisches Wesen fremd war, der nichts Überhebliches an sich hatte: So steht Onkel Adolf vor meinem geistigen Auge.» In seinen letzten zwölf Jahren

Adolf Schild-Behnisch (ganz links neben Rudolf Schild-Comtesse) an einem Ausflug des Verwaltungsrates der Ebauches SA auf Rigi-Kaltbad 1944 (rechts von hinten: Bundesrat Walther Stampfli).

traf man ihn regelmässig am Stammtisch im Löwen, «wo der frühere Lehrer Eggenschwiler rezenten Wein und schäumendes Bier kredenzte». Adolf Schild-Hugi starb hochbetagt im Dezember 1915. Die Arbeiterinnen und Arbeiter seiner Fabrik setzten ihm später vor dem neuen Schulhaus an der Landstrasse ein Denkmal.

1915 beschäftigte die Rohwerkherstellerin A. Schild & Cie. 800 Angestellte und hatte damit die Konkurrentin Eterna weit hinter sich gelassen. Nach dem Tod des Gründers Adolf wandelten die Nachkommen die Firma in eine Aktiengesellschaft um und tauften sie auf den Namen A. Schild SA, kurz «Assa» genannt. Die Söhne César, Adolf und Ernst übernahmen die Leitung des Betriebs, der sich bald einmal mit gegen 3000 Angestellten zum führenden Ebauches- und Finissages-Etablissement der schweizerischen Uhrenindustrie entwickelte. Von den oberen Stöcken der Fabrik hatte man Sicht auf die Gebäude der anderen Schild'schen Fabrik, der Eterna. Dort war die Leitung längst von Max auf den Bruder Theodor Schild übergegangen. Nach dem Ersten Weltkrieg stürzte die schweizerische Uhrenindustrie in eine tiefe Krise; es sollte sich als eine der heftigsten in der Geschichte der Branche erweisen. Es war etwa zu dieser Zeit, so erzählen Theodor Schilds Nachkommen, als sich der Patron der Eterna an seine Cousins César und Adolf Schild wandte: Ob man sich vorstellen könne, die Kräfte mit einer Fusion zu bündeln statt sich bis auf den Ruin zu konkurrenzieren? César als kaufmännischer Chef der Assa habe über den Vorschlag nachgedacht – und abgelehnt: Er ahnte wohl, dass die durchsetzungsstarken Cousins kaum einen kooperativen Modus Vivendi gefunden hätten.

Wie war der immense Erfolg des Unternehmens Assa zu erklären? Adolf Schild-Hugi und seine Nachkommen setzten auf qualitativ hochwertige Uhrwerke, die den Kundenwünschen entsprachen. Und sie zeigten sich aufgeschlossen für neue Entwicklungen, wie die Geschichte rund um das weltweit erste seriell hergestellte automatische Uhrwerk Harwood dokumentiert. Eines Tages Anfang der 1920er-Jahre meldete sich ein gewisser John Harwood, wohnhaft auf der Isle of Man, bei Adolf Schild junior. Er präsentierte eine revolutionäre Neukonstruktion: das automatische Uhrwerk, ein Perpetuum mobile am Handgelenk. Bis anhin zog man die Uhr noch ausschliesslich mit der Krone auf. Erst mit dem Wechsel von der Taschen- zu der Armbanduhr konnte die Konstruktionsidee realisiert werden. Harwood, so erzählt es die Legende, hatte die zündende Idee, als er Kinder spielen sah: Die sich dauernd bewegenden Arme und Hände waren ideale Energielieferanten, um die Uhrfeder zu spannen und das Werk automatisch aufzuziehen. Er reiste mehrere Male in die Schweiz, denn nur dort, so war er überzeugt, liess sich seine Erfindung umsetzen. Adolf Schild zeigte Interesse und gewann die Fertiguhrbetriebe Fortis und Gisiger als Partner. An der Basler Messe 1926 präsentierte Fortis dem internationalen Publikum die ersten seriell gefertigten automatischen Armbanduhren der Welt. Sie erregten Aufsehen, doch die Zeit war noch nicht reif und das Werk mit Kinderkrankheiten behaftet. Die Harwood aber stand am Anfang aller späteren Entwicklungen der automatischen Uhr. Erst in den 1950er-Jahren schaffte Assa mit der Bieler Mido als Abnehmerin nach langen Versuchsphasen den Durchbruch mit serienreifen Automatikwerken.

In der automatischen Uhr werden die Bewegungen des Trägers auf einen Rotor übertragen, dessen Schwingungen über ein Räderwerk auf das Federhaus übertragen werden. Der äussere Teil des Rotors besteht in der Regel aus einer sogenannt gesinterten Metallmischung. Mit Sintern lässt sich ein Werkstoff herstellen oder verändern, ohne die Form zu verlieren. Assa interessierte sich deshalb schon früh für die pulvermetallurgischen und sintertechnischen Verfahren, um die Rotoren selbst herstellen zu können. Später entstand die Assa-Abteilung Sintec, die Rotoren für eigene Automaten, für Schwesterfirmen in der Ebauches SA und für Dritte in der ganzen Schweiz produzierte. Nach und nach wurden auch Produkte für Nicht-Uhren-Anwendungen hergestellt.

1926 veränderten sich die Strukturen der Branche der Rohwerkhersteller – schlagartig und nachhaltig. Rekapitulieren wir hier die Ereignisse: Die drei grössten Produzenten Assa, Fontainemelon und Michel AG gründeten die Ebauches SA. Zusammen produzierten sie 80 Prozent der Schweizer Rohwerke und waren damit marktbeherrschend. Offiziell hiess das Ziel: Kartell bilden, um Preiszerfall, Überproduktion und Schablonage ins Ausland zu stoppen. Doch die wahren Gründe, welche die Söhne des verstorbenen Adolf Schild-Hugi dazu bewegten, die Unabhängigkeit des florierenden Unternehmens aufzugeben, waren andere.[92] Es ging dem Initianten Hermann Obrecht um die Rettung der A. Michel. Obrecht war befreundet mit Gottlieb Vogt-Schild, Schwiegersohn[93] von Adolf Schild-Hugi. Der solothurnische Kantonsrat und Nationalrat Hermann Obrecht war ebenso umtriebig im Staate Solothurn wie Gottlieb Vogt: Dieser war mit 25 Kantonsrat, mit 28 Jahren Verleger und Chefredaktor der *Solothurner Zeitung*; den Verlag Vogt & Schild hatte er 1907 zusammen mit Otto Schild gegründet – Otto Schild war der jüngste Sohn des Eterna-Gründers Urs Schild und also Cousin seiner Frau Johanna. Erstes Mitglied der Redaktion der *Solothurner Zeitung* war Hermann Obrecht. Wenig später wurde er zum jüngsten Regierungsrat des Kantons Solothurn gewählt. Gottlieb Vogt und Obrecht waren aus dem gleichen Holz geschnitzt: Sie hatten Geschäftssinn und Machtinstinkt, kannten alle namhaften kantonalen und eidgenössischen Politiker. In der Familie Schild-Hugi war Vogt der unbestrittene «opinion maker» oder «celui qui fait la pluie et le beau temps». Man tat, was Vogt riet. Und Vogt riet nun, 1926, zur Gründung der Ebauches SA. Die Familie Schild-Hugi war nicht begeistert und hatte wenig Grund, die Unabhängigkeit aufzugeben. Vogt musste alle seine Redekünste aufwenden, um sie davon zu überzeugen. Pauline Schild-Hugi sollte diesen Schritt später bitter bereuen, ebenso Adolf Schild junior.

Im Laufe der folgenden Jahre kaufte der Trust viele weitere kleinere und mittlere Rohwerkproduzenten auf. Man holte das Geld für den Kauf dort, wo es war: bei der Assa. Mit der Gründung der Allgemeinen Schweizerischen Uhrenindustrie AG Asuag 1931 nahm die Geschichte erneut eine Wende, dieses Mal eine ungleich schicksalsträchtigere. Der Druck von Banken, Etablisseuren und Öffentlichkeit auf die Ebauches SA war gross, sich unter das Dach der Holding zu begeben. Als Vertreter der Rohwerkproduzenten sass César Schild,

Das legendäre «Wehrmachtskaliber» AS 1130 mit spezieller Stosssicherung.

Sohn des Assa-Gründers und kaufmännischer Leiter, mit am Tisch im Bundeshaus, als 1932 die Delegation mit Banken- und Uhrenvertretern beim Bundesrat vorstellig wurde. Das Protokoll notierte keine Wortmeldung von ihm; es ist zu vermuten, dass er nicht mit voller Überzeugung hinter der Gründung der Asuag stand. Die Familie Schild war sich uneinig, vor allem die Mutter Pauline Schild-Hugi warnte vor dem neuen Gebilde und hatte mit Tränen in den Augen ihre Zustimmung gegeben.

Als auch Theodor, mittlerweile verschuldet, 1932 dem Druck nachgab, die Eterna verkaufte und deren Rohwerkproduktion unter dem Kürzel Eta in die Ebauches SA integrierte, waren die beiden Firmen Schild'scher Provenienz von nun an unter demselben Dach vereint. Innerhalb der losen Strukturen blieben sie aber Konkurrenten. Ein Briefverkehr zeigt, wie sich zu Beginn Adolf und Theodor gleichermassen dafür einsetzten, das Sinnvolle und Naheliegende zu tun, nämlich Synergien zwischen den Fabriken zu nutzen, die Produktion auf einheitliche Masse zu normalisieren und zu standardisieren. Doch die Bemühungen verliefen im Sand; die Leitung der Ebauches SA war schwach, die Konjunktur zog einige Jahre vor Ausbruch des Zweiten Weltkriegs wieder an, und das Uhrenstatut festigte den Status quo.

Im Zweiten Weltkrieg florierte die Assa. Ihr wichtigstes Produkt war das Kaliber AS 1130: Robust, schlicht und funktional, tickte es in unzähligen Schweizer Uhren – in der anonymen Uhr ebenso wie in Markenlabels. Als Deutschland unter Adolf Hitler aufrüstete, interessierte sich die Wehrmacht für den Handaufzugskaliber. Die Deutschen bestellten das Werk mit einer speziellen Stosssicherung, es ging als unverwüstliches «Wehrmachtskaliber» in die Geschichte der Schweizer Uhrenindustrie ein. Ebenso wie Felsa, A. Michel und viele andere Schweizer Uhrenfirmen profitierte Assa davon, dass sich die Produktion innert weniger Tage auf die Herstellung von Zeitzündern und anderen kriegswichtigen Leistungen umstellen liess. Sie lieferte solche Produkte an das deutsche Unternehmen Junghans. 1941 drohten die Alliierten, die Grenchner Firma auf die schwarze Liste zu setzen. Assa reagierte rasch und trat alle Maschinen und Werkzeuge zur Herstellung der Zeitzünder an die von der Ebauches SA heimlich finanzierte Technica AG ab, «sodass bei einem allfälligen Fabrikbesuch der Engländer und Amerikaner kein einziges Stück Munition gefunden würde», wie Adolf Schild-Behnisch seinem Schwager Gottlieb Vogt mitteilte. Der umtriebige Vogt spielte auch hier eine entscheidende Rolle: Er war Mitgründer der Technica AG und sass in deren Verwaltungsrat – ein äusserst lukrativer Job, wie sich herausstellte: Die Verwaltungsräte erhielten jährlich eine Entschädigung von 8000 Franken und waren mit einem Prozent am Umsatz beteiligt.[94] Trotz dem Transfer der Kriegsgüterproduktion sollten die Alliierten der Assa noch weitere Jahre das Ursprungszeugnis verweigern, das für den Export schweizerischer Güter nötig war.

Zu Beginn des Zweiten Weltkriegs war Adolf Schild-Behnisch noch an anderer Front beschäftigt: Er übernahm die Leitung der serbelnden Schwesterfirma Ebauches Bettlach[95] und rettete sie damit vor dem Untergang. Sie war 1887 von Eduard Kummer gegründet worden und hatte sich auf preisgünstige Rohwerke, vor allem des Typs Roskopf, verlegt. Man nannte sie schon bald «König der Roskopfuhrenfabrikation». Ab 1911 kamen Ankeruhren hinzu. Der Erste Weltkrieg und Fehlentscheide bei Investitionen setzten dem Unternehmen zu, die Qualität der Fabrikation verschlechterte sich dermassen, dass man spottete, die Firma verkaufe ihre Produkte per Kilo. Nach einem dramatischen Rückgang der Verkäufe drohte 1922 der Konkurs. In den Krisenjahren behalf sie sich mit dem Export von zerlegten Rohwerken ins nahe gelegene Ausland. 1931 gab sie den anfänglichen Widerstand gegen die Eingliederung in die Ebauches SA auf. Die Produktion von Fertiguhren wurde unter dem Markennamen Atlantic ebenso wie damals Eterna direkt in die Asuag eingebunden.

Nach der Zerlegung befürchteten Belegschaft und Gemeinde, die Firma werde ebenso wie viele andere Rohwerkhersteller als «non valeurs» stillgelegt, und intervenierten bei der Asuag und der Solothurner Regierung. Die Asuag-Leitung wandte sich an Adolf Schild. Nach langem Zögern nahm die Assa-Direktion schliesslich die Ebauches-Abteilung von Bettlach unter ihre Fittiche. Der neue Patron begab sich fortan täglich vor Ort, um nach dem Rechten zu sehen. Er liess den Maschinenpark erneuern und sorgte für bessere Qualität der Roskopfwerke. 1941 wurde die Roskopfabteilung umbenannt in Ebauchesfabrik Bettlach AG. Als einzige Tochterfirma innerhalb des Asuag-Konzerns spezialisierte sie sich auf diese Billiguhr. Sie wurde von der Ebauches SA in ihrer Geschäftspolitik kaum behelligt. Die administrative und technische Leitung verblieb bei der Direktion der Assa. 1958 beschäftigte Bettlach bereits gegen 700 Angestellte. In Vollèges, einem kleinen Walliser Dorf, wurde eine Zweigstelle mit rund 50 Beschäftigten eröffnet. Die Fabrik entwickelte sich hinter der Grenchner Baumgartner Frères AG zum zweitgrössten Schweizer Produzenten von Stiftanker- und Roskopfwerken. In den 1950er-Jahren übernahm Walter Bannwart das Ruder; 1967 wechselte er trotz Vorbehalten des früheren Leiters Adolf Schild-Behnisch in die Direktion der Assa und übergab die Leitung der Ebauchesfabrik Bettlach an Urs Schild, Sohn des Adolf Schild-Behnisch.

Die Gemeinde Bettlach zeigte sich dankbar für die Rolle, die Adolf Schild-Behnisch gespielt hatte, und verlieh ihm und seiner Familie 1957 das Ehrenbürgerrecht: «Wäre das Bild nicht so gewagt, man könnte das Eingreifen von Herrn Adolf Schild-Behnisch in die Geschicke unserer Uhrenfabrik mit der Rolle des ‹Deus ex machina› in der antiken Tragödie vergleichen. Als fast alle Roskopfuhrenfabrikanten nach dem Ersten Weltkrieg die Qualität ihrer Erzeugnisse auf Kosten der Massenproduktion vernachlässigten, machte Adolf Schild-Behnisch diesen Wettlauf um die schlechteste Qualität nicht mit.» Er habe damit die Firma vor dem Untergang bewahrt.

1953 beschäftigte die Grenchner Assa mit 2660 Personen mehr als doppelt so viele Leute wie ihre Schwesterfirmen Eta und Fontainemelon. 1957 trat Adolf Schild-Behnisch zurück und übergab an seinen Neffen Rudolf-César Schild – mit leisem Unbehagen und Vorbehalten gegenüber dessen Fähigkeiten. Tatsächlich vernachlässigte Assa unter Rudolf-César Schild Investitionen in neue Herstellungsverfahren. Damit geriet die Fabrik bezüglich Rationalisierung und Kostenkontrolle allmählich und lange Zeit unbemerkt ins Hintertreffen. Der Enkel von Adolf Schild-Hugi zog es vor, seine Person mit hohen finanziellen Beiträgen an die Mutterholding in einem guten Licht erscheinen zu lassen. Er widmete sich verschiedensten Aktivitäten ausserhalb der Assa, unter anderem der Reiterei, der Autoliebhaberei und dem Filmgeschäft. Das «Management mit eingeschränkter Hingabe» öffnete die Bresche zum Niedergang der Assa.

1967 zog sich Rudolf-César Schild als Geschäftsleiter der Assa zurück und übergab an Walter Bannwart. Doch auch Bannwart machte keine Anstalten, die Geschäftspolitik rechtzeitig den veränderten Bedingungen anzupassen.

Der grosse Schock kam 1970, kurz vor dem definitiven Ende des Uhrenstatuts: Die Berater von McKinsey, welche die Gesellschaften der Asuag-Holding unter die Lupe nahmen, legten die Probleme schonungslos auf den Tisch. Die Rentabilität des Unternehmens, einst führend in Wertschöpfung und Gewinn, wies schon seit 1960 eine sinkende Tendenz aus. Vergleiche mit den zwei anderen grossen Tochtergesellschaften Eta und Fontainemelon zeigten für Assa ein ungünstiges Bild: unverhältnismässig hoher Personalbestand, niedrige Produktivität in der Fertigung, hohe Selbstkosten, Qualitätsprobleme mit mehreren Produkten, namentlich mit den Kalibern 8 ¾ der Familie 1780 und mit den flachen Herrenkalibern 11½. Der Bericht wurde auf Weisung der Asuag als Geheimakte behandelt und nicht ausgewertet. Assa-Direktor Walter Bannwart, zweifellos im Besitz der brisanten Analyse, hütete sich, die Ergebnisse zu thematisieren. Assa wies ausserdem ab 1969 aufgeblähte Lagerbestände auf: Bannwart hielt auch in Phasen ungenügender Verkäufe die Produktionsmengen aufrecht und gaukelte damit einen «courant normal» vor. Von der Neuenburger Zentrale hatte er bei Amtsübernahme immerhin als «Zeichen eines Neubeginns» einen Investitionszuschuss von 12 Millionen Franken erhalten, der aber wenig zielgerichtet verwertet wurde.

Welche Umstände hatten konkret zum Niedergang der einst stärksten Rohwerkherstellerin beigetragen? Es war eine Serie von Pech und Pannen. Anders als ihre Grenchner Konkurrentin Eta hatte sie es in den entscheidenden 1960er-Jahren verpasst, ihre Produktion rationeller zu gestalten. Fritz Scholl gab in der Eta die Losung vor: normalisieren, standardisieren und dann automatisieren – in dieser Abfolge. Als der neue Chef Walter Bannwart nun doch rationalisieren wollte, führte er 1968 den einseitigen Aufzug ein in der Annahme, dieser erfordere weniger Bestandteile und sei kostengünstiger. Es wurde ein Flop, wenn auch nicht primär aus technischen Gründen. Der Aufzug der automatischen Uhr lässt sich entweder mit einem Rotor konstruieren, der in beide Richtungen aufzieht, oder mittels eines einseitigen Aufzugs, der frei in die andere Richtung schwingt. Die Fabriken in der Ebauches SA und die Etablisseure bevorzugten den zweiseitigen Rotor. Die Klientel hielt denn auch diese Lösung für minderwertig; langjährige Kunden wie Rado und Mido schwenkten über zu den Eta-Automaten.

Geschwächt wurde Assa aber auch mit der Kaliberpolitik der Ebauches SA. Assas traditioneller Verkaufsschlager war das Kaliber 5 ½ mal 6 ¾, doch jetzt begannen die ausländischen «Partnerfirmen» der Ebauches-Holding France Ebauches und Durowe in Pforzheim – die in Wahrheit Tochterfirmen waren –, austauschbare Kaliber zu bedeutend niedrigeren Preisen anzubieten, worauf die Schweizer Kundschaft ihre Bestellungen bei Assa reduzierte. Als Assa die neue Kaliberfamilie 8 ¾ lancieren wollte, bewilligte die Generaldirektion der Ebauches SA der erstarkenden Schwesterfirma Eta eine Preissenkung auf ihrer Kaliberfamilie 7 ¾, was den Verkaufserfolg des Assa-Produkts empfindlich schmälerte. Um ihre Kapazitäten auszulasten, wurde der Assa Mitte der 1970er die Produktion einer neuen preisgünstigen Werkgruppe mit der Grösse von 12 Linien zugeteilt. Es sollte eine Standard-Automatenfamilie werden. Es war eine Dimension, welche die Produkte der Schwesterfirmen nicht konkurrenzierte – und welche die Klienten gar nicht wünschten. Als dann noch der ursprünglich ausgehandelte Tarif kurz vor der Lancierung angehoben wurde, war das Schicksal der neuen Kaliberfamilie besiegelt. 1976 warnte Eta die Generaldirektion: Das neue zwölflinige AS-Kaliber Battle Time, das soeben der Presse vorgestellt worden war, werde zu diesem Preis «nie und nimmer rentabel» sein; die ganze Ebauches SA sei damit finanziell bedroht.

1960 erwirtschaftete Assa mit ihren Verkäufen einen Umsatz von 60 Millionen Franken, Eta 41 Millionen Franken und Fontainemelon 32 Millionen Franken. Ein Jahrzehnt später hatte Eta mit einem Umsatz von 105 Millionen Franken Fontainemelon überrundet und Assa fast aufgeholt. 1974 sollte Assa mit einem Umsatz von 114 Millionen Franken längst tief in der Verlustzone sein, während Eta nun die Hälfte des von der Ebauches SA ausgewiesenen Gewinns beisteuerte.

Im August 1971 wandte sich Léo Du Pasquier in einem persönlichen Gespräch an Rudolf. Dieser notierte: «Diskussion über Assa: Angesichts der gegenwärtigen Krise hat Assa riesige Stocks. Probleme beim Kader. Du Pasquier erwähnte, das Beste wäre eine Fusion mit Eta, das heisst Führung durch Eta.» Er sei «skeptisch», notierte er, denn Assa brauchte neue Maschinenkredite. «Denkbar wäre Assa als Filialbetrieb wie Eta Nord. Konzentration auf die Kaliber 5 ½, eventuell 10 ½ Standard.» Bedingung sei aber der Abgang von Bannwart. Im September gleichen Jahres verschickte die Generaldirektion an alle Direktoren der Ebauches-Firmen einen Brief mit Sprengkraft, ohne dass der Inhalt mit Rudolf abgesprochen war und der vorläufig ohne Konsequenzen blieb. Die Generaldirektion zog die Zerschlagung der Assa in Betracht. «Die Ebauches SA muss auf Veränderungen reagieren, und zwar nicht mit irgendwelchen schüchternen oder kurzfristig wirksamen Anpassungen. Der Moment ist gekommen, um mutig und entschlossen tiefgreifende Reformen einzuleiten.» Wie man wisse, bemühte sich die Kaliberkommission, die Anzahl Kaliber zu reduzieren. «Das Gleichgewicht im Ankersektor ruht auf drei grossen Häusern: Assa, Eta und Fontainemelon. Zwei von ihnen entwickeln sich normal, das dritte zeigt Schwierigkeiten in einem Ausmass, das die ganze Ebauches SA gefährden könnte.» Assa produzierte Kaliber, die genau gleich oder ähnlich auch von den anderen Firmen hergestellt wurden, und dies zu einem deutlich höheren Selbstkostenpreis. Deshalb könne deren Produktion aus dem Katalog der Ebauches SA gestrichen und ihre Maschinen in den Dienst der anderen Schwesterfirmen gestellt werden, «insbesondere für die geografisch günstig gelegene Eta. Es ist evident», so schloss der Bericht, «dass dieser Schritt nicht leicht zu realisieren sein wird, aber wir sind überzeugt, dass es der einzige Weg ist, um ein solides finanzielles Gleichgewicht innerhalb der Ebauches SA wiederherzustellen.»

Die Gerüchte über eine «entscheidende Reorganisation» erreichten schon bald die Öffentlichkeit. Die Assa gab erste Entlassungen bekannt. An der Sitzung des Verwaltungsratskomitees bedauerte Rudolf-César Schild die negativen Meldungen und den sinkenden Aktienkurs der Ebauches SA, der wohl auf die schlechte Lage bei Assa zurückzuführen sei. Gegen aussen versuchte die Generaldirektion zu beruhigen: Bei den Reorganisationen und den Entlassungen handle es sich um präventive und die «Holding stärkende» Massnahmen. Jetzt gelte es, sich fit zu halten für kommende Unwägbarkeiten mit Rationalisierung und einer «Gesundschrumpfung». Im Brouillon zu dieser Verlautbarung, das den einzelnen Direktoren vorangehend zugestellt worden war, strich Rudolf den Begriff «Gesundschrumpfung» mit roter Farbe und doppeltem Zug durch.

1972 verkündete Bannwart die Ankunft von Adolf Richard Schild als neuen Marketingchef. Nun waren beide Söhne aus dritter Ehe von Adolf Schild-Behnisch im Geschäft tätig. Der Vater hatte sich zwar ebenso wie Rudolf dafür eingesetzt, dass die Kinder in der Ebauches SA «bei gleicher Eignung» bevorzugt angestellt würden, doch hatte er sie nie gedrängt und gar Vorbehalte geäussert: Der Überbau mit Ebauches SA und Asuag sei schwerfällig und lasse wenig Spielraum für betriebliche Entscheidungen. Er ermutigte sie, zuerst anderswo ihre Sporen abzuverdienen. Am Ende aber schien allen männlichen

Schild-Nachkommen der Einsatz in den Uhrenfabriken, die ihre Vorfahren gegründet hatten, verlockend zu sein. Die beiden Söhne von Rudolf fanden Anstellungen in der Eta und der Eterna, und die Enkel des Assa-Gründers Urs und Adolf traten in die Ebauches Bettlach und in die Assa ein. Alle vier sollten die Unternehmen nach einigen Jahren und mit Bitterkeit über die Geschehnisse wieder verlassen.

Im Sommer 1970 trat Adolf Richard Schild im Auftrag der Ebauches SA eine Reise in die USA und Asien an, um die dortigen Verhältnisse in der Uhrenindustrie zu studieren. Bei seiner Rückkehr liess der promovierte Betriebswirtschafter Asuag-Präsident Karl Obrecht einen Bericht zukommen. Es waren Hinweise auf Entwicklungen der Branche, die Adolf Richard Schild als kritisch beurteilte. In den USA werde die Organisation der schweizerischen Uhrenindustrie als rückständig betrachtet, insbesondere in Bezug auf elektronische Zeitmesser: «Man bedauert, dass seit der Lancierung der Accutron der Bulova nichts Ebenbürtiges entgegengestellt wurde.» Die Stimmgabeluhr Mosaba habe offenbar Lieferschwierigkeiten. Die Kunden beklagten ganz allgemein, Liefertermine und Qualität würden nicht eingehalten. Die Lancierung eines neuen Modells dauere in der Schweiz zehn bis zwölf Monate; vor allem die Schalen- und Zifferblattfabrikanten schienen in anderen Ländern «bedeutend leistungsfähiger zu sein». Die Schweiz produzierte zu wenig Kaliber mit besonderen Merkmalen wie Automaten, Datum oder Day-Date. Die ausländische Klientel bekundete Mühe, das Gewirr von Holdings und Subholdings und die Kompetenzen der einzelnen Personen zu durchschauen; es mangelte an einer «Unité de doctrine». Der Bericht enthielt Vorschläge zum strukturellen Umbau der Asuag, die der 1983 realisierten Restrukturierung der Branche im Konzern Asuag/SSIH sehr nahe kamen. Als Adolf Richard Schild seine Studie Ebauches-Generaldirektor Léo Du Pasquier überreichte, reagierte dieser unwirsch: «Wer hat Sie zu diesem Rapport beauftragt?»

Als Neuankömmling wunderte sich Adolf Richard Schild, wie wenig man in der Direktion der Assa über Produktionskosten, Rentabilität und andere betriebswirtschaftliche Daten Bescheid wusste. Problemanalysen schienen den militärisch operierenden Walter Bannwart nicht zu interessieren. Kurz nach seinem Antritt meldete sich der neue Marketingchef bei der Konkurrenzfirma Eta an mit dem Wunsch, Einblick in die betriebswirtschaftlichen Kennzahlen zu erhalten. Er war damit der Erste aus dem Hause Schild, der über den Graben zwischen den beiden Schild-Zweigen sprang. Rudolf begegnete ihm mit aus-

Ernst Thomke, Generaldirektor der Eta, im angeregten Gespräch mit Adolf Richard Schild, Enkel des Assa-Gründers, nach einer Geschäftsleitungssitzung, etwa 1978.

gesuchter Freundlichkeit und Wohlwollen, wie Adolf Richard Schild notierte, und stand ihm während anderthalb Stunden Red und Antwort. Die beiden kamen auf die grossen Probleme der Uhrenindustrie zu sprechen. Der junge Schild hatte ebenso wie sein entfernter Verwandter Rudolf die Angewohnheit, die Gespräche im Anschluss zu notieren. An jenem Tag hielt er fest: «Nach meinem Dafürhalten sind seine Gedankengänge durch eine unerhörte Klarsicht gekennzeichnet.» Rudolfs Sicht bekräftigten Adolfs eigene Beobachtungen: Keine unternehmungspolitische Zielsetzung bei Ebauches SA – jüngstes Beispiel sei die Beteiligung bei Longines; Desorganisation innerhalb der Generaldirektion, keine Führung von oben; Obrecht sehe zwar die Probleme immer klarer, «Junker[96] glaubt aber gleichwohl, dass er nicht von einem Management-Denken geprägt sei, das in der heutigen Zeit eben doch unerlässlich wäre». Rudolf ziehe das Fazit: «Heute redet jedermann von Konzentration – ein Modewort, das alles lösen solle. Darob vergesse man die Konzeptionen und frage sich erst nachher, was man nun eigentlich anfangen wolle. Grundsätzlich teilt er meine Auffassung, dass die Probleme hier, das heisst, in Neuenburg liegen und nicht im Ausland.» Rudolf riet ihm, seine Beobachtungen mit Obrecht zu besprechen, mit dem er ja verabredet sei. «Sein Agentenring scheint hochqualifiziert zu sein!», notierte Adolf Richard Schild. Anschliessend bat der ältere Patron den jungen Adolf zum Lunch in sein Haus: «Nach einem ausgedehnten Rundgang durch die Fabrik zum Mittagessen bei Rudolf mit Claude, der in Bern Jus studiert. Rudolf wird von einem jüngeren Ehepaar betreut, das ein fünfjähriges Kind bei sich hat. Angenehme, freundliche Atmosphäre.»

Die von Adolf Richard Schild erstellte vergleichende Analyse mit den Unternehmen Eta und Fontainemelon zeigte Assa in einem desaströsen Licht: «Ungenügende Fabrikation auf Anhieb, viele Nacharbeiten und lange Liegezeiten während der Fertigung.» Die produzierte Menge pro Arbeitsplatz war gegenüber Eta um 31 Prozent und gegenüber Fontainemelon um 57 Prozent niedriger. Der anteilsmässige Aufwand für Löhne und Soziallasten belief sich bei Assa auf 55 Prozent, bei Eta auf 42 und Fontainemelon auf 47 Prozent. Der Vergleich des Aufwands für Löhne und Soziallasten im Verhältnis zum Nettoverkauf war besonders krass: Pro 1000 Franken Nettoverkauf war er bei Assa 520 Franken, bei Eta 280 und bei Fontainemelon 330 Franken. Alle Abteilungen waren bei Assa personell um 20 bis 40 Prozent höher dotiert. Diese Rentabilitätsanalyse wurde von der Assa-Leitung nur zögerlich umgesetzt und in der Generaldirektion Ebauches SA schubladisiert.

Der Ausschuss der Ebauches SA beschäftigte sich fortan an jeder Sitzung mit dem Sorgenkind Assa. Nach seiner Weigerung zu fusionieren bot Rudolf Hand zu anderen Lösungen. Das primäre Problem sah er bei der Leitung unter Walter Bannwart: Dieser müsse das Feld räumen, wenn Eta die Oberleitung übernehme. Rudolf plädierte für eine Straffung der Kaliberproduktion, aber nicht für die Zerschlagung des Unternehmens: «5 ½ und 8 ¾ sollten Assa-Kaliber bleiben. Die Marken Eta und Assa haben beide Goodwill: zu grosser Verlust, wenn Marken wegfallen!» Konkurrenz betrachtete er grundsätzlich als wünschenswert. Zu überlegen war ein Zusammenschluss des technischen und kommerziellen Service sowie der Fournitürenabteilung, aber «nur unter der Leitung der Eta». Ein «Erfahrungsaustausch», wie von Ebauches-Direktor Hans Sommer vorgeschlagen, machte keinen Sinn: «Eta würde alle Erfahrungen preisgeben und nichts profitieren. Bannwart würde nach wie vor machen, was er wollte, vor allem gegen Eta.» Als Fabrikationschef für beide Firmen, so notierte Rudolf, sah er seinen Sohn Alfred Schild vor, der diese Funktion schon in der Eta innehatte.

Wie auch immer die Lösung aussehen würde: Eta solle nicht «die Zeche für die Rettungsaktion» zahlen müssen, sagte er der Ebauches-Generaldirektion. Einmal mehr wies er auf die Verdienste seiner Firma hin: «Während sehr vielen Jahren ist die Eta AG die beste Milchkuh der Ebauches SA und des Kantons Solothurn gewesen, obschon wir bei weitem nicht über die reichlich dotierten Kader anderer Firmen verfügen und deshalb mit unserer jetzigen Organisation nicht auch noch den Lebensretter spielen können.» Eine Fusion mit 3000 Leuten, wie sie vorgeschlagen sei, bedinge eine neue «erstklassige Führungsspitze, die in der kurzen Zeit nicht zu finden ist». Die bessere Möglichkeit war eine lose Koordination und eine Begutachtung aller kommerziellen Vorschläge von Assa durch Eta. «Konsequenz: Bannwart bleibt in vollen Ehren, Eta bleibt selbständig.»

Im Januar 1972 gab die Generaldirektion der Ebauches SA in einem internen Memo eine Kooperation zwischen Eta und Assa bekannt. Die Herren Bannwart, Scholl und Sommer wurden beauftragt, «ein detailliertes Programm für eine intensive Zusammenarbeit, einen vertieften Erfahrungsaustausch und Lösungen zur Vermeidung von Doppelspurigkeiten zwischen Assa und Eta auszuarbeiten». Bis jetzt habe das Vertrauen für eine Zusammenarbeit der beiden von der Familie Schild gegründeten Unternehmen gefehlt: «Das in den verflossenen Wirtschaftsjahren absolut notwendige gerechtfertigte Konkurrenzdenken zwischen den Schwesterfirmen ist tief verwurzelt. Hinzu kommt der Einfluss zweier Familienstämme, die sich mehrheitlich mit dem Wohl und Wehe ihrer Firmen identifizieren und ihrer Väter Erbe in jeder Beziehung weiterführen und verteidigen wollen.» Assa zeige nun betriebliche Defizite und auch «personelle Unzulänglichkeiten». Der fehlende Kooperationswille sei symptomatisch für den ganzen Ebauches-Konzern, aber wenn man jetzt nicht zusammenarbeite, werde die abflachende Konjunktur dazu beitragen, dass «sich die Töchter noch stärker konkurrenzieren, wodurch weitere Ressentiments nicht vermeidbar sind». Ein gemeinsames Topmanagement werde die Führung übernehmen und die Produktion koordinieren. Man rechnete mit Einsparungen von jährlich rund 10 Millionen Franken. Die Vorschläge, so endete das Memo, seien nicht neu, deren Umsetzung aber dringend.

Damit war das Ende der Ära eines unternehmerisch zweigeteilten Grenchens eingeläutet. Bisher hatten die beiden Firmen regiert, als wären sie zwei Planeten. Ein Graben teilte die Stadt. Assa und Eta unterhielten ihren eigenen Sportverein, die keine Vereinsmitglieder aus dem «gegnerischen» Lager akzeptierten. Die beiden Schild'schen Zweige waren sich zwar nicht spinnefeind, hatten aber über das Geschäftliche hinaus wenig miteinander zu tun. Die Nachkommen Rudolfs können sich nicht erinnern, dass in der Familie je über die «andern Schilds» gesprochen wurde. Man sah sich sonntags nach der Messe in der christkatholischen Kirche. Trotzdem, so kann man vermuten, gab es Momente, in denen sich die Nachfahren von Anton Schild im gleichen Boot wähnten: Die deutschschweizerischen Firmen kämpften Seite an Seite um die Stellung in der

Ebauches SA und um das Wohlergehen der Stadt Grenchen. Hier galt es, zusammenzuhalten. Als es 1970 im Verwaltungsrat der Asuag um die Abstimmung über die Gründung der neuen General Watch Company ging, vertrat Rudolf seinen im Spital weilenden Verwandten Rudolf-César Schild und schrieb ihm sogleich im Anschluss an die Sitzung: «Mein Lieber, soeben komme ich von der ‹historischen› Sitzung des Verwaltungsrats der Asuag, an welcher mit 21 Ja- und 3 Nein-Stimmen die Generaldirektion der Asuag ermächtigt wurde, das Projekt der neuen Holding an die Hand zu nehmen. Wunschgemäss habe ich dich an dieser Abstimmung vertreten, das heisst ja gestimmt. Beilage: 15 gelbe Rosen durch Blumenladen Schneider.» Im Januar 1973 starb Rudolf-César Schild nach langer Krankheit und einem misslungenen chirurgischen Eingriff.

Nach dem Tod seines Cousins begab sich der junge Adolf Richard Schild im März desselben Jahres nochmals zu Rudolf in sein Haus an der Gibelstrasse. Dieser notierte nach dem Gespräch: «A. hat auf kaufmännischem Gebiet keinen kompetenten Chef. Es ist ihm klar, dass Assa das Personal von zurzeit 1950 auf 1200 reduzieren muss und dass die Organisation nicht klappt. Dessen betriebswirtschaftliche Studie hatte ergeben, dass Assa auch 1973 defizitär bleiben werde.» Offenbar sei man in der Ebauches SA nicht allzu beunruhigt, «da ja 1972 ein gutes Ergebnis bringt, trotz Assa». Tatsächlich betrug der effektive Verlust bei Assa 3,5 Millionen Franken, während Fontainemelon und Eta noch erkleckliche Gewinne abwarfen. Die Nachfrage nach automatischen Kalibern war zwar da, es gab aber Lieferschwierigkeiten, «weil speziell die Teile für den Kalendermechanismus der Automatenkaliber fehlen (ähnlich wie bei Eta!)». Rudolf betitelte Walter Bannwart als «Bluffer». Adolf Richard Schild schlug vor, Hans Sommer, Leiter der Zentralbüros der Ebauches SA, an die Spitze der Assa zu wählen, assistiert von Scholl. So geschah es denn auch. Die neue beratende Kommission unter Fritz Scholl nahm die Arbeit auf. «Jetzt Bestandesaufnahme bei Assa einfordern», notierte Rudolf. «Scholl soll nicht den Dienstweg über Bannwart einhalten, sondern direkt an der Management-Basis handeln.»

Derweil herrschte im Verwaltungsrat der Ebauches SA Verwirrung: Die Mitglieder waren nie über den Ernst der Lage bei Assa informiert worden. Erst an einer Sitzung 1974 schellten die Alarmglocken, und André Bezzola, Delegierter der Fertiguhrengruppe Société des Garde-Temps SGT, wollte wissen: «Wie kommt es, dass Assa mit 1840 Leuten 79 Millionen Umsatz hat, Eta mit 1337 Mitarbeitern aber 118 Millionen und Ebauches Electroniques Marin

53 Millionen mit 1018 Personen?» Man habe den Verwaltungsrat offensichtlich nie über die Rentabilität der einzelnen Firmen informiert. Gérard Bauer, Präsident des Verbands FH, doppelte nach und beklagte die mangelnde Information und Transparenz der Holding. Er verlangte, dass die Bankenvertreter den Rat fortan regelmässig über die Verschuldungslage der Uhrenindustrie in Kenntnis setzten, und zwar auch im Vergleich zu anderen Branchen. Derweil arbeiteten bei Assa das Kader und die Belegschaft weiter in völliger Unkenntnis der Pläne der Generaldirektion der Ebauches SA. Während die Generaldirektion über die Zerschlagung des Betriebs diskutierte, beauftragte sie gleichzeitig die neue Assa-Führung, als «fundierte» Zukunftshoffnung drei neue Kaliberfamilien vorzubereiten. Diese sollten sich im Umfeld des Konzerns schon bald als Rundumfehlschlag erweisen.

Ab 1975 ging es in der ganzen Ebauches SA bergab. Die Zahlungsmoral der Kunden verschlechterte sich. In allen Fabriken wurde Kurzarbeit eingeführt, ausser bei der Eta, deren teurere automatische Kaliber vom Aufstreben der billigen mechanischen und elektronischen Uhren aus Asien weniger betroffen waren. 1975 wiesen Assa und Fontainemelon Nettoverluste von 15 beziehungsweise 3 Millionen aus, während Eta einen Nettogewinn von 7 Millionen erwirtschaftete. Angesichts der dramatischen Lage liess Karl Obrecht die Feier zum 50-Jahr-Jubiläum der Ebauches SA um ein Jahr auf 1977 verschieben. Denn es gab nichts zu feiern: Just jenes Unternehmen, das die Gründung der Ebauches SA aufgrund seiner schieren Grösse und Stärke erst ermöglicht hatte, war jetzt in Auflösung begriffen. Mittlerweile war Assa-Direktor Walter Bannwart von Fritz Vogt ersetzt worden, einem Militärkollegen Peter Rengglis, ein Branchenfremder, der wenig Ahnung hatte vom Geschäft mit Uhren. Gleich nach der verspäteten Jubiläumsfeier gab Ebauches SA eine noch «engere» Zusammenarbeit der «beiden führenden Tochtergesellschaften auf dem Platz Grenchen» bekannt. Die neue Firma «Eta – AS Ebauchesfabriken Grenchen» mit 2200 Mitarbeiterinnen und Mitarbeitern werde beide Kalibermarken Eta und AS beibehalten «und die entsprechenden Produkte dem angestammten Kundenkreis weiterhin zur Verfügung gestellt». Das *Grenchner Tagblatt* kommentierte, die Vereinigung käme nicht unerwartet und werde in der Stadt begrüsst. Die Generaldirektion der Ebauches SA habe einen Personalabbau ausgeschlossen.

Im Januar 1978 spitzte sich die Lage bei Assa weiter zu. Marketingchef Adolf Richard Schild richtete sich in einem letzten Rettungsversuch an den früheren

Asuag-Präsidenten Karl Obrecht mit Vorschlägen, was getan werden könnte: Das Assa-Personal könnte vermehrt in der Sparte Diversifikation beschäftigt werden, eine neue Führungsequipe müsste endlich die Sanierungsmassnahmen durchsetzen «im Interesse der Ebauches SA und der örtlichen Konstellation» in Grenchen. «Lieber Herr Schild», schrieb ihm Obrecht zurück: Die Beschlüsse seien von der Generaldirektion unter Peter Renggli bereits gefasst worden. «Man wollte scheinbar keine ‹kontradiktorische Verhandlung›. Herr Vogt hat offenbar die Selbständigkeit der Assa nicht mehr verteidigt. Leider ist mir nun keine Macht mehr gegeben.»

An jenem entscheidenden Tag Anfang 1978 hatte die Sitzung, die das Schicksal der Assa besiegelte, ohne den Nachfolger des Gründers stattgefunden. Asuag-Präsident Peter Renggli hatte die Generaldirektion zusammengetrommelt und auch Eta-Direktor Fritz Scholl als Beisitzer eingeladen; dieser kam in Begleitung seines designierten Nachfolgers Ernst Thomke. Als sich die Generaldirektion nach hitziger Debatte nicht einigen konnte, übergab Renggli kurzerhand das Dossier Fritz Scholl und Ernst Thomke: «Ich beauftrage die beiden Herren, eine Lösung zu finden.» Wenig später wurde der Belegschaft beider Grenchner Firmen Eta und Assa die Fusion verkündet. Und das bedeutete, dass die Produktion bei Assa eingestellt werden sollte. Es war der erste «Coup» des designierten Eta-Direktors Thomke. Nach 82 Jahren Geschäftstätigkeit verschwand die Assa innerhalb eines Jahres von der Bildfläche. Als Letztes liess Fritz Scholl das Emblem an der Hausfront der Assa-Fabrik abmontieren. Die meisten Assa-Angestellten erhielten eine neue Aufgabe in der Eta; ihre Personalakte war mit dem Stempel «AS» versehen – der Graben sollte sich noch eine Weile fortsetzen. Die Belegschaft fühlte sich gedemütigt. Als einziges Kadermitglied war Adolf Richard Schild in die Eta-Leitung aufgenommen worden. Während zwei Jahren arbeitete er an der Seite seines entfernten Cousins Alfred Schild, Sohn von Rudolf, der für die Produktion zuständig war; er selbst betreute die Diversifikation, das Nichtuhrengeschäft.

Als absehbar war, dass die Abteilung Diversifikation mangels Finanzen nicht expandieren würde, folgte Adolf Richard Schild 1980 dem Jobangebot einer Firma in einer anderen Branche und verliess Eta; Alfred Schild schmiss seine Stelle wenig später im Streit mit Ernst Thomke und zog sich tief verletzt nach Biel zurück. Dabei hatte sich der älteste Sohn Rudolfs nie etwas anderes vorstellen können und wollen als ein Leben im Dienste der Uhrenfirma, die sein Urgrossvater im 19. Jahrhundert gegründet hatte.

Die letzten Jahre im Leben von Rudolf Schild

«Mit Stolz darf heute die Eta AG darauf hinweisen, dass sie hervorragend automatisiert und mit den modernsten Maschinen ausgerüstet ist.» So hatte Rudolf Schild-Comtesse 1972 an der gemeinsamen Jubiläumsfeier der Firmen Eta und Eterna seine Rede eingeleitet. Wichtiger aber sei, dass «die Automation in der Eta noch keinen Mitarbeiter brotlos» gemacht habe. Die Rohwerkherstellerin «will nie den Menschen, sondern die Maschine ausnutzen». Auch wenn Rudolf als harter Stratege galt und gewohnt war, sich durchzusetzen: Es war vor allem die Tatsache, dass «seine» Firmen in all den Jahrzehnten unter seiner Führung vielen Menschen ein Auskommen garantiert hatten, die ihn mit Stolz erfüllte. Weder das Markenunternehmen Eterna noch die Eta hatten in den letzten 40 Jahren aus betriebswirtschaftlichen Gründen Leute entlassen müssen. Damit hatte sich nicht bewahrheitet, was schon im 19. Jahrhundert als Schreckgespenst galt: dass die Maschine die menschliche Arbeitskraft ersetzt. Als Rudolfs Vater Max Schild 1888 die Geschäfte der Firma übernommen hatte, wehrten sich die Arbeiterinnen und Arbeiter gegen sein Ansinnen, den Betrieb zu mechanisieren und zu automatisieren. Mit Verve hatte nun sein Sohn in den letzten 40 Jahren die Vision des Vaters in die Tat umgesetzt. Eta war die rentabelste Firma innerhalb der Asuag-Holding und sollte die Einzige sein, welche die sich anbahnende Krise unbeschadet überstand. Die Fabrik war der Fels in der Brandung, unter deren Dach schliesslich 1983 die anderen Ebauches-Firmen zusammengefasst werden sollten.

Anfang der 1970er-Jahre war der Schweizer Arbeitsmarkt ausgetrocknet. In Grenchen strömten morgens die Arbeiterinnen und Arbeiter vom Süd- und Nordbahnhof in die Fabriken und abends wieder zurück. Unzählige Restaurants, Bars und Einkaufsläden profitierten davon. Grenchen hatte sich mit 21 000 Einwohnerinnen und Einwohnern zu einer blühenden und modernen Stadt entwickelt. Das erste grosse Gartenbad der Schweiz wurde hier in Betrieb ge-

Die aufstrebende Stadt Grenchen baute das erste Gartenbad der Schweiz (Aufnahme 1956).

nommen, im neuen modernen Parktheater traten weltbekannte Musiker wie Yehudi Menuhin und Arthur Rubinstein auf, und der Fussballclub Grenchen spielte in der obersten Liga. Es waren nicht nur Eta, Eterna und Assa, die Arbeit boten, sondern auch A. Michel, die Roskopfproduzentin Baumgartner Frères, Ebosa und viele andere mehr. Die Saat von Anton Schild und Josef Girard war aufgegangen.

Alle Gründerväter der Fabriken oder deren Nachkommen setzten sich auf ihre eigene Weise für die Stadt ein. Der Flughafen Grenchen verdankt seine Existenz Adolf Schild-Behnisch. Der Sohn des Assa-Gründers Schild-Hugi stellte 1931 nicht nur sein Land im Römerfeld zur Verfügung, das er durch Erbteilung gewonnen hatte, sondern finanzierte auch den ersten Hangar und das erste Motorflugzeug der neuen Grenchner Sektion des Schweizer Aeroclubs. Der spätere Basler Ständerat Eugen Dietschi hatte ihn damals dazu ermuntert. Hintergedanke war, alternative Arbeitsplätze zu schaffen: Die Uhrenindustrie war von einer heftigen Krise erfasst worden, viele Firmen standen vor dem Bankrott. Adolf Schild-Behnisch nahm Kontakt auf zum Flugpionier Willy Farner. Dieser war bereit, arbeitslose Uhrmacher umzuschulen und mit dem Bau von Segelflugzeugen zu beginnen. Dann ging alles Schlag auf Schlag: Am 12. April 1931 holte Oberleutnant und Fluglehrer Ernst Knab die zweimotorige De Havilland DH-60 «Grenchen» vom Werkflugplatz im englischen Stage Lane ab; am 26. Juli versammelten sich 10 000 Schaulustige auf dem Grenchner Römerfeld, um den ersten Flugtag mitzuerleben. Später wurde der Flugplatz in eine gemischtwirtschaftliche AG eingebracht, an der sich die Grenchner

Industrie, die Gemeinde, die Stadt Solothurn und der Kanton beteiligten. Der Flugplatz Grenchen trug zum Wohlergehen der Stadt bei: Dutzende von Firmen mit Bezug zu Technik oder zur Wartung von Flugzeugen siedelten sich in der Umgebung an. Adolf Schild-Behnisch selbst hatte sich in seinem Leben nur einmal zu einem Flug in einem Kleinflugzeug überreden lassen.

Er war auch Initiator des Industrieverbands Grenchen und Umgebung, der künftig die Arbeitsverträge koordinierte. Und schliesslich geht die Gründung des Busbetriebs Grenchen und Umgebung auf seine Initiative zurück, der die Bewohnerinnen und Bewohner der Region mit Rüti, Arch, Büren, Leuzigen, Lengnau und Bettlach besser an die Stadt Grenchen anband und der noch heute existiert. Adolf Schild-Behnisch starb 1971 im Alter von 93 Jahren in Vulpera, wo seine Familie regelmässig die Ferien verbrachte. Er erinnere sich gerne an die Sitzungen des Aeroclubs, schrieb Eugen Dietschi seiner Witwe Hilde. Sie beide seien immer nebeneinander gesessen: «Wir waren beide Pioniere des aufstrebenden Flugwesens, er in Grenchen, ich in Basel.»

Von völlig anderem Wesen als sein geselliger Verwandter, galt Rudolf Schild-Comtesse als der «Introvertierte» und Distanzierte – allerdings mit ausgeprägtem Durchsetzungsvermögen. In Dorfbeizen sah man ihn nie, die Öffentlichkeit suchte er nicht. Durch seine Statur und seinen durchdringenden Blick, der ihm eine strenge und autoritäre Ausstrahlung verlieh, prägte er jede Runde – ob er es wollte oder nicht. Wer ihm aber an geselligen Anlässen begegnete, war von seiner Zuwendung und dem anteilnehmenden Austausch angenehm überrascht. Seinem Wesen entsprechend wirkte Rudolf für seine Stadt eher hinter den Kulissen in Gremien, deren Arbeit auch gleich für das Wirtschaftsleben der Region von Nutzen war. Das Amt in der Elektrizitätskommission hatte er von seinem Onkel Theodor Schild übernommen. Rudolf leitete das Gremium während mehr als 30 Jahren. Auch hier liess er rechtzeitig Reserven für die Verkabelung des Netzes äufnen: Als er 1966 kurz vor dem Tod seiner Ehefrau Madeleine abtrat, waren der geplante Bau einer zweiten Hauptstation und der Umbau des Werkhofs bereits finanziert. Gegenüber den Energielieferanten erwies er sich als überaus harter Verhandlungspartner, der, wenn für nötig befunden, über Jahre hinweg um einen vorteilhaften Vertrag kämpfen konnte. «Stets verfocht er unbeirrt die Gesamtinteressen der Gemeinde und schreckte vor keiner Kritik zurück», schrieb später das *Grenchner Tagblatt* im Rückblick auf Rudolfs Verdienste in der Kommission. Die Vertragswerke bescherten der aufstrebenden Industriestadt günstige Bedingungen. Vor seinem

Abgang handelte Rudolf die tarifliche Angleichung Grenchens an die Stadt Olten aus. «Dr. Schild-Comtesse hat sich mit diesem Vertrag ein bleibendes Denkmal gesetzt», sagte Stadtammann Eduard Rothen an der Verabschiedung Rudolfs als Kommissionspräsident. Rudolf habe damit den kommenden Generationen den «Weg zu einer geschlossenen Front der Stadtgemeinden» geebnet.

Sein Herzblut ausserhalb der Firmenleitung aber galt dem Bau des Grenchner Spitals. Die Idee geht auf das 19. Jahrhundert zurück: 1893 hatte Gemeindeammannn Euseb Vogt bei der Spar- und Leihkasse 5 Franken zugunsten eines Fonds für ein Grenchner Spital deponiert.[97] Das Guthaben des Fonds wuchs stetig an – bis sich 1927 die Gemeinde Solothurn daraus bediente, um ihr eigenes Spital zu finanzieren. 1942 gründete die Ebauches SA eine Stiftung mit dem Zweck, «Mittel zum Bau und Betrieb eines Spitals in Grenchen» bereitzustellen. Der Trust mit den potenten Töchtern Assa und Eta bildete die Vorhut; jetzt begannen die Gelder von Unternehmen und Privaten zu fliessen. «Spital Grenchen: eine Initiative der Industrie», titelten später die Zeitungen. Am 25. Mai 1951 sprach sich die Bevölkerung mit 85 Prozent für einen Beitrag von 500 000 Franken an den Spitalbau aus; zwei Jahre später beteiligte sich der Kanton mit einer Million Franken am Bau. Im Juni 1953 wurde der Neubau eingeweiht. Ebauches SA ernannte Rudolf zum ersten Stiftungsratspräsidenten. Wie es seinem Naturell entsprach, setzte er sich auch hier für den sparsamen Umgang mit den Finanzen ein; er habe, so spottete man, alle Rechnungen kontrolliert und ausmessen lassen, wie viel Verbandsstoff verrechnet werde. Verbürgt ist, dass er seiner Gewohnheit treu blieb und die Eignung von Kandidaten für den Direktorenposten von einem Grafologen prüfen liess. In der Rohwerkholding Ebauches SA setzte er durch, dass sich das Kader obligatorisch privatversichern lassen musste, was dann dem Spital höhere Einnahmen bescherte.

Das Spital zählte 86 Betten. Doch schon bald platzte es aus allen Nähten. Rudolfs Ehefrau Madeleine engagierte sich im Frauenkomitee, das die Aufgabe hatte, das Spital mit Wäsche auszustaffieren. Es gebe viel zu tun, schrieb sie 1957 ihrer Freundin Eva, die selbst Ärztin war, «und wir sind nur noch drei Frauen in unserem Komitee und das Spital ist so voll, dass man immer etwas ergänzen muss. Nächsten Frühling muss man schon das Schwesternhaus vergrössern, und wir müssen das Ganze dann möblieren und ausstaffieren!» Doch zehn Jahre nach ihrem Tod geriet auch das Spital Grenchen im Fahrwasser der akuten Krise in der Uhrenbranche ins Trudeln.[98] Rudolf blieb dessen Präsident bis zu seinem Tod 1978. Seine letzten Wochen sollte er in einem Zimmer «seines» Spitals verbringen.

Bis zu Beginn der 1970er-Jahre dauerte die «gute alte Zeit», als man sich in Grenchen auf der Suche nach finanzieller Unterstützung für ein gemeinnütziges Projekt an die Patrons wandte. Man klopfte an bei Adolf Schild-Behnisch, bei Rudolf Schild-Comtesse oder bei Paul Glocker. Glocker hatte 1925, nach der Heirat mit seiner Cousine Marie Louise Baumgartner, einer Tochter aus dem Hause der Uhrenfabrik Baumgartner Frères, die Uhrenfirma Ebosa gegründet. Diese stellte zunächst Roskopfwerke her, dann Tischwecker und Maschinen und beschäftigte in ihren besten Jahren mehr als 200 Leute. Paul Glocker war ein Patron ohne Berührungsängste und beliebt in der Bevölkerung. Er war kulturell interessiert, malte Kunstwerke und engagierte sich für den Bau des neuen Parktheaters. In den Dorfbeizen erfuhr er, wo der Schuh drückte. Man erzählt sich noch heute, wie er damals den Kindergärten umgehend neue Klaviere spendete, nachdem er vernommen hatte, dass diese sich keine solchen Instrumente leisten konnten.

Als dann nach und nach ein «modernes Management» mit Marketing- und Betriebsfachleuten Einzug hielt in den Fabriken, kündigte sich das Ende des Mäzenatentums an. Die privilegierte Stellung der Nachkommen der Gründerfamilien Schild, die sie in den Fabriken genossen hatten, war vorbei. Die neuen Firmenleitungen hatten oft keinen Bezug zu der Stadt Grenchen und wenig Verständnis für betriebsfremde Anliegen. So kündigte Major Walter Bannwart, kaum war er Ende der 1960er-Jahre an die Spitze der Assa berufen worden, der Stadtmusik Grenchen das noch unter Adolf Schild-Behnisch hochgehaltene Recht auf, gratis in den Räumen der Fabrik zu üben und in der Kantine die Generalversammlung abzuhalten. Hans Graf, Kadermitglied bei Eta, wandte sich in der Folge an Rudolf; dieser habe, so erinnert sich Graf, umgehend zum Telefon gegriffen und Bannwart knapp mitgeteilt: «Die Stadtmusik bleibt drin.» So war es denn auch – für einige Jahre zumindest.

Nachdem er sich in der Vergangenheit eher für praktische Belange engagiert hatte, wollte Rudolf noch zum kulturellen Niveau seiner Stadt beitragen und verfügte in seinem Testament die Schild-Comtesse-Stiftung zur Förderung kultureller Anlässe. Die Zinsen des Kapitals von 250 000 Franken reichten aus, um jedes Jahr klassische Konzerte mit namhaften Musikern zu finanzieren. Die Motivation Rudolfs zu diesem Schritt, so machte das Gerücht die Runde, war eine beleidigende Bemerkung an einer Sitzung: Mit Verspätung und schon deshalb verärgert sei der Patron eines Tages an einer Sitzung in Bern eingetroffen. «Da kommt jetzt noch der letzte Proletarier!», rief jemand aus der Runde. Tatsächlich galt Grenchen als «Arbeiterstadt» ohne kulturelle Ambitionen und Verdienste. Man frotzelte, Grenchen sei das «Verkehrshindernis» zwischen Biel und Solothurn. Mit der Stiftung wollte Rudolf dieses Image korrigieren.[99]

Die Patrons bemühten sich redlich um das Wohlergehen ihrer Stadt. Was sich aber als fatal erweisen sollte, war die wirtschaftliche Monokultur. Der Niedergang der Schweizer Uhrenindustrie setzte 1975 mit unerwarteter Wucht ein: «Es herrscht vollständige Unsicherheit und ein Pessimismus in der Uhrenindustrie, wie wir ihn seit dem Ende des Weltkrieges nicht mehr erlebt haben», schrieb Eta in ihrem Jahresbericht. In den kommenden Jahren sollten in der Schweizer Uhrenindustrie Zehntausende Stellen verloren gehen. Anfang der 1980er-Jahre gaben nur noch wenige der Branche eine Überlebenschance. Grenchen war besonders betroffen von der Krise. Damit zeigten sich die negativen Auswirkungen der Politik der Patrons: In der Hochblüte hatten sie erfolgreich zu verhindern gewusst, dass sich grössere branchenfremde Firmen ansiedelten. Den Uhrenfirmen fehlten Arbeitskräfte, vor allem solche mit Eidgenössischen Fähigkeitszeugnissen wie Feinmechaniker oder Stanzwerkzeugmacher. Erst in den 1970er-Jahren reifte die Erkenntnis, dass die Stadt dringend wirtschaftlich diversifizieren musste, wie die Protokolle des Industrieverbands Grenchen und Umgebung zeigen.

Die Gemeinde Grenchen aber, der seit 1899 ausnahmslos sozialdemokratische Stadtammänner vorstanden, war sich längst der Gefahren einer wirtschaftlichen Monokultur bewusst und hatte den Instanzenweg bei Landkäufen vereinfacht, um interessierten Firmen Grundstücke anbieten zu können. In Grenchen herrschte Wohnungsnot. Bis zuletzt setzte sich Rudolf im Verwaltungsrat der Ebauches SA dafür ein, dass deren Stiftung für verbilligten Wohnraum in Grenchen mehr Häuser baute. Er hatte 1975 herausgefunden, dass die Stiftung den Kanton Neuenburg bevorzugte: «Im Kanton Solothurn sind 50 Prozent der Arbeiter beschäftigt, die Fondation besitzt hier aber nur 450 von total 1250 Wohnungen. Nach meinen Recherchen sind dies nur 10 bis 20 Prozent aller Wohnungen im Besitz der Stiftung.» Die Generaldirektor der Holding gab ihm recht und versprach, die «Benachteiligung des Kantons Solothurn bei den Investitionen des Stiftungskapitals sukzessive zu eliminieren».

Die Niederlegung des Verwaltungsratsmandates der Eta in der Ebauches SA 1975 beendete Rudolfs Einsatz für die Schweizer Uhrenindustrie. Im Alter von 75 Jahren sass er zwar noch immer in verschiedenen Verwaltungsräten, Stiftungen und Verbänden und setzte sich dort unermüdlich für finanzpolitische Disziplin ein. Ab und zu führte er noch hohe Gäste durch «seine» Fabrik, so wie er es früher oft getan hatte. Er hatte sich stets als geschickter «Botschafter» der Branche erwiesen. Nach dem Besuch von Hugo Allemann, Direktionspräsident der Solothurner Kantonalbank, hatte Rudolf dem Professor ein Paket mit drei goldenen Eterna-Sonic-Uhren nach Hause schicken lassen. Allemann hatte beim Rundgang die Bemerkung fallen gelassen, seine Uhr gehe ungenau. «Da uns sehr daran liegt», schrieb ihm Rudolf, «dass sich das Gangresultat Ihrer bisherigen Uhr (wahrscheinlich Patek) nicht auf das Image abfärbt, welches Sie von Grenchen und von Ebauches SA besitzen, haben wir uns gestattet, Ihnen einen konkreten Vorschlag zu machen: Einerseits würde es uns interessieren, ein Original-Patek-Werk in unserem Uhrenmuseum zu besitzen, und andererseits dürfte Ihnen mit einer hochpräzisen elektronischen Stimmgabeluhr viel besser gedient sein.» Allemann solle sich eines der beiliegenden Modelle auswählen, «wir werden Ihnen dann die betreffende Uhr nach einer letzten Kontrolle prompt zustellen und hoffen, dass wir auf diese Weise ein weiteres ‹Floating› Ihrer Meinung über die Uhrenindustrie vermeiden können». Allemann konsultierte seine Familie, legte sich auf ein Modell fest und schrieb Rudolf zurück, es sei nun dessen Verdienst, «dass ich den Anschluss an die Spitze der Uhrentechnik wiederum gefunden habe».

Bald nach seinem Abgang wurde Rudolf aber der Zugang zu Informationen über den Geschäftsgang «seiner» Firmen gesperrt. Nicht einmal mehr Hans Sommer, mittlerweile Direktor bei der Mutterholding Asuag, lieferte ihm die Bilanzzahlen: Er sei dazu nicht ermächtigt, schrieb er 1976 dem früheren Chef. «Ich bin aber gerne bereit, mich mit Ihnen, als ehemaligem Präsidenten des Verwaltungsrats der Eta AG, über die erfreuliche Weiterentwicklung dieser Firma zu unterhalten.» Asuag-Generaldirektor Peter Renggli verbat sich gar Rudolfs Einmischung: Ihm seien Äusserungen zu Ohren gekommen, die Rudolf angeblich über die verantwortlichen Leiter der General Watch Company, in deren Besitz sich die Eterna befand, gemacht habe. «Wie Sie sehen, werden Gerüchte aller Art rasch herumgeboten.» Er lege Rudolf dringend nahe, mit Kommentaren «äusserste Zurückhaltung» zu üben. Dies gelte, so drohte Renggli dem einstigen Patron, auch gegenüber «vermeintlichen Freunden» oder Vertrauenspersonen. «Nehmen Sie mir diesen Rat nicht übel. Er ist sehr ernst gemeint.»

Immerhin lud man ihn 1976 noch an die Aufrichtefeier des Rohbaus der Eta ein, dessen Planung er vor zehn Jahren eingeleitet hatte und der erst 1973 wegen eines von der Ebauches SA verordneten Baustopps an die Hand genommen wurde. Nun musste es rasch gehen: Die alten Gebäude waren abgerissen, die Eta-Mitarbeiter zwängten sich in die verbliebenen Räume – ausgerechnet jetzt, da die Produktion dringend auf die Fabrikation und Montage des neuen Quarzkalibers umgestellt werden musste. «Gigantische Ausmasse», titelte das *Grenchner Tagblatt* nach der Aufrichtefeier. Das Fabrikgebäude, ein typischer Bau der Moderne der 1970er-Jahre, sollte 1979 fertigwerden. Im Attikageschoss, wo Fritz Scholl ein Schwimmbad einrichten wollte, war nun ein Maschinenraum geplant. Verwirrung stiftete im folgenden Jahr die Abrechnung der Baufirma Hirt AG: Ein Bilanzposten führte unter dem Titel «Provisionen» Kunstwerke auf, die für die Wände der Fabrik bestimmt waren. Hans Sommer bat Rudolf um klärende Worte. Dieser wehrte sich: «Herr Hirt wird Ihnen bestätigen, dass zwischen uns immer nur von der Ausschmückung der Fabrikräumlichkeiten die Rede war und niemals von einer mir persönlich zugedachten Provision.» Man habe stets von «Geschenken» gesprochen. «Ich habe immer jede Provision irgendwelcher Art abgelehnt, weil mir die ganze Provisionenwirtschaft unseres Baugewerbes zuwider war und heute noch ist.» Er gestatte sich, daran zu erinnern, «dass ich während Jahrzehnten das kulturelle Niveau der Eta AG aus eigener Initiative gepflegt habe und auch gegen die seinerzeitige Unsitte der Schmiergelder eingeschritten bin, obschon dies, wie Sie wissen, nicht der damaligen Übung entsprach». Unter den Kunstwerken, die schon die Fabrikwände zierten, waren solche von Joan Miró oder Rudolf Mumprecht zu finden.

Abends, wenn Rudolf nach Hause kehrte, empfing ihn an der Gibelstrasse vollkommene Stille. Mittlerweile war auch der jüngste Sohn Claude nach Bern gezogen, um seinen Studien der Betriebswirtschaft und Jurisprudenz nachzugehen. Rudolf weilte oft zu Besuch bei seinem Sohn Alfred, der mit der vierköpfigen Familie gleich gegenüber wohnte. Mit ihm besprach er weiterhin die Angelegenheiten bei Eta. Alfred würde, so war Rudolf überzeugt, später in seine Fussstapfen treten und nach der nahenden Pensionierung von Fritz Scholl die Geschicke der Firma leiten. Dies hatte er schliesslich bereits mit Karl Obrecht und Léo Du Pasquier besprochen. Alfred war begnadeter Tüftler, als technischer Direktor bei Eta kannte er sein Metier. 1975 schickte man ihn zusammen mit dem Leiter der Ebauches-Marketingabteilung auf eine Erkundungstour nach Asien, um dort Konkurrenten und Vertretern den Puls zu fühlen. Die Konkurrenzfirmen empfingen zwar die Herren aus der Schweiz, liessen sich aber nicht in die Karten blicken – ebenso wenig wie ihre Gäste. «Seiko hat uns im Hauptsitz empfangen, sind stolz auf ihre flache Quarzuhr 8¼», schrieb Alfred in seinem Reisebericht. «Sie fragten, ob wir viele Quarzwerke herstellten. Unsere Antwort: Wir haben genügend Kapazität (wie viel, haben wir nicht gesagt), jedoch seien die Kundenwünsche sehr kurzfristig angemeldet, sodass wir leider keine Angaben für nächstes Jahr geben können.» Seiko wolle gemeinsam mit Ebauches SA gegen Fälschungen und die russischen Werke kämpfen, «auf welche Weise blieb leider unklar». In Japan seien Quarzuhren schon jetzt gleich teuer wie die schweizerischen mechanischen Automaten; der Preis werde bald unter 300 Franken sinken. Die Vertreter waren begeistert vom Kaliber 2892, dem neuen Bestseller aus dem Hause Eta. Der Fachhändler bei Heiwado Trading allerdings prognostizierte den Schweizern, Seiko werde mit der flachen Quarz innerhalb der nächsten drei Jahre ihren Automatenmarkt «töten». «Der Fachhändler sagte uns, die von Heinrich Stamm entwickelte Mosaba sei tot, sie war jedoch die beste elektronische Uhr auf dem Markt. Die schweizerische Uhrenindustrie sei überall im Rückstand gegenüber Japan, was wir ihm energisch widerlegten, er jedoch lächelnd weiter glaubt. Kurz: Er hat den GW!» Ein Modell, so erfuhr Alfred Schild, brauchte in Japan bis zur Marktreife sechs Monate – gegenüber 18 Monaten in der Schweiz, «sodass man in der Schweiz modisch wählt und altmodisch liefert». Dieser Zustand werde von Vertretern in Asien bald nicht mehr toleriert.

Das Fazit, das Alfred von seiner Reise zog, war kein optimistisches: «Eta wird, wie alle Schweizerkollegen, zu teuer.» Die Montage müsse dringend vollautomatisiert werden. Ausserdem müsste nun ernsthaft die Werkmontage im Ausland, die Schablonage, geprüft werden. «Überall sind die Löhne tiefer als in der Schweiz, alle wollen von der Schweiz Schablonen kaufen.» Eta solle, so schlug Alfred vor, im Ausland eine Fabrik für die Remontage von Werken errichten und dorthin 3 Millionen Schablonen liefern. Ob Rudolf diesem Vorschlag zustimmte, darf bezweifelt werden: Der Kampf gegen die Schablonage stand damals 1931 im Vordergrund, als die Asuag-Holding gegründet wurde. Doch die Zeiten hatten sich geändert, und wenige Jahre später sollte Ebauches SA der staunenden Öffentlichkeit verkünden, man werde einen Teil der Produktion ins Ausland verlagern.

Beide Töchter Rudolfs hatten sich in Bern niedergelassen. Mit ihnen besuchte er regelmässig Premieren am Stadttheater oder Konzerte im Casino.

Seine Kinder geben ihm Halt (von links): Jacqueline, Rudolf, Marianne und Alfred (auf dem Bild fehlt der jüngste Sohn Claude).

Noch immer pflegte er sich mit steinerner Miene nach hustenden Zuhörern umzudrehen, die sogleich verstummten und beim Versuch, den Reiz zu unterdrücken, rot anliefen. 1970 hatte er seinen Kindern am Murtensee ein Häuschen mit Seeanstoss gekauft. Ein neues Ritual spielte sich ein: An sommerlichen Sonntagen kurvte Rudolf pünktlich um 17 Uhr mit seinem Jaguar in die enge Einfahrt ein und liess sich im bequemen Sessel nieder, der für ihn auf dem Rasen parat stand. Eine Stunde später begab sich die ganze Familie ins nahe gelegene Restaurant in Salavaux. Der alte Patron sass lächelnd und schweigend am Kopfende des Tischs, während Alfred die Gesellschaft mit seinen Witzen und träfen Imitationen bekannter Leute und Vorgesetzten unterhielt und die Enkelkinder sich Mühe gaben, diszipliniert am Tisch zu sitzen, um nicht den strafenden Blick des Grossvaters auf sich zu lenken. Der Kontakt zum ernsthaften, beobachtenden Grossvater blieb verhalten.

In den Winterferien leistete die Familie des einen oder anderen Kindes Rudolf in Zermatt Gesellschaft, wo er seinem Hobby, dem Curling, frönte. Sommers buchte er Ferien in Vulpera, um Golf zu spielen. All die Jahre waren die Feiern zu Ostern und Weihnachten dieselben geblieben wie damals, als Madeleine noch lebte. Den Grossvater aber sah man nie mehr unbeschwert lachen.

Noch immer fuhr Rudolf jeden Montagmittag nach Solothurn an den Rotarier-Lunch. Dem Freundeskreis in Solothurn gehörten bekannte Solothurner Namen an, darunter der Arzt und Kunstsammler Walter Schnyder oder Gertrud Dübi-Müller, die in jungen Jahren dem Maler Ferdinand Hodler Modell stand.[100] Rudolf selbst hatte nicht die Seele eines Sammlers, hatte aber in früheren Jahren die ganze Familie vom Schweizer Maler Ernst Morgenthaler porträtieren lassen und den Bildhauer Karl Geiser 1947 mit einer Bronzefigur seines Kopfes beauftragt. Wie üblich dauerte es seine Zeit, bis der Berner Karl Geiser die Bronzefigur fertigstellte: «Ich benutze die Gelegenheit, mich nochmals höflich zu entschuldigen, dass ich Ihren Kopf so lange im Stich gelassen habe (was zwar vom künstlerischen Standpunkt sicher eher ein Vorteil ist).» Vom Resultat war Rudolf denn auch sehr angetan: «Ihre Sendung hat mich hocherfreut», schrieb er Geiser nach der Zustellung des Werks. «Je länger ich es betrachte, desto grösser wird meine Befriedigung, und es drängt mich, Ihnen meine Hochachtung vor Ihrem künstlerischen Schaffen erneut auszudrücken. Ich hoffe, dass Sie mit mir gerne zurückdenken an die Zeit der Entstehung, an die frühen Morgenstunden und nicht zuletzt an die hie und da mit Akrobatik verbundenen Beleuchtungsstudien.» Immer häufiger besuchte Rudolf Ausstellungen und Galerien, erstand aber nur wenige Werke. Ausser für Automobile, die er noch immer alle paar Jahre wechselte, interessierte sich Rudolf kaum für materielle Luxusgüter. Regen Kontakt pflegte er mit Hortense Anda, der Tochter des Industriellen Emil Bührle. Rudolf vermied es, allein zu Hause zu sein. «Besuchen Sie mich einmal bei mir zuhause, ich bin viel allein!», sagte er der Frau von Jakob Häusermann, dem Verantwortlichen für Gebäude bei Eta; Häusermann, der gelegentlich auch Wartungsarbeiten an der Gibelstrasse erledigte, war sonderbar berührt, den alten, einst mächtigen und oft unerbittlichen Patron von seiner Einsamkeit sprechen zu hören.

Als hätte er das nahende Ende gespürt, trat Rudolf in seinem Todesjahr von verschiedenen Ämtern zurück. Im Februar demissionierte er aus dem Verwaltungsrat der Velofabrik Cosmos AG, dem er während mehr als 30 Jahren angehört hatte. Rudolf und sein Cousin René Schild-von Platen, die Einzigen im Verwaltungsrat neben dem umtriebigen Präsidenten Hermann Flückiger, teilten sich die Mehrheit am Aktienkapital fast hälftig auf. 1971 beschäftigte die Fabrik rund 70 Angestellte und bezahlte noch immer gute Dividenden. Aber auch die Cosmos, seinerzeit 1896 von Theodor Schild gegründet, litt ab Mitte der 1970er-Jahre unter der Rezession und unter sinkenden öffentlichen Aufträgen und schloss erstmals wieder mit Verlusten ab. Rudolf übergab sein Verwaltungsratsmandat seinem älteren Sohn Alfred.

Im Oktober 1978, kurz vor seiner verhängnisvollen Autofahrt Richtung Bern, demissionierte Rudolf aus dem Vorstand des Verbands der deutschschweizerischen Uhrenfabrikanten VdU, und dies aus Protest: Er befürchte, teilte er dem Präsidenten mit, in der Ebauches SA habe nur noch die welsche Schweiz das Sagen: «Bisher war man sich im VdU einig, dass die deutschschweizerische Mentalität in Arbeiterfragen direkt zum Wort gelangen muss, ohne zum Voraus von der Generaldirektion der Ebauches SA bevormundet zu werden. Diese Meinung hat übrigens auch Karl Obrecht vertreten. Auch die rein politischen Interessen des Kantons Solothurn werden mehr oder weniger eliminiert werden, obschon die Tochtergesellschaften der deutschen Schweiz mehr Arbeitskräfte beschäftigen als die welschen Kollegen.» Bis zuletzt hatte Rudolf sich für seinen Kanton eingesetzt. Doch obwohl Eta mittlerweile die einzige Firma war, die der Ebauches SA und damit der Asuag-Holding Geld in die Kasse spülte, war der Machtkampf verloren: Die wichtigen Entscheidungen wurden fortan im Überbau in Biel und Neuenburg getroffen.

Im letzten Frühling seines Lebens lud Leopoldo Geyer, Eterna-Vertreter in Brasilien und mittlerweile ein guter Freund, Rudolf nach Porto Alegre zum 75-Jahr-Jubiläum seiner Firma Casa Masson ein. Rudolf, sein ältester und wichtigster Geschäftspartner, nahm die Einladung an und beharrte darauf, den Flug selbst zu berappen. Der einstige Patron leistete sich einen Sitz in der Concorde und genoss ein letztes Mal die heitere und herzliche Gastfreundschaft der Familie Geyer. Mit Dankbarkeit erinnerte er sich an diese langjährige verlässliche Beziehung, die nicht nur geschäftlich ergiebig war, sondern ihm auch manch unbeschwerte Stunde in gänzlich anderer Atmosphäre als der engen bürgerlichen Welt in seinem Heimatland beschert hatte. Im nächsten Jahr, so erinnerte ihn Geyer, stehe das Jubiläum «50 Jahre Geschäftsbeziehung mit Eterna» an; selbstverständlich erwarte er ihn auch dann wieder in Porto Alegre, in Begleitung seines Sohnes Claude.

Es kam nicht dazu. Im Oktober 1978 war Rudolf auf dem Weg zu einer Sitzung nach Bern. Später erfuhren die Familienmitglieder, dass es sich um die Angelegenheit Asuag handelte. Im Juli hatte er noch das Angebot der Asuag genutzt, im Rahmen einer Kapitalerhöhung Aktien der General Watch Company in Anteile an der Muttergesellschaft umzutauschen. Die Nachrichten über den Geschäftsgang der Fertiguhrengruppe GWC mit Eterna waren beunruhigend. Eterna hatte zwar ab 1976 wieder mit spektakulären Modellen und den neuesten Quarzwerken aus dem Hause Eta Furore gemacht, so etwa mit der ersten Quarzuhr mit Digitalanzeige und der Eterna Royal Quartz für Damen und Herren, der weltweit flachsten wasserdichten Quarzuhr mit verschraubter

Eterna-Vertreter werden Freunde: Rudolf in Porto Alegre inmitten der Familie Geyer, Inhaber der brasilianischen Firma Casa Masson.

Krone, Datum und Sekundenzeiger, und wurde 1977 mit der Goldenen Rose von Baden-Baden ausgezeichnet. Doch die Aussichten für die ganze Asuag-Holding waren düster. Sorgen bereitete Rudolf auch der Anfang 1978 gefällte Entscheid der Generaldirektion, Assa aufzugeben und die Beschäftigten der Eta einzugliedern. Würde nun der «gesunde Apfel» von der Fäulnis angesteckt? Tatsächlich landete in der Bundesverwaltung etwa zur gleichen Zeit, als Rudolf nach Bern fuhr, eine Notiz der Abteilung Arbeitslosenversicherung auf dem Pult von Biga-Direktor Jean-Pierre Bonny; die Lage in Grenchen sei ernst: «Die Situation in der Eta AG verschlechtert sich rapide. Auf Lager arbeiten können sie nicht mehr wegen der technischen Umstellung. Heute wäre die Firma an sich gezwungen, Kurzarbeit einzuführen, kann es sich aber nicht leisten, da jetzt Uhrenquarze hergestellt werden müssen. Seit der Übernahme der Assa haben sie zu viel Personal und müssen abbauen, teils durch vorzeitige Pensionierung, teils durch Kurzarbeit. Die Firma ist ansonsten ausserordentlich solid und man kann ihr Vertrauen schenken.»

Rudolf sollte nie in Bern ankommen. In einer Kurve kam er vom Weg ab und raste in einen Baum. Der halbe Motor, so berichteten Augenzeugen später, wurde auf den Beifahrersitz gedrückt. Rudolfs Knie waren zertrümmert. Man brachte ihn sogleich zurück in das Spital Grenchen. Die Diagnose war ungünstig und eine vollständige Erholung wenig wahrscheinlich. Seine Familie versuchte ihn zu überzeugen, sich von Spezialisten im Berner Inselspital behandeln zu lassen, doch Rudolf weigerte sich standhaft, «sein» Spital in Grenchen zu verlassen. Er hatte, so schien es den Kindern, mit dem Leben abgeschlossen. Auf der Station lernte er Roswitha Schild kennen: Die Tochter von René Schild-von Platen arbeitete im Spital als Krankenschwester. René war damals 1932 noch ein Bub, als sein Cousin Rudolf die Leitung der Eterna übernahm, die Renés Vater Theodor Schild während über 30 Jahren mit unermüdlichem Einsatz geführt hatte. Zu ihrem Erstaunen begegnete Roswitha kein arroganter Despot, sondern ein liebenswürdiger und verletzlicher alter Herr. Rudolf schien berührt zu sein, als sie sich kurz miteinander unterhielten.

Schwiegertochter Anna brachte ihm jeden Tag ein selbstgekochtes Mittagessen mit; er liess es meist stehen. Als Claude, sein jüngster Sohn, das nahende Weihnachtsfest erwähnte, winkte der Vater ab: An Weihnachten sei er nicht mehr da. So war es auch: Rudolf starb am 12. Dezember 1978 in «seinem» Grenchner Spital. Die Abdankung in der christkatholischen Kirche erfolgte bereits drei Tage später. Der Pfarrer Peter Vogt würdigte seine Verdienste, sprach aber auch von der «Distanziertheit» und der Einsamkeit des Verstorbenen. Er habe unter dem Tod seiner Gattin sehr gelitten. «Damit wurde auch offenbar, dass er trotz oder auch gerade wegen seiner hohen Stellung, der glänzenden Karriere und dem grossen Einfluss ein sehr einsamer Mensch war. Sein eiserner Wille und sein manchmal fast hartes Urteilsvermögen hatten es ihm schwer gemacht, Zugang zu anderen Menschen und damit tiefe Freundschaft zu finden.»

Im Mai des folgenden Jahres trafen sich die Nachkommen zu der offiziellen Testamentseröffnung. Der Testamentsvollstrecker staunte: Er habe noch nie erlebt, dass ein Mann in Rudolfs Stellung keinen Rappen Schulden hatte – steuertechnisch ein eigentlicher Sündenfall. Im Portefeuille lagen mehr als Tausend Aktien der Asuag-Holding sowie Namenaktien der Ebauches SA und Aktien der Cosmos. Den Söhnen, die nun beide in den Firmen Eta und Eterna tätig waren, hatte er die Wertpapiere an den Uhrenfirmen zugedacht. Ein weiterer Anteil seines Vermögens war in Liegenschaften und Land gebunden. Trotz den dunklen Wolken am Horizont der Branche hatte Rudolf bis zuletzt der Uhrenindustrie und seiner Stadt Grenchen die Treue gehalten. An der Börse hatte er nie spekuliert: Man beteiligt sich an einer Firma, so lautete sein Credo, weil man an sie glaubt, und geht mit ihr durch gute und schlechte Zeiten. Er, der wusste, welche Verantwortung und welcher Einsatz die industrielle Produktion allen Mitarbeitenden abverlangte, verabscheute Spekulanten, die ihr schnelles Geld an der Börse machten.

Würdigungen des ehemaligen Grenchner Uhrenpatrons erschienen in Schweizer Zeitungen und den hausinternen Zeitschriften der Uhrenindustrie. Das Hausblatt *Eterna Times* schrieb: «Seine starke Persönlichkeit hat während Jahrzehnten der schweizerischen Uhrenindustrie den Stempel aufgedrückt; sei es als Unternehmensführer, sei es als weitblickendes, aktives und tatkräftiges Mitglied verschiedener Branchenorganisationen, wo seine schneidenden und überzeugenden Voten stets grösste Beachtung fanden. Die Leidenschaft, mit der er alle ihm gestellten Aufgaben anpackte, die intellektuellen Fähigkeiten und die reiche Erfahrung machten aus ihm eine der markantesten Persönlichkeiten in der schweizerischen Uhrenindustrie.» Der Verband Fédération Horlogère würdigte Rudolf als «aufgeschlossenen Geist mit eisernem Willen». Mit Blick auf seine Verdienste hege man «Gefühle der aufrichtigen Dankbarkeit». Rudolf war während 17 Jahren Mitglied der Marktkommission der FH gewesen. Er traf keinen Entscheid, «der nicht sorgfältig herangereift und überlegt war. In diesem Sinne plädierte er stets für Realismus.» Die Fédération Horlogère war «nicht immer mit ihm einverstanden, weil sie gelegentlich divergierende Interessen zu vertreten hatte. Trotzdem folgten die beiden Partner einer gemeinsamen Leitlinie und packten die neuen Probleme frei von jedem a priori an.» Man könne nur eines bedauern, «dass er seine hohen Funktionen nicht früher übernahm und nicht länger ausübte, dass die Uhrenindustrie namentlich in den letzten schwierigen Zeiten nicht mehr auf seine reichen Erfahrungen und seinen Einfluss zählen konnte».

Die wohl menschlich treffendste und freundschaftlichste Würdigung seiner vielschichtigen Persönlichkeit aber hatte Rudolf schon 1970 selbst zu hören bekommen. Seine vier Kinder hatten zum 70. Geburtstag ein Fest im Grenchner Parktheater organisiert. Es sollte eine Überraschung sein, alle geladenen Gäste hatten dichtgehalten. Die Laudatio hielt Karl Obrecht, damaliger Präsident der Asuag-Holding und Rudolfs Weggefährte seit vielen Jahren. «Es ist schwer, einen Menschen zu würdigen, dem man sich in einer seltsamen Mischung von Wertschätzung, persönlicher Anhänglichkeit, Verehrung und Respekt verbunden fühlt.» Rudolf misstraue den hohen Tönen, und wie stehe es doch in der Bibel: Du sollst dir kein Bildnis machen. «Und ich tue es nun trotzdem!» Rudolfs Onkel Theodor Schild habe Weitsicht bewiesen, als er den jungen Mann in die Manufaktur Eterna holte. Der Jubilar beeinflusste danach die allgemeine Politik der Uhrenindustrie «massgeblich mit durch seine tiefe Kenntnis der Probleme und durch seinen durchdringenden, ja bisweilen messerscharf sezierenden Geist. Ein bekannter Uhrenindustrieller hat mir kürzlich gesagt, es gebe für ihn zwei Männer, welche die Uhrenindustrie wirklich kennen: Als den einen nannte er Dr. Schild, als den anderen einen Ausländer. Dr. Schild hat an sich selbst immer hohe Ansprüche gestellt. Er hat seine Unternehmungen mit seinem Willen durchdrungen bis in die äussersten Verästelungen. Ich erlebe es heute zum ersten Mal, dass in seinem Einflussbereich etwas geschehen kann, das er nicht schon vorweg bemerkt und entscheidend beeinflusst hat! Seinen unbeugsamen Willen, das einmal als richtig Erkannte durchzusetzen, hat er seinen Mitarbeitern aufgepflanzt, zuweilen unnachsichtig und, wenn es sein musste, auch mit Härte. Seine Mitarbeiter mochten oft das Gefühl haben, der oberste Grundsatz ihres Chefs gleiche jenem der Kaiserin Katharina von Russland: ‹Ce que je veux, je le veux terriblement!› Er war nie ein bequemer Chef, aber sein Können, seine Leistung, seine Unbestechlichkeit, die Lauterkeit seines Wollens konnten seine Mitarbeiter nie in Zweifel ziehen. Sie wissen, dass ein solcher Chef nicht nur gelegentlich die Nerven anspannt, sondern auch anregt, formt und fördert, und sie müssen mit Schiller die Erfahrung bestätigen: ‹Der gnädigste von allen Richtern ist der Kenner.›» Obrecht erinnerte mit einem Wort des Gedenkens an Rudolfs verstorbene Ehefrau, «die wir alle verehrt haben und von der wir wissen, wie sehr sie ihm verbunden war und wie sehr er sie brauchte als beratende und ausgleichende Gefährtin».

Die Uhrenindustrie sei ein schwieriges Metier, «aber es hält jung». Karl Obrecht dankte seinem Freund für «eine ausserordentliche Lebensleistung, für alle Manifestationen einer aussergewöhnlichen Persönlichkeit, für eine gerade in ihrer Verhaltenheit aussergewöhnliche Freundschaft, die, wenn auch nicht immer auf den ersten Blick wahrnehmbar, doch den Weggefährten und Mitarbeitern aus seinem Herzen entgegentritt». Karl Obrecht verstarb ein Jahr nach seinem Weggefährten Rudolf. Beiden blieb es erspart, die folgenden Jahre der Restrukturierung mitzuerleben, die das Gesicht der Schweizer Uhrenindustrie für immer verändern sollten.

Epilog
Was nach dem Abgang von Rudolf Schild-Comtesse geschah

Chronologische Abfolge der Ereignisse[101]

1976

Karl Obrecht übergibt das Verwaltungsratspräsidium der Asuag-Holding an Peter Renggli; dieser leitet nun Verwaltungsrat und Generaldirektion der Holding in Personalunion. Der Journalist Gil Baillod titelt seinen Kommentar im *L'Impartial*: «Le grand timonier» – der grosse Steuermann.

Ebauches SA bringt die zweite Generation von Quarzuhrwerken auf den Markt. Das Uhrwerk verfügt über einen fotolithografisch hergestellten Stimmgabel-Quarzresonator. Die Batterie fabriziert Asuag-Tochtergesellschaft Renata. Der 45. Geschäftsbericht der Asuag hält fest, an der Basler Mustermesse habe sich jedermann «anhand der Präsentation neuer Quarzkaliber davon überzeugen können, dass unser Land seinen Rückstand gegenüber den ausländischen Elektronikherstellern praktisch aufgeholt hat». Das grosse Problem sei die genügende Versorgung mit Gehäusen.

Der konsolidierte Umsatz der Asuag-Gruppe beläuft sich auf 1,17 Milliarden Franken; der Anstieg geht auf den Mehrverkauf elektronischer Module und Uhrwerke zurück.

1977

Der Dollar hat sich innerhalb eines Jahres um 20 Prozent abgewertet. Peter Renggli sagt, man sei noch nicht «über dem Berg».

Die Zeitungen titeln: «Hat es bei SSIH wirklich fünf vor zwölf geschlagen?» Der Fertiguhrenkonzern mit Omega und Tissot ist finanziell angeschlagen. Die ungünstigen Umstände sind nicht allein schuld an der Misere, schreibt Hansjürg Abt, Redaktor bei der *Neuen Zürcher Zeitung*, sondern auch Führungsdefizite, «Hinausschieben wichtiger korrigierender Entscheidungen», schlechtes Marketing oder zu breite Produktpalette.[102] Omega allein produziert zwölf Kaliberfamilien in allen Sektoren mit über 1000 Modellen. Das deutsche Magazin *Manager* betitelt das Führungsgremium der SSIH als «Wasserköpfe». «Was die Schweizer früher besser konnten als die anderen», konstatiert Unternehmensberater Hans Widmer von der Beratungsfirma McKinsey gegenüber der Zeitschrift *Die Zeit*, «kann heute jeder. Zusätzlich aber können die anderen jedoch etwas, was die Schweizer nicht können: kostengünstig produzieren und aggressiv vermarkten.»

1978

Eta-Generaldirektor Fritz Scholl stellt Ernst Thomke als seinen Nachfolger ein. Der studierte Chemiker und Mediziner erkundigt sich beim Kollegen Edgar Sutter, Gründer der Seeländischen Alphornbläsergruppe, ob die Uhrenindustrie Zukunft habe. Dieser bejaht, Thomke solle aber nicht den Fehler machen, die Produktion mechanischer Werke zu vernachlässigen; er solle in der Ebauches Bettlach anstelle der billigen Stiftankeruhren die Quarzwerke forcieren, denn diese seien die künftigen Billiguhren.[103]

Der Wettlauf mit Japan um die Entwicklung der flachsten Uhr hat begonnen. Ernst Thomke gibt den Ingenieuren den Auftrag, die Prototypen einer neuartigen Uhr, die in der Ebauches Electroniques Marin nach einer Idee von André Beyner, technischer Direktor bei Ebauches SA, entwickelt worden war, zu kommerzialisieren: Der Gehäuseboden wird in das Werk integriert und das Werk von unten nach oben aufgebaut. Die Grenchner Rohwerkfabrik produziert damit zum ersten Mal «inoffiziell» unter dem Namen Delirium eine eigene Fertiguhr.

1979

Die Grenchner Eta präsentiert mit den drei Fertiguhrenfirmen Eterna, Concord und Longines die dünnste Uhr der Welt mit einer Gesamthöhe von 1,98 Millimeter. Sie ist aus Gold und kostet 40 000 Franken. Ernst Thomke trägt sie am Neujahrstag, als er den New Yorker Marathon absolviert. Ihr Name: Delirium Tremens («très mince»).

Unter Ernst Thomke wird das Projekt Delirium Vulgaris gestartet: eine «qualitativ hochstehende Quarzanaloguhr zu niedrigen Produktionskosten» nach dem Prinzip der Delirium Tremens, aber mit Kunststoff anstelle von Saphirglas und Goldgehäuse.

Eta stellt die ultraflache Delirium Tremens II mit einer Höhe von noch 1,5 Millimeter der Öffentlichkeit vor.

Biga-Direktor Jean-Pierre Bonny schreibt an Bundesrat Honegger, Peter Renggli wolle «das heisse Eisen» eines Ausstiegs des Bundes aus der Asuag-Holding anfassen. «Ich habe geantwortet, es sei heikel vor den Parlamentswahlen, anderenfalls riskiere er, dass der Fall Asuag zu einem Politikum und Wasser auf die politischen Mühlen der Linken geleitet werde (Wahlsituation in Neuenburg!). Schlimmstenfalls könnte dann der Schuss hinten hinausgehen.»

1980

«Americans are going gaga over expensive watches», schreibt das amerikanische Magazin *Forbes* unter dem Titel «The More it Costs, the Better it Sells». Ein Schweizer Diplomat berichtet aus Japan, der Verkauf von Schweizer Uhren im Luxussegment ziehe an.

Im März bestellt Ernst Thomke die Eta-Mitarbeiter Elmar Mock und Jacques Müller in sein Büro: Sie sollen den Antrag eines Kaufs einer hochpräzisen Netstal-Spritzgussmaschine für eine halbe Million Franken begründen. Nachdem sie ihm das zuvor in wenigen Stunden entworfene Konzept der künftigen Swatch erklärt haben, bewilligt Thomke den Kauf und lässt Müller und Mock von allen anderen Aufgaben freistellen. Der Kunststoffboden soll als Platine dienen. Asuag-Generaldirektor Renggli erteilt Ernst Thomke das grüne Licht für die Entwicklung. Müller und Mock beginnen, unter strengster Geheimhaltung an der neuartigen Plastikuhr zu tüfteln. Eineinhalb Jahre später werden sie die ersten fehlerfreien fünf Stücke dieser Plastikuhr produziert haben, die auf den Namen Swatch getauft wird.

Im Oktober wird der Verwaltungsrat der Asuag-Holding von 29 auf 19 Mitglieder verkleinert. Da sich der Bund an den Aktienkapitalerhöhungen nie beteiligt und sich der Bundesanteil von 30 auf 8 Prozent vermindert hat, werden dem Bund statt fünf noch zwei Verwaltungsratssitze zugebilligt.

Die Fertiguhrengruppe SSIH schreibt einen Verlust von knapp 162 Millionen. Der Konzern ist massiv überschuldet; in den letzten fünf Jahren haben sich die Forderungen der Banken um 50 Prozent erhöht. Im Dezember befürchtet die Gruppe, den letzten Monatslohn und die Weihnachtsgratifikation nicht mehr bezahlen zu können, und stellt bei den Banken ein Gesuch um einen Überbrückungskredit.

Mit Ausnahme der Roskopfproduzenten will die Uhrenindustrie zwar die offizielle Qualitätskontrolle beibehalten, die bis 1981 befristet ist, sie aber privatwirtschaftlich finanzieren lassen.[104] In der Vernehmlassung spricht sich die

Partei Landesring der Unabhängigen LdU gegen eine offizielle Qualitätskontrolle aus: «Unsere Befürchtungen haben sich bestätigt. Die Uhrenindustrie hat sich nie mehr ganz aus den Fesseln des Verbands- und Staatsinterventionismus befreien können. Die Probleme waren und sind eben nicht technischer Natur. Umso bedauerlicher ist es, dass man im EVD auf den Staatsinterventionismus auch heute noch nicht verzichten will.»

1981

Im Januar stellt SSIH das zweite Kreditgesuch. Die Schweizerische Bankgesellschaft SBG, die mit 25 Prozent am Aktienkapital beteiligt ist, ist als einzige Bank im Verwaltungsrat des Konzerns vertreten. SBG-Generaldirektor Peter Gross[105] überzeugt die Führung seiner Bank, beim Konzern SSIH einzugreifen, und erhält von der SBG-Generaldirektion den Projektauftrag, den SSIH-Konzern einer Analyse und gegebenenfalls einer Restrukturierung zu unterziehen. Seit 1977 sitzt der promovierte Jurist Peter Gross im Verwaltungsrat des Rohwerkkonzerns Asuag.[106] Die Lage sei weder hoffnungslos noch rein rezessionsbedingt, stellt er gegenüber der Presse fest. Der starke konjunkturelle Einbruch habe «lediglich latent vorhandene Schwächen schonungslos an das Tageslicht gefördert».

Peter Gross gelangt an Nicolas Hayek, dessen Firma Hayek Engineering zwei Jahre zuvor ein Projekt bei den Internen Diensten der Bankgesellschaft leitete. Der 1928 in Beirut geborene und seit 1951 mit einer Schweizerin verheiratete Hayek hat sich einen Namen gemacht als Sanierer von Stahlwerken und Berater von öffentlichen Verwaltungen.

Die Gläubigerbanken entscheiden sich zugunsten einer finanziellen Sanierung der SSIH. Obligationäre, Lieferanten und die Beschäftigten sollen geschont werden. Das Aktienkapital wird um 95 Prozent geschnitten, der Rest auf 100 Millionen Franken aufgestockt mittels Verrechnung von Forderungen der Banken. Diese und andere Finanzgläubiger verzichten auf Forderungen von 100 Millionen Franken. Betroffen sind neben der SBG als grösster Gläubigerin auch der Bankverein, die Volksbank, die Berner und Neuenburger Kantonalbanken, die Kreditanstalt und einige kleinere Banken, aber auch Firmen und Pensionskassen. Im Mai werden die Aktionäre informiert. Redaktor Hansjörg Abt lobt in der *Neuen Zürcher Zeitung* die «opferträchtige Sanierung» und den guten Willen der Banken: Nicht der Staat sei ans «Sterbebett» bemüht worden, sondern es sei die Privatwirtschaft selbst, «die einem der Ihren in einem

Akt, man möchte sagen in einem Gewaltakt der Solidarität, wieder auf die Beine hilft».

An der Generalversammlung der SSIH beschimpft ein verzweifeltes Mitglied der Omega-Gründerfamilie Brandt das abtretende Management. 80 Prozent der Aktionäre billigen das Sanierungskonzept. Der gesamte Verwaltungsrat wird ausgewechselt. Nun haben die Gläubigerbanken das Sagen. Peter Gross amtet neu als Verwaltungsratspräsident und als Generaldirektor der Holding SSIH in Personalunion. Das neue Management kündigt den Abbau von 750 Stellen an, davon zwei Drittel in der Schweiz; die Gewerkschaft SMUV protestiert, vor der Omega-Fabrik in Biel wird demonstriert und die Zahl der Entlassungen daraufhin reduziert. Gewerkschaftssekretär Gilbert Tschumi orientiert Gross über bevorstehende Demonstrationen und bittet, nicht einzugreifen, man habe alles unter Kontrolle.

Peter Gross sagt Jahre später in einem Interview, er und Walter Frehner vom Bankverein hätten in jenen Monaten vergeblich versucht, den anderen grossen schweizerischen Uhrenkonzern Asuag zu einer Zusammenarbeit zu gewinnen. «Keine Chance. Die Chefs der Allgemeinen Schweizer Uhren AG sassen auf dem hohen Ross. Allerdings hielt ihre Sicherheit nicht lange, denn Anfang 1982 steckte auch die Asuag in Finanznöten.»[107]

Im Juni orientiert die Generaldirektion der Asuag ihre Aktionäre, Ertragslage und Cashflow haben sich «erfreulich» entwickelt. Trotzdem bereitet man «eventuell notwendige Massnahmen» vor. Der Verkauf von elektronischen Produkten übertrifft jenen der mechanischen. Für 1981 wird eine «weitere Verbesserung» der Rentabilität erwartet.

Im Juni berichtet Waldemar Jucker, Direktor des Bundesamts für Konjunkturfragen, an Bundesrat Honegger von einem «deutlichen» Rückgang des Verkaufs von mechanischen Uhren. Die Fertiguhrenverkäufe der Asuag-Tochter GWC liegen zwar 29 Prozent über dem Vorjahresniveau. «Die Direktion möchte die Lage nicht dramatisieren.» Bei Ebauches SA arbeiten 40 Prozent der Beschäftigten kurz. Asuag-Finanzchef Heinz Hämmerli sagt gegenüber der Presse, das Jahr werde keine Katastrophe, es seien genügend Reserven vorhanden.

Mitte Jahr ist die Asuag genötigt, in den USA einen hochverzinslichen Kredit von 35 Millionen Dollar aufzunehmen. Waldemar Jucker teilt dem Bundesrat mit: «Seit der SSIH-Sanierung sind die Kreditlimiten der Asuag von den sechs SSIH-Banken eingefroren worden. Die Asuag hat ihrerseits den Gesellschaften Kreditkontingente zugeteilt. Die Asuag beklagt sich vorläufig nicht über die Einfrierung ihrer Kreditlimiten. Aus Zinsgründen ist sie entschlossen, ein ‹Management by liquidity› zu betreiben. Es ist hart, zum Beispiel im Fertiguhrensektor die steigenden Umsätze ohne zusätzliche Kredite zu bewältigen.» Im laufenden Jahr werde der Personalbestand der Asuag um 750 Personen abgebaut. Eine «grosse Reorganisation ist im Studium», schreibt Jucker. Für die amerikanischen Töchter werden Käufer gesucht. Der Plan der Asuag, eine neue Schalenfabrik zu bauen, müsse «redimensioniert» werden.

Im September vermeldet Asuag eine Abflachung der Verkäufe «als Folge» von weltweiter Rezession, Arbeitslosigkeit und Inflation.

Die Qualitätskontrolle des Bundes wird verlängert und fortan von der privaten Körperschaft Laboratoire Suisse de Recherche Horlogère LSRH in Neuenburg ausgeübt.

Anfang Oktober gibt die Grenchner Roskopfproduzentin Baumgartner Frères das Gesuch um eine Nachlassstundung infolge eines Liquidationsengpasses ein. Der *Tages-Anzeiger* geht in der Umgebung Grenchen auf Reportage und titelt: «Grosses Zittern bei den kleinen Zulieferern.»[108] Die Zahl der Beschäftigten in den Zifferblatt- und Gehäusefabriken hat sich von 1970 bis 1981 mehr als halbiert.

Im Dezember gibt Asuag eine «Konzentration der Kräfte» bekannt: Die operationelle Führung der Produktionsstandorte Marin, Grenchen und Fontainemelon wird vereinheitlicht, Verkauf und Marketing werden zentralisiert.

Die Zeitungen vermelden den Rücktritt von Denis Robert als Direktor der Fabrik in Fontainemelon auf den kommenden Mai. Damit werde auch «der letzte Mohikaner der Ebauches SA» als Hindernis aus dem Weg geräumt, um das ganze Gebilde zu vereinen, schreibt Gil Baillod, Chefredaktor beim *L'Impartial*. «Fortan ist die Zukunft der schweizerischen Uhrenindustrie in der Deutschschweiz. Das Entscheidzentrum ist in Biel, die Führung in Grenchen und die Kredite in Basel und Zürich.» Und Ernst Thomke «hat tatsächlich die fulminante Karriere gemacht, die wir vor wenigen Jahren vorausgesagt haben, als er in der Grenchner Uhrenindustrie landete.»

1982

Im Januar wird Bundesrat Fritz Honegger von Biga-Chef Jean-Pierre Bonny über die Schwierigkeiten bei Asuag informiert: «Die Asuag sieht sich nach wie vor mit sehr ernstzunehmenden Problemen konfrontiert.» Der Liquidationsengpass ist massiv, die Lage im Sektor Bestandteile «ist himmeltraurig,

Wir stehen praktisch vor einem Zusammenbruch der Aufträge.» Es gibt keine Anzeichen einer Besserung der Lage. Man versucht, dem Malaise mit «drastischer Kurzarbeit» zu begegnen. «Einschneidende Rationalisierungsmassnahmen sind nicht zu umgehen.» Ernst Thomke profiliere sich immer mehr als der starke Asuag-Mann. Bald darauf gibt Asuag den Austritt Heinz Hämmerlis bekannt.

Im Februar informiert Renggli in einem vertraulichen «Grundlagenpapier» den Verwaltungsrat, es komme nur noch der «geordnete Rückzug» infrage. Bis Ende Jahr resultiert anstelle des budgetierten positiven Saldos von über 100 Millionen Franken ein Verlust und eine Neuverschuldung für die Asuag als Ganzes. Dass die Asuag erst jetzt betroffen sei, könne man auf die geschickte Politik der Generaldirektion der letzten Jahre zurückführen, sagt Renggli: «seriöse Aufbau- und Sparpolitik», technologische Entwicklung und Verhinderung des Zerfalls eines Teils der Fertiguhrenindustrie mit der Gründung der GWC. Neue finanzielle Mittel sind nicht erhältlich, das Bankenengagement nähert sich dem Plafond.

Bundesintern wird über den Geschäftsgang bei Asuag informiert: «Sämtliche Ertragspositionen sind gegenüber dem Vorjahr rückläufig.» Die flüssigen Mittel seien im Vergleich zum Vorjahr um 6,2 Millionen auf noch 460 000 Franken gesunken. Leider sei die Gewinn- und Verlustrechnung als auch die Bilanz «recht summarisch gehalten» – für eine vertiefte Analyse wären zusätzliche Informationen «unerlässlich».

«Sprung der Ebauches SA über ihren Schatten», titelt Hansjürg Abt im Februar in der *Neuen Zürcher Zeitung*: Das industrielle Herzstück des Asuag-Konzerns, die Ebauches SA, wird künftig auch ausländische Uhrenfirmen beliefern. Damit entledigt man sich einer «durch Tradition und Statuten verordneten Zwangsjacke». Im Übrigen «zeigen die fast wöchentlichen Meldungen über die Schliessung kleiner Betriebe, dass sich die gesamte Asuag im Umbruch befindet». Es sei kein Geheimnis mehr, dass die Banken ihr weiteres Engagement von strikten Bedingungen abhängig machen. «Bestritten wird jedoch, dass das Aktienkapital abgeschrieben und wieder neu aufgestockt werden soll.»

Asuag beginnt, in den Werken in Moutier, Muntelier, Les Bois und Peseux zu restrukturieren; das Remontagewerk Mido in Biel wird geschlossen. Renggli sagt gegenüber der Zeitung *Der Bund*, die neue Leitung «mit Hans Sommer und Dr. Ernst Thomke arbeitet gegenwärtig 18 Stunden am Tag». Die Behörden der Uhrengemeinden in Fontainemelon, Tramelan, Sonceboz und anderen

Orten im Jura richten sich an die Asuag: Der jetzige Zustand bedrohe den «demokratischen Konsensus. Wir wollen informiert und angehört werden bei Entscheidungen, die unsere Gemeinden betreffen.»

Asuag gerät in einen finanziellen Engpass. Im Mai beauftragen Walter Frehner des federführenden Bankvereins und Peter Gross erneut Hayek Engineering mit einer Analyse. Gleichzeitig handelt Asuag mit den Banken ein Stillhalteabkommen für die nächsten eineinhalb Jahre aus. Es scheitert beinahe am Widerstand der amerikanischen Banken, die drohen, die Holding zu betreiben. Die Banken sind mittlerweile mit 36 Prozent die grössten Aktionäre der Asuag-Holding. An der Generalversammlung im November verzichten die Aktionäre auf die Dividende.

Ende Mai legt Hayek Engineering einen «Arbeitsvorschlag zur Durchführung einer Crash-Studie und die Entwicklung eines grossen Masterplans für die Asuag» vor. Es seien schon Massnahmen in die Wege geleitet worden, um mit den Schwierigkeiten fertig zu werden. «Der Verwaltungsratsausschuss ist jedoch inzwischen zu der Ansicht gelangt, dass diesbezüglich noch mehr getan werden muss, um die Zukunft der Asuag sicherzustellen», heisst es im Arbeitsvorschlag. Ein «Restrukturierungsteam» unter der Leitung von Hayek Engineering wird sich nun mit den «operationellen Problemen» befassen.

Im Sommer stellt das Büro Hayek Engineering dem Asuag-Verwaltungsrat die ersten Befunde vor. «Das Fehlen einer klaren Führungsstruktur behindert und lähmt eine effiziente Führung des Konzerns; die Konzernleitung ist eine schwache Führungsinstanz. Die konzerninterne Information ist ungenügend. Durch Inkonsequenz in der Durchführung verlieren eingeleitete Massnahmen ihre Wirkung.» Aufgrund einer «Grobschätzung» schreibt Hayek «je hälftig der gegenwärtigen Wirtschaftslage und den Führungsmängeln Einfluss auf die heutige Situation zu». Walter Frehner stimmt dem zu, notiert das Protokoll. Ein Controlling besteht nur für Teilbereiche, der Zugriff auf wesentliche Informationen ist nicht gesichert, «so blieb zum Beispiel einzelnen Herren der Konzernleitung die Überschuldung der GWC verborgen». Hayek ergänzt: «Die Asuag hat den zweieinhalbfachen Umsatz der SSIH, ist aber ungefähr dreissig Mal komplexer.» Man habe keine Reservebildung gemacht für Krisenzeiten. Bonny ist erstaunt zu hören, dass es in der Asuag keine einheitlichen Pflichtenhefte gibt.

Mitte des Jahres wird ein Steuerungsausschuss, kurz Stea genannt, als neue «Überwachungs- und Entscheidinstanz» ins Leben gerufen; die Führung der

Asuag ist damit vorübergehend ausser Kraft gesetzt. Der Stea wird de jure präsidiert von Walter Schluep[109], Mitglieder sind Peter Gross von der Bankgesellschaft, Walter Frehner und ab November Ulrich Fünfschilling vom Bankverein, Paul Risch, Generaldirektor der Berner Kantonalbank, sowie Norbert Schenkel, Inhaber einer Uhrenfabrik. Regelmässige Teilnehmer an den Sitzungen sind Hayek und Jochem Thieme von Hayek Engineering, Vertreter der Asuag sowie ab Januar 1983 Ernst Thomke. Peter Renggli ist nicht Mitglied des Stea. Peter Gross will «offen und ehrlich» informieren: «Unsere Journalisten haben eine ganze Reihe Querverbindungen und sind auf dem Laufenden über die wirkliche Situation. Mit einem Hinunterspielen der Probleme wird nichts erreicht.»

Im Bundeshaus wird die Beteiligung an der Asuag diskutiert. Die Bundeskanzlei hat zuvor gewarnt: «Die finanzielle Beteiligung des Bundes an der Asuag wird infolge der in der Politik der Asuag eingetretenen Veränderungen von Jahr zu Jahr fragwürdiger.»

Die Berichterstattung der Generalversammlung der Asuag im November betitelt die *Neue Zürcher Zeitung* mit «Aktionärsgrollen bei der Asuag». Die Versammlung sei endlich mal «nicht einschläfernd» gewesen. Einige Aktionäre monierten, ungenügend informiert worden zu sein, namentlich über die Schwierigkeiten der Gesellschaften und die notwendige Rückstellung von 50 Millionen Franken; es sei nicht einsichtlich, warum der Konzern bei gestiegenem Umsatz und reduzierter Belegschaft ertragsmässig so viel schlechter abgeschnitten habe, ausserdem fehle es an «konkreten Hinweisen auf die von Hayek Engineering gewonnenen Einsichten». Die kritischen Voten sind von starkem Beifall begleitet. Denis Robert gibt seinen Austritt aus dem Verwaltungsrat bekannt. Der Plan, den Holding-Verlust von 44 Millionen Franken durch Auflösung von Spezialreserven zu decken, wird angenommen. Die *Neue Zürcher Zeitung* fügt an: «... mit mehr Stimmen als anwesend waren.»

Ernst Thomke wird oberster Exekutivverantwortlicher der neuen Eta-Gruppe und als Mitglied der Konzernleitung in den Verwaltungsrat der Asuag gewählt. Er nimmt fortan an den Sitzungen des Stea teil.

Im Dezember stellt Hayek dem Stea seinen Zwischenbericht vor. Im Fall des Konzernbereichs kann nur eine Konzentration der Kräfte zum Erfolg führen, dies sowohl in organisatorischer wie in räumlicher Hinsicht. Sechs Alternativen stehen zur Diskussion. Der Bereich Fertiguhren kann in drei Marktsegmente aufgeteilt werden. «Eterna wird im Sinne der Stammhausidee der

Rado angegliedert, wodurch Synergien entstehen.» Für das Marktsegment B kann ein Markenpool gebildet und als Alternative die zur SSIH gehörende Marke Tissot integriert werden.[110] Bei einem Produkt wie der Swatch kommt es auf die richtige Vermarktung an, «bei der noch ganz erhebliche Fortschritte gemacht werden müssen». Dringend ist die Bildung eines einheitlichen Managementsystems, die Zeit der «gemeinsamen Arbeitskreise» oder «der Prüfung von Möglichkeiten der Zusammenarbeit» sei vorbei.

Im Dezember wird die Swatch-Uhr in den USA vorgestellt – mit geringem Erfolg: Farben und Design sind konventionell und wenig ansprechend.

Die Ebauches-Tochter Ebauches Bettlach baut das Personal von 128 auf 110 ab und wird in die Eta integriert.

1983

Auf Initiative von Peter Gross sollen die in einem Pool vereinigten Gläubigerbanken eine Sanierung der Asuag-Holding durchführen. Diese wird, ebenso wie die Fertiguhrengruppe SSIH, danach mehrheitlich im Besitz der Banken sein. Im Januar treffen sich deshalb 10 führende Personen, darunter Gross, Frehner, Hayek, Thomke und Walter von Känel von Longines zu einer geheimen Sitzung im Hotel Victoria-Jungfrau in Interlaken. Das Traktandum ist die Zukunft der beiden Konzerne Asuag und SSIH. Eine Zusammenarbeit sei unabdingbar, die Varianten gehen von «Mini» bis «Maxi» und Reprivatisierung, also Verkauf der einzelnen Marken an die Meistbietenden. Für Omega liegt ein Kaufangebot aus Japan für 300 Millionen Franken vor. Die Anwesenden entscheiden sich für eine Zusammenlegung der beiden Holdings – angedacht vorerst als Finanzholding mit drei Subholdings Fertiguhren, Werke und Bestandteile und Diversifikation, einige Monate später aber «aus fiskalischen und operationellen Gründen» als Absorptionsfusion realisiert. Interlaken markiert die Geburtsstunde des späteren Swatch-Konzerns. Vorerst soll das neue Gebilde, das noch insgesamt 15 000 Personen beschäftigen wird, Asuag/SSIH heissen.

Die Bilanz der Asuag-Holding weist für das abgeschlossene Geschäftsjahr eine Überschuldung von 22,5 Millionen Franken aus. Dies deshalb, weil vom Bankenpool schon 156 Millionen Franken verbucht werden für Bewertungskorrekturen und für Rückstellungen, um die geplante Restrukturierung des Konzerns in den kommenden Jahren zu finanzieren, während die eigenen Mittel mit insgesamt 134 Millionen Franken (davon 75 Millionen Aktienkapital und 59 Millionen Franken Reserven) angegeben werden.

An einer Sitzung des Steas verlangt Thomke «nachdrücklich», dass das Team Hayek von Experten in Technologie und Marketing ergänzt wird. Hayek orientiert über die Entwicklung bei Ebauches SA: Die finanziellen Verluste sind höher als gedacht. Man werde weiter rationalisieren. Alle bisherigen Massnahmen in der Ebauches SA, sagt Hayek, sind in Absprache mit Ernst Thomke erfolgt; rund 51 Millionen Franken können eingespart und damit 1984 das finanzielle Gleichgewicht wiederhergestellt werden. Die Produktion der Kaliber wird in Grenchen und Fontainemelon konzentriert, andere Firmen geschlossen und «Personen transferiert». Thomke sagt, man teile bei Eta ungefähr 80 Prozent der Vorschläge Hayeks, «aber man muss unterstreichen, dass die Umsetzung enorme menschliche Probleme stellen wird». Frehner fügt an, es gibt ausserdem noch Minderheitsaktionäre im Bereich Bestandteile sowie regionale Interessen, welche die Situation schwierig machen, aber «man muss dringend vorwärts machen». Nun gilt es, in den Markt der Uhren mit Preisen zwischen 25 und 50 Franken vorzustossen: «Es muss rasch reagiert werden.»

Ernst Thomke informiert an jeder Stea-Sitzung über die Fortschritte des bisher streng geheimen Projekts «Swatch». Im Januar präsentiert er das Marketingkonzept für die Plastikuhr. Eta hat sich entschieden, die Swatch als Markenprodukt zu lancieren. Die Rentabilität hängt von der produzierten Stückzahl ab. Der Name Swatch muss dringend geschützt werden. Es ist nicht vorgesehen, in den Billigstsektor einzutreten, «die Spezialisten haben uns bestätigt, dass die Produkte auch zu einem höheren Preis verkauft werden könnten». Frehner sagt, es handelt sich bei der Swatch um ein Produkt, das weitaus besser ist als die Konkurrenzprodukte in dieser Preisklasse. Hayek bestätigt die Qualität, aber: «Die Swatch ist nicht das Produkt, das die Uhrenindustrie retten wird», doch sei es wichtig, «dass diese Branche eine solch gewichtige Innovation vor den Japanern realisiert hat». Wenn die Massenproduktion lanciert wird, so besteht eine Marge, um einer Konterattacke der Japaner standzuhalten. Hayek setzt sich dafür ein, dass die Banken die Investitionskosten für die Swatch-Uhr bewilligen.

Im März orientiert Ernst Thomke den Verwaltungsrat der Asuag über die vor vierzehn Tagen in der Schweiz lancierte Swatch. «Die zuerst ausgelieferte Serie von 20 000 Stück ist praktisch verkauft und intensive Nachbestellungen laufen. Nach Auslieferung dieser Nachbestellungen wird die Swatch in der Schweiz bereits Marktleader für 1983 sein.» Ab Herbst 1983 wird die Montage automatisiert sein. SBG-Direktor Peter Gross warnt «ein weiteres Mal vor Illusionen: Die Swatch ist sicher ein nützlicher Beitrag, wird jedoch nicht in der Lage sein, die Probleme der Asuag-Gruppe zu lösen.» Thomke «ist sich durchaus bewusst, dass die Swatch vorläufig nur einen verhältnismässig kleinen Teil des Umsatzes der Eta-Gruppe darstellt (5 Prozent im laufenden Jahr)». Generell erhöhen sich die Bestellungseingänge bei der Eta-Gruppe wieder. Thomke bestätigt, dass «für gewisse tiefpreisige Artikel die Lager ausverkauft sind, teilweise wird in zwei bis drei Schichten gearbeitet».

Die GWC, deren Gründung 1971 viele Millionen Franken verschlungen hat, ist im Begriff, sich aufzulösen. Im letzten Geschäftsjahr hat sie trotz gesteigertem Umsatz 39 Millionen Franken Verlust geschrieben. A. Reymond, Atlantis, Edox, Oris und Rotary sollen verkauft werden. Man bedauert, so hält das Protokoll des Stea fest, dass man die Firmen «notabene zu schlechteren Konditionen» wieder an jene zurückverkaufen muss, von denen man sie seinerzeit kaufte. Nach dem Zusammenschluss von Asuag und SSIH sollen Longines, Rado, Tissot, Certina und Mido integriert werden. Für die Zukunft von Eterna werden drei Alternativen diskutiert: Verkauf, Redimensionierung und Aufgabe aller Tätigkeiten, Letzteres aber unter Beibehaltung der Marke für die nachträgliche Verwendung.

Im Frühling schliesst Hayek Engineering die Analysen bei Asuag ab. Die Dienste der Hayek Engineering werden mit 5 Millionen Franken abgebucht, zwei Drittel davon bei Asuag.

Nicolas Hayek glaubt an die Zukunft der Schweizer Uhrenindustrie, wie er in Interviews betont: «Die Uhrenindustrie ist ein schlafender Gigant», sagt er im Mai gegenüber dem deutschen Magazin *Der Spiegel.*

Die finanzielle Sanierung bei Asuag soll, so wird sich Gross später ausdrücken, kein «Apothekerlen» sein. Es geht darum, das Eigenkapital wieder auf eine nachhaltige Basis zu stellen. Der Plan: Die Banken verzichten auf Forderungen in der Höhe von 30 Millionen Franken, das Aktienkapital wird um 90 Prozent auf 7,5 Millionen geschnitten; das Umschichten von Forderungen in der Höhe von 392,5 Millionen gibt eine neue Kapitalbasis von 400 Millionen Franken. Der Bankverein ist bei Asuag mit einem doppelt so hohen Betrag wie die Bankgesellschaft engagiert. An der Sitzung des Steas verlangt Peter Gross, die Situation bei Asuag muss «ungeschönt» wiedergegeben und alle «latenten Reserven» aufgelöst werden, um den Kapitalschnitt zu rechtfertigen. Denn dieser «ist die Basis der ganzen Sanierung». Den radikalen Kapitalschnitt bei Asuag, der die Minderheitsaktionäre praktisch enteignet, begründet Gross mit der Vereinfachung der finanziellen Zusammenlegung mit SSIH.

Im Mai unterbreitet das Präsidium der SSIH (Peter Gross und François Milliet) den Aktionären den Plan, SSIH und Asuag finanziell zusammenzuschliessen. Die Verwaltungsräte haben einen «Letter of intent» unterschrieben. «Sinnvoll» ist, wenn beide Gesellschaften eine «möglichst ähnliche Kapitalausstattung» aufweisen, um das Austauschverhältnis zu vereinfachen. Die Kapitalbasis wird nach dem Zusammenschluss 300 Millionen Franken betragen.

In der Zwischenzeit wird SSIH ein zweites Mal saniert. Das Aktienkapital wird nochmals halbiert, die Banken schreiben 15 Millionen Franken ab.

Die Swatch wird mit Erfolg in Grossbritannien lanciert. Die Lancierung in Deutschland wird auf Herbst verschoben, da die Produktion nicht nachkommt. Die Rentabilität wird sich mit einem höheren Produktionsvolumen und damit verminderten Kosten weiter verbessern, sagt Thomke.

Bundesrat Kurt Furgler trifft sich mit Banken- und Behördenvertretern zu einer «Aussprache». Die Schweizerische Volksbank notiert in einem Geheimpapier, alle sind von der Aussprache «befriedigt» und davon überzeugt, «die komplizierteste Operation in der Geschichte der Schweizer Uhrenindustrie werde zum Erfolg führen». Gewerkschaftsvertreter Tschumi orientiert seinen Verband über die Sanierung: «Asuag soll durch ein mehrstufiges Prozedere mit einem neuen Aktienkapital ausgestattet werden, während man der SSIH weitere 150 Millionen an zusätzlichen Eigenmitteln zuführen will. Gesamthaft beläuft sich das finanzielle Engagement der acht Banken auf nahezu eine Milliarde Franken, wobei total 230 Millionen abgeschrieben werden müssen, während es sich bei über 500 Millionen Franken um die Umwandlung bisheriger Forderungen in neues Asuag- beziehungsweise SSIH-Kapital und bei weiteren 200 Millionen um die Bereitstellung neuer Kredite handelt.»

Der Journalist Gil Baillod kommentiert im *L'Impartial* das beabsichtigte finanzielle Engagement der Banken mit den Worten: «Oh, sie tun dies nicht aus Grossmut, sondern in der Hoffnung, wenn immer möglich die 850 Millionen Franken zurückzugewinnen.»

Biga-Chef Bonny schreibt an Bundesrat Furgler, die ganze Aktion ist zu befürworten nach dem Motto «Vogel friss oder stirb»: «Bei einem Misslingen der Aktion dürfte kaum mehr von einer als Wirtschaftsbranche ins Gewicht fallenden schweizerischen Uhrenindustrie die Rede sein.» Bonny sieht den Moment für ein «völliges und konsequentes Ausscheiden des Bundes» aus der Asuag gekommen. Die Chancen sind gut, mit einem entsprechenden Bundesbeschluss beim Parlament durchzukommen, da die Lage «absolut desolat» ist und die Banken ein «beträchtliches Opfer» tragen. Zwischen den Bereichen Fertiguhren mit Ulrich Spycher (SSIH) und jener der Werke und Bestandteile (Thomke) gibt es ein «starkes Spannungsverhältnis. Für das Gelingen dieser Überlebensaktion wird entscheidend sein, einen Top-Mann auf Exekutivebene zu finden, ‹qui coiffe tout›.» Ausserdem macht sich die Schweizerische Volksbank Sorgen wegen ihres Engagements: «Ich spürte deutlich, dass bei der Volksbank und anderen Banken ‹der Mist noch nicht geführt ist›.»

Am 25. Mai, einen Tag vor der entscheidenden Asuag-Generalversammlung, trifft sich der Verwaltungsrat der Asuag zum letzten Mal im fünften Stock ihres Gebäudes in Biel. Die Presse hat von der bevorstehenden Sanierung und dem Zusammenschluss erfahren und «positiv reagiert». Gewerkschaftssekretär Tschumi bedankt sich bei den Banken für diese «Rettungsaktion». Biga-Chef Bonny sagt, was man allenfalls kritisieren kann, ist «der verhältnismässig grosse Anteil an Bankenvertretern». Peter Gross erklärt, man habe auf eine zweite Führungsebene verzichtet, um den Verwaltungsrat klein zu halten. Der Asuag-Verwaltungsrat stimmt den Anträgen zu beziehungsweise nimmt von den Absichten der Banken Kenntnis, unter anderem von der Auflösung der offenen Reserven in der Höhe von 59 Millionen Franken. Der Verwaltungsrat der Asuag stimmt dem Sanierungskonzept einstimmig zu und entscheidet, an der Generalversammlung in globo zurückzutreten. Stattdessen sollen die Herren Milliet als Präsident, Frehner als Vizepräsident, sowie Gross, Paul Risch (Kantonalbank von Bern), Norbert Schenkel, Spycher (SSIH) und Thomke als neue Verwaltungsräte vorgeschlagen werden. Peter Renggli hat das Schlusswort: «Jeder von uns ist noch zu nahe an den Ereignissen, um sie zu beurteilen. Es wird Aufgabe der Wirtschaftsgeschichte sein, sich über diese Periode zu äussern.»

Bei der Asuag tritt nach und nach die alte Garde in den Direktionsetagen ab. Der Industrieverband Grenchen und Umgebung protestiert gegen die Entlassung von Ebauches-Direktor Hans Sommer: «Sommers Massnahmen im 1981 nach einem unvorhergesehenen Zusammenbruch der gesamten Nachfrage ist ein Musterbeispiel von industriellem Handeln mit konsequentem Bruch mit allem traditionellen Denken und Tun. Es ist bekannt, dass die Ebauches SA dadurch wesentliche Substanz retten konnte und selbstständig als Gruppe keine entscheidenden Sanierungsmassnahmen nötig hat.» Der Bund soll dafür sorgen, dass hier «nicht Einzelpersonen von Grossbanken darüber entscheiden können, wer vorzeitig die Asuag zu verlassen hat. Gegen ein solches Vorgehen werden wir uns mit allen Mitteln wehren.»

Die Gläubigerbanken beantragen bei der Eidgenössischen Bankenkommission angesichts der massiven Geldspritzen an die Uhrenindustrie und dem sich abzeichnenden Klumpenrisiko Ausnahmebewilligungen. Man kommt ihnen entgegen aus volkswirtschaftlichen Gründen und weil die Banken gesund sind – «wenn auch nicht so weit, wie die Banken es gewollt hatten», wird verwaltungsintern an Kurt Furgler berichtet.

Unter den Minderheitsaktionären der Asuag-Tochter Ebauches SA befinden sich die Nachkommen der früheren Eigentümer der Fabriken in Grenchen und Fontainemelon. Das Aktienkapital soll in gleichem Ausmass wie bei der Asuag als Ganzes geschnitten werden. Einige von ihnen, darunter auch die Familie René Schild-von Platen, beauftragen den Anwalt Thierry Du Pasquier mit der Vertretung ihrer Rechte. Dieser wendet sich nach der Generalversammlung an die Leitung der Asuag: «Der angekündigte Verlust des Unternehmens in der Höhe von 43,8 Millionen Franken angesichts der Tatsache, dass der Umsatz noch nie so hoch war und die Personallöhne noch nie so tief, kann nicht anders erklärt werden als mit einem gravierenden Versagen des Managements.» Marieluise Schild-von Platen, Ehefrau von René Schild, wendet sich telefonisch an Bundesvertreter. Diese halten in einem Memo zuhanden des Biga fest: «Frau Schild, Sprecherin der Minderheitsaktionäre (Familie Schild), beschwert sich über das Vorgehen der Asuag-Verwaltung bei der Sanierung im Sinne ihres Vorstosses an der Generalversammlung (unsachgemässe Geschäftsführung, Überstimmen der Minderheitsaktionäre usw.). Da Frau Schild offenbar von den ihr zur Verfügung stehenden Rechtsmitteln nicht Gebrauch machen will, sich aber anderweitig doch Gehör verschaffen möchte (‹üble Praktiken› des zurückgetretenen Asuag-Managements), regte ich an, Frau Schild möge sich einmal mit dem neuen Präsidenten der Asuag unterhalten. Vom Bund sei anderweitig keinerlei Unterstützung zu erwarten.»

Im August verzeichnen die Verkäufe der Swatch einen «überwältigenden Erfolg», wie die *Neue Zürcher Zeitung* schreibt. «Die Uhr habe wie eine Bombe eingeschlagen, sagt man bei Jelmoli.» Im Herbst startet Eta eine neue Kampagne in den USA. Der Werbeaufwand ist fast so hoch wie die Produktionskosten der Uhren selbst. Verkaufsleiter Max Imgrüth vermarktet die Swatch neu als Lifestyle-Produkt. Innerhalb von zwei Jahren wird der Umsatz des Geschäfts mit der Swatch von einer auf 75 Millionen Franken steigen.

Am 16. November hält eine bundesinterne Notiz an Jean-Pierre Bonny fest, Asuag und SSIH würden nicht wie vorgesehen fusionieren, sondern «die SSIH wird eine Asuag-Tochter». Bei Asuag zeigen die eingeleiteten Restrukturierungsmassnahmen «erste Verbesserungen». Im November 1983 teilt der Verwaltungsrat der SSIH mit, die geplante ausserodentliche Generalversammlung im Dezember werde verschoben, weil der Weg zur «optimalen rechtlichen Konzernstruktur» wegen der Komplexität der Sache weiterhin Gegenstand von Abklärungen ist. Das Aktienkapital der Asuag muss um 100 Millionen Franken erhöht werden, um sie zu befähigen, die Aktien der SSIH zu übernehmen.

Im Dezember wird an der ausserordentlichen Generalversammlung der Asuag das Aktienkapital erhöht durch die Einbringung der von den Banken gehaltenen SSIH-Aktien. Die SSIH wird der Asuag unterstellt, die Asuag wird umbenannt in Asuag/SSIH.

Die neue Gruppe Asuag/SSIH beschäftigt 12 000 Mitarbeiterinnen und Mitarbeiter. Ernst Thomke übernimmt die Gruppe Werke/Bestandteile. In der Eta arbeiten 4000 Leute. Sie übernimmt die Rohwerkherstellung von Omega, die aber als Manufaktur erhalten bleibt. Bei Longines in St. Imier wird noch ein Kaliber hergestellt.

1984

Die bestehenden Subholdings der Asuag/SSIH werden aufgelöst.

Im September verkauft Asuag/SSIH die Markenfirma Eterna an den Zementfabrikanten Franz Wassmer, Hauptaktionär der PCW Portland-Cement mit De Sede und Charles Jourdan. Eterna sei in den letzten Jahren den Weg (fast) aller Schweizer Uhren gegangen, schreibt die *Weltwoche*, «freilich nicht aus Mangel an Aufmerksamkeit seitens der Bieler Manager. Eterna war schon zu Zeiten der mechanischen Uhr ein wirklich feines Produkt, mit extrem flachem automatischem Werk, eindeutig im oberen Preissegment anzusiedeln. Vielleicht war es Pech für Eterna, dass sie in den elektronischen Anfangszeiten als Pionierprodukt gewählt wurde und als Versuchskaninchen die dauernde Preiserosion mit hohen Lagerbeständen bezahlen musste, die nur mit Verlust abzustossen waren.» Der Kaufpreis bewege sich «zwischen fünf und zehn Millionen Franken, sagte Franz Wassmer. Eterna als Etablisseur wird die Werke von der Asuag-Tochter Eta beziehen.»

Die Swatch-Uhr reitet auf der Erfolgswelle, als sich Nicolas Hayek im Oktober mit Peter Gross zum Mittagessen trifft. Die dramatische Sanierungsaktion der Uhrenindustrie ist weitgehend abgeschlossen. Laut späteren Aussagen von Peter Gross wird bei diesem Lunch die Idee geboren, Nicolas Hayek die Führung des Konzerns Asuag/SSIH zu überlassen. Hayek kennt das Gebilde bis in sein Innerstes, hat den Wert erkannt und glaubt an die Zukunft der Schweizer Uhrenindustrie. Das Risiko nimmt laufend ab: Die Branche befindet sich wieder im Aufschwung, der Aktienwert zieht an. Hayek wollte sich dabei aber nicht verschulden, erzählt Gross später. Nicolas Hayek kann auf den Prozess des Due Diligence – einer in der Regel kostspieligen Durchleuchtung eines Übernahmekandidaten – verzichten.

Walter Frehner[111] stimmt der Übernahme durch Hayek zu, ebenso die Generaldirektion der Bankgesellschaft. Preis und Übernahmemodalitäten werden den finanziellen Möglichkeiten und Wünschen Hayeks angepasst.

Bundesintern diskutiert man die Frage, ob der Bund in der Sache Asuag und allgemein mit den staatlichen Eingriffen versagt habe. Ein Bericht stellt fest: «Wenn die schweizerische Uhrenpolitik heute allgemein als Musterbeispiel einer verfehlten Industriepolitik gilt – hinterher ist man ja bekanntlich immer klüger –, so darf deswegen die staatliche Intervention nicht zum Sündenbock für alle negativen Entwicklungen in der Uhrenindustrie gemacht werden. Die Uhrenbranche unterliegt weltweit einem ständigen Strukturwandel. Damit soll nichts beschönigt werden und die verfehlten Massnahmen keine Rechtfertigung erhalten. Aber man muss die Dinge doch in den Gesamtzusammenhängen und in den richtigen Proportionen sehen.»

In den parlamentarischen Kommissionen wird die Botschaft des Bundesrats zum Ausstieg aus der Asuag diskutiert. Die Verwaltung gibt Auskunft: 1944 überwies Asuag die letzte Rate des zinslosen Darlehens des Bundes. Von 1946 bis 1980 flossen Dividenden von rund 11 Millionen Franken in die Bundeskasse. Ständerat Franz Muheim sagt, es war seit 1949 «konstant ein schrittweiser markanter Marktanteilverlust zu konstatieren. (…) Sind denn unsere Herren des Bundes nicht aufmerksam geworden aus ihrer Verantwortung als Verwaltungsrat heraus, dass sich da etwas anbahnt, das doch aufhorchen lassen muss?» Waldemar Jucker, Direktor des Bundesamts für Konjunkturfragen, antwortet: «Es gehört zur schweizerischen Mythologie, dass die Kranken wegen der Rahmenbedingungen krank sind.» Der Bund hat die Forschung unterstützt und die Entwicklung der Roboter, die heute an der Montage der Swatch beteiligt sind, mitfinanziert. Schuld sind auch der Niedergang der Roskopfuhren und die hohen Preise für Schalen. «Die Umwandlung einer fast ausschliesslich mechanisch orientierten in eine elektronisch-elektromechanische Industrie hat sich mit einer Geschwindigkeit beziehungsweise Brutalität abgespielt wie sonst nirgends in der ganzen schweizerischen Industrie.»

Im ständerätlichen Ausschuss fragt sich Paul Eisenring (CVP), «was die Vertreter des Bundes im Verwaltungsrat der Asuag eigentlich getan haben. Aus früheren Protokollen geht hervor, dass der Staat in diesem Bereich grosse Fehler gemacht und diese Industrie geradezu in die Krise hineingeführt hat. Ich hätte mir gewünscht, dass die Botschaft diesen Werdegang und die Mitverantwortung des Staates für den Niedergang der Uhrenindustrie dargestellt hätte.» Christoph Blocher (SVP) findet es wichtig, «dass wir die Lehren ziehen aus dieser Angelegenheit». Lilian Uchtenhagen (SP) geht «ausnahmsweise» einmal mit Blocher und Eisenring einig: «Strukturerhaltung ist auf die Dauer immer falsch.» Jucker findet es «bemerkenswert, dass die seinerzeitige Intervention (1931) nicht nur auf Begehren der Uhrenindustrie, sondern schon damals auch der Banken kam». Carlo Schmid bezeichnet die Botschaft des Bundesrats als «dürftig. Ich will wissen, wie sich Gesetze und Massnahmen bewährt haben und wie die Entwicklung ohne Staatstätigkeit verlaufen wäre.» Klaus Hug, neuer Biga-Leiter, findet es wünschenswert, «wenn darüber eine Dissertation geschrieben würde, es ist aber zu beachten, dass in jedem Fall ein Element fehlen wird, indem niemand weiss, wie es herausgekommen wäre, wenn der Bund nichts getan hätte».[112] Eisenring will nicht über die Uhrenindustrie herfallen, «ich falle über das System her, denn es bestand eine Verfilzung zwischen Bund und Uhrenindustrie (Biga und Asuag), die schliesslich zur grossen Krise führte».

1985

Pierre Arnold, früherer Migros-Chef, übernimmt die Konzernleitung bei Asuag/SSIH.

Entgegen den Erwartungen weist Asuag/SSIH schon für das vergangene Jahr 1984 einen operativen Gewinn aus.

Im Januar unterzeichnen Nicolas Hayek und der Bankenpool der Uhrenholding einen Optionsvertrag: Hayek wird das Recht eingeräumt, innerhalb der nächsten zwei Jahre 51 Prozent des Aktienkapitals zu übernehmen. Gleichzeitig übernehmen er und Unternehmer Stephan Schmidheiny je 7 Prozent am Aktienkapital zum Nominalpreis oder 20 Millionen Franken. Die Banken haben schon begonnen, auf dem Markt Aktien des Asuag/SSIH-Konzerns mit Gewinn zu verkaufen. Hayek bildet einen Pool mit Investoren. Diese vereinbaren, ihre

Aktionärsrechte unter der Federführung von Hayek auszuüben. Der Unternehmer Stephan Schmidheiny, Verwaltungsrat bei der Bankgesellschaft, macht mit,[113] ebenso Migros-Chef Pierre Arnold, Esther Grether, die Gruppe Ammann in Langenthal, Franz Wassmer und andere.

Schon am 1. September übt die Gruppe ihre Option aus. An einer Sitzung des Bankenpools überrascht Peter Gross die Anwesenden mit der Ankündigung, dem Pool um Hayek die Aktien zum Nominalwert[114] zu überlassen; niemand erhebt Einspruch. Also bezahlt der Investorenpool unter der Leitung von Hayek insgesamt etwas mehr als 150 Millionen Franken. Gegenüber dem Kurswert kommt diese Geste einem «Geschenk» der Banken im Wert von rund 100 Millionen Franken gleich. Nicolas Hayek und Stephan Schmidheiny investieren via gemeinsame Beteiligungsgesellschaft WAT Holding nochmals 40 Millionen Franken.[115] Die Poolmitglieder haben ein Vorkaufsrecht bei einem Aktienverkauf eines Mitglieds. Schmidheiny wird seinen Aktienanteil 10 Jahre später verkaufen.[116] Peter Gross bleibt nach der Übernahme Hayeks im Verwaltungsrat des mittlerweile auf den Namen SMH (Société de Microélectronique et Horlogerie) getauften Grosskonzerns bis 2012, Walter Frehner tritt 1997 aus dem Verwaltungsrat der SMH aus.

Mit der Vereinbarung mit den Banken sichert sich Nicolas Hayek mit nur 13 Prozent am Aktienkapital die Kontrolle über einen Uhrenkonzern[117] mit mehr als 12 000 Beschäftigten, 90 Fabriken, Forschungslaboratorien und weltweit bekannten Namen wie Omega, Longines und Tissot. Der Aktienkurs explodiert in den folgenden Jahren. Die Poolmitglieder werden für ihre damalige Mithilfe gut entlohnt. Gemäss Vereinbarung des Investorenpools übt Hayek das Stimmrecht aller aus und vertritt die Gruppe gegenüber dem Verwaltungsrat.

Generaldirektor Ernst Thomke wird beauftragt, Tissot, Rado und vor allem Omega, die noch immer Verluste schreibt, zu sanieren. Er liquidiert bei Omega unverkäufliche Uhren oder stampft sie ein, reduziert die Modelle von 1700 auf 100. Omega und Longines kaufen neu ihre Rohwerke bei Eta ein. Thomke läutet das Ende der «Luxus-Agenten» und der Meetings in Fünfsternehotels ein. Die Belegschaft bei Omega in Biel wird von circa 500 auf knapp 200 reduziert, wobei 190 Angestellte von der Eta übernommen werden. Thomke wird der Buhmann der Nation, der Stadtpräsident Biels nimmt an den Demonstrationen an vorderster Front teil. Innerhalb von 18 Monaten wird Omega wieder in der Gewinnzone sein.

Der Umsatz der SMH-Gruppe beläuft sich auf 1,9 Milliarden Franken, der Gewinn auf 60 Millionen. Fünf Jahre später werden es 2,14 Milliarden Umsatz und 191 Millionen Franken Gewinn sein. Die Swatch-Uhr spült vorerst den weitaus grössten Anteil an den Gewinnen in die Kassen des Konzerns, der in der Folge nach und nach die Banken auszahlen kann.

1986

Der Aktienkurs steigt innerhalb von vier Monaten bis April von 150 Franken auf 600 Franken an. Der Bund beschliesst, jetzt seinen Anteil zu verkaufen, und löst 3,5 Millionen Franken – weit mehr als ursprünglich erhofft.

Im Mai tritt François Milliet als Verwaltungsratspräsident der SMH zurück, Hayek wird sein Nachfolger und übernimmt ebenfalls das Präsidium der Konzernleitung.

1988–1990

Im Verwaltungsrat der SMH sitzen Nicolas Hayek (Präsident und Delegierter), Walter Frehner (Vizepräsident), Pierre Arnold, Rolf Beeler, Peter Gross, Paul Risch, Esther Grether, Peter Baumberger und Stephan Schmidheiny.

«Ich wage gar nicht zu sagen, wie gut es uns geht», sagt Nicolas Hayek drei Jahre nach seinem Einstieg in einem Interview mit dem deutschen Wochenmagazin *Der Spiegel*. Er besitzt mittlerweile 30 Prozent der Aktionärsstimmen und beherrscht damit faktisch die Gruppe. Die SMH weist 200 Millionen Franken Gewinn aus. Die Herstellung der Swatch kostet 7 Franken, verkauft wird sie für 50 Franken, die Händler erhalten eine Marge von 50 Prozent. Die mechanischen Uhren erleben ein Revival, die SMH hebt die Preise in den folgenden Jahren kontinuierlich an.

Die SMH ist im Begriff, sich eine Monopolstellung aufzubauen, und kauft weitere Fabriken hinzu, die Bestandteile für das Uhrwerk produzieren.[118] Die spätere Swatch Group wird damit den Preis und die Kunden bestimmen können. Einige Betriebe wehren sich vor Gericht, alle Prozesse gegen Hayek werden verloren. Aus Angst, nicht mehr beliefert zu werden, wollen Kritiker des Geschäftsgebarens der SMH gegenüber der Presse nicht namentlich genannt werden.

1991

Im April verlässt Ernst Thomke die SMH. «Die turbulente Wechselwirkung Hayek–Thomke sorgte immer wieder für Unrast», erinnert sich später

Marianne Egli, Swatch-Beraterin der ersten Stunde: «Zwei Nummern *eins* kann es nicht geben. Jedermann weiss, wie die Sache ausging, bekanntlich hat der Chef immer recht.» [119]

1992

Unter den Augen unzähliger Presseleute verlässt am 7. April morgens um 8 Uhr die Hundertmillionste Swatch-Uhr das Montagefliessband in der Eta.

1995–1999

Ferdinand Alexander Porsche, Leiter der Industriedesign-Firma F. A. Porsche, übernimmt die Uhrenfirma Eterna.

Mitte der 1990er-Jahre übersteigt der Börsenwert der Swatch Group 8 Milliarden Franken.

Die damaligen Gläubigerbanken, allen voran die Bankgesellschaft und der Bankverein, haben ihren Anteil sukzessive verkauft.

In der zweiten Hälfte der 1990er-Jahre arbeitet rund ein Viertel aller Angestellten der Swatch Group in Asien.[120]

2002

Die Swatch Group Ltd. verkündet, die Konkurrenz mittelfristig nicht mehr mit Teilen für Uhrwerke zu beliefern. Da die Gruppe ein faktisches Monopol hat, nimmt sich später die Wettbewerbskommission der Sache an.

2004

Die Fraktion Grüne Biel stellt einen Rückweisungsantrag auf den Antrag des Gemeinderats von Biel, Nicolas Hayek das Ehrenbürgerrecht der Stadt Biel zu verleihen. Die Diskussion an der Parlamentssitzung ist hitzig. Die SP spricht sich für die Verleihung aus: «Dank der Neustrukturierung der Schweizer Uhrenkonzerne und der Erfindung der Swatch hat Hayek einen prägenden Anteil an der Rettung der Schweizer Uhrenindustrie.» Die Freiheitspartei der Schweiz sagt, Hayek hat die Uhrenindustrie «mithilfe von Fachleuten (nicht alleine!) wieder auf die Beine» gebracht: «Ich habe aber Mühe: Dieser Mann wurde ‹hyper-steinreich›! Das ist ‹Business›! Das hat mit der Stadt Biel nichts zu tun!» Die Freisinnigen sprechen sich «vorbehaltlos» für die Verleihung aus: «Herrn Hayeks Verdienst ist es, dass er seinerzeit an den Arbeits- und Wirtschaftsstandort Schweiz (ich sage nicht ‹Biel›) glaubte und entsprechend handelte.» Es hätten auch andere

Bieler Unternehmer eine Auszeichnung verdient, «dabei denke ich besonders an Harry Borer, Generaldirektor der Rolex Biel, welcher für die Stadt Biel enorm viel tat und eigentlich den Ausdruck ‹Mäzen› verdienen würde». Die Partei Grüne Biel ist kritisch: «Vor zwei Monaten verbot die Swatch Group den Gewerkschaften, auf dem Areal Swatch/Omega eine Information über den Gesamtarbeitsvertrag zu verteilen. Ich finde es einen Affront, dass in einem demokratischen Land ein solches Grundrecht beschnitten wird.» Die Partei EDU zeigt sich «enttäuscht vom Antrag des Gemeinderats. Es gibt viele andere, die auch Retter der Stadt Biel sind. Und die Aussage ‹Der Retter der Uhrenindustrie› entspricht nicht einmal den Tatsachen im Fall von Hayek. Vor der Swatch, vor der SMH gab es die SSIH und die Asuag und viele kleine Unternehmen, die in dieser Branche tätig waren. Wer hat die Situation der SSIH und der Asuag gerettet? Ganz einfach: die Banken. Es gab auch Herr Thomke. Die Banken haben Hunderte von Millionen ausgegeben, um die Uhrenindustrie und die ganze Region zu retten, und Hayek hat von dieser angenehmen Situation profitieren können.» Mit grossem Mehr wird beschlossen, dem Antrag des Gemeinderats auf Verleihung des Ehrenbürgerrechts an Nicolas Hayek stattzugeben.

2005–2010

Von 1990 an sind die Verkäufe der japanischen Uhrenexportindustrie um knapp die Hälfte auf rund 200 Milliarden Franken gesunken und stagnieren seither. Pierre-Yves Donzé, Historiker und Professor an der japanischen Universität Kyoto, begründet den Niedergang der japanischen Uhrenindustrie mit ihrer fehlenden Flexibilität. Die Konkurrenz der Swatch Group komme heute nicht mehr aus Japan, sagt er, sondern aus der Schweiz.[121]

Der Autor und Journalist Lucien F. Trueb publiziert sein Buch *Zeitzeugen der Quarzrevolution*. Das Gespräch mit Peter Renggli, letzter Generaldirektor und Verwaltungsratspräsident der Asuag, gibt Trueb wie folgt wieder: Asuag war damals nicht konkursreif, sondern hatte viel Geld benötigt, um die Technologie «à jour zu halten. Die Grundidee der Banken war, die Mittel für die Sanierung der SSIH von Asuag bekommen. Der Bankverein schloss sich dieser Meinung an. Die Fusion war nicht im Interesse der Asuag und der Aktionäre, die letztlich die Zeche zum Überleben der Omega und Tissot zahlen mussten.» Die Schweizerische Treuhandgesellschaft, damals im Besitz des Bankvereins, hatte die beiden Konzerne bewertet, «heute wäre eine solche Lösung nicht mehr möglich, denn eine Bank darf keine eigene Treuhandgesellschaft haben. Sie erhielt den Auftrag, für die Asuag 1983 eine Unterbilanz nachzuweisen, um sie in eine Nachlasssituation zu bringen. Dies wiederum war unabdingbar, um die Zustimmung der Gläubiger und Aktionäre zur Fusion mit der SSIH zu erhalten. Dies erwies sich als schwierig. Obwohl alle Fabrikationsanlagen, der Maschinenpark und das Inventar auf Null abgeschrieben worden waren, blieben unter dem Strich immer noch 50 Millionen.» Das Verschwindenlassen dieser Millionen habe einige «buchhalterische Tricks» erfordert. Laut Renggli war die Asuag 1983 schon saniert, «viele waren schon entlassen worden, ein wesentlicher Faktor für die rasche Gesundung der Uhrenindustrie in den 1980er-Jahren».[122]

Aus verlässlicher Quelle wird Folgendes bekannt: Einige Minderheitsaktionäre der damaligen Ebauches SA waren 1984 nicht bereit, den rigorosen Kapitalschnitt zu akzeptieren. Nachdem die Restrukturierungsphase abgeschlossen war, vertiefte sich eine Person in die letzte Bilanz der Ebauches SA und meldete in Begleitung des Anwalts ihren Besuch bei Bankverein-Generaldirektor Walter Frehner in Basel an. Nach der Unterredung gewährte ihr der Bankverein die Zahlung einer Millionensumme, die den Kurswert der Ebauches nach der Sanierung um ein Vielfaches überstieg. Man vereinbarte Stillschweigen. Auch allen anderen Aktionären der Ebauches SA bot die Bank den Ausgleich an. Bis heute haben sich die Beteiligten an das Stillschweigen gehalten.[123]

Die Schweiz nimmt Abschied von Nicolas Hayek. Als Reaktion auf den Nachruf in der *Neuen Zürcher Zeitung* publiziert Walter Frehner, ehemaliger Verwaltungsratspräsident des Bankvereins, im Juli 2010 folgenden Leserbrief: «Im Zusammenhang mit dem Hinschied von Nicolas G. Hayek wurden zu Recht seine grossen Verdienste um den Wiederaufschwung der Uhrenindustrie nach der existenzbedrohenden Krise zu Beginn der achtziger Jahre gewürdigt (NZZ 3.7.10). Etwas aber hat mich erstaunt: Weshalb wurde in keinem einzigen Kommentar, den ich gelesen habe, auf die entscheidende Rolle der beiden Vorgängerbanken der heutigen UBS, des Schweizerischen Bankvereins und der Schweizerischen Bankgesellschaft, bei der Rettung der beiden führenden Konzerne Asuag und SSIH hingewiesen? Ist es politisch unkorrekt, daran zu erinnern, dass sie es waren, die in einem monatelangen und zeitweise dramatischen Prozess die damals grösste Industriesanierung und -restrukturierung der Schweizer Wirtschaftsgeschichte vorbereitet hatten und schliesslich die andern beteiligten Banken überzeugen konnten, insgesamt mehrere hundert Millionen Franken abzuschreiben bzw. in Aktien und nachrangige Obligationen umzutauschen?»

2011

Der Umsatz bei Swatch Group überschreitet die 6-Milliarden-Grenze; der Konzern zählt 25 000 Beschäftigte und weist 1,43 Milliarden Franken Betriebsgewinn aus. Der Durchschnittspreis für mechanische Uhren hat sich vervielfacht.

Als das Unternehmen Porsche ins Trudeln gerät, meldet sich die chinesische Haidian Holding Limited mit einem Kaufangebot für Eterna. China Haidian hat sich in den letzten Jahren auf die Produktion von Uhren konzentriert. Das Management von Eterna wehrt sich gegen die Übernahme, findet aber keine Alternative, die das Angebot von rund 22 Millionen Franken nur annährend erreicht. «150 Jahre Uhren-Know-how fliessen nach China», titelt das Web-Portal *China Invest*: «Mit der Übernahme verfügt das chinesische Unternehmen über ein eigenes Kaliber und ist nun unabhängig von Blockaden Schweizer Teilelieferanten. Zudem erhält man neben Immobilien und Produktionsmaschinen nun auch das Uhren-Know-how der letzten 150 Jahre. China Haidian als Gruppe verfügt nun über die gesamte Wertschöpfungskette einer Uhrenmanufaktur und beste Zugänge zu den Wachstumsmärkten in Asien.»

2014

In Grenchen, an der Allerheiligenstrasse, öffnet das Restaurant Chappeli wieder seine Tore – in neuem Glanz und mit eigenem Hühnerstall. Besitzer Ernst Thomke hat den Betrieb renovieren lassen, «nicht wegen des Business, sondern weil das Chappeli zu Grenchen gehört und die Tradition in den letzten Jahren zunehmend kaputtgegangen ist», sagt Thomke gegenüber dem *Bieler Tagblatt*.[124] Soeben ist ihm am Entrepreneur Forum Seeland der Preis für sein Lebenswerk verliehen worden. Thomke erzählt dem Journalisten von den Anfängen der Swatch. «Wir waren in einem Abwärtstrend. Als ich den Posten des Generaldirektors der Eta übernommen hatte, war diese zwar ein florierendes Unternehmen. Aber die ganze Ebauches SA, die Assa und all die Fabriken im Jura, die waren in den roten Zahlen. Kaum war ich angetreten, hatte ich den Auftrag, die Assa zu sanieren und mit der Eta zu fusionieren. Eine nach der anderen dieser Ebauches-Fabriken wurde in die Eta integriert, und die Ebauches SA wurde aufgelöst. Ich musste auch viele Leute entlassen, das war keine schöne Zeit. Ich forderte: Wir brauchen ein Produkt, das unsere Kunden – die Uhrenassembleure – nicht konkurrenziert. Darum haben wir die preisgünstige Qualitätsuhr propagiert. Wir hatten ein Super-Team beisammen: Franz Sprecher und Max Imgrüth, und die beiden jungen Ingenieure Elmar Mock und Jacques Müller waren Querdenker. Wir hatten hochbegabte Leute, die frustriert waren, dass es mit dieser Industrie bergab ging. Sie sind explodiert vor Innovationsfreude.» Heute sei die Schweizer Uhrenindustrie «technologisch verarmt, ausser bei mechanischen Uhren». Technologische Innovationen seien notwendig, «denn die Jungen werden früher oder später umsteigen». «Was würden Sie tun, wenn Sie in der Uhrenindustrie noch am Ruder wären?», fragt der Journalist. «Ich hätte nie aufgehört, das zu tun, was wir in der Ebauches SA getan haben. Wir hatten eine ‹Direction technique› unter der Leitung des hervorragenden André Beyner, es gab eine Innovation nach der anderen. Wir entwickelten sprechende Uhren, die ganze Touchscreen-Sensorik wurde damals entwickelt.» Man habe heute die Produktion preiswerter Uhrwerke aufgegeben, und «den jungen, innovativen Marken ist es fast nicht mehr möglich, in die hochwertigen Distributionskanäle zu gelangen, die Grossen monopolisieren die Kanäle».

Im September titelt die *NZZ am Sonntag*: «Das Telefon am Handgelenk: Smartwatches sind der grosse Trend an der Funkausstellung IFA in Berlin. Alle warten auf die iWatch von Apple.»[125] Ein Zwischentitel lautet: «Batterie als Schwachpunkt.»

Der Abwärtstrend der Aktie der Swatch Group setzt sich fort. «Swatch leiden unter Apple-Produktnews,» titelt die *Neue Zürcher Zeitung* am 9. September. «Die Smartwatch wird insbesondere den Absatz von Uhrenmarken aus den tiefen und mittleren Preissegmenten belasten, meinen Analysten. Davon betroffen seien unter anderem die Marken ‹Swatch› und ‹Tissot›, die rund einen Fünftel zum Umsatz der Swatch Group beitragen.»

2015

Wie verschiedene Zeitungen publizieren, denkt Nick Hayek aufgrund der Wechselkurssituation über einen Rückzug der Swatch Group von der Börse nach.[126] Der Kurs der Swatch-Group-Aktie ist innerhalb von 12 Monaten von 593 auf 361 Franken gesunken.

Anmerkungen

1 Das Archiv Schild-Comtesse lagert heute im Stadtarchiv Grenchen und ist umso wertvoller, als die heutige Swatch Group das Firmenarchiv mit Dokumenten der früheren Asuag-Mitglieder wie auch das Firmenmuseum für die Öffentlichkeit gesperrt hat. Entgegen früheren Gepflogenheiten ist das Museum der Öffentlichkeit nicht zugänglich und enthält damit wichtige geschichtliche Objekte der Öffentlichkeit, namentlich den Familienangehörigen und Historikern, vor. Das reich bestückte Museum war ursprünglich von der Assa (A. Schild SA, Grenchner Rohwerkproduzentin) angelegt worden und erfuhr später eine Ergänzung durch die Bestände der Eta und Eterna, der Fabrik in Fontainemelon und anderer Tochtergesellschaften; es ist auch bis in die jüngste Vergangenheit von den Schild-Familien wiederholt beschenkt worden. Es sei gar kein Museum, sondern ein vertrauliches Firmenarchiv, lässt die zuständige Kuratorin auf Anfrage verlauten.

2 Eine interessante, aber wohl nie befriedigend zu beantwortende hypothetische Frage ist die, was mit der Schweizer Uhrenbranche geschehen wäre, wenn die Asuag nicht gegründet und das Uhrenstatut nicht erlassen worden wären.

3 Die Chronologie der Ereignisse ist im Epilog dieses Buches dargestellt.

4 Nach der Absorptionsfusion von SSIH mit Asuag wurde der neue Konzern Société de Microélectronique et d'Horlogerie SA (SMH) bzw. Schweizerische Gesellschaft für Mikroelektronik und Uhrenindustrie AG genannt und 1998 in Swatch Group umbenannt.

5 Adolf Richard Schild: *Schild-Hugi-Bilderbogen – eine Plauderei über Familien- und Ortsgeschichte*, Eigendruck, Grenchen 1997.

6 Bruno Bohlhalter: *Die Uhrenkrisen der 1930er- und 1970/80er-Jahre in der Schweiz: Entstehung und Bewältigung*, Eigenverlag, Freiburg 2015.

7 Zu der Geschichte Grenchens siehe Hans Kaufmann: *Grenchen*, Vogt-Schild AG, Solothurn 1974, und Werner Strub: *Heimatbuch Grenchen*, Vogt-Schild AG, Solothurn 1949.

8 Siehe Adolf Richard Schild: *Schild-Hugi-Bilderbogen – eine Plauderei über Familien- und Ortsgeschichte*, Eigendruck, Grenchen 1997.

9 Werner Flury (1866–1949) war der Sohn von Anton Schilds Tochter Katharina. Er war Autor und Professor an der Kantonsschule Solothurn. Er veröffentlichte 1907 die wahrscheinlich erste Wirtschaftsgeschichte des Kantons: *Die industrielle Entwicklung des Kantons Solothurn. Ein Beitrag zur wirtschaftlichen Heimatkunde*, Vogt & Schild (später Vogt-Schild genannt), Solothurn 1907.

10 Siehe dazu Eterna AG Grenchen (Hrsg.): *Centenaire Eterna 1856–1956*. Broschüre zum 100-jährigen Bestehen der Eterna AG, Orell Füssli AG, Zürich 1956.

11 Siehe Adolf Richard Schild: *Schild-Hugi-Bilderbogen – eine Plauderei über Familien- und Ortsgeschichte*, Eigendruck, Grenchen 1997.

12 Indienneindustrie: Produktion farbiger Baumwolle mittels Holzmodeln.

13 Siehe dazu Eterna AG Grenchen (Hrsg.): *Centenaire Eterna 1856–1956*. Broschüre zum 100-jährigen Bestehen der Eterna AG, Orell Füssli AG, Zürich 1956.

14 Eterna AG Grenchen (Hrsg.): *Centenaire Eterna 1856–1956*. Broschüre zum 100-jährigen Bestehen der Eterna AG, Orell Füssli AG, Zürich 1956.

15 Die Aufzeichnungen der Gespräche mit Adolf Gschwind wurden vor Kurzem publiziert: Kultur-Historisches Museum Grenchen (Hrsg.): *Adolf Gschwind: Erinnerungen eines Eta-Mitarbeiters*, Grenchen 2014.

16 Siehe Liste der uhrenspezifischen Begriffe im Anhang.

17 Mit «Linien» wird die Grösse eines Uhrwerks angegeben.

18 Zum Generalstreik 1918 in Grenchen siehe *Illustrierte Beschreibung der Ereignisse in Grenchen und Region*, Beiträge von Alfred Fasnacht, Rolf Blaser, Rainer W. Walter u. a., Begleitheft zur Ausstellung des Kultur-Historischen Museums Grenchen, Grenchen 2008.

19 «Vor 80 Jahren brach die Welt zusammen», in: *Neue Zürcher Zeitung*, 26.10.2009.

20 Die Regierungen waren nicht zuletzt deshalb an einer eigenen Uhrenproduktion interessiert, da man im Ersten Weltkrieg gesehen hatte, wie leicht sich die Produktion auf die Herstellung von Kriegsgütern wie Zeitzünder umstellen liess.

21 Ausserdem, so argumentierte der Bund später, sei die Schablonage volkswirtschaftlich schädlich: Die Wertschöpfung beim Geschäft mit Fertiguhren sei ungleich höher als mit Bestandteilen und Rohwerken.

22 Der Name «Schild» ist nicht zurückzuführen auf Gottlieb Vogts Ehefrau, einer geborenen Schild, sondern auf Otto Schild, Mitbegründer des Verlagshauses und Sohn von Urs Schild, der damals die Fabrik Urs Schild & Cie. gegründet hatte, die 1906 auf Eterna getauft wurde.

23 Im Sommer 1940 reichte Hermann Obrecht, «der seine Lebenskraft als Mitglied des Bundesrats völlig aufgebraucht hatte, seine Demission ein», wie an der Bundesversammlung gesagt wurde. Vier Wochen später starb er.

24 Charles Hahn, Hersteller der renommierten Teile «Landeron» für Stoppuhren.

25 Obwohl grundsätzlich dem liberalen Gedankengut verhaftet, hatte sich Bundesrat Edmund Schulthess nach dem Krieg für hohe Zölle als Schutz gegen ausländische Konkurrenz eingesetzt.

26 Dieser Betrag wurde beim Aktienkapital abgeschrieben auf 6000 Franken wegen der «non-valeurs». Der Bund erhielt 6000 nicht übertragbare Stimmrechtsaktien und das Recht auf Dividenden auf dem einbezahlten Kapital von 6 Millionen Franken sowie den Anspruch auf Auszahlung der ganzen Summe im Fall einer Liquidation der Superholding.

27 Siehe Botschaft vom 1. September 1931 zum Bundesbeschluss über die Unterstützung der Uhrenindustrie, Ziffer IX.

28 Als gravierender Fehler sollte sich ausserdem das Versäumnis erweisen, auch jene Fabriken, die andere Teile für Fertiguhren produzierten – Lagersteine, Uhrengehäuse, Zifferblätter, Armbänder und so weiter – in die Asuag-Holding zu integrieren. Diese Branchen erwiesen sich Jahrzehnte später als unfähig, mit ihren Produktionsmethoden dem rasch steigenden Output an Fertiguhren nach dem Wegfall der dirigistischen Massnahmen zu entsprechen.

29 Das waren Arsa und Atlantic.

30 1933 war die Beteiligung der vier Giganten am Aktienkapital der Ebauches SA wie folgt: Assa mit 4 Millionen Franken, Fontainemelon und A. Michel je mit 3 Millionen und Eta mit 1 Million Franken.

31 Chronisten hielten später in ihrer Analyse fest: «Die übergeordneten Gebilde Ebauches SA und Asuag, von ihrer Struktur her mit Finanzmacht und unternehmerischem Potenzial ausgestattet, übten jahrzehntelang keine Führungsmacht aus, sondern wirkten vornehmlich als ideenarme und risikoscheue Bewahrer der durch die Tochtergesellschaften errungenen Marktstellungen.»

32 Artikel in einer Schweizer Tageszeitung (Titel unbekannt) unter dem Titel «Die Schweizerische Uhrenindustrie A.-G. und wir», ca. 1933.

33 Die Einhaltung der Konventionen wurde von einer neuen, mit Unterstützung der Banken geschaffenen Kontrollstelle überwacht, der Treuhandstelle der Schweizerischen Uhrenindustrie Fidhor.

34 In Wahrheit gelang es nie, die «Reihen zu schliessen»: An der Grenze zum Ausland entwickelte sich in den folgenden Jahrzehnten ein blühendes Schmuggelwesen mit Rohwerken und Uhrenbestandteilen.

35 Siehe Kultur-Historisches Museum Grenchen (Hrsg.): *Adolf Gschwind: Erinnerungen eines Eta-Mitarbeiters*, Grenchen 2014.

36 Als Buchhalter der Firma Robert Victor Neher AG in Kreuzlingen entwickelte Alfons Ruf 1917 eine sogenannte Durchschreibe-Loseblattbuchhaltung, «Konto originale Methode» genannt, die er 1918 patentieren liess. Mithilfe seiner Buchungshandplatten konnten die Buchungen auf losen Kontoblättern mit direkter Durchschrift ins Journal gemacht werden, was Zeit und Mühe im Rechnungswesen sparte.

37 Dunhill verkaufte damals Feuerzeuge mit Eterna-Uhren aus Metall. «Chevalet» bezeichnet die Tischuhr.

38 Eventuell handelt es sich um die Familie von Germaine Guex, (1904–1964), Kinderpsychoanalytikerin, die von 1930 bis 1933 in Monthey eine «ambulante Krankenpsychiatrie» führte.

39 Im Ersten Weltkrieg, als die chemische Industrie der kriegführenden Länder von deren Kriegswirtschaft vereinnahmt wurde, sprang das Werk in Monthey in die Bresche. Ciba, das Mutterhaus in Basel, bewilligte einen Kredit von über 4 Millionen Franken für den Fabrikausbau. 1938 begann die Fabrik mit der Herstellung von Kunststoffen und später von Araldit-Gamme.

40 Mit seinem Kompromissvorschlag machte Robert Comtesse dem jahrelangen Streit zwischen den Befürwortern einer rein privaten Bank und jenen einer Staatsbank ein Ende; am 23. August 1906 leitete er die erste konstituierende Generalversammlung mit den Worten ein: «Für diese Bank muss das öffentliche Interesse in erster Linie massgebend sein und sie darf zu keiner Zeit vergessen, dass das ihr verliehene Monopol ihr nicht gegeben ward zu dem Zwecke, grosse Gewinne zu erzielen, sondern vor allem zu dem höheren Zwecke, dadurch dem gesamten Publikum die Vorteile einer guten Notenzirkulation und überhaupt alles, was die Entwicklung des Zahlungsverkehrs fördern kann, darzubieten. Möge sie von den mächtigen Mitteln, über die sie verfügt, einen stets weisen Gebrauch machen!»

41 Siehe Urs Altermatt: *Die Schweizer Bundesräte. Ein biographisches Lexikon*, Artemis, Zürich und München 1991.

42 Dem Bund wurden immer mehr Aufgaben zugewiesen, ohne dass entsprechende Einnahmen generiert werden konnten. Die erste direkte Bundessteuer wurde erst 1915 als «einmalige Kriegssteuer» erhoben.

43 Ein Beispiel eines Sachverhaltes (aus einem Urteilsschreiben des Kassationshofs vom 24. Juni 1955): «Im Auftrage des Eidgenössischen Volkswirtschaftsdepartements (EVD) reichte die Schweizerische Uhrenkammer am 21. Februar 1955 durch einen Fürsprecher gegen Ernst Meyer Strafklage ein mit dem Vorwurf, er habe in der Fabrik der Meyer & Co. AG in Grenchen ohne Bewilligung mehr als die seit 1. Januar 1952 zulässige Zahl von elf Arbeitern beschäftigt und dadurch Art. 3 Abs. 1 und Art. 13 des Bundesbeschlusses vom 22. Juni 1951 über BGE 81 IV 204 S. 205 *Massnahmen zur Erhaltung der schweizerischen Uhrenindustrie* übertreten.»

44 Schon 1888 war die Gründung des Schweizerischen Metallarbeiterverbands SMAV erfolgt. Der im dritten Anlauf gegründete Dachverband der Uhrenarbeiter, die Fédération des ouvriers de l'industrie horlogère, schloss sich, nach einem Streik hochverschuldet, 1915 mit dem SMAV zum Schweizerischen Metall- und Uhrenarbeiterverband SMUV zusammen. Siehe *Historisches Lexikon der Schweiz.*

45 Oliver Fahrni: «Geschichte des GAV. Boom und Streik», in: *Work*, 5.11.2012.

46 Diese Nähe prägte die Gewerkschaft SMUV bis in die 1980er-Jahre, wie ein Journalist feststellen sollte: «Noch 1982 griff ein SMUV-Zentralsekretär zum Telefon, um den Schreibenden zu rügen, weil er einem Unternehmer nach einer Massenentlassung kritische Fragen gestellt hatte.»

47 In den 1960er-Jahren standen zwei Fussballspieler auf der Gehaltsliste der Eta. An zwei Nachmittagen in der Woche konnten sie zum Fussballtraining gehen.

48 Diese Korrelation ist auch in anderen Zentren der Uhrenindustrie wie La-Chaux-de-Fonds und Biel festzustellen.

49 1965 wurde Alvis von Rover übernommen, bald darauf wurde die Produktion eingestellt.

50 Später stellte die Cosmos B. Schild & Co. auch Spitalmobiliar her. Heute werden hauptsächlich Zulieferaufträge für Industrie und Gewerbe ausgeführt. Die Firma beschäftigt heute 25 Mitarbeiterinnen und Mitarbeiter.

51 Anfertigung von Stanzwerkzeugen.

52 Siehe Wolfgang Hafner: *Die Krise – und ihre Bewältigung. Jüngste Wirtschaftsgeschichte des Kantons Solothurn*, Verlag Hier + Jetzt, Baden-Dättwil 2011.

53 Siehe auch Kapitel 19 zu der Geschichte der Grenchner Assa.

54 Diese Aussage stammt von einem 2012 erfolgten Blog-Eintrag eines «Eterna-Fans». Als Komplikationen werden Zusatzfunktionen eines mechanischen Uhrwerks bezeichnet wie Datumsanzeige und Jahreskalender, die über die übliche Anzeige von Stunde, Minute und Sekunde hinausgehen. Sie steigern den Preis und den Funktionswert.

55 Diese Briefauszüge sind publiziert in: Gisbert L. Brunner & Christian Pfeiffer-Belli: *Eterna. Pioniere der Uhrmacherkunst*, Ebner Verlag, Ulm 2006, Seite 130 f.

56 Weil die winzigen Stahlkugeln regelmässig geschmiert werden müssen, hat in vielen derartigen Rotorlagern inzwischen extrem harte und daher nahezu wartungsfreie Keramik Einzug gehalten.

57 «Und sie waren wirklich dicht», vermerkte 2014 ein Eterna-Vertreter in einem Blog: Einem Kunden sei die Kontiki ins Wasser gefallen und erst zwei Jahre später geborgen worden: «Sie funktionierte immer noch einwandfrei.»

58 Die Dividenden, welche die Schweizer Uhrenfirmen von 1939 bis 1956 an ihre Aktionäre ausschütten, belaufen sich im Mittel auf 14 Prozent, verglichen mit 7,8 Prozent in der Gesamtwirtschaft.

59 Madeleine schrieb ihre Briefe, die ihre Freundin Eva aufbewahrt hatte, in französischer Sprache. Übersetzt von der Autorin.

60 Edmond Gilliard, waadtländischer Schriftsteller, Herausgeber, Referent. «Gilliards Werk ermöglicht, sich ein wichtiges Stück der Geschichte der Westschweizer Intellektuellen bildhaft vor Augen zu führen: Hier offenbart sich ein Oppositionsbewusstsein, in dem künstlerische wie auch moralische Reflexionen mit den politischen Ereignissen der Stunde eng verknüpft sind.» Aus: *Edmond Gilliard lu par ses «adeptes»: une réception multiple*, www.sowiport.gesis (Zugriff 15.10.2014).

61 Das U steht für die manufaktureigene Stosssicherung.

62 Pierre-Yves Donzé: «Das Uhrenstatut. 2. Teil», in: *Revue Watch Around*, 2010.

63 Siehe «Uncle Sam gegen die Schweizer Uhrmacher», in: *Neue Zürcher Zeitung*, 28.7.2014.

64 Notizen von Adolf Richard Schild anlässlich einer Erkundungsreise auf die Virgin Islands im Jahre 1970.

65 Die offizielle technische Qualitätskontrolle CTM stellte damit ein letztes Zucken des jahrzehntelangen Interventionismus dar. Sie sollte sich als kostspielige und wenig nützliche Einrichtung erweisen.

66 Anwesend waren unter anderen Gérard Bauer, Präsident FH, Laurent Carrel, Präsident UBAH, François Du Pasquier, kaufmännischer Direktor Ebauches SA, H. Schmid, Präsident des Roskopf-Verbands, Delegierte des Vororts des Schweizerischen Handels- und Industrievereins und ein Vertreter des christlich-nationalen Gewerkschaftsbunds.

67 Leider fehlt im entsprechenden Dossier des Volkswirtschaftsdepartements, das im Bundesarchiv gelagert ist, das Deckblatt dieser Analyse; der Name des Verfassers und seine bundesinterne Abteilung sind unbekannt.

68 Siehe Thomas Gronenthal: «Der chinesische Zwilling», in: *Uhren*, Mai/Juni 2014, WTA2892-A2 und Sea-Gull ST 18, Seite 116 ff. Das 1975 vorgestellte Werk ETA 2892 war das bisher flachste industriell hergestellte mechanische und automatische Uhrwerk für Herrenuhren mit Zentralsekunde, Datumanzeige und Schnellkorrektur.

69 Siehe zu diesem Interview Wolfgang Hafner: *Die Krise – und ihre Bewältigung. Jüngste Wirtschaftsgeschichte des Kantons Solothurn*, Verlag Hier + Jetzt, Baden 2012.

70 Siehe Lucien F. Trueb: *Zeitzeugen der Quarzrevolution*, Musée international de l'horlogerie, La Chaux-de-Fonds 2006, Seite 35 f.

71 Schon 1947 führten drei Mitarbeiter der amerikanischen Bell Corporation das erste Experiment durch: Sie montierten zwei Goldelektroden auf ein Germaniumplättchen und liessen Strom zirkulieren. Mithilfe dieses Schalters konnte nun der Elektronenstrom kontrolliert werden.

72 Es wurde später behauptet, Hetzel habe seine Konstruktion auch Schweizer Uhrenfirmen angeboten, die aber alle abgelehnt hätten. Dies diente etlichen Chronisten als Beweis, dass die heimische Uhrenindustrie damals innovationsfeindlich war. Hetzel selbst bestritt Jahrzehnte später, bei anderen Firmen – ausser bei Omega – vorgesprochen zu haben. Allerdings weist der Vortrag von Adolf M. Schütz daraufhin, dass sich zumindest die Ebauches SA oder die Eta damit befasst haben musste. Max Hetzel kehrte 1963 in die Schweiz zurück und nahm einen lukrativen Job beim neu gegründeten Centre Electronique Horloger CEH an. Er entwickelte eine neue Variante der Stimmgabeluhr unter dem Projektnamen Swissonic. Er konnte sich keine andere Lösung für eine elektronisch angetriebene Uhr als die seine vorstellen. Siehe auch Lucien F. Trueb: *Zeitzeugen der Quarzrevolution*, Musée international de l'horlogerie, La Chaux-de-Fonds 2006.

73 Die ersten Produkte des Unternehmens waren Quarzgrossuhren für Observatorien. A. Carolus, Professor an der Universität Freiburg, baute die erste Quarzstimmgabel, die er 1954 vorstellte; in den 1960er-Jahren stellte Oscilloquartz auf Transisoren

um. Siehe Lucien F. Trueb, Günther Ramm & Peter Wenzig: *Die Elektrifizierung der Armbanduhr*, Ebner Verlag, Ulm 2011.

74 Complementary metal-oxide-semiconductor.

75 Siehe zu der Entwicklung der japanischen Uhrenindustrie: Pierre-Yves Donzé: *Rattraper et dépasser la Suisse: Histoire de l'industrie horlogère japonaise de 1850 à nos jours*, Alphil-PUS, Neuenburg 2014.

76 Siehe Lucien F. Trueb, Günther Ramm & Peter Wenzig: *Die Elektrifizierung der Armbanduhr*, Ebner Verlag, Ulm 2011, Seite 106.

77 Nach Schätzungen wurden in den Jahren 1960 bis 1977 insgesamt knapp 10 Millionen Stück der elektronischen Stimmgabeluhr von verschiedenen Herstellern in unterschiedlichen Varianten verkauft.

78 Erst viel später zog Faselec nach. Die Schweizer Beteiligung wurde aufgelöst und an Philips verkauft. 1975 spezialisierte sich Microélectronique Marin auf die weitere Entwicklung.

79 Siehe Lucien F. Trueb: *Zeitzeugen der Quarzrevolution*, Musée international de l'horlogerie, La Chaux-de-Fonds 2006, Aussagen von Georges-Adrien Matthey, 1978 Mitglied der SSIH-Direktion, Seite 235.

80 Tatsächlich hatte die Société Suisse pour l'Industrie Horlogère (SSIH) mit den beiden Schwergewichten Omega und Tissot in den letzten Jahren zahlreiche Übernahmen getätigt oder sich an Unternehmen beteiligt. Mittlerweile gehörten auch Montres Blancpain, Langendorf Watch, Hamilton oder die Aetos-Gruppe mit ihren Billiguhren zu der Holding. SSIH placierte sich damit mit einem Umsatz von knapp 500 Millionen Franken als weltweit drittgrösstes Uhrenunternehmen hinter der amerikanischen Timex und der japanischen Seiko. Allerdings: Zehn Jahre später sollte SSIH unter der Last der Übernahmen kollabieren. Anfang der 1970er-Jahre gab es in der Schweiz nun drei grosse Gruppen von Uhrenherstellern: Neben SSIH die neue General Watch Company mit einem anvisierten Umsatz von 300 Millionen Franken und die 1968 entstandene Société des Garde-Temps (SGT), die diverse Hersteller tiefpreisiger mechanischer und elektronischer Uhren vereinigte.

81 Siehe «Lip Lip Hourra!», in: *Libération*, 20.3.2007.

82 C. Northcote Parkinson: *Parkinsons Gesetz und andere Untersuchungen über die Verwaltung*, Econ Verlag, Düsseldorf 1958. Ein anderer Lehrsatz lautet: «Arbeit dehnt sich in genau dem Mass aus, wie Zeit für ihre Erledigung zur Verfügung steht.» Ausserdem werden gemäss Parkinson in Diskussionen die einfachsten Themen am ausführlichsten diskutiert, weil davon die meisten Teilnehmer etwas verstehen – und nicht die Themen, die am wichtigsten sind.

83 Wie Bruno Bohlhalter in seiner Dissertation *Die Uhrenkrisen der 1930er- und 1970/80er-Jahre in der Schweiz: Entstehung und Bewältigung* (Eigenverlag, Freiburg 2015) belegt, finanzierte die Asuag ihre Expansion in den 1970er-Jahren mit fremden Geldern, dies zum grössten Teil mit kurzfristigen. 1982 wies die konsolidierte Bilanz gegenüber 1972 nahezu eine Verdoppelung des Fremdkapitals auf knapp 1,2 Milliarden Franken auf.

84 Werner Fröhlicher war Anwalt in Solothurn und Verwaltungsratspräsident der Technos AG, die ebenfalls in die GWC integriert wurde.

85 Es handelt sich um Henri und Walter Schaeren, Nachkommen des Mido-Gründers Georges Schaeren.

86 Siehe Wolfgang Hafner: *Die Krise – und ihre Bewältigung. Jüngste Wirtschaftsgeschichte des Kantons Solothurn*, Verlag Hier + Jetzt, Baden-Dättwil, 2011. Interview mit Hans Fink, ehemaliger Direktor der Technos in Welschenrohr.

87 Die drei Etappen waren: die elektromechanische Uhr mit konventioneller Unruh (Lip SA), die elektronische Stimmgabeluhr (Accutron) beziehungsweise die elektronische Uhr mit Metallbiegeschwinger (Mosaba) und die Quarzarmbanduhr.

88 Die Fabrique Horlogerie de Fontainemelon entwickelte ab 1955 einfache mechanische Damen- und Herrenkaliber, die zuverlässig, preisgünstig und für die Massenproduktion konzipiert waren. Man nannte sie später in Kombination mit Vorzugspreisen für «assortiments», «balanciers» und «spiraux» Standardkaliber.

89 In der Fotolithografie wird mittels der Belichtung das Bild einer Fotomaske auf einen lichtempfindlichen Fotolack übertragen. Anschliessend werden die belichteten Stellen des Fotolacks aufgelöst (alternativ ist auch die Auflösung der unbelichteten Stellen möglich, wenn der Fotolack unter Licht aushärtet). So entsteht eine lithografische Maske, die eine weitere Bearbeitung durch chemische und physikalische Prozesse ermöglicht, etwa das Einbringen von Material in die offenen Fenster oder das Ätzen von Vertiefungen unter den offenen Fenstern. Siehe zu Jürgen Staudte auch Lucien F. Trueb: *Zeitzeugen der Quarzrevolution*, Musée international de l'horlogerie, La Chaux-de-Fonds 2006, Seite 218 ff.

90 Siehe Adolf Richard Schild: *Schild-Hugi-Bilderbogen – eine Plauderei über Familien- und Ortsgeschichte*, Eigendruck, Grenchen 1997.

91 Einer der Protagonisten des Protests war Professor und Nationalrat Walter Munzinger, Begründer des Handels- und Obligationenrechts, der schon 1860 über *Papsttum und Nationalkirche* geschrieben hatte. Er organisierte am 18. September 1871 in Solothurn den ersten schweizerischen Katholikenkongress, der die Keimzelle der Christkatholischen Kirche bildete.

92 Zu der Gründung der Ebauches SA siehe auch Kapitel 6.

93 Gottlieb Vogt war mit Schild-Hugis Tochter Johanna verheiratet.

94 Siehe *Die Schweiz im Würgegriff der Alliierten und Deutschlands*, Jahrbuch für Solothurnische Geschichte, Band 78, Solothurn 2005, Seite 131 ff.

95 Damals hiess sie noch Ed. Kummer.

96 In der Familie Adolf Schild-Hugi war Rudolf Schild-Comtesse «der Junker», seines vornehm-zurückhaltenden Wesens und seiner Statur wegen.

97 Siehe Rainer W. Walter & Urs Byland: *Die Geschichte des Spitals Grenchen*, Grenchner Tagblatt, Grenchen 2003.

98 1976 musste der Kanton einspringen, als Gegenzug verlangte er die Mehrheit im Stiftungsrat. 2011 wurde das Spital geschlossen. Seither führt die Solothurner Spitäler AG in den Räumlichkeiten ein ambulantes Gesundheitszentrum.

99 Die Stiftung Schild-Comtesse wurde 2010 liquidiert und das Stiftungsguthaben in die Museumsstiftung Grenchen überführt.

100 Die internationale Bedeutung verdankt die Solothurner Sammlung der Dübi-Müller-Stiftung und der Josef-Müller-Stiftung. Die beiden aus einer Solothurner Fabrikantenfamilie stammenden Geschwister Gertrud Dübi-Müller und Josef Müller schenkten Meisterwerke aus ihren berühmten Sammlungen. Die vom Solothurner Arzt Dr. Walter Schnyder eingerichtete Max-Gubler-Stiftung vereint Werke aus allen Schaffensphasen des Zürcher Malers.

101 Auszüge aus Protokollen, Berichten, Zeitungsartikeln und Büchern.

102 Der Autor Hansjürg Abt war bei Banken und Uhrenindustrie besonders gefürchtet. Der NZZ-Wirtschaftsredaktor führte eine analytische und unbestechliche Feder. Später meinte Abt, er habe sein Wissen über Betriebswirtschaft an der Universität in Harvard gelernt: «Mir ist dort unternehmerisches Denken in einer Art und Weise nahe gebracht worden, wie das über gängige journalistische Kontakte zu den Unternehmen nie möglich gewesen wäre.» Er war gut informiert über die Geschäfte im Hintergrund; die Quelle, so sagte man, sei im Umfeld von Alfred Schaefer anzusiedeln, jenem Bankier der Schweizerischen Bankgesellschaft, der verhinderte, dass seine Bank mit dem Finanzjongleur Werner K. Rey Geschäfte tätigte.

103 Tatsächlich nahm die Eta schon bald das später auf den Namen Swatch getaufte Projekt einer Billigquarzarmbanduhr an die Hand. Die Produktion der mechanischen Werke wurde vorübergehend gedrosselt und Maschinen verkauft, die einige Jahre später mit dem Aufschwung der mechanischen Uhr wieder zurückgekauft werden mussten. Edgar Sutter ist seit 1960 als selbstständiger Uhrmacher-Termineur und Uhrenfournituristi tätig und war damals mit den Uhrwerken aller Ebauches-Firmen der Asuag bestens vertraut.

104 Die Finanzierung der offiziellen Qualitätskontrolle sei zunehmend ein Problem, wie das Biga dem Bundesrat berichtete: Mit sinkendem Export der Fertiguhren nahmen die Einnahmen aus den Gebühren ab. Diskutiert wurde deshalb die Unterstellung auch der Rohwerke unter die Qualitätskontrolle. Das Biga riet ab, da dies wirtschaftspolitisch problematisch sei: «Die Fabrikanten müssten sich kontrollieren lassen und dies selber bezahlen.» Schliesslich wurde ein Solidaritätsbeitrag von den Rohwerk- und Bestandteilfabrikanten gefordert. Die Qualitätskontrolle wurde neu der privaten Trägerschaft Laboratoire Suisse de Recherche Horlogère (LSRH) in Neuchâtel übertragen.

105 Peter Gross war kein Unbekannter in der Welt der Uhrenbranche: Ab 1962 war er als Generalsekretär am Aufbau des Gemeinschaftsunternehmens Centre Electronique Horloger (CEH)beteiligt, trat dann 1966 als kaufmännisch-administrativer Leiter in die neu gegründete Faselec ein.

106 Bis 1977 sass Philippe de Weck, Verwaltungsratspräsident der Bankgesellschaft, in den Räten beider Konzerne Asuag und SSIH, bis die Asuag-Führung sich über diese Doppelfunktion beschwerte.

107 *Tages-Anzeiger*, 8.7.2010.

108 *Tages-Anzeiger*: «Grosses Zittern bei den Zulieferern», 18.11.1981.

109 Walter Schluep, Professor für Privat-, Wirtschafts- und Europarecht an diversen Universitäten, dissertierte mit einer Arbeit über *Die wohlerworbenen Rechte des Aktionärs und ihr Schutz nach schweizerischem Recht*, St. Gallen 1955.

110 Damit erwähnte Nicolas Hayek zum ersten Mal eher beiläufig die Möglichkeit einer Zusammenarbeit der beiden grössten Schweizer Uhrenkonzerne Asuag und SSIH.

111 Der Bankverein war mit 32 Prozent der grösste Miteigentümer der Gruppe Asuag/SSIH; die Bankgesellschaft war mit 24 Prozent beteiligt.

112 Mittlerweile ist eine Dissertation zu diesem Thema erschienen: Bruno Bohlhalter: *Die Uhrenkrisen der 1930er und 1970/80er Jahre in der Schweiz: Entstehung und Bewältigung*, Eigenverlag, Freiburg 2015.

113 Auf Wikipedia zum Unternehmen Swatch Group ist zu lesen: «Der Aufbau von SMH erfolgte durch Nicolas George Hayek sen. zusammen mit Stephan Schmidheiny als Geldgeber.»

114 Der Nennwert, auch als Nominalwert bezeichnet, ist der auf einem Wertpapier angegebene Festbetrag. Der Nennwert einer Aktie gibt an, mit welchem Anteil sich ein Investor mit dem Kauf von Aktien am Grundkapital der betreffenden Unternehmung beteiligt. Weder über den Kurs noch über den Emissionspreis einer Aktie sagt der Nennwert etwas aus.

115 Wer von beiden wieviel Geld in die WAT Holding einbrachte, ist nicht bekannt.

116 Stephan Schmidheiny zieht sich Ende 1993 aus der WAT Holding zurück. Dem Schweizerischen Handelsamtsblatt ist zu entnehmen, dass die WAT Holding 1996 beschloss, «das Aktienkapital der Gesellschaft von Fr. 17 500 000.– um Fr. 17 400 000.– auf Fr. 100 000.– herabzusetzen durch Rückzahlung (Gutschrift auf die Konti «Anspruch Aktionäre aus Kapitalherabsetzung») von Fr. 17 400 000.– und Vernichtung von 174 000 Namenaktien zu nominell je Fr. 100.–» Der Verwaltungsrat besteht fortan aus Mitgliedern der Familie Hayek.

117 Siehe auch R. James Breiding: *Swiss Made: The Untold Story Behind Switzerland's Success*, Profile Books Ltd, London 2012.

118 «Weil Swatch heute fast die gesamte Wertschöpfung kontrolliert, hat das Unternehmen eine Produktionstiefe von 90 Prozent erreicht», schrieb McKinsey 2004 im Magazin *McK Wissen*. «Damit dürfte klar sein, dass sich praktisch alle Uhrenfabrikanten bei Hayek eindecken müssen, mit Teilen oder gar Uhrwerken.»

119 Siehe Lucien F. Trueb: *Zeitzeugen der Quarzrevolution*, Musée international de l'horlogerie, La Chaux-de-Fonds 2006, Seite 270 ff.

120 Siehe Pierre-Yves Donzé, *Histoire du Swatch Group*, Alphil, Neuenburg 2012.

121 Konkurrenten sind Richemont (mit Cartier und Vacheron Constantin) und die Gruppe LVMH (Tag Heuer, Zenith, Hublot).

122 Lucien F. Trueb: *Zeitzeugen der Quarzrevolution*, Musée international de l'horlogerie, La Chaux-de-Fonds 2006, Seite 236 ff.

123 Dass der Bankverein den Forderungen der Aktionärin nachkam, wird von Juristen dahingehend gedeutet, dass der damalige Kapitalschnitt der Ebauches-Aktien aufgrund der Bilanz einer juristischen Überprüfung nicht standgehalten hätte.

124 *Bieler Tagblatt*, 21.3.2014.

125 NZZaS, 7.9.2014.

126 Der Blick, *Der Rundumschlag von Nick Hayek*, 25.1.2015.

Danksagung

Es ist mir ein Anliegen, folgenden Personen für ihre Auskünfte, ihre Bereitstellung von Dokumenten und ihre Hilfe bei der Recherche und der kritischen Lektüre zu danken:

Barbara Affolter
Jean-Didier Bauer
René Baumgartner
André Beyner
Bruno Bohlhalter
Pierre Boije af Gennäs
Walter Bürgi
Alfred Fasnacht
Hans Graf
Peter Gross
Barbara Haldimann
Heinz Hämmerli
Jakob Häusermann
Hans Marti
Peter Morf
Salome Moser
Peter Renggli
Barbara Ritschard
Gilles Robert
Roswitha Schild
Marieluise Schild-von Platen
Rudolf Schrenk
Guntram Stamm
Kurt Stöckli
Urs Stöckli
Edgar Sutter
Ernst Thomke
Marianne Ulmi
German Vogt
Rainer W. Walter

Kurzbiografien

Beyner André (geb. 1927)

Uhreningenieur der Universität Neuenburg, Technischer Direktor in der Generaldirektion der Ebauches SA. Massgeblich beteiligt an der Entwicklung der verschiedenen Generationen elektronischer Uhrwerke und am Aufbau der Produktion von Komponenten für diesen Werktyp innerhalb der Ebauches SA. Nach dem Austritt aus der Asuag/SSIH 1984 war Beyner als Dozent für Mikroelektronik an der Technischen Hochschule Lausanne tätig. 2004 verlieh ihm das Musée international de l'horlogerie den Gaia-Preis für sein Lebenswerk.

Girard Josef (1803–1869)

Arzt und Kurarzt im elterlichen Grenchner Badbetrieb. Setzte sich als liberaler Politiker im Kanton Solothurn gemeinsam mit Joseph Munzinger (1791–1855, dem späteren Bundesrat), Karl Mathy (1806–1868, dem Gründer der Grenchner Bezirksschule) und Anton Schild (1800–1877, dem Begründer der Grenchner Uhrenindustrie) jahrelang für die demokratischen Freiheiten ein, was erst 1830 zu einem Durchbruch führen sollte. Im Grenchner Bad bot er politischen Flüchtlingen aus Deutschland und Italien Schutz, so unter anderem Karl Mathy (siehe oben, späterer badischer Ministerpräsident) und Giuseppe Mazzini (1805–1872, prominenter italienischer Freiheitskämpfer). Gemeinsam mit Bruder Euseb und Fürsprech Kunz aus Meinisberg gründete er 1852 die erste Grenchner Rohwerkfabrik, die 1856 liquidiert wurde. 1856 war er Teilhaber an der Uhrenfabrik von Anton Schilds Sohn Urs (1829–1888), der späteren Eterna. Ab 1866 widmete sich Josef Girard ausschliesslich dem Arztberuf.

Gschwind Adolf (1886–1966)

Adolf Gschwind war der Sohn des letzten Grenchner Laternenanzünders Adolf Gschwind und dessen Frau Anna Steiner. Besuch der Schulen in Grenchen und Heirat mit Maria Link aus Marthalen. Adolf Gschwind arbeitete von 1901 bis 1959 – bis ins Alter von 73 Jahren – in der Firma Eta in Grenchen. Adolf Gschwind war erzählerisch und musikalisch begabt. Vor Grenchner Schulklassen und anderem Publikum gab er seinen Erinnerungsschatz zum Besten, spielte auf der Zither und las eigene Verse vor. Gschwinds niedergeschriebene Erinnerungen umfassen ungefähr die Jahre 1890 bis 1945. Die *Erinnerungen eines Eta-Arbeiters* lassen Bilder aufsteigen, wie sich das Dorf Grenchen wenige Jahrzehnte nach der Einführung der Uhrenindustrie den Bewohnern präsentiert hat.

Obrecht Hermann (1882–1940)

Heimatberechtigt und lange wohnhaft in Grenchen. Ausbildung als Notar. Redaktioneller Mitarbeiter bei der *Solothurner Zeitung*, die 1907 von seinem Grenchner Freund Gottlieb Vogt-Schild gegründet worden war. Von 1913 bis 1917 Regierungspräsident des Kantons Solothurn. Dann Tätigkeit in der Uhrenindustrie, Verwaltungsrat der Rohwerkfabrik A. Michel AG in Grenchen, Verwaltungsrat der Waffenfabrik Solothurn, des Schweizerischen Bankvereins und der Solothurner Kantonalbank. Massgebende Persönlichkeit bei der Bildung der uhrenindustriellen Zusammenschlüsse Ebauches SA (1926) und Asuag, Allgemeine Schweizerische Uhrenindustrie AG (1931). Am 4. April 1935 Wahl in den Bundesrat. Am 31. Juli 1940 übergab er sein Amt dem Nachfolger, nachdem er am 20. Juni aus gesundheitlichen Gründen seinen Rücktritt erklärt hatte. Während seiner Amtszeit stand er dem Volkswirtschaftsdepartement vor.

Obrecht Karl (1910–1979)

Sohn von Hermann Obrecht. Besuch der Kantonsschule in Solothurn, Studium der Rechte an den Universitäten München, Kiel und Zürich. 1935 Sekretär des Justizdepartements des Kantons Solothurn. Ab 1942 zunächst Rechtsanwalt und Notar in Solothurn, bald nur noch in Politik und Wirtschaft tätig. Wurde in zahlreiche Verwaltungsräte der Uhren-, Nahrungsmittel-, Fernmelde-, Metall- und Bauindustrie sowie des Bankwesens berufen. Ab 1949 Präsident der Suva. Nationalrat 1947–1959, Ständerat 1959–1967. Bis 1971 Generaldirektor der Asuag. Präsidierte den Verwaltungsrat der Asuag-Holding und der Ebauches SA von 1962 bis 1975.

Philippe Jean-Adrien (1815–1894)

Französischer Uhrmacher und Erfinder. Er erfand 1842 die Remontoiruhr, die erste Taschenuhr mit Kronenaufzug. Eine weitere revolutionäre Erfindung Philippes war ein Mechanismus für einen ewigen Kalender, der nicht mehr manuell korrigiert werden musste. Die Erfindung der Remontoiruhr brachte Philippe in Kontakt mit Antoine Norbert Graf de Patek, dem Inhaber der Firma Patek, Czapek & Co. Patek machte ihn zum Teilhaber; ab 1851 war Philippes Nachname Bestandteil des Firmennamens Patek Philippe.

Renggli Paul (1885–1978)

Gymnasium in Bern, Rechtsstudium in Bern, Lausanne und Paris, 1909 bernischer Fürsprecher. 1910–1931 Anwaltspraxis in Biel, 1931–1939 Direktor des Biga, 1939–1941 Leiter des Kriegs-, Industrie- und Arbeitsamts. 1931–1935 Mitglied und 1935–1962 Präsident des Verwaltungsrats der Asuag.

Renggli Peter (geb. 1926)

Sohn von Paul Renggli. Promovierter Jurist. Sekretär der Fabriques d'Assortiments Réunies (FAR), ab 1964 Tätigkeit am Asuag-Sitz in Biel, 1971 Generaldirektor und ab 1975 Präsident des Verwaltungsrats der Asuag, 1983 Rücktritt von beiden Ämtern. Oberst im Generalstab der Schweizer Armee.

Robert Denis (1924–2001)

Sohn von Maurice Robert. Handelsschule St. Gallen. Praktische Einführung in sämtliche Sparten der väterlichen Firma Fabrique d'Horlogerie de Fontainemelon SA. Ab Anfang der 1940er-Jahre bis 1980 Direktor. Verwaltungsrat von Ebauches SA und Asuag 1964–1982.

Schild-Behnisch Adolf (1879–1972)

Sohn von Adolf und Pauline Schild-Hugi. Uhrmacherlehre bei Christian Rüefli-Flury in Biel, der späteren Era Watch (Marke Edox). 1898 Eintritt in die väterliche Firma. Ab 1915 technischer Leiter, ab 1936 Gesamtleiter der Assa bis 1956. Erfolgreiche Herstellung von Roskopfuhren in der Schwesterfirma Ebauches Bettlach SA. Ehrenbürger von Bettlach. Gründer des Grenchner Flugplatzes 1931, des Industrieverbands Grenchen 1937 und der Grenchner Busbetriebe 1947. 1935 Heirat mit Hilde Behnisch, zwei Söhne.

Schild-Hugi Adolf (1844–1915)

Jüngstes von acht Kindern des Ehepaars Anton und Maria Schild-Schnyder, Landwirt und Garnbucher in Grenchen. Uhrmacherlehre in La Ferrière. 1864 Visiteur in der Firma seines Bruders Urs Schild-Rust. 1873 Heirat mit Pauline Hugi, acht Kinder. Die Einkünfte aus dem erfolgreichen Gemischtwaren-Laden von Pauline waren massgebend für das wirtschaftliche Fortkommen der grossen Familie. Adolf übernahm nach dem Tod seines Bruders Urs 1888 die Leitung der Firma. Konflikte mit Max Schild, der als ältester Sohn aus Urs Schild-Rusts zweiter Ehe 1891 in die Firma eintrat. 1896 Gründung der eigenen Firma A. Schild & Cie., die 1915 zur Aktiengesellschaft A. Schild SA bzw. Assa wurde. Militärtrompeter, Violinspieler, Baritonsänger, lebenslange enge Verbundenheit mit Bruder Josef, dem erfolgreichen Kammersänger. Massgebender Kopf der christkatholischen Bewegung in Grenchen.

Schild-Schnyder Anton (1800–1877)

Anton war das dritte von sieben Kindern des Philipp Johann Schild (1767–1853), Landwirt und Tierarzt in Grenchen. Initiative, tatkräftige und schlagfertige Persönlichkeit. Widmete sich neben den Hauptberufen Landwirt, Zimmermann und Garnbucher (Garnbleicher) der Politik und setzte sich sehr engagiert für die wirtschaftlichen Freiheiten ein. Er war freundschaftlich verbunden mit dem gleichgesinnten Arzt Josef Girard und lernte im Badbetrieb von dessen gleichnamigem Vater (1774–1853), im Grenchner Bachtelenbad, gutbetuchte jurassische und französische Uhrenfabrikanten kennen, die dort zur

Kur weilten. Gemeinsam mit Josef Girard unterbreitete er dem Gemeinderat den Antrag, in Grenchen das Uhrengewerbe einzuführen. In seinem Wohnhaus, der Garnbuchi, eröffnete er das erste private Grenchner Uhrenatelier und liess seine Töchter in St. Imier das Handwerk erlernen. Antons offener Geist manifestiert sich nicht zuletzt darin, dass er seinen Töchtern in Haushalt und Gewerbe wichtige Aufgaben zuwies und seinem sängerisch begabten Sohn Josef (1841–1905) die Karriere als grossherzoglich sächsischer Kammersänger ermöglichte.

Schild-Comtesse Madeleine (1912–1966)

Tochter von Alfred Comtesse, Direktor der Fabrique électrochimique de Monthey, der späteren Ciba Monthey. Enkelin von Robert Comtesse, Bundesrat 1900–1912. Chemie-Studium an der Universität Lausanne. 1935 Heirat mit Rudolf Schild, Direktor der Eta SA und der Eterna SA in Grenchen, vier Kinder. Breite literarische Interessen, grosses soziales Engagement beim Bau des Grenchner Spitals.

Schild Max (1866–1927)

Ältester Sohn aus Urs Schild-Rusts zweiter Ehe. Uhrmacherschule in Biel, Praktika in der elterlichen Firma, dreijähriger USA-Aufenthalt, u. a. in einer Uhrenfabrik. Eintritt in die elterliche Firma Gebr. Schild & Co., Teilhaber ab 1891. Er versuchte, sein Wissen praktisch umzusetzen, offenbar mit wenig Einfühlungsvermögen. Konflikte mit den Mitarbeitern und namentlich mit seinem Onkel Adolf Schild-Hugi. Heirat 1899 mit der Holländerin Jeannette Van den Brink (1867–1943). Sohn Rudolf Schild (1900–1978). Max lebte anschliessend in Zürich, gründete ohne Erfolg eine Maschinenfabrik in Altstätten und verlor viel Geld an der Börse. Kehrte 1922 verarmt zurück nach Grenchen, lebte mit seiner Frau im Schild-Rust-Haus an der Rainstrasse in Grenchen und wurde finanziell unterstützt durch die Brüder Hans und Theodor.

Schild-Comtesse Rudolf (1900–1978)

Geboren in Zürich, Sohn von Max und Jeannette Schild-Van den Brink. 1919 erste Praktika in der väterlichen Firma Eterna. Rechtsstudium in Zürich und Heidelberg. Onkel Theodor Schild ermuntert ihn früh zum Eintritt in die Firma, der 1925 erfolgt. Ab 1932 ist Rudolf alleiniger Leiter der Firmen Eta und Eterna und Präsident und Delegierter des Verwaltungsrates. 1935 Heirat mit Madeleine Comtesse, 4 Kinder. 1951–1975 Verwaltungsrat der Ebauches SA und Ausschussmitglied und 1964–1967 Verwaltungsratsdelegierter; 1963–1972 Verwaltungsrat der Asuag und Mitglied des Comité de Direction; 1945–1971 Verwaltungsrat bei Roulements Miniatures Biel (RMB) und deren Präsident ab 1946; Verwaltungsrat bei Fabriques d'Assortiments Réunies (FAR), 1945–1978 Verwaltungsrat bei Cosmos AG.

Tätigkeiten in Behörden: 1948–1964 Mitglied der Eidg. Fabrikkommission, 1960–1968 Mitglied der Eidg. Kommission zur Förderung der wissenschaftlichen Forschung, 1929–1934 Mitglied des Gemeinderats von Grenchen, 1932–1966 Präsident der Elektrizitätskommission Grenchen, Gründungsmitglied des Spitalfonds Grenchen und Präsident der Spitalbaukommission, 1947–1957 Mitglied des Bankrats der Solothurner Kantonalbank, 1962–1971 Mitglied und Präsident der Commission fédérale consultative de l'horlogerie Suisse, Mitglied des Vorstands der Uhrmacherschule Solothurn.

Tätigkeiten in Verbänden: 1947–1964 Mitglied der Commission des marchés (FH), 1932–1978 Vorstandsmitglied des Industrieverbands Grenchen, 1959–1967 Vorstandsmitglied des Zentralverbands schweiz. Arbeitgeber, 1940–1943 Mitglied der Solothurner Handelskammer und deren Präsident, 1935–1962 Mitglied der Délégations réunies.

Schild Theodor (1870–1950)

ETH-Ingenieur. 1894 Gründung der Fahrradfabrik Cosmos in Biel. Teilhaber der väterlichen Uhrenfirma Gebr. Schild & Co. ab 1891. Ab 1899 Gesamtleiter der elterlichen Firma. Gründer des Elektrizitätswerks in Grenchen. Heirat mit der Bielerin Louise Meyer, fünf Kinder. 1906 Umwandlung der Gebr. Schild & Co. in die Eterna-Werke, Gebr. Schild & Co. 1931 stimmte Theodor der Aufspaltung der Eterna in den Rohwerkteil Eta (Übernahme durch Ebauches SA) und den Fertiguhrenteil Eterna (Mehrheitskontrolle durch Asuag) zu.

Schild-Rust Urs (1829–1888)

Zweites von acht Kindern von Anton und Maria Schild-Schnyder. Lehrer in Flumenthal und Grenchen. Weibel in Grenchen. Schreiber und Rechnungsführer in der ersten Grenchner Rohwerkfabrik von Josef und Euseb Girard. Mit 28 Jahren gründete er gemeinsam mit Dr. Josef Girard die Rohwerkfabrik Dr. Girard und Schild, die spätere Eterna. Eine erfolgreiche Geschäftstätigkeit ermöglichte ihm 1868, seinen Partner Girard auszuzahlen. Langjähriger Präsident der Schulkommission. Kantons- und Nationalrat. Erste Ehe mit Magdalena Hugi (1827–1864, 3 Kinder), zweite Ehe mit Elisabeth Rust (1844–1898, 11 Kinder). Urs Schild erweiterte das Geschäftsfeld der Rohwerke erfolgreich mit der Produktion von fertigen Uhren (damals Taschenuhren).

Scholl Fritz (1910–1995)

Geboren in Pieterlen als Sohn eines Schreinermeisters und Kleinbauern. Lehre als Mechaniker. 1929 Eintritt in die Eta Grenchen, Ausbildung zum Etampesmacher. 1931 zuständig für «Betriebsverbesserungen» und danach für Werkzeugbau und Werkzeugeinkauf. 1949 Beförderung zum Prokuristen, 1955 verantwortlich für Maschinenbau und Maschineneinkauf. 1956 Vizedirektor. Scholl blieb sein ganzes Berufsleben der Eta treu, wurde Direktor seiner Abteilung und 1969 als Nachfolger von Rudolf Schild-Comtesse Delegierter des Verwaltungsrates. 1979, kurz bevor alle Fabriken der Ebauches SA in die Eta integriert werden sollten, trat er altershalber ab und übergab an Ernst Thomke. Scholl war der geniale Betriebsfachmann, der alle Vorgänge von der Produktentwicklung über den Einkauf und die Fertigung bis zum Verkauf im Detail kannte und laufend verbesserte. Gemeinsam mit Heinrich Stamm, dem Verantwortlichen für Produktentwicklung, trug er entscheidend zur technischen und finanziellen Vorrangstellung der Eta bei. 1978 verlieh ihm die ETH Zürich die Ehrendoktorwürde.

Thomke Ernst (geb. 1939)

Geboren in Biel als Sohn eines Arztes. Ausbildung zum Feinmechaniker bei Eta in Grenchen. 1961–1967 Studium der Naturwissenschaften mit Hauptfach Chemie in Bern und Lausanne. Anschliessend berufsbegleitendes Medizinstudium in Bern, Promotion 1975. Lehrgänge in Management und Marketing am Europäischen Institut für Unternehmensführung (INSEAD) in Fontainebleau. 1970–1977 im Forschungslabor des britischen Pharmakonzerns Beecham. Übernahme betriebswirtschaftlicher Aufgaben, Marketingleiter und zuletzt regionaler Marketingdirektor in der Europa-Division. 1978 kehrte Thomke in die Uhrenindustrie zurück, wurde als Nachfolger von Fritz Scholl Generaldirektor der Eta. 1982 Verwaltungsratsdelegierter der Ebauches SA und Verwaltungsrat der Asuag. Unter Beratung der Hayek Engineering SA des Unternehmers Nicolas Hayek verschmolzen die Uhrenkonzerne Asuag und SSIH 1983/1984 zur Société Suisse de Microélectronique et d'Horlogerie SA (SMH), deren Generaldirektor er von 1984 bis 1991 war. Seither diverse Aufgaben als erfolgreicher Sanierer und Unternehmer in verschiedenen Branchen.

Vogt-Schild Gottlieb (1879–1964)

Geboren und aufgewachsen in Grenchen. Kantonsschule Solothurn, Studium der Nationalökonomie in Basel, 1903 Redaktor am *Solothurner Tagblatt*, 1904 Kantonsrat. 1907 Gründung der Kollektivgesellschaft G. Vogt und O. Schild, Buch- und Kunstdruckerei, zusammen mit Otto Schild, einem Sohn von Urs Schild-Rust. Publikation der *Solothurner Zeitung*, mit Hermann Obrecht, dem späteren Bundesrat, als Redaktor. 1914 schied Otto Schild aus, die Firma wurde umbenannt in Vogt-Schild, unter Bezugnahme auf Vogts Ehefrau Johanna, einer Tochter des Grenchner Uhrenindustriellen Adolf Schild-Hugi. Zwei Kinder. Massgebende Persönlichkeit bei den uhrenindustriellen Zusammenschlüssen der Ebauches SA (1926) und Asuag (1931). Langjähriger Verwaltungsrat der Ebauches SA und der Asuag.

Die Organisationen der Uhrenindustrie, ihrer Mitglieder und Beteiligten

Abkürzungen

UBAH Union des branches annexes de l'horlogerie (Branchenverband der Hersteller von Uhrenbestandteilen)

V. R. E. Verband der Roskopf-Ebauches-Fabriken (der Schweiz)

FH Fédération Horlogère (Branchenverband der Schweizer Uhrenfabrikanten)

G. F. H. M. S. Groupement des Fournisseurs Horlogers du Marché Suisse (eine Konvention mit dem Z.V. S. U. bezweckte die Wahrung der Qualität und die Privilegierung der inländischen Uhrenfachgeschäfte)

Z. V. S. U. Zentralverband schweizerischer Uhrmacher (Kartellorganisation der Handelsstufe, umfasste etwa zwei Drittel der Uhrenfachgeschäfte)

FIDHOR Fiduciaire Horlogère (Treuhandstelle zur Überwachung der Einhaltung aller Vorschriften des Uhrenstatuts)

MACHOR SA Vermietungs- und Kontrollstelle für Uhren-Spezialmaschinen zur Zeit des Uhrenstatuts, gegründet 1946 im Rahmen der Wirtschafts- und Zahlungsabkommen zwischen der Schweiz und Grossbritannien

CTM Contrôle Technique des Montres (öffentlich-rechtlich verankerte, obligatorische Qualitätskontrolle im Rahmen des Uhrenstatuts)

B. O. Bureaux Officiels (Bureaux suisses de contrôle officiel de la marche des montres; sieben Büros unterzogen die Uhren einer freiwilligen Kontrolle, u. a. zur Erlangung des Zertifikats «Chronometer»)

L. S. R. H. Laboratoire Suisse de Recherche Horlogère

C. E. H. Centre Electronique Horloger

(Quelle: Adolf Richard Schild: *Marketing für Uhren und seiner Anwendung in Peru*, Bern 1967)

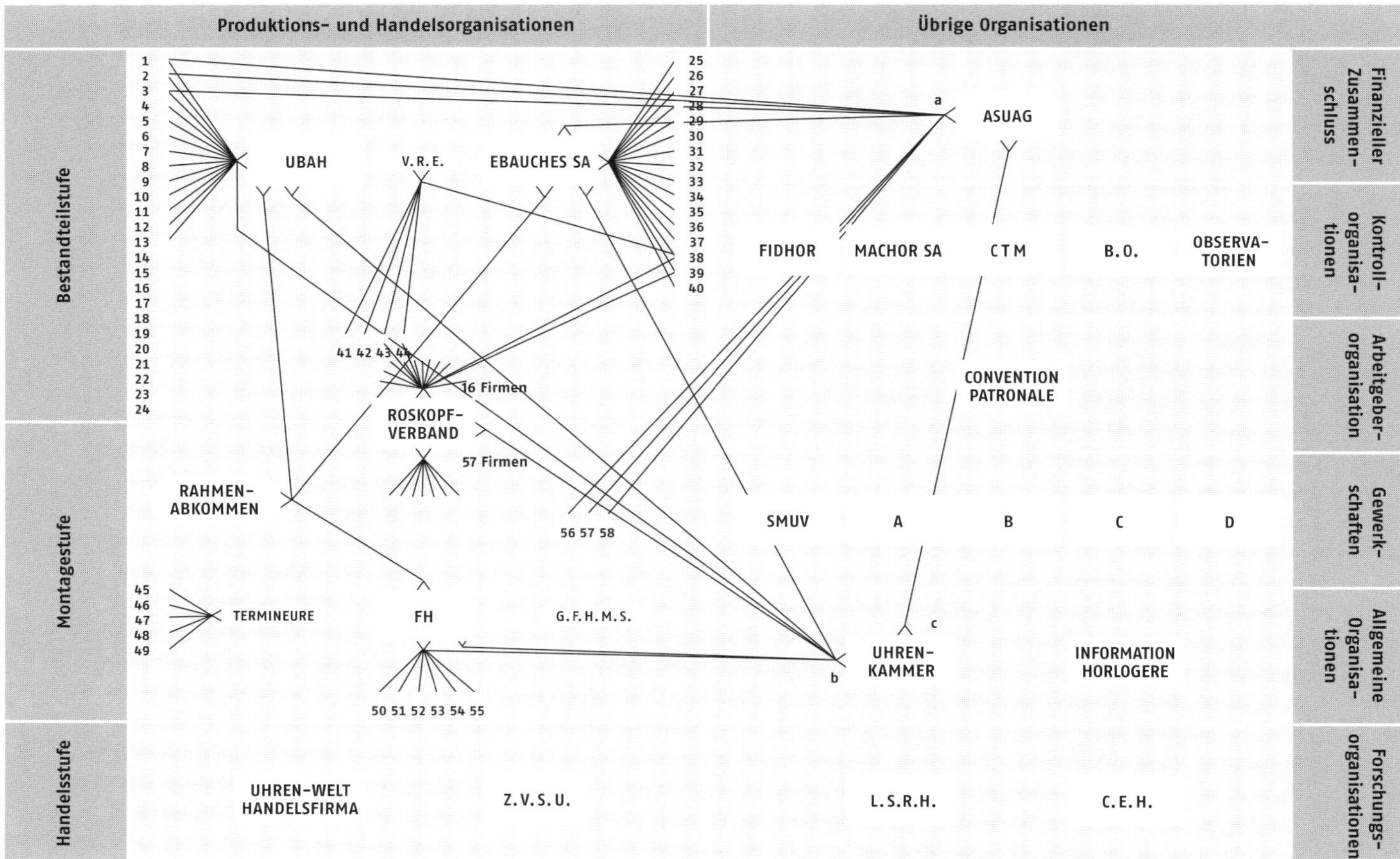
Produktions- und Handelsorganisationen
Übrige Organisationen
Bestandteilstufe
Montagestufe
Handelsstufe
Finanzieller Zusammenschluss
Kontrollorganisationen
Arbeitgeberorganisation
Gewerkschaften
Allgemeine Organisationen
Forschungsorganisationen
1 2 3 4 5 6 7 8 9 10 11 12 13 14 15 16 17 18 19 20 21 22 23 24
UBAH
V.R.E.
EBAUCHES SA
25 26 27 28 29 30 31 32 33 34 35 36 37 38 39 40
a
ASUAG
FIDHOR
MACHOR SA
C T M
B.O.
OBSERVATORIEN
41 42 43 44
16 Firmen
ROSKOPF-VERBAND
57 Firmen
CONVENTION PATRONALE
RAHMEN-ABKOMMEN
56 57 58
SMUV
A
B
C
D
45 46 47 48 49
TERMINEURE
FH
G.F.H.M.S.
c
b
UHREN-KAMMER
INFORMATION HORLOGERE
50 51 52 53 54 55
UHREN-WELT HANDELSFIRMA
Z.V.S.U.
L.S.R.H.
C.E.H.

Legende

1 Les Fabriques d'Assortiments Réunies S. A.
2 Les Fabriques de Balanciers Réunies S. A.
3 Groupement des Fabricants Suisses de Spiraux
4 Association suisse de fabricants de pièces pivotées
5 Association des fabricants de décolletages et de taillages d'horlogerie
6 Association des fabricants suisses de pignons
7 Association suisse des fabricants de pierres d'horlogerie
8 Groupement suisse des fabricants de ressorts d'horlogerie
9 Groupement des doreurs, argenteurs et nickeleurs de mouvements et roues d'horlogerie
10 Association suisse des fabricants de cadrans
11 Groupement des fabricants d'aiguilles de montres
12 Union suisse des fabricants de boîtes de montres
13 Association des fabricants de verres de montres fantaisie et incassables de toutes formes
14 Stosssicherungen
15 Galvanisieren von Uhrenschalen
16 Terminieren von Goldschalen
17 Terminieren von Metall- und Stahlschalen
18 Graveure von Uhrwerken
19 Fabrikanten von Reglern
20 Radiumsetzer
21 Préparage
22 Perçage
23 Grandissage
24 Steinsetzer
25 A. Schild S. A., Grenchen
26 Fontainemelon S. A., Fontainemelon
27 Eta S. A., Grenchen
28 A. Michel S. A., Grenchen
29 Felsa S. A., Grenchen
30 Fleurier S. A., Fleurier
31 Arogno S. A., Arogno
32 Etablissement Aurore, Villet
33 Vénus S. A., Moutier
34 Unitas S. A., Tramelan
35 Peseux S. A., Peseux
36 Fabrique du Landeron S. A., Le Landeron

37 Fabrique de Cortébert, Cortébert
38 Fabrique d'ébauches de Bettlach S. A., Bettlach
39 Derby S. A., La Chaux-de-Fonds
40 Nouvelle Fabrique S. A., Tavannes
41 Baumgartner S. A., Grenchen
42 Ebosa S. A., Grenchen
43 Brac AG, Breitenbach
44 Ronda AG, Lausen
45 Association bernoise de termineurs, Bienne
46 Association genevoise de termineurs, Genève
47 Association neuchâteloise des termineurs, La Chaux-de-Fonds
48 Verband der Termineure der deutschen Schweiz, Grenchen
49 Association tessinoise de termineurs, Novazzano
50 Association des fabricants d'horlogerie du district du Locle, Le Locle
51 Syndicat patronal des producteurs de la montre, La Chaux-de-Fonds (S.P.P.M.)
52 Société des fabricants d'horlogerie de Fleurier et environs, Fleurier
53 Association cantonale bernoise des fabricants d'horlogerie, Biel (A.C.B.F.H.)
54 Verband deutschschweizerischer Uhrenfabrikanten, Solothurn (V.d.U.)
55 Union des fabricants d'horlogerie de Genève, Vaud et Valais, Genf (U.F.G.V.V.)
56 Eterna AG, Grenchen
57 Atlantic S. A., Bettlach
58 A. Raymond S. A., Tramelan

A Christlicher Metallarbeiterverband der Schweiz (CMV), Winterthur
B Freier Arbeiterverband des Kantons Solothurn (F.A.V.S.), Solothurn
C Schweizerischer Verband evangelischer Arbeiter und Angestellter, Zürich
D Landesverband freier Schweizer Arbeiter, Zürich

a Durch die ASUAG kontrollierte Gesellschaften (vom Groupement des Fabricants Suisses de Spiraux [Nr. 3] wird nur die «Société des Fabriques de Spiraux Réunies» kontrolliert)
b Ordentliche Sektionen der Schweizerischen Uhrenkammer
c Angeschlossene Sektion der Schweizerischen Uhrenkammer

Uhrenspezifische Begriffe

Accutron Name der Stimmgabeluhr der US-Firma Bulova. Lancierung 1960.

Acheveur, acheveuse Person, welche die Funktionen der Hemmung einstellt.

Assortiment Anker und Ankerrad, also der steuernde Teil des Mechanismus einer Uhr.

Asuag Allgemeine Schweizerische Uhrenindustrie AG. 1931 gegründete Superholding mit den Tochtergesellschaften Ebauches SA (ESA), Fabriques d'assortiments réunies SA (FAR), Fabriques de balanciers réunies SA (FBR) und Fabriques de spiraux réunies SA (SR).

Audemars Piguet Schweizer Uhrenmanufakturgruppe mit Sitz in Le Brassus (VD). An ihren drei Produktionsstandorten in Le Brassus, Le Locle und Meyrin stellt sie Uhren der obersten Preisklasse her.

Aufzugswelle Siehe → tige.

Balancier Dt. Unruhe = Regulierorgan = Teil der Hemmung.

Barillet Federhaus. Gehäuse für die Aufzugsfeder.

Blancpain Schweizer Uhrenmanufaktur in Paudex im Kanton Waadt. Gehört zur Swatch Group.

Brücken = Gestell. Teile des Rohwerks.

Bulova Amerikanisch-schweizerischer Uhrenhersteller, der durch seine Stimmgabeluhr Accutron bekannt geworden ist. Joseph Bulova (1852–1935), ein Immigrant aus Böhmen, machte sich 1875 in New York als Uhrmacher selbstständig, wobei er Uhrwerke aus der Schweiz importierte und in selbst gefertigte Gehäuse einbaute. Aus diesen Aktivitäten resultierte die Gründung einer eigenen Fabrik in Biel, die Josephs Sohn Arde im weiteren Verlauf leitete und erheblich ausbaute.

Chablonnage Schablonieren, siehe → Schablone.

Chopard Schweizer Uhren- und Schmuckmanufaktur mit Sitz in Genf. Das Unternehmen wurde im Jahre 1860 von Louis-Ulysse Chopard in Sonvilier im Berner Jura gegründet. Nach einer wechselvollen Geschichte befindet sich das Traditionsunternehmen seit 1963 im Eigentum der deutschen Familie Scheufele.

Chronos Holding 1966 gegründete Finanzgesellschaft, die die Uhrengruppe Synchron SA kontrollierte. Marken: Cyma, Ernest Borel und Doxa. 1978 Liquidation und Verkauf der Marken an Aubry Frères SA.

Citizen Citizen Watch Co., Ltd. ist ein japanischer Uhren- und Uhrwerkehersteller. Gründung 1918.

CMOS «complementary metal oxide semiconductor». Der Begriff CMOS-RAM, eigentlich CMOS static RAM, bezeichnet in der Computertechnik einen batteriegepufferten SRAM in CMOS-Technik. Die Abkürzung kommt daher, dass CMOS-SRAM üblicherweise mit einem «complementary metal oxide semiconductor» (CMOS) «static random-access memory» (SRAM) umgesetzt wurde. Die verkürzte Bezeichnung CMOS-RAM oder gar CMOS ist vor allem Ungenauigkeiten beim Umgang mit den Begriffen geschuldet. Unter CMOS-Technik bzw. CMOS-Technologie versteht man sowohl den verwendeten Halbleiterprozess, der zur Realisierung von integrierten digitalen wie analogen Schaltungen verwendet wird, als auch eine Logikfamilie. Die CMOS-Technologie stellt heutzutage die meistgenutzte Logikfamilie dar und wird hauptsächlich für integrierte Schaltkreise (ICs) verwendet.

Compartimentage Begriff aus dem Uhrenstatut. Gemeint ist die stark aufgefächerte Gliederung der uhrenindustriellen Tätigkeiten in eine Vielzahl von Betrieben sowie die behördliche Bewilligungspflicht bei jeder noch so geringfügigen Änderung der Tätigkeiten und/oder Personalbestände.

Cosmos Im Jahre 1894 wurde die heutige Cosmos B. Schild & Co. AG durch Theodor Schild gegründet. Die Firma mit Hauptsitz in Biel machte sich einen Namen als Fahrradhersteller.

Déchet Ausschuss. Gefertigte Teile, die nicht den Qualitätsanforderungen entsprechen.

Décolletage Automatendrehen.

Ebauche = Rohwerk. Nicht montierte Einzelteile.

Negativ Uhrwerk mit oder ohne Lagersteine, aber ohne Schale, Glas, Krone, Zifferblatt, Zeiger, Zugfeder, regulierende Bestandteile und Hemmungsteile.

Positiv rohes Uhrwerk, bestehend aus Grundplatte, Brücken, Räderwerk, obere und untere Aufzugsbestandteile, Rückerzeiger, oberes Deckplättchen und die übrigen Deckplättchen, Stundenrohr, Wechselrad und sämtliche Schrauben.

Rohwerk Def. I = ursprüngliches «ébauche» zur Zeit der Gründung der ersten Ebauchesfabriken: Grundplatte und Brücken.

Rohwerk Def. II = «ébauche» zur Zeit der Gründung der Ebauches SA: Rohwerk gemäss Def. I zuzüglich das sogenannte Finissage, d. h. Räderwerk, Aufzugs- und Zeigerstellmechanismus, sämtliche Schrauben.

Ebauches SA 1926 gegründeter Zusammenschluss der drei wichtigsten Rohwerkfabriken A. Schild SA (Assa), Fabrique d'Horlogerie de Fontainemelon SA und A. Michel SA. 1931 integriert in die Asuag.

Etabli Uhrmacher-Werktisch, oft in Verbindung mit einem Schubladenstock (layette) für Werkzeuge und Bestandteile.

Etablissage Verlagssystem. Siehe → Etablisseur.

Etablisseur Uhrenfabrikant, der sämtliche zur Fabrikation notwendigen Rohwerke und übrigen Uhrbestandteile kauft und selbst zusammensetzt oder durch Dritte (sogenannte Termineurs) zusammensetzen lässt.

Etampe Stanzwerkzeug.

Fabrique d'Horlogerie de Fontainemelon Am 31. Oktober 1793 gründeten Isaac und David Benguerel gemeinsam mit Julien und François Humbert-Droz in Fontainemelon eine Rohwerkefabrik unter dem Namen Benguerel & Humbert. Es wurden Zweigstellen in Bordeaux und New Orleans gegründet. Die Firma wurde 1825 von Jacob Robert-Tissot der Familie Robert übernommen. 1876 erfolgte die Umwandlung in eine Aktiengesellschaft und die Umbenennung in Fabrique dHorlogerie de Fontainemelon. Zweitälteste Rohwerkfabrik nach Japy Frères.

FAR Fabriques d'assortiments réunies SA, Hersteller von Assortiments, Tochtergesellschaft der Asuag.

Faselec Fabrication de sémiconducteurs électroniques. 1966 gegründete AG mit Beteiligung von Ebauches SA, dem Verband FH, Landis & Gyr und Philips.

FBR Fabriques de balanciers réunies SA, Hersteller von Balanciers (Unruhen), Tochtergesellschaft der Asuag.

Fédération Horlogère, FH Verband der Schweizerischen Uhrenhersteller, Dachorganisation der Branche mit Hauptsitz in Biel. Gründung 1924.

Fertiguhr Lauffähige, für den Träger bereite Uhr, bestehend aus Werk und Habillement.

Finissage Gesamtheit des Räderwerks mit Aufzugs- und Zeigerstellmechanismus und sämtlichen Schrauben. Auch Fertigbearbeitung, letzter Schliff einer Arbeit.

Fournitures, Furnituren Gesamtheit der verschiedenen Einzelteile der Uhr, die zur Herstellung oder Reparatur der Uhr bestimmt sind; in der Regel ohne Grundplatte und Brücken.

France Ebauches, FE Durch den Zusammenschluss der vier bedeutendsten französischen Rohwerkhersteller entstand 1965 die France Ebauches SA. Zu den Gründungsfirmen gehörten Fabrique d'ébauches Cupillard S.A., FEMGA (Fabrique d'ébauches et de montres genevoise d'Annemasse), Fabrique d'ébauches Jeambrun (Maiche), Fernand Girardet et fils SA in Morteau und die Technic Ebauche S.A. (TE). Später folgten die Fabrique d'ébauches H. Parrenin und Lorsa.

Gabarisierte Kaliber, calibres Kaliber mit identischen Abmessungen für Durchmesser und Höhe sowie für Zifferblätter (Fuss-Stellungen), Gehäuse (u.a. Bohrung der Aufzugswelle) und Zeiger. Kaliber, die in einem gegebenen Habillement austauschbar sind.

Gestell = Brücken. Teile des Rohwerks.

GWC General Watch Company. 1971 gegründeter Zusammenschluss von Fertiguhrenfabrikanten: A. Reymond SA (Marken Arsa, Damas und Hoga), Atlantic, Certina, Diantus, Edox, Endura, Eterna, Hamilton, Longines, Microma, Mido, Oris, Rado, Roamer, Rotary, Technos. Tochtergesellschaft der Asuag.

Habillement Kleid des Uhrwerks bzw. das Äussere der Uhr: Schale, Zifferblatt, Zeiger, Glas, Krone, Armband.

Hemmung Frz. échappement. Mechanismus, der zwischen dem Räderwerk und dem Regulierorgan der mechanischen Zeitmesser eingebaut wird. Er hat die Aufgabe, die Schwingungen des Regulierorgans (Unruh) zu unterhalten.

Hemmungsteile **Bei der Ankerhemmung** Ankerrad (Hemmungsrad), Anker und Hebelscheibe (Plateau).

Bei der Zylinderhemmung Zylinderrad (Hemmungsrad) und Zylinder.

Integrierter Schaltkreis (IC) = Mikroprozessor. Siehe → Transistor.

IWC International Watch Company. Schweizer Luxusuhren-Manufaktur in Schaffhausen. Gehört seit 2000 dem Schweizer Luxusgüterkonzern Richemont.

Jaeger-LeCoultre Schweizer Uhrenmanufaktur, die zum Richemont-Konzern gehört. Der Firmensitz ist in Le Sentier.

Japy Frères Französischer Uhrenhersteller. 1773 eröffnete Frédéric Japy in Montbéliard eine Werkstatt für die mechanisierte Herstellung von Uhrwerken. Diese verlegte er 1777 nach Beaucourt und beschäftigte dort schon nach zwei Jahren ca. 50 Arbeiter mit der Fertigung von Rohwerken. Älteste Rohwerkfabrik.

Kaliber Bezeichnet die Form und Dimension des Uhrwerks, ebenso den Hersteller. Das (oder der) Kaliber wird in der Regel identifiziert mit dem Durchmesser in Linien (= lignes), wobei 1 Linie‴ = 2.256 mm = ca. 1/12 Zoll". Man unterscheidet runde oder rechteckige resp. tönnchenförmige (= Form) Kaliber.

Komplikation, complication Eine Komplikation beschreibt bei Uhren Zusatzfunktionen eines mechanischen Uhrwerks, die über die übliche Anzeige von Stunde, Minute und Sekunde hinausgehen. Sie steigern den Preis und den Funktionswert. Komplikationen lassen sich als Module verstehen, die das Uhrwerk nutzen, aber nicht dessen Teil sind, und die unter anderem Funktionen übernehmen wie Datumsanzeige, Grossdatum, springenden Datumswechsel, retrograde Anzeigen, Mondphasenanzeige, Vollkalender, Jahreskalender, ewiger Kalender, Chronometerregulierung, Sekundenstopp, Chronograph, Rattrapante, Wecker, Minutenrepetition, Spielwerk, Zeitgleichung oder mehrere Zeitzonen. Sind viele aufwendige Komplikationen in eine Armband- oder Taschenuhr eingebaut, so spricht man von einer «grande complication».

Krone Gerippter Aufsatz an der Aufzugswelle. Durch Drehen der Aufzugswelle wird menschliche Kraft auf das Federhaus übertragen.

Linie, ligne Altes Längenmass = 2.256 mm = ca. 1/12 Zoll" (à 2.254 cm). Offizielle Angabe: Linie‴.

LCD «liquid crystal display» = Flüssigkristallanzeige. LCDs bestehen aus Segmenten, die unabhängig voneinander ihre Transparenz ändern können. Dazu wird mit elektrischer Spannung in jedem Segment die Ausrichtung der Flüssigkristalle gesteuert.

LED «light-emitting diode» = lichtemittierendes Halbleiter-Bauelement.

Lip 1867 gründeten Emmanuel Lipman und seine Söhne in Besançon eine Uhrenwerkstatt unter dem Namen Comptoir Lipmann, die 1893 zur Société Anonyme d'Horlogerie Lipmann Frères (Uhrenfabrik Gebrüder Lipmann) wurde. In den 1960er-Jahren geriet das hoch spezialisierte Unternehmen in finanzielle Schwierigkeiten. Fred Lip brachte die Firma 1967 an die Börse, und die Ebauches SA übernahm 33 Prozent der Aktien.

LVMH Moët Hennessy / Louis Vuitton S.E., französische Luxusgüter-Gruppe mit Sitz in Paris. Gründung 1987. Im Uhren- und Schmuckbereich gehören Bulgari, Chaumet, De Beers Diamond Jewellers, FRED, Hublot, TAG Heuer und Zenith dazu.

Manufaktur Uhrenfabrik, die Rohwerke und regulierende oder andere Uhrbestandteile zur (grösstenteils) eigenen Verwendung herstellt.

Mikroprozessor Ein Mikroprozessor ist ein Prozessor in sehr kleinem Massstab, bei dem alle Bausteine des Prozessors auf einem Mikrochip (integrierter Schaltkreis, IC) vereinigt sind.

Nepro «new products». Uhrenfirma mit Sitz in La Chaux-de-Fonds.

Pignon Trieb, Ritzel, in der Regel Zahnrad mit 6 bis 14 Zähnen.

Pivot, Pivoteur Drehzapfen, der sich im festen Lager («coussinet») dreht. Der Lagerzapfendreher («pivoteur») ist für die Anfertigung der Lagerzapfen zuständig.

Plantage Übertragung der Lagerpositionen von Räderwerk, Hemmung und Unruh der Werkplatte (Platine) auf die zugehörigen Brücken. Der Arbeitsgang wurde von der modernen Technik verdrängt.

Platine Grundplatte des Uhrwerks.

PUW Die Firma Pforzheimer Uhren-Rohwerke GmbH wurde 1932 als Unternehmen zur Herstellung von Uhrwerken und Uhrteilen von Fritz Wagner gegründet.

Quarz, Schwingquarz Ein Schwingquarz, häufig vereinfachend abgekürzt als Quarz bezeichnet, ist ein elektronisches Bauelement in Quarzoszillatoren, das zur Erzeugung von elektrischen Schwingungen mit einer bestimmten Frequenz dient. Seine Funktionsweise basiert dabei auf dem Prinzip der elektromechanischen Resonanz des verbauten piezoelektrischen und mit Elektroden versehenen Quarzkristalls.

Quinquet Ehemals Ölarbeitslampe des Uhrmachers, gemäss dem Erfinder Ami Argand (1750–1803), hergestellt durch Antoine Quinquet (1745–1803). Heute elektrische Arbeitslampe mit Eisenfuss, Messinggestänge und grün-weissem Papier- oder Emailschirm. Umgangssprachlich: Gänggi.

Raquette Rücker. Organ, um den täglichen Gang der Uhr zu verändern, indem die aktive Spiralfederlänge verkürzt oder verlängert wird.

Réglage Regulierung. Bezeichnet in der Uhrmacherei die Feinregulierung einer Uhr zur Verringerung des Gangfehlers.

Régleur Person, welche die Regulierung ausführt.

Remonteur Person, die sich mit dem Zusammenbau der Werkteile zum lauffähigen Werk befasst (Remontage).

Remontoir Aufzugsmechanismus des Uhrwerks.

Retouche Nachträgliche Feineinstellung des Ganges der Uhr, genauester Frequenzabgleich.

Retoucheur Person, die sich mit Nacharbeiten, mit Fehlerkorrekturen befasst.

Rhabillage, Rhabilleur Uhrenreparatur, Uhrenreparateur.

Richemont Die Compagnie Financière Richemont SA ist ein Schweizer Luxusgüterkonzern mit Sitz in Bellevue im Kanton Genf, der 1988 von Anton Rupert gegründet wurde. Die Hauptgeschäftsbereiche sind Schmuck, Uhren, Schreibgeräte und Bekleidung.

Rohwerk Siehe → «ébauche».

Rolex Die Rolex SA ist ein selbstständiger Uhrenkonzern mit Hauptsitz in Genf. Aufgrund der sehr starken Markenposition ist Rolex die meistkopierte Uhrenmarke der Welt. Gründung 1905 durch Hans Wilsdorf.

Ronda Unabhängiger Hersteller von Uhrwerken und Uhren. Die Firma wurde 1946 von William Mosset gegründet; heute befindet sich der Firmensitz in Lausen. Mittlerweile gehören fünf internationale Tochtergesellschaften zur Gruppe: zwei Produktionsstätten im Tessin, eine im Jura, ein Fabrikationsbetrieb in Thailand sowie ein Verkaufsbüro in Hongkong. Insgesamt beschäftigt Ronda in der Schweiz und Asien rund 2000 Mitarbeiterinnen und Mitarbeiter.

Roskopfuhr Durch Georges Frédéric Roskopf (1813–1889) im Jahre 1867 erfundene Uhr mit Stiftankerhemmung. Der Anker ist mit gehärteten Stahlstiften versehen, die einen runden Querschnitt aufweisen. Bedingt durch diese Konstruktion (runde Stifte) und durch die geringere Widerstandsfähigkeit der Metallstifte gegen Abnützung ist der Wirkungsgrad dieser Hemmung kleiner als derjenige einer Ankerhemmung. Kostengünstige Konstruktion.

Rotor Schwingmasse in automatischen Uhrwerken. Sie ist im Zentrum befestigt, dreht unbegrenzt in beide Richtungen und überträgt durch diese Drehbewegungen Kraft an das Federhaus. Das Zentrumslager ist häufig ein Kugellager. Nebst diesem «zweiseitigen Aufzug» gibt es auch den «einseitigen Aufzug». Das Material ist in der Regel gesintertes Wolframkarbid (Pulvermetallurgie), in sehr hochwertigen Produkten Gold.

Rouage Etymologisch Räderwerk. In der Rohwerkfertigung die Abteilung, die sich mit der Teilmontage von Rädern befasst.

Roulage Dt. Rollieren, ausgeführt mit speziellen Rolliermaschinen. Das Rollieren ist eine Verdichtung des Materials von Lagerzapfen unter Druck mithilfe von Rollen. Das rollierte Material erhält eine harte, hochglänzende Oberfläche und verzieht sich nicht. Die Lagerzapfen erhalten dadurch die erforderliche Druckpolitur, die nicht nur eine feinst geläppte, sondern auch eine verdichtete Oberflächenstruktur zur Folge hat.

Sagiter Société Horlogère de Production et de Participation. Gründung 1967. Sitz in Neuenburg.

Schablone Nicht zusammengebauter Satz aller oder verschiedener Teile eines Uhrwerks, ausgenommen Zifferblatt, Zeiger, Gehäuse, Glas und Krone. Nicht zusammengebautes Uhrwerk, das sich in irgendeinem Fabrikationsstadium zwischen dem Rohwerk und dem lauffähigen, fertigen Werk befindet.

Schale Uhrgehäuse.

SEFEA Société Européenne de Fabrication d'Ebauches (SEFEA), mit Sitz in Annemasse (Haute-Savoie).

Seiko Japanische Uhrenmanufaktur. Gründung 1881 durch Kintaro Hattori.

Sertissage Einsetzen der Lagersteine.

Sertisseur Für die «sertissage» zuständige Person.

Sintern Sintern ist ein Verfahren zur Herstellung oder Veränderung von Werkstoffen. Dabei werden feinkörnige, keramische oder metallische Stoffe – oft unter erhöhtem Druck – erhitzt. Die Temperaturen bleiben unterhalb der Schmelztemperatur der Hauptkomponenten, sodass die Gestalt (Form) des Werkstückes erhalten bleibt. In der Uhrenindustrie kommt das Verfahren zur Anwendung bei der Herstellung der Rotoren: Der äussere Teil des Rotors besteht in der Regel aus einer gesinterten Metallmischung mit einem hohen spezifischen Gewicht.

SMH Société de microélectronique et d'horlogerie, Zwischenphase beim Übergang von der Asuag zur Swatch Group.

Société des Garde-Temps, SGT Die Société des Garde-Temps SA wurde 1968 gegründet. Verschiedene Schweizer Uhrenfirmen brachten ihre Firmen in diese Holding ein: Compagnie des Montres Sandoz SA, Fabrique de Montres Avia, Degoumois & Co. SA, Fabrique d'Horlogerie Silvana SA, Montres Helvetia SA, Eugene Vuillemier SA, William Matthez SA, Comptoir de Montres Avia SA, Fleurier Watch Co. SA. Drei Monate nach dieser Gründung wurde die Fabrique de Montres Solvil & Titus SA übernommen. Da Sandoz, Degoumois und Invicta SA auch die Firma Waltham of Chicago übernahmen, welche die Markennamen von Waltham Watch Co. zugekauft hatte, entstand eine Holdinggesellschaft mit den Marken Titus, Invicta, Tell, Elgin, Avia, Helvetia, Waltham und Sandoz.

Solid state Mit «solid state» (fester Zustand bzw. fester Aggregatzustand) bezeichnet man in der Elektronik Bauteile oder Geräte, bei denen anstatt Elektronenröhren oder mechanischer Teile Halbleiterbauteile zum Einsatz kommen.

Spirale, Spiralfeder Teil der Unruhe (des «balanciers»). Die Spiralfeder bildet zusammen mit der Masse der Unruhe ein schwingungsfähiges System. Die Genauigkeit der Unruhschwingung bestimmt die Ganggenauigkeit der Uhr; dabei spielt die Spirale eine massgebende Rolle.

SR Fabriques de spiraux réunies SA, Herstellerin von Spiralen, Tochtergesellschaft der Asuag.

SSIH Société suisse pour l'industrie horlogère. 1930 schlossen sich die Firmen Omega und Tissot zur SSIH-Gruppe zusammen. Später kamen Lemania, Lanco, Cortébert, Rayville, Marc Favre und Hamilton dazu. 1971 erfolgte die Eingliederung der

E.S.T.H. (Economic Swiss Time Holding) mit den Billiguhr-Marken Agon, Buler, Continental und Ferex.

Standardkaliber Begrenzte Produktereihe der Ebauches SA, verbilligt und mit Vorzugspreisen für Assortiments, Balanciers und Spiralen.

Steuerungsausschuss, Stea Gremium der Asuag in der Phase der Restrukturierung und des Zusammenschlusses mit der SSIH (Juni 1982 bis Mai 1983).

Stiftankeruhr Uhr mit Stiftankerhemmung. Der Anker ist mit gehärteten Stahlstiften versehen, die einen runden Querschnitt aufweisen. Im Gegensatz zur Roskopfuhr wird die Friktion des Zeigerwerks mit einem Laternen-Minutenrohr («chaussée lanternée») gemacht, dadurch gibt es weniger Spiel im Zeigerstell- und Übertragungsmechanismus.

Swatch Group Die weltweit grösste Uhrengruppe fertigt nahezu sämtliche Bauteile für die Uhren, die unter ihren 18 Uhrenmarken und der Einzelhandelsmarke Tourbillon verkauft werden. *Marken:* Breguet, Harry Winston, Blancpain, Glashütte Original, Jaquet Droz, Léon Hatot, Omega, Longines, Rado, Union Glashütte, Tissot, Balmain, Certina, Mido, Hamilton, Calvin Klein watches + jewelry, Swatch, Flik Flak. *Produktionsgesellschaften:* Eta, Nivarox-FAR, François Golay, Comadur, Rubattel et Weyermann, MOM Le Prélet, Universo, Manufacture Ruedin, Simon et Membrez, Lascor, Novi, Swatch Group Assembly, DYB, EM Microelectronic, Renata, Micro Crystal und Swiss Timing.

Taillage Verzahnen von Zahnrädern.

Taraudage Gewindedrehen.

Terminage, Termineur Im Terminage setzt der Termineur aufgrund eines Werkvertrags Uhren oder Uhrwerke für andere (Etablisseure oder Manufakturen) zusammen.

Tige = Aufzugswelle. Überträgt die menschliche Drehkraft auf das Federhaus.

Timex US-amerikanischer Uhrenhersteller. 1854 wurde die Firma unter dem Namen Waterbury Clock in Waterbury im Naugatuck River Valley gegründet. Hier befand sich im 19. Jahrhundert die Hochburg der US-amerikanischen Uhrenhersteller. Die Schwesterfirma Waterbury Watch fertigte 1880 die erste günstige Taschenuhr. Die hergestellten Armbanduhren wurden während des Ersten Weltkriegs schnell populär. 1933 fertigte die Firma in Lizenz von Walt Disney die erste Micky-Maus-Uhr. Während des Zweiten Weltkriegs wurde die Firma in U. S. Time Company umbenannt, später in Timex Corporation und Timex Group. Ab 1950 wurde die erfolgreiche Armbanduhr Timex produziert.

Transistor Ein Transistor ist ein elektronisches Halbleiter-Bauelement zum Steuern meistens niedriger elektrischer Spannungen und Ströme. Er ist der weitaus wichtigste «aktive» Bestandteil elektronischer Schaltungen, der beispielsweise in der Nachrichtentechnik, der Leistungselektronik und in Computersystemen eingesetzt wird. Besondere Bedeutung haben Transistoren – zumeist als Ein/Aus-Schalter – in integrierten Schaltkreisen, was die weitverbreitete Mikroelektronik ermöglicht.

Transmission System der Übertragung von Kraft von einer Antriebsmaschine mithilfe von Transmissionsriemen auf mehrere einzelne Bearbeitungsmaschinen, die für sich allein keinen Antrieb hatten. Das System führte immer wieder zu teils schweren Unfällen: Kopfhaare oder Körperteile gerieten in die Transmissionsriemen.

UBAH Union des branches annexes de l'horlogerie, gegründet 1927. Branchenverband der Hersteller von Uhrenbestandteilen, mit Ausnahme der Rohwerkteile.

Unruhe = «balancier» = Regulierorgan = Teil der Hemmung.

VdU Verband deutschschweizerischer Uhrenfabrikanten. Arbeitgeberverband, gegründet 1924, Sitz Solothurn.

Visiteur Kontrollarbeiter, Kontrolleur. Aufsichtsperson in der Rohwerkfertigung.

Wosic Watchmakers of Switzerland Information Center, New York. Plattform der Schweizer Uhrenindustrie für Information, PR, Werbung und Schulung.

Zoll Altes Längenmass, entspricht dem angelsächsischen «inch» = 2.54 cm. Offizielle Angabe: Zoll". Ungefähr 1/12 davon entspricht dem Längenmass Linie oder «ligne», das in der Uhrenindustrie bis heute verwendet wird.

Ergänzende Literatur

Affolter, Barbara: *Arbeitsverhältnisse und Verhältnis zur Arbeit in der schweizerischen Uhrenindustrie 1870 bis 1900, mit besonderer Berücksichtigung der Region Biel*, Lizenziatsarbeit, Basel 1983.

Baillod, Gil & Rausser, Fernand (Foto): *Die Geschichte der Zeitmessung*, Mondo-Verlag, Lausanne 1979.

Baillod, Gil: 50 ans de ruptures pour l'avenir, in: *Asuag. Rapport de gestion 1980/81*, Anhang.

Baumann, Frédéric: *Allgemeine Schweizerische Uhrenindustrie AG. Darstellung ihrer Gründung und ihrer Entwicklung während 25 Jahren*, Graphische Anstalt Schüler AG, Biel 1956.

Bergier, Jean-François u. a.: Die Schweiz, der Nationalsozialismus und der Zweite Weltkrieg. Schlussbericht der Unabhängigen Expertenkommission Schweiz – Zweiter Weltkrieg, Pendo Verlag, Zürich 2002.

Donzé, Pierre-Yves: Organisation industrielle et système de production dans l'industrie suisse de la montre, in: *Schweizerische Zeitschrift für Geschichte*, Bd. 64, Nr. 2 (2014), S. 321–331.

Donzé, Pierre-Yves: *History of the Swiss Watch Industry, from Jacques David to Nicolas Hayek*, Peter Lang, Bern u. a. 2011.

Donzé, Pierre-Yves: L'innovation dans l'horlogerie suisse au 20e siècle. Réflexions à propos de la publication de la «recherche et développement» en horlogerie d'Hélène Pasquier, in: *Schweizerische Zeitschrift für Geschichte*, Bd. 60, Nr. 2 (2010), S. 237–251.

Donzé, Pierre-Yves: Le Japon et l'industrie horlogère suisse, un cas de transfert de technologie durant les années 1880–1940, in: *Histoire, économie et société* (2006), S. 105–125.

Donzé, Pierre-Yves: *Histoire d'un syndicat patronale, L'association cantonale bernoise des fabricants d'horlogerie*, Alphil, Neuenburg 2006.

Jequier, François: Le patronat horloger suisse face aux nouvelles technologies, in: *Le patronat de la seconde industrialisation*, Les editions ouvrières, Paris 1979, S. 209–234.

Kocher, Hans: *Menschen – Uhren – Mein Leben*, Eigenverlag, Büren 1979.

Les Ebauches, *Festschrift zur Feier des fünfundzwanzigsten Bestehens der Ebauches A.G.*, Neuenburg 1951.

Rossfeld, Roman; Buomberger, Thomas & Kury, Patrick: *14/18. Die Schweiz und der Grosse Krieg*, Verlag Hier und Jetzt, Baden 2014.
Schild, Adolf Richard: *Marketing für Uhren und seine Anwendung in Peru,* Verlag Paul Haupt, Bern 1967.
Thomke, Ernst: In der Umsetzung von der Produktidee zur Marktreife liegt ein entscheidender Erfolgsfaktor, in: *Management-Zeitschrift*, Bd. 54, Nr. 2 (1985), S. 60–64.
Wegelin, Jürg: Mister Swatch, *Nicolas Hayek und das Geheimnis seines Erfolgs*, Nagel & Kimche, München 2009.

Internet
www.stetefeld-design: Rohwerke und ihre Fabrikanten, verschiedene Folgen
www.schild-eterna.de

Bildnachweis

Adolf Richard Schild, *Marketing für Uhren und seine Anwendung in Peru*, Dissertation, Verlag Paul Haupt, Bern 1967: 325–327

Archiv Eterna: Cover, 45, 68, 75, 96, 118 (rechts), 129, 131, 137, 140, 141, 142, 161, 194, 244

Archiv Rudolf Schild-Comtesse: 160, 178, 223, 277

Archiv Walter Bürgi: 165, 181

Ebauches-Hauszeitung: 127, 228, 259

Engineering and Technology History Wiki: 190

Commons.wikipedia.org (Stimmgabeluhr Bulova Accutron): 192

Museums-Gesellschaft Grenchen: 40, 41, 50, 92, 110, 115, 119, 266

Privatarchiv Adolf Richard Schild: 17, 18, 23 (rechts und links), 24 (links), 34, 36, 77 (rechts), 79, 82, 87, 135, 238, 248, 249

Privatarchiv Nachkommen Heinrich Stamm: 136

Privatarchiv Nachkommen Rudolf Schild-Comtesse: 24 (rechts), 32, 55, 58, 62, 64, 100, 101, 105, 107, 113, 121, 123, 145, 147, 150, 151, 155, 175, 218, 222, 274

Günther Ramm, in: Lucien F. Trueb, *Günther Ramm & Peter Wenzig: Die Elektrifizierung der Armbanduhr*, Ebner Verlag, Ulm 2011: 199

Sammlung Hans Kohler: 20, 26, 28, 71, 118 (links)

Staatsarchiv des Kantons Bern, FN Jost N 4553: 77 (links)

UhrForum (uhrforum.de): 252